ZHANLUE ZHUANXING YU
GEJU CHONGGOU

广西西江流域生态环境与区域经济一体化丛书
广西科学研究与技术开发项目计划部分成果（桂科合14125008-2-27）
广西西江流域生态环境与一体化发展协同创新中心资助
北部湾环境演变与资源利用教育部重点实验室研究成果

战略转型与格局重构：
广西西江经济带国土空间开发研究

毛蒋兴 韦钰 潘新潮 ◎著

中国财经出版传媒集团
经济科学出版社
Economic Science Press

前　言

优化国土空间开发格局是党的十八大明确提出的战略要求，是实现新型城镇化及区域可持续发展的有效路径，是生态文明建设的首要任务。自国家批准实施《珠江——西江经济带发展规划》、广西被定位为"21世纪海上丝绸之路与丝绸之路经济带有机衔接的重要门户"以来，作为广西"双核"之一的西江经济带发展建设上升为国家战略、区域发展的大机遇。如何借助区域发展契机推进西江流域国土空间战略转型及格局重构，实现区域发展诉求、落实区域战略定位成为亟待解决的问题。

本书以广西西江经济带的国土空间为研究对象，在明确经济带城镇体系及城乡建设用地管控基础上，选取西江经济带内具有承上启下战略地位的来宾市为例，探究西江经济带内市域三生空间开发现状及空间优化方案，最后以来宾市武宣县西江沿线为例，落实城镇空间的重要载体——产业发展及其空间布局。研究层次由广西西江经济带至市域、县域，研究内容涉及人口规模、城镇化发展水平、城镇体系、建设用地管控、市域国土空间开发现状评价、市域国土空间格局优化、产业选择、产业发展及产业布局等，以期为西江经济带国土空间战略优化转型及格局重构提供有益借鉴。

全书按空间层次分为三大篇，共13章。第1章为概述部分，重点在于阐明本书的研究背景、研究目的及意义，理清研究思路，框定研究内容并且拟定研究方法。第一篇（第2~5章）为广西西江经济带人口与城镇化发展研究，属于广西西江经济带国土空间战略部分，在明确研究区人口及城镇化现状的基础上，对西江经济带全域、各市、县（区）的人口规模及城镇化率进行预测并明确经济带"一区二（组）团、一廊三带"为骨架的倒"T"字型城镇体系空间结构，最后对经济带内各市的城乡建设用地管控进行研究。第二篇（第6~8章）为广西西江经济带市域国土空间优化研究——以来宾市为例，属于西江经济带市域国土空间优化研究部分，选取来宾市作为西江经济带研究实例，首先构建来宾市以现有开发水平、水土资源承载力、环境承载力及自然灾害与生态限制性因素为四大一级指标的国土空间开发现状评价指标体系，并获取相关评价结果；其次，运用指数评价法、判别评价法及 GIS 综合评价法确定三大空间优化候选方案；最后，定性与定量分析结合确定来宾市及市域内"一区一市"四县的国土空间优化方案，最终确定来宾市城市化格局为"一核两轴三极，核心带动，点轴联动，极向发展"、农业发展格局为"两带两区一基地，主副结合"、生态安全格局为"一屏一廊一区，山水相连"。第三篇（第 9~13 章）为广西西江经济带产业发展与空间布局规划研究——以来宾武宣段为例，属于西江经济带县域产业空间的实证研究部分，该部分以产业发展及空间布局现状为切入点，科学解读相关规划的基础上、结合来宾市国土空间优化方案及西江流域发展要求，明确武宣县主导产业及特色产业的产业门类，并对其产业发展及空间布局进行相关研究，并提出相关保障性措施以促进产业规划实施落地。

在本书的写作过程中，得到了广西城乡规划设计研究院莫滨副院长、来宾市发展和改革委员会陈锦其副主任、来宾市武宣县发展和改革局韦国兴副局长，陈德昌股长的大力指导和支持！衷心感谢参加课题研究的全体成员，他们是汪军能、朱慧方、陈春炳、古艳、李丽琴、郑雄彬、周艳时、黎励、韦钰、王辛宇等，他们为本书的出版做出了巨大贡献。在课题研究期间，还得到了众多专家、学者、领导给予的支持和帮助，在此，谨向他们表示衷心的感谢！由于作者专业视野和学术水平有限，错漏和不足之处在所难免，敬请读者批评指正。

本书由广西西江流域生态环境与一体化发展协同创新中心、广西科学研究与技术开发项目计划（桂科合 14125008-2-27）、北部湾环境演变和资源利用省部共建重点实验室建设项目联合资助出版，特此致谢！另外，本书能够顺利出版，得到了经济科学出版社李雪老师的大力支持和真诚帮助，在此一并致谢！

作者
2016 年 6 月

目　　录

1 概述 ··· 1
　1.1 研究背景 ·· 1
　1.2 研究理论价值及实践意义 ··· 3
　1.3 研究思路与方法体系 ··· 5

第一篇　广西西江经济带人口与
城镇化发展研究

2 广西西江经济带人口及城镇化概述 ·· 11
　2.1 人口及城镇化现状 ··· 11
　2.2 人口变动情况 ··· 24
　2.3 人口变动与城镇化驱动因素分析 ·· 33

3 西江经济带人口规模与城镇化发展水平预测 ·· 36
　3.1 西江经济带总人口规模预测 ··· 36
　3.2 西江经济带各城市总人口规模预测 ·· 41
　3.3 西江经济带内部各县（区）总人口规模预测 ······································· 49
　3.4 西江经济带各城市中心城区人口规模预测 ·· 51
　3.5 西江经济带全域城镇化率及城镇人口规模预测 ··································· 52
　3.6 西江经济带各城市城镇化率及城镇人口规模预测 ······························· 54
　3.7 西江经济带内部各县（区）城镇化率及城镇人口规模预测 ················· 57
　3.8 西江经济带各城市农村人口预测 ·· 61
　3.9 西江经济带人口规模与城镇化发展水平预测结果小结 ························ 63

4 西江经济带城镇体系规划 ··· 67
　4.1 西江经济带城镇体系现状 ·· 67

· 1 ·

  4.2 西江经济带多中心网络化城镇结构体系规划 ………………………… 69

5 西江经济带城乡建设用地管控 ………………………………………………… 77
  5.1 西江经济带城乡建设用地现状分析 …………………………………… 77
  5.2 西江经济带城乡建设用地预测 ………………………………………… 87
  5.3 西江经济带城乡建设用地空间管制类型划分 ………………………… 93
  5.4 建设用地空间管制要点 ………………………………………………… 97

第二篇 广西西江经济带市域国土空间优化研究——以来宾市为例

6 来宾市国土空间开发现状及其评价研究 …………………………………… 105
  6.1 来宾市国土空间开发现状 ……………………………………………… 105
  6.2 来宾市国土空间区划指标体系及数据来源 …………………………… 108
  6.3 来宾市国土空间区划指标评价 ………………………………………… 110
  6.4 小结 ……………………………………………………………………… 188

7 来宾市国土空间开发现状综合评价 ………………………………………… 190
  7.1 指标的标准化和归一化 ………………………………………………… 190
  7.2 基于三种评价法的国土空间优化候选方案 …………………………… 192
  7.3 国土空间方案比选 ……………………………………………………… 209
  7.4 国土空间方案确定 ……………………………………………………… 216

8 来宾市国土空间格局 ………………………………………………………… 218
  8.1 城市化格局方案 ………………………………………………………… 218
  8.2 农业生产格局 …………………………………………………………… 224
  8.3 生态安全格局 …………………………………………………………… 231

第三篇 广西西江经济带产业发展与空间布局规划研究——以来宾武宣段为例

9 西江经济带（武宣段）产业现状分析 ……………………………………… 241
  9.1 西江经济带（武宣段）产业发展现状 ………………………………… 241
  9.2 西江经济带（武宣段）产业空间布局现状 …………………………… 253

9.3　西江经济带（武宣段）产业配套发展现状 ……………………… 265

10　西江经济带（武宣段）产业发展战略与定位 ……………………… 274
　　10.1　相关规划解读 ………………………………………………… 274
　　10.2　产业发展战略 ………………………………………………… 281
　　10.3　产业发展定位 ………………………………………………… 283

11　西江经济带（武宣段）产业发展规划 ……………………………… 284
　　11.1　产业发展选择 ………………………………………………… 284
　　11.2　产业发展目标 ………………………………………………… 290
　　11.3　产业发展规划 ………………………………………………… 292

12　西江经济带（武宣段）产业空间布局规划 ………………………… 302
　　12.1　产业空间布局原则与思路 …………………………………… 302
　　12.2　产业空间总体布局规划 ……………………………………… 304
　　12.3　规划区产业布局 ……………………………………………… 307
　　12.4　产业配套规划 ………………………………………………… 317
　　12.5　产业配套重点项目策划及布局 ……………………………… 329

13　西江经济带（武宣段）产业实施保障措施 ………………………… 338
　　13.1　产业政策支持 ………………………………………………… 338
　　13.2　人才智力支撑 ………………………………………………… 341
　　13.3　招商融资保障 ………………………………………………… 342
　　13.4　产业集群发展 ………………………………………………… 343
　　13.5　生态整治优化 ………………………………………………… 344

参考文献 …………………………………………………………………… 346

1

概 述

1.1 研 究 背 景

1.1.1 国家大政方针要求优化国土空间

1）党的十八大报告明确要求优化国土空间

党的十八大报告提出加快构建科学合理的城市化格局、农业发展格局、生态安全格局，其中城市化地区要把增强经济实力作为首要任务，同时要保护好耕地和生态；农产品主产区要把增强农业综合生产能力作为首要任务；重点生态功能区要把增强提供生态产品能力作为首要任务，以保护及优化我们赖以生存的家园，在党的十八大明确要求下西江经济带国土空间优化与重构的研究极具意义。

2）国家新型城镇化健康发展要求优化国土空间

党的十八大报告指出，要坚持走中国特色新型工业化、信息化、城镇化、农业现代化道路，推动信息化和工业化深度融合、工业化和城镇化良性互动、城镇化和农业现代化相互协调，促进工业化、信息化、城镇化、农业现代化同步发展。工业化、信息化、城镇化和农业现代化是资金、人口、厂房、设备、信息等生产要素流动的过程，也是这些生产要素在不同地域重新配置的过程，优化国土空间开发格局，为各地促进新型工业化、信息化、城镇化、农业现代化同步发展提供重要平台和科学路径。新型工业化、信息化、城镇化、农业现代化的同步、互动、融合和协调，取决于生产要素在国土空间的优化配置，土地是企业等市主体和资金、劳动力、设备、厂房等生产要素落地的载体，土地资源的稀缺性和生态属性的差异性，决定了在推进新型工业化、信息化、城镇化和农业现代化的同时，必须按国土空间分区要求，合理布局产业、项目和生产要素。

3）"新常态"经济发展态势要求优化国土空间

经济"新常态"即速度从高速增长转为中高速增长，经济结构不断优化升级，动力从要素驱动、投资驱动转向创新驱动。在国民经济结构、速度及动力"新常态"背景下，土地作为经济活动载体，应进一步向优化及集约方向转化、调整粗放型土地利用方式及解决土地低效率利用问题以助力经济"新常态"持续健康发展。

1.1.2 区域发展机遇催化国土空间优化诉求

1）珠江—西江经济带建设发展上升为国家战略催化了国土空间优化诉求

国家批准实施了《珠江—西江经济带发展规划》，将珠江—西江经济带发展建设上升为国家战略。按照《珠江—西江经济带发展规划》要求，珠江—西江经济带将以"一轴、两核、四组团"进行空间布局，引导产业和人口集聚，形成各有特色、优势互补、分工协作的区域发展板块。广西西江经济带作为重要组成部分，加快发展的任务繁重，国土资源保障发展压力增大。需要通过功能区划、优化区域国土开发格局，推进国土空间科学合理利用，更有力的支持珠江—西江经济带建设的可持续发展。

2）21世纪"海上丝绸之路"与"丝绸之路"经济带有机衔接的重要门户的区域定位催化了国土空间优化诉求

随着"一带一路"国家战略的出台，对广西的定位是21世纪"海上丝绸之路"与"丝绸之路"经济带有机衔接的重要门户，同时提出加快珠江—西江经济带开放发展的要求，使其成为区域发展焦点的同时，优化国土空间以扫清区域发展障碍、匹配区域地位、实现区域飞速发展成为重要诉求。

3）"双核驱动"战略催化国土空间优化诉求

"双核驱动"即将西江经济区与北部湾经济区打造成为广西经济发展两大核心，区域定位赋予西江经济带支撑、引领广西发展历史任务的同时对经济社会各方面提出相应要求，国土空间作为经济发展的空间载体，只有通过对现有国土空间的重塑及不断优化才能与西江经济日趋重要的区域地位相匹配、与日益增强的经济活动相协调。

1.1.3 区域国土空间现状急需进行国土空间优化

长期以来,西江经济带各市通过对国土空间的大力开发,经济社会发展取得了明显成效,但也存在国土空间开发结构不尽合理、利用效率低,局部地区资源环境问题突出,区域、城乡发展差距拉大等一系列问题。与此同时,未来发展既要满足人口增加、经济发展、人民生活改善、基础设施建设,以及新型工业化、城镇化推进等对国土空间的巨大需求,又要为保障国家粮食安全而保住耕地特别是基本农田,还要为保障生态和人民健康而扩大绿色生态空间,国土空间开发面临前所未有的压力。应对这些挑战,必须积极优化国土空间开发格局,通过更精确的功能区划、在更高的层次上深入推进西江经济带经济社会的可持续发展。

1.2 研究理论价值及实践意义

1.2.1 理论价值

1) 提供流域及经济带国土空间研究新思路

研制国土空间规划是建设美好家园的共同选择,优化国土空间开发格局是党的十八大明确提出的战略要求,是实现新型城镇化及区域可持续发展的有效路径,是生态文明建设的首要任务。本书以广西西江经济带的国土空间为研究对象,研究层次由广西西江经济带至市域、县域,研究内容涉及人口规模、城镇化发展水平、城镇体系规模及结构、建设用地管控、市域国土空间开发现状评价、市域国土空间格局优化、县域产业选择、县域产业发展及产业布局等,使大格局与小视野结合、大空间与主要矛盾协调,自上而下有层次、有重点地推进国土空间研究内容、研究层次及研究深度,以期为西江经济带国土空间战略优化转型及格局重构提供有益借鉴。

2) 丰富市域国土空间研究内容

国土空间研究在政府层面及学术层面方兴未艾,其中政府层面,国家和省级主体功能区编制工作取得较大进展且各省主体功能区规划相继出台；学术界樊杰、喻锋、肖金成、郝庆等学者对国家层面国土空间规划理念及思路进行了探究，姜广辉、念沛豪、黄宏源、蔡玉梅等学者以北京、湖南为例对省域层面国土空间优化进行了探究，与此同时市域国土空间研究内容翔实性、主体诉求、执行主体落实等方面研究尚处于探索阶段、研究成果较少，置于经济带背景下的市域国土空间研究也有待进一步深入，本书以广西西江经济带内承东启西战略地位的来宾市为例，以乡镇为评价单元，探究西江经济带内市域国土空间开发现状及格局，以期进一步拓展市域国土空间研究内容。

3）丰富沿江产业及其空间布局研究内容

沿江区域凭借独特的地理位置成为优势特色产业的重要承载区，是沿江行政区内产业空间布局的焦点所在。本书选取武宣县沿江区域进行研究，对沿江产业选择、产业发展及产业空间布局进行实证分析，并提出保障措施确保方案实施落地，丰富沿江产业及其空间布局相关内容。

1.2.2 实践意义

1）提供西江经济带国土空间优化及格局重塑的可行性方案

通过对西江经济带国土空间战略、市域国土空间格局优化及县域产业空间重构研究，明确不同空间层次国土空间发展内容并提供解决路径及优化方案，以期推进西江经济带内国土空间不断优化，经济社会可持续协调发展。

2）提供市域国土空间优化开发可行性方案

本书以来宾市乡镇级行政区为评价单元，对全市及其"一区一市四县"的城市空间、农业空间、生态空间的具体范围及空间格局、重点任务等进行了逐一落实，为全市及"一区一市四县"国土空间格局重构及优化提供科学性与强操作性的方案。

3）提供西江经济带内县域产业空间重构及优化的可行性方案

广西西江经济带内沿江区域具备上承贵州、下联广东的战略优势，对承接产业转移及加强区域间产业互动作用巨大，其空间效用也日益得到当地政府的重视，本书以武宣县西江沿岸为例，对研究区域的主导产业、优势产业进行确定，并对生态岸线、交通道路、港口码头及公共服务设施等产业发展主要问题进行规划，提供了强操作性方案。

1.3 研究思路与方法体系

1.3.1 研究框架

本书以广西西江经济带的国土空间为研究对象，在明确经济带城镇体系及城乡建设用地管控的基础上，选取西江经济带内承上启下区域地位的来宾市为例，探究西江经济带内市域三生空间开发现状及空间优化方案，最后以来宾市武宣县西江沿线为例，落实城镇空间的重要载体——产业发展及其空间布局，具体包涵四大部分、三大主要内容。首先概述全书研究背景、目的意义及思路，主体部分首先从全局把握广西西江经济带内人口、城镇化走势，明确研究区域城镇体系结构及各市建设用地管制要求；然后，以来宾市为例，构建西江经济带内市域国土空间开发现状评价体系并获取评价结果，并以空间优化为目的探究来宾市级各县（市）国土空间的三生格局；最后以来宾市武宣县为例，对武宣县产业选择、发展及空间布局进行规划，并提出保障性措施以促成规划有效地实施，具体研究框架如图1-1所示。

1.3.2 研究内容

本书借助CAD、GIS分析工具，统计分析及计量分析手段，由宏观大格局到微观小尺度依次研究了广西西江经济带国土空间战略、广西西江经济带内来宾市国土空间格局优化及来宾市武宣县产业发展与空间布局。全书共包括三大篇，具体安排如下：

第1章为概述部分。该部分阐明了本书的研究背景、研究目的及意义，理清研究思路，框定研究内容并且拟定研究方法。

第一篇（第2~5章）为广西西江经济带人口与城镇化发展研究，属于广西西江经济带国土空间战略部分。首先，明确西江经济带的人口及城镇化现状并且剖析其人口及城镇化驱动因素；其次，对西江经济带、各市、各县（区）及各市中心城区的人口规模及城镇化率进行预测；再次，以现状及预测结论为基础，确定西江经济带"一主两副"的城镇职能结构，规划其"一区二（组）团、一廊三带"为骨架的倒"T"字型城镇体系空间结构；最后，在对西江经济带总的城乡建设用地、各市城乡建设用地及各市中心城区用地规模及用地效率进行分析的基础上，对城镇建设用地、农村建设用地及各城市中心城区建设用地规模进行预测，明确区域内城乡建设用地空间管制类型及管制要点。

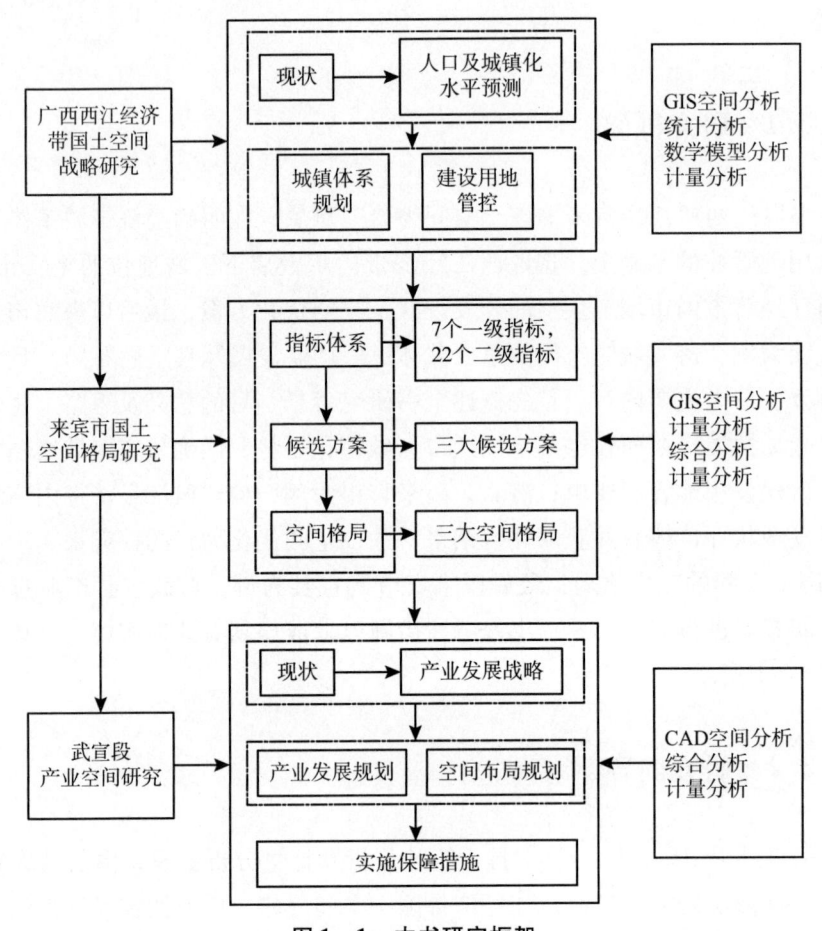

图 1-1　本书研究框架

第二篇（第6~8章）为广西西江经济带市域国土空间优化研究——以来宾市为例，属于西江经济带市域国土空间优化研究部分。首先，以乡镇级行政单元为基础将来宾市划分为70个评价单元，参照相关研究成果尤其是《广西主体功能区规划》所确定的指标，构建来宾市涵盖现有开发水平、水土资源承载力、环境承载力及自然灾害与生态限制性因素四大指标类型的9个一级指标、22个二级指标的国土空间开发评价指标体系，并获取各单元评价结果；其次，采用指数评价法、判别评价法及基于GIS综合评价法对评价结果进行分析，获取基于三种方法的三种国土空间优化候选方案；最后，采用SQL查询分析及定性分析方法结合以确定来宾市及各县（区）城镇空间、农业空间、生态空间范围及格局，规划来宾市"一核两轴三极，核心带动，点轴联动，极向发展"的城市化格局、"两带两区一基地，主副结合"的农业发展格局、"一屏一廊一区，山水相连"的生态安全格局。

第三篇（第9～13章）为广西西江经济带产业发展与空间布局规划研究——以来宾武宣段为例，属于西江经济带县域产业空间实证研究部分。首先，明确第一、第二、第三产业的产业发展及空间布局现状及土地利用、生态岸线建设、交通道路建设、港口码头建设及基础设施建设现状；其次，在科学解读相关规划的基础上，明确武宣县"利用区位、重视交通、发展生态"的产业发展思路、"凭优势、建园区、强交通、保生态、推特色"的产业发展策略及"珠西经济带内河临港经济示范区""珠江—西江产业带生态化先行区""珠江—西江经济带循环农业主产区""珠江—西江经济带现代制造业示范区""珠江—西江经济带综合服务区"的产业定位；最后，结合来宾市国土空间优化方案及西江经济带发展要求，明确武宣县主导产业及特色产业的产业门类，对其产业发展及空间布局进行相关研究及规划，并提出保障性措施以促成产业规划尽快落地实施。

1.3.3 研究方法

本书以西江流域为研究区域并选取了来宾段及武宣段进行实证研究，通过收集大量的文献资料、统计数据、规划资料及政府工作报告等来确保研究工作有理有据有序地进行。研究过程中，除采用规范研究与实证研究、动态研究与静态研究、宏观研究与微观研究、定量研究与定性研究相结合等传统研究方法外，还引入地理信息系统（GIS），计算机辅助设计（CAD）、遥感分析方法（RS）数学模型分析方法及计量分析方法，紧扣西江流域国土空间主题，从人文地理学、产业经济学、城市规划学及土地资源管理学等多学科角度开展探讨和分析。本书所采用的方法主要有：

1）地理信息系统（GIS）分析方法

主要包括自然断点分级、缓冲区分析、空间叠置分析、空间信息查询等方法。

2）遥感（RS）分析方法

主要为图像判别解译与数字高程模型（DEM）数据处理。

3）计算机辅助设计（CAD）分析方法

主要为地理底图处理。

4）数学模型方法

主要为综合增长率预测、国民经济收入法预测、回归分析方法预测及联合国城镇增长率预测法等。

5）计量分析方法

主要为加权求和方法、指数评价方法与判别评价法。

第一篇

广西西江经济带人口与城镇化发展研究

2

广西西江经济带人口及城镇化概述

2.1 人口及城镇化现状

2.1.1 西江经济带人口与城镇化发展现状

1）西江经济带总人口规模现状

西江经济带7个地级市（包括：南宁市、柳州市、梧州市、贵港市、百色市、来宾市、崇左市）2011年地区总人口共计2 760.71万人，其中，常住人口为2 521.73万人，城镇人口为1 123.66万人，农村人口为1 398.07万人，地区城镇化率达44.56%。

同时期，西江经济带7个地级市行政辖区总面积占整个广西行政辖区总面积的55.30%，地区总人口规模占整个广西人口总规模的53.10%，地区总城镇人口占整个广西城镇人口规模的57.87%。（2011年西江经济带各城市地区人口详细数据如表2-1所示）。

表2-1　　2011年西江经济带地区各县（区）人口现状汇总

地区		总人口（万人）	常住人口（万人）	城镇人口（万人）	农村人口（万人）	总人口比例（%）	人口密度（人/平方公里）
南宁市	兴宁区	—	40.50	32.61	7.89	—	539
	青秀区	—	72.25	63.75	8.50	—	829
	江南区	—	57.90	43.39	14.51	—	502
	西乡塘区	—	116.42	99.97	16.45	—	1 041

续表

地区		总人口（万人）	常住人口（万人）	城镇人口（万人）	农村人口（万人）	总人口比例（%）	人口密度（人/平方公里）
南宁市	良庆区	—	35.10	22.58	12.52	—	256
	邕宁区	—	26.25	7.67	18.58	—	203
	南宁市辖区	260.51	348.42	269.97	78.45	9.44	3 370
	武鸣县	68.19	54.85	19.31	35.54	2.47	163
	隆安县	39.63	30.23	7.41	22.82	1.44	134
	马山县	54.28	39.43	8.20	31.23	1.97	168
	上林县	48.54	34.65	9.23	25.42	1.76	185
	宾阳县	101.24	78.92	28.40	50.52	3.67	341
	横县	119.56	86.90	24.85	62.05	4.33	251
	南宁市总计	691.95	673.40	367.34	306.06	25.06	303
柳州市	城中区	—	16.31	16.17	0.14	—	2 100
	鱼峰区	—	35.95	35.95	0.00	—	2 947
	柳南区	—	49.97	49.74	0.23	—	2 749
	柳北区	—	43.25	39.38	3.87	—	1 534
	柳州市辖区	98.50	145.48	141.24	4.24	—	9 330
	柳江县	55.76	56.78	21.78	35.00	2.02	227
	柳城县	40.37	35.61	11.89	23.72	1.46	169
	鹿寨县	46.72	42.38	15.59	26.79	1.69	125
	融安县	31.76	28.72	8.94	19.78	1.15	99
	融水县	48.24	40.47	10.28	30.19	1.75	87
	三江县	37.13	29.95	4.98	24.97	1.34	122
	柳州市总计	358.03	379.39	214.70	164.69	12.97	203
梧州市	万秀区	—	14.04	11.14	2.90	—	345
	蝶山区	—	20.90	16.98	3.92	—	2 518
	长洲区	—	18.90	15.75	3.15	—	1 706
	梧州市辖区	50.54	53.84	43.87	9.97	1.83	4 569
	苍梧县	62.45	55.27	22.83	32.44	2.26	129
	藤县	104.24	84.34	21.94	62.40	3.78	214
	蒙山县	21.26	19.44	6.19	13.25	0.77	152
	岑溪市	91.08	77.96	35.43	42.53	3.30	280
	梧州市总计	329.57	290.85	130.27	160.58	11.94	226
贵港市	港北区	58.55	58.48	41.84	16.64	2.12	573
	港南区	63.40	51.48	15.83	35.65	2.30	473
	覃塘区	56.83	41.09	15.37	25.72	2.06	274
	贵港市辖区	178.78	151.05	73.04	78.01	6.48	1 320
	平南县	143.46	113.69	46.39	67.30	5.20	380
	桂平市	185.27	150.93	55.44	95.49	6.71	370
	贵港市总计	507.51	415.67	174.87	240.8	18.38	389

续表

地区		总人口（万人）	常住人口（万人）	城镇人口（万人）	农村人口（万人）	总人口比例（%）	人口密度（人/平方公里）
百色市	右江区	32.23	37.80	20.58	17.22	1.17	102
	田阳县	34.09	31.54	10.16	21.38	1.23	132
	田东县	41.50	36.00	11.25	24.75	1.50	128
	平果县	47.32	43.80	17.47	26.33	1.71	176
	德保县	35.24	29.97	6.19	23.78	1.28	117
	靖西县	60.95	50.20	10.75	39.45	2.21	151
	那坡县	19.69	15.46	3.29	12.17	0.71	69
	凌云县	19.50	18.70	3.40	15.30	0.71	81
	乐业县	16.81	14.98	3.32	11.66	0.61	57
	田林县	24.51	22.60	4.18	18.42	0.89	40
	西林县	15.23	13.97	3.24	10.73	0.55	47
	隆林县	38.21	34.44	5.42	29.02	1.38	97
	百色市总计	385.28	349.46	99.25	250.21	13.96	96
来宾市	兴宾区	102.43	92.07	33.69	58.38	3.71	209
	忻城县	40.88	31.39	8.06	23.33	1.48	124
	象州县	35.70	28.74	9.60	19.14	1.29	151
	武宣县	43.51	35.60	11.90	23.70	1.58	205
	金秀县	15.35	12.50	3.87	8.63	0.56	50
	合山市	14.00	11.52	6.83	4.69	0.51	329
	来宾市总计	251.87	211.82	73.95	137.87	9.12	157
崇左市	江州区	35.09	32.05	13.40	18.65	1.27	109
	扶绥县	43.50	38.18	14.33	23.85	1.64	135
	宁明县	41.51	33.95	7.31	26.64	1.58	92
	龙州县	26.27	22.40	7.14	15.26	0.99	97
	大新县	36.23	29.88	6.82	23.06	1.35	109
	天等县	43.15	33.35	6.89	26.46	1.64	154
	凭祥市	10.75	11.33	7.40	3.93	0.40	174
	崇左市总计	236.50	201.14	63.28	137.86	8.88	116

资料来源：《广西统计年鉴（2012）》

2）西江经济带人口空间分布状况

从总人口的空间分布来看，以市为单位进行统计，西江经济带7个地级市中南宁市与贵港市两个地级市人口总量较大，地区人口总量都超过了500万规模，两市地区总人口占整个西江经济带总人口的43.45%，来宾市与崇左市人口总量较小，地区人口总量都在250万左右，两市地区总人口仅占整个西江经济带总人口的17.69%。以县为单位进行统计，整个西江经济带人口主要分布在南宁市区

（9.44%）、桂平市（6.71%）、平南县（5.20%）、横县（4.33%）、藤县（3.78%）、兴宾区（3.71%）、宾阳县（3.67%）、柳州市区（3.55%）、岑溪市（3.30%），这些县的人口占整个西江经济带总人口数的43.69%，其余各县人口总数占整个西江经济区总人口数的比例都在3%以下。

从人口密度来看，整个西江经济带中人口较为稠密的地区是鱼峰区、柳南区、蝶山区、城中区、长洲区、柳北区及西乡塘区（如图2-1所示），以上各区都属于市辖区，辖区人口密度均在1 000人/平方公里以上，最高的鱼峰区辖区人口密度达到2 974人/平方公里。融安县、隆林各族自治县、龙州县、宁明县、融水苗族自治县、凌云县、那坡县、乐业县、金秀瑶族自治县、西林县及田林县人口相对稀疏，辖区人口密度都在100人/平方公里以下，其中田林县人口密度仅为40人/平方公里。

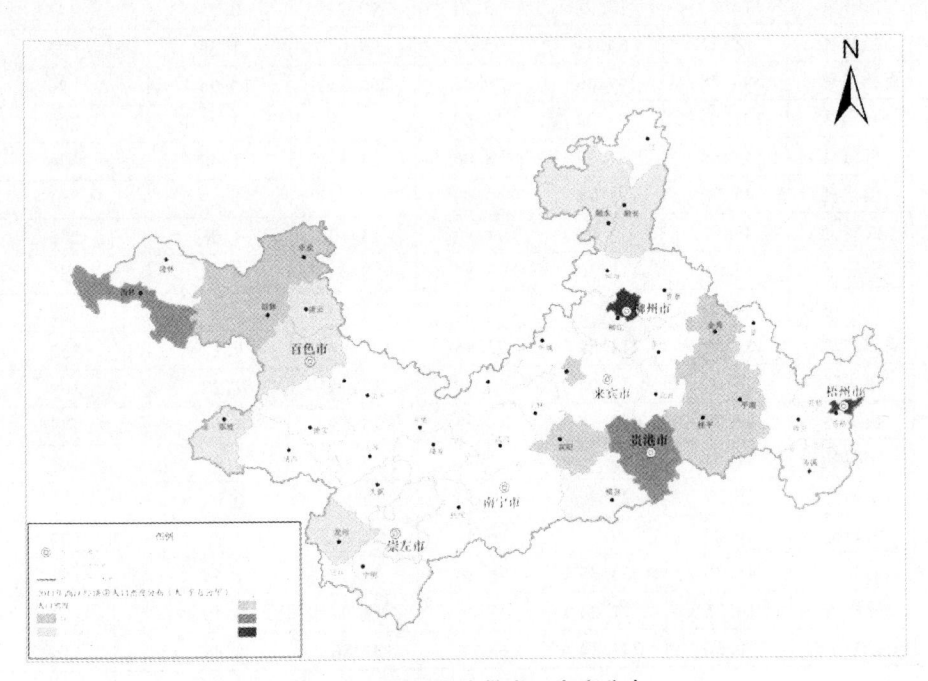

图2-1 西江经济带人口密度分布

3）西江经济带城镇化发展现状评价

地区城镇化发展程度通常以城镇常住人口占该地区常住总人口的比重来衡量。根据发达国家城镇化发展的历史经验，随着经济发展水平的提高，一个地区的城镇化进程会呈现出"S"型的变动轨迹，全过程可粗略划分为三个阶段：城镇化水平低于30%的低速增长阶段、在30%~70%的高速增长阶段和高于70%

的成熟城镇化阶段。

2011年西江经济带地区的城镇化率为44.56%，由此可以判断，当前西江经济带的城镇化发展进程正处于高速增长阶段，未来一段时期西江经济带区域内城镇化及工业化将成为地区经济社会增长的重要的推动力，区域城镇化率将得到快速的提升。当前西江经济带城镇化发展的特点可以从以下两个方面进行概括。

（1）从纵向发展看，当前西江经济带地区的城镇化进程已经进入了高速增长阶段

根据第五次全国人口普查数据显示，2000年广西城镇人口为694.694万人，城镇化率为29.39%。经过10余年的发展，整个西经济带经济社会各领域得到了全面的发展，根据第六次全国人口普查数据显示，2010年广西城镇人口已经达1849万人，城镇化率上升至40.10%。与2000年同期相比，城镇人口增加了428.966万人，城镇化率增加15.17个百分点。而随着西江经济带城镇化水平跨过30%的拐点，说明整个西江经济带城镇化进程已经进入到了高速增长的发展阶段，地区城镇化发展进入到了一个新的时期。

（2）从横向对比看，当前西江经济带城镇化水平整体上仍偏低

广西是全国人口最多的民族自治区，也是一个典型的后发展欠发达地区。虽然改革开放以来，特别是"十一五"时期，广西经济社会发展取得巨大成就，综合实力跃上新台阶，发展活力进一步增强。但必须看到，当前广西城镇化水仍明显低于全国平均水平，人均经济发展水平依然滞后于全国平均水平。2011年年末，全国城镇化率达到51.27%，西江经济带仅为44.56%，低于全国水平6.71个百分点。西江经济带内除南宁市、柳州市达到全国平均水平外，其他各市城镇化率均在45%左右，中心城镇普遍在30%以下。新的发展时期西江经济带城镇化建设依旧任重道远。

2.1.2 西江经济带各市人口与城镇化发展现状

1）南宁市人口与城镇化现状

（1）南宁市人口概况

南宁市位于广西中部偏南地区，全市辖青秀区、兴宁区、江南区、良庆区、邕宁区、西乡塘区、横县、隆安县、武鸣县、马山县、上林县、宾阳县12个县（区）。截至2011年年末，南宁市总人口数为691.95万人，非农业人口数为188.95万人，农业人口503万人，城镇人口367.34万人，城镇化水平为54.55%，城镇化发展已经进入为高速发展阶段，城镇化发展速度加快。

(2) 南宁市人口空间分布状况

从总人口的空间分布来看,南宁市的人口主要分布在西乡塘区(16.82%)、横县(12.56%)、宾阳县(11.41%)、青秀区(10.44%),这些县(区)的人口共占南宁市总人口的51.23%,其余各县(区)占南宁市总人口比例都在3%~9%左右。

从人口密度来看,南宁市人口在地理区位分布上差异较大,总体来说市辖区人口稠密,外围县区人口稀疏。人口较为稠密的地区是西乡塘区、青秀区、兴宁区、江南区4个县(区),人口密度都达到500人/平方公里以上,远高于市平均密度384人/平方公里;良庆、邕宁、宾阳县及横县的人口密度在200~350人/平方公里;剩余的武鸣县、隆安县、马山县、上林县4个县(区)人口比较稀疏,人口密度都在100~200人/平方公里。

南宁市各县(区)总人口及人口密度数据如表2-2所示。

表2-2　　　　　　　　　南宁市2011年人口统计

地区	总人口 (万人)	常住人口 (万人)	城镇人口 (万人)	农村人口 (万人)	人口密度 (人/平方公里)	城镇化水平 (%)
兴宁区	—	40.50	32.61	7.89	539	80.52
青秀区	—	72.25	63.75	8.50	829	88.24
江南区	—	57.90	43.39	14.51	502	74.94
西乡塘区	—	116.42	99.97	16.45	1 041	85.87
良庆区	—	35.10	22.58	12.52	256	64.33
邕宁区	—	26.25	7.67	18.58	203	29.22
南宁市辖区	260.51	348.42	269.97	78.45	3 370	22.52
武鸣县	68.19	54.85	19.31	35.54	163	35.21
隆安县	39.63	30.23	7.41	22.82	134	24.51
马山县	54.28	39.43	8.20	31.23	168	20.80
上林县	48.54	34.65	9.23	25.42	185	26.64
宾阳县	101.24	78.92	28.40	50.52	341	35.99
横县	119.56	86.90	24.85	62.05	251	28.60
总计	**691.95**	**673.4**	**367.34**	**306.06**	**303**	**54.55**

资料来源:《广西统计年鉴(2012)》

(3) 南宁市城镇化发展分析

从全区各市发展情况来看,2011年南宁市的城镇化水平在全区14个市中排名第二,仅次于柳州市。2000~2011年,南宁市城镇化率年均增加1.52个百分点,城镇化发展速度较快。

从全区县域发展水平来看,2011年在全区111个县(区)中,兴宁区、青秀区、西乡塘区、江南区、良庆区、宾阳县、武鸣县、邕宁区、横县、上林县、隆安县、马山县分别居第1、第10、第12、第17、第22、第47、第49、第71、第74、第75、第86、第99位。

2011年在西江经济带59个县（区）中，兴宁区、青秀区、西乡塘区、江南区、良庆区、宾阳县、武鸣县、邕宁区、横县、上林县、隆安县、马山县县域发展水平分别居第1、第6、第7、第11、第14、第28、第29、第40、第41、第42、第46、第53位。

2）柳州市人口与城镇化现状

（1）柳州市人口概况

柳州全市辖城中区、鱼峰区、柳南区、柳北区、柳江县、柳城县、鹿寨县、融安县、融水苗族自治县、三江侗族自治县10个县（区）。截至2011年年末，柳州市总人口数为358.03万人，非农业人口数为122.22万人，农业人口235.81万人，城镇人口214.70万人，城镇化水平为56.59%，城镇化发展已经进入高速发展阶段。

（2）柳州市人口空间分布状况

从总人口的空间分布来看，柳州市的人口主要分布在柳江县（14.97%）、柳南区（13.17%）、柳北区（11.40%）、鹿寨县（11.17%）、融水苗族自治县（10.67%），这些县（区）的人口共占柳州市总人口的61.37%，其余各县（区）占柳州市总人口比例都在10%以下。

从人口密度来看，柳州市人口在地理区位分布上差异明显，市辖区人口稠密，外围县区人口稀疏。人口较为稠密的地区是城中区、鱼峰区、柳南区及柳北区4个县（区），人口密度都达到1 500人/平方公里以上，远高于市平均密度1 015人/平方公里；柳江县、柳城县、鹿寨县及三江侗族自治县的人口密度在100～250人/平方公里；剩余的融安县与融水苗族自治县两县（区）人口比较稀疏，人口密度都在100人/平方公里以下，其中田林县人口密度低至87人/平方公里。

柳州市各县（区）总人口及人口密度数据如表2-3所示。

表2-3　　　　　　　　柳州市2011年人口统计

地区	总人口（万人）	常住人口（万人）	城镇人口（万人）	农村人口（万人）	人口密度（人/平方公里）	城镇化水平（%）
城中区	—	16.31	16.17	0.14	2 100	99.15
鱼峰区	—	35.95	35.95	0.00	2 947	100.00
柳南区	—	49.97	49.74	0.23	2 749	99.53
柳北区	—	43.25	39.38	3.87	1 534	91.06

续表

地区	总人口（万人）	常住人口（万人）	城镇人口（万人）	农村人口（万人）	人口密度（人/平方公里）	城镇化水平（%）
市辖区	98.50	145.48	141.24	4.24	9 330	97.09
柳江县	55.76	56.78	21.78	35.00	227	38.36
柳城县	40.37	35.61	11.89	23.72	169	33.38
鹿寨县	46.72	42.38	15.59	26.79	125	36.79
融安县	31.76	28.72	8.94	19.78	99	31.14
融水苗族自治县	48.24	40.47	10.28	30.19	87	25.41
三江侗族自治县	37.13	29.95	4.98	24.97	122	16.64
总计	358.03	379.39	214.70	164.69	203	56.59

资料来源：《广西统计年鉴（2012）》

（3）柳州市城镇化发展分析

从全区各市发展情况来看，2011 年柳州市的城镇化水平在全区 14 个市中排名第一。2000~2011 年，柳州市城镇化率年均增加 1.39 个百分点，城镇化发展速度较快。

从全区县域发展水平来看，2011 年在全区 111 个县（区）中，鱼峰区、柳南区、城中区、柳北区、柳江县、鹿寨县、柳城县、融安县、融水苗族自治县、三江侗族自治县分别居第 2、第 3、第 5、第 9、第 38、第 44、第 55、第 65、第 81、第 108 位。

从西乡经济带县域发展水平来看，2011 年在系西江经济带 59 个县（区）中，鱼峰区、柳南区、城中区、柳北区、柳江县、鹿寨县、柳城县、融安县、融水苗族自治县、三江侗族自治县分别居第 2、第 3、第 4、第 5、第 22、第 25、第 32、第 37、第 45、第 58 位。

3）梧州市人口与城镇化现状

（1）梧州市人口概况

梧州位于广西东部，全市辖万秀区、蝶山区、长洲区、苍梧县、藤县、蒙山县、岑溪市 7 个县（区）。截至 2011 年年末，梧州市总人口数为 329.57 万人，非农业人口数为 62.03 万人，农业人口 267.54 万人，城镇人口 130.27 万人，城镇化水平为 44.79%，地区城镇化进程已经步入了加速发展的阶段。

（2）梧州市人口空间分布状况

从总人口的空间分布来看，梧州市的常住人口主要分布在藤县（29.00%）及岑溪市（26.80%），两县（区）的人口共占梧州市常住总人口的 55.80%，苍梧县辖区人口占梧州市常住总人口的19.00%；其余各县（区）占梧州市总人口比例都在10%以下。

从人口密度来看，梧州市人口在地理区位分布上差异也比较明显，市辖区人口稠密，外围县区人口稀疏。人口较为稠密的地区是蝶山区与长洲区2个县（区），人口密度都达到1 500人/平方公里以上，远高于市平均密度763人/平方公里；剩余的万秀区、苍梧县、藤县、蒙山县及岑溪市5县（区）人口比较稀疏，人口密度都在350人/平方公里以下，其中苍梧县人口密度最低，为129人/平方公里。

梧州市各县（区）总人口及人口密度数据如表2-4所示。

表2-4 梧州市2011年人口统计

地区	总人口（万人）	常住人口（万人）	城镇人口（万人）	农村人口（万人）	人口密度（人/平方公里）	城镇化水平（%）
万秀区	—	14.04	11.14	2.90	345	79.36
蝶山区	—	20.90	16.98	3.92	2 518	81.23
长洲区	—	18.90	15.75	3.15	1 706	83.33
市辖区	50.54	53.84	43.87	9.97	4 569	81.48
苍梧县	62.45	55.27	22.83	32.44	129	41.31
藤县	104.24	84.34	21.94	62.40	214	26.01
蒙山县	21.26	19.44	6.19	13.25	152	31.86
岑溪市	91.08	77.96	35.43	42.53	280	45.45
总计	329.57	290.85	130.27	160.58	226	44.79

资料来源：《广西统计年鉴（2012）》

（3）梧州市城镇化发展分析

从全区各市发展情况来看，2011年梧州市城镇化率为44.79%，城镇化水平在全区14个市中排名第五，仅次于柳州市、南宁市、北海市及防城港市。2000～2011年，梧州市城镇化率年均增加1.34个百分点，城镇化发展速度较快。

从全区县域发展水平来看，2011年在全区111个县（区）中，长洲区、蝶山区、万秀区、岑溪市、苍梧县、蒙山县、藤县分别居第13、第14、第15、第30、第32、第61、第77位。

从西乡经济带县域发展水平来看，2011年在系西江经济带59个县（区）中，长洲区、蝶山区、万秀区、岑溪市、苍梧县、蒙山县、藤县分别居第8、第9、第10、第17、第19、第35、第43位。

4）贵港市人口与城镇化现状

（1）贵港市人口概况

贵港市位于广西东南部，全市辖港北区、港南区、覃塘区、平南县及桂平市5个县（区）。截至2011年年末，贵港市总人口数为507.51万人，非农业人口数为54.23万人，农业人口453.28万人，城镇人口174.87万人，城镇化水平为42.07%，城镇化发展阶段已经进入了加速发展的阶段。

（2）贵港市人口空间分布状况

从总人口的空间分布来看，贵港市的常住人口主要分布在桂平市（36.31%）及平南县（27.35%），两县（区）的人口共占贵港市常住总人口的63.66%；其余各县（区）占贵港市总人口比例都在15%以下。

从人口密度来看，贵港市人口在地理区位分布上差异不明显，地区人口分布密度较为均衡。辖区内港北区、港南区、覃塘区、平南县、桂平市5县（区）人口密度分别为573人/平方公里以上、473人/平方公里、274人/平方公里、380人/平方公里、370人/平方公里，全市平均人口密度为389人/平方公里。

贵港市各县（区）总人口及人口密度数据如表2-5所示。

表2-5　　　　　　　贵港市2011年人口统计

地区	总人口（万人）	常住人口（万人）	城镇人口（万人）	农村人口（万人）	人口密度（人/平方公里）	城镇化水平（%）
港北区	58.55	58.48	41.84	16.64	573	71.55
港南区	63.40	51.48	15.83	35.65	473	30.75
覃塘区	56.83	41.09	15.37	25.72	274	37.41
市辖区	178.78	151.05	73.04	78.01	1 320	48.35
平南县	143.46	113.69	46.39	67.30	380	40.80
桂平市	185.27	150.93	55.44	95.49	370	36.73
总计	507.51	415.67	174.87	240.8	389	42.07

资料来源：《广西统计年鉴（2012）》

（3）贵港市城镇化发展分析

从全区各市发展情况来看，2011年贵港市城镇化率为42.07%，城镇化水平在全区14个市中排名第五，仅次于柳州市、南宁市、北海市、防城港市及梧州市。2000~2011年，贵港市城镇化率年均增加1.55个百分点，城镇化发展速度较快。

从全区县域发展水平看，2011年在全区111个县（区）中，港北区、平南县、覃塘区、桂平市、港南区分别居第19、第34、第41、第45、第68位。

从西乡经济带县域发展水平来看，2011年在系西江经济带59个县（区）中，港北区、平南县、覃塘区、桂平市、港南区分别居第12、第20、第24、第26、第39位。

5）百色市人口与城镇化现状

（1）百色市人口概况

百色市地处广西西部，全市辖右江区、田阳县、田东县、平果县、德保县、靖西县、那坡县、凌云县、乐业县、田林县、西林县、隆林各族自治县12个县（区）。2011年百色市常住人口为349.46万人，城镇人口为99.25万人，农村人口为250.21万人，城镇化率达28.40%。

（2）百色市人口空间分布状况

从总人口的空间分布来看，百色市的人口主要分布在靖西县、平果县、田东县、隆林县，这些县的人口占百色市总人口的49%左右，各县占百色市总人口比例都在10%~15%左右。凌云县、那坡县、乐业县、西林县人口占总人口的比例最低，占百色总人口的比例都在6%以下。

从人口密度来看，百色市人口在地理区位分布上差异较大，总体来说东南部人口稠密，北部人口稀疏。人口较为稠密的地区是平果县、靖西县、田东县、田阳县、德保县5个县（市），人口密度都达到140人/平方公里以上，高于市平均密度97人/平方公里；隆林各族自治县、凌云县、那坡县、右江区4个县（区）的人口密度在90~120人/平方公里。剩余的乐业县、西林县、田林县3县人口比较稀疏，都在70人/平方公里以下，其中田林县人口密度低至46人/平方公里。

百色市各县（区）总人口及人口密度数据如表2-6所示。

表2-6　　　　　　百色市2011年人口统计

地区	总人口（万人）	常住人口（万人）	城镇人口（万人）	农村人口（万人）	人口密度（人/平方公里）	城镇化水平（%）
右江区	32.23	37.8	20.58	17.22	102	54.45
田阳县	34.09	31.54	10.16	21.38	132	32.22
田东县	41.50	36.00	11.25	24.75	128	31.24
平果县	47.32	43.80	17.47	26.33	176	39.89
德保县	35.24	29.97	6.19	23.78	117	20.66
靖西县	60.95	50.20	10.75	39.45	151	21.41
那坡县	19.69	15.46	3.29	12.17	69	21.26
凌云县	19.50	18.70	3.40	15.30	81	18.16
乐业县	16.81	14.98	3.32	11.66	57	22.18
田林县	24.51	22.60	4.18	18.42	40	18.51

续表

地区	总人口（万人）	常住人口（万人）	城镇人口（万人）	农村人口（万人）	人口密度（人/平方公里）	城镇化水平（%）
西林县	15.23	13.97	3.24	10.73	47	23.16
隆林县	38.21	34.44	5.42	29.02	97	15.74
总计	385.28	349.46	99.25	250.21	96	28.40

资料来源：《广西统计年鉴（2012）》

（3）百色市城镇化发展分析

从全区各市发展情况来看，2011年百色市的城镇化水平在全区14个市中排在最后一位，且城镇化水平年平均增长率较低：2000~2011年，百色市城镇化率年均增加0.97个百分点，发展速度比较缓慢。

从全区县域发展水平来看，2011年在全区111个县（区）中，右江区、田阳县、田东县、平果县、德保县、靖西县、那坡县、凌云县、乐业县、田林县、西林县、隆林县分别居第27、第57、第63、第35、第101、第97、第98、第107、第94、第105、第89、第109位。

从西江经济带县域发展水平来看，右江区、田阳县、田东县、平果县、德保县、靖西县、那坡县、凌云县、乐业县、田林县、西林县、隆林县分别居第3、第9、第11、第5、第23、第20、第21、第28、第18、第26、第15、第29位。

6）来宾市人口与城镇化现状

（1）来宾市人口概况

来宾市位居广西中部，全市辖兴宾区、忻城县、象州县、武宣县、金秀瑶族自治县及合山市共6个县（区）。截至2011年年末，来宾市总人口数为251.88万人，非农业人口数为36.85万人，农业人口215.03万人，城镇人口73.95万人，城镇化水平为34.91%。城镇化发展阶段为加速阶段，城镇化发展速度加快。

（2）来宾市人口空间分布状况

从总人口的空间分布来看，来宾市的人口主要分布在兴宾区，仅兴宾区人口就占来宾市总人口的43.47%，忻城县、象州县及武宣县占来宾市总人口的比例都在10%~17%之间。金秀瑶族自治县及合山市人口占来宾总人口的比例较低，分别占来宾总人口比例的5.90%及5.44%。

从人口密度来看，除去金秀瑶族自治县，来宾市人口在地理区位分布上差异不大，区域人口密度较为均衡。区域内兴宾区、忻城县、象州县、武宣县及合山市的地区人口密度分别为209人/平方公里、124人/平方公里、151人/平方公里、205人/平方公里、329人/平方公里。剩余的金秀瑶族自治县人口比较稀疏，地区人口密度仅为50人/平方公里。整个来宾市地区人口密度为157人/平方公里。

来宾市各县（区）总人口及人口密度数据如表2-7所示。

表2-7　　　　　　　　来宾市2011年人口统计

地区	总人口（万人）	常住人口（万人）	城镇人口（万人）	农村人口（万人）	人口密度（人/平方公里）	城镇化水平（%）
兴宾区	102.43	92.07	33.69	58.38	209	36.59
忻城县	40.88	31.39	8.06	23.33	124	25.68
象州县	35.70	28.74	9.60	19.14	151	33.41
武宣县	43.51	35.60	11.90	23.70	205	33.42
金秀县	15.35	12.50	3.87	8.63	50	30.94
合山市	14.00	11.52	6.83	4.69	329	59.25
总计	251.87	211.82	73.95	137.87	157	34.91

资料来源：《广西统计年鉴（2012）》

（3）来宾市城镇化发展分析

从全区各市发展情况来看，2011年来宾市城镇化率为34.91%，地区城镇化水平在全区14个市中排在第10位，处于中下水平。2000~2011年，来宾市城镇化率年均增加1.31个百分点，城镇化速度较快。

从全区县域发展水平来看，2011年在全区111个县（区）中，合山市、兴宾区、武宣县、象州县、金秀瑶族自治县、忻城县分别居第25、第46、第53、第54、第66、第79位。

从西江经济带县域发展水平来看，合山市、兴宾区、武宣县、象州县、金秀县、忻城县分别居第15、第27、第30、第31、第38、第44位。

7）崇左市人口与城镇化现状

（1）崇左市人口概况

崇左市位于广西西南部，辖江州区、扶绥县、大新县、天等县、龙州县、宁明县5个县，代管县级凭祥市。2011年崇左市常住人口为201.14万人，城镇人口63.28万人，农村人口137.86万人，城镇化率达31.46%。

（2）崇左市人口空间分布状况

从总人口的空间分布来看，崇左市的人口主要分布在扶绥县、天等县、宁明县，这些县的人口占崇左市总人口的55%左右，各县占崇左市总人口比例都在17%以上。大新县、江州区、龙州县3个县中各县的人口占崇左市总人口的比例在10%~15%之间。凭祥市人口占崇左市总人口的比重最低，仅占崇左市总人口的4.56%。

从人口密度来看，崇左市人口密度较大的是天等县、凭祥市、扶绥县3个县（市），人口密度都达到160人/平方公里以上，远高于崇左市平均密度141人/平方公里；大新县、江州区、龙州县、宁明县4县的人口密度较低，均低于崇左市平均人口密度。

崇左市各县（区）总人口及人口密度数据如表2-8所示。

表2-8　　　　　　　　崇左市2011年人口统计

地区	总人口（万人）	常住人口（万人）	城镇人口（万人）	农村人口（万人）	人口密度（人/平方公里）	城镇化水平（%）
江州区	35.09	32.05	13.40	18.65	109	41.82
扶绥县	43.50	38.18	14.33	23.85	135	37.52
宁明县	41.51	33.95	7.31	26.64	92	21.53
龙州县	26.27	22.40	7.14	15.26	97	31.88
大新县	36.23	29.88	6.82	23.06	109	22.82
天等县	43.15	33.95	6.89	26.46	154	20.67
凭祥市	10.75	11.33	7.40	3.93	174	65.34
总计	236.50	201.14	63.28	137.86	116	31.46

资料来源：《广西统计年鉴（2012）》

（3）崇左市城镇化发展分析

从全区各市发展情况来看，2011年崇左市的城镇化水平在全区14个市中排在第12位，排名比较靠后，但城镇化水平年平均增长率较高：2000~2011年，崇左市城镇化率年均增加1.16个百分点，发展速度比较快。

从全区县域发展水平来看，2011年在全区111个县（区）中，江州区、扶绥县、宁明县、龙州县、大新县、天等县、凭祥市分别居第31、第40、第96、第60、第91、第100、第21位。

从西江经济带县域发展水平来看，江州区、扶绥县、宁明县、龙州县、大新县、天等县、凭祥市分别居4、第7、第19、第10、第16、第22、第1位。

2.2　人口变动情况

依据第六次全国人口普查公报及2011年人口调查抽样数据，本书从总人口、常住人口、城镇人口、农村人口四个方面对西江经济7个城市近10年来的人口发展变化状况进行了分析。

2.2.1 总体上各县（区）总人口持续增长

如表 2-9 所示，近 10 年来，西江经济带 7 个城市大部分县（区）的总人口处于增长的状态，辖区总人口绝对数量不断增加，整个西江经济带地区总人口 2000~2011 年期间平均增长 1.6‰，其中，隆安县、马山县、上林县、横县、岑溪市、港南区、平南县、桂平市、德保县、靖西县、武宣县、天等县 12 个县总人口增长较为迅猛，近 10 年来的增长率达到 20‰以上。苍梧县、右江区、柳州市市辖区、南宁市市辖区地区总人口出现了负增长。

表 2-9　　西江经济带各县（区）2000~2011 年总人口发展情况

地区		总人口（万人）		2000~2011 年
		2011 年	2000 年	增长率（‰）
南宁市	市辖区	260.51	261.86	-0.47
	武鸣县	68.19	60.31	11.23
	隆安县	39.63	31.33	21.59
	马山县	54.28	39.94	28.28
	上林县	48.54	38.00	22.50
	宾阳县	101.24	85.29	15.71
	横县	119.56	88.97	27.23
	南宁市小计	**691.95**	**605.70**	**12.18**
柳州市	市辖区	98.05	122.04	-19.70
	柳江县	55.76	52.33	5.79
	柳城县	40.37	35.61	11.47
	鹿寨县	46.72	41.87	10.01
	融安县	31.76	28.30	10.54
	融水县	48.24	42.56	11.45
	三江县	37.13	30.41	18.32
	柳州市小计	**358.03**	**353.13**	**1.25**
梧州市	市辖区	50.54	38.10	26.02
	苍梧县	62.45	64.69	-3.20
	藤县	104.24	84.86	18.88
	蒙山县	21.26	18.79	11.29
	岑溪市	91.08	73.16	20.12
	梧州市小计	**329.57**	**241.51**	**28.66**
贵港市	港北区与覃塘区	115.38	102.07	11.21
	港南区	63.40	39.24	44.58
	平南县	143.46	105.58	28.26
	桂平市	185.27	135.90	28.57
	贵港市小计	**507.51**	**382.79**	**25.97**

续表

地区		总人口（万人）		2000~2011年增长率（%）
		2011年	2000年	
百色市	右江区	32.23	34.05	-4.98
	田阳县	34.09	29.20	14.18
	田东县	41.50	36.01	12.98
	平果县	47.32	39.28	17.07
	德保县	35.24	27.63	22.36
	靖西县	60.95	45.63	26.67
	那坡县	19.69	17.02	13.34
	凌云县	19.50	17.56	9.57
	乐业县	16.81	14.48	13.66
	田林县	24.51	23.68	3.14
	西林县	15.23	13.93	8.14
	隆林县	38.21	34.75	8.67
	百色市小计	**385.28**	**333.21**	**13.29**
来宾市	兴宾区	102.43	83.98	18.22
	忻城县	40.88	34.36	15.92
	象州县	35.70	29.35	17.96
	武宣县	43.51	34.78	20.57
	金秀县	15.35	13.49	11.81
	合山市	14.00	13.12	5.92
	来宾市小计	**251.88**	**209.09**	**17.07**
崇左市	江州区	35.09	30.62	12.46
	扶绥县	43.50	36.64	15.72
	宁明县	41.51	34.30	17.50
	龙州县	26.27	25.58	2.42
	大新县	36.23	31.43	13.00
	天等县	43.15	31.14	30.10
	凭祥市	10.75	10.70	0.42
	崇左市小计	**236.5**	**200.42**	**15.16**

资料来源：《广西统计年鉴（2012）》

2.2.2 各县（区）常住人口总量各有增减

2000~2011年，在西江经济带59个县（区）中，常住人口总量属于增长发展的县（区）有37个，分别是梧州市辖区（包括万秀区、蝶山区、长洲区）、南宁市辖区（包括兴宁区、青秀区、江南区、西乡塘区、良庆区、邕宁区）、港南区、柳州市辖区（包括城中区、鱼峰区、柳南区、柳北区）、平果县、桂平市、右江区、靖西县、兴宾区、柳江县、德保县、田阳县、平南县、天等县、岑溪市、凌云县、凭祥市、江州区、扶绥县、蒙山县、乐业县、武宣县、融安县、鹿寨县、西林县、柳城县、田东县。而剩下的22个县（区）的常住人口较2000年相比，呈现出减少的趋势（2000~2011年西江经济带各县（区）常住人口详细数据如表2-10所示）。

表2-10　西江经济带各县（区）2000~2011年常住人口发展情况

地区		常住人口（万人）		2000~2011年增长率（%）
		2011年	2000年	
南宁市	市辖区	348.42	261.86	26.30
	武鸣县	54.85	60.31	-8.59
	隆安县	30.23	31.33	-3.24
	马山县	39.43	39.94	-1.17
	上林县	34.65	38.00	-8.35
	宾阳县	78.92	85.29	-7.03
	横县	86.90	88.97	-2.14
	南宁市小计	**673.4**	**605.70**	**9.68**
柳州市	市辖区	145.48	122.04	16.10
	柳江县	56.78	52.33	7.45
	柳城县	35.61	35.61	0.00
	鹿寨县	42.38	41.87	1.10
	融安县	28.72	28.30	1.34
	融水县	40.47	42.56	-4.57
	三江县	29.95	30.41	-1.38
	柳州市小计	**379.39**	**353.13**	**6.54**
梧州市	市辖区	53.84	38.10	31.94
	苍梧县	55.27	64.69	-14.21
	藤县	84.34	84.86	-0.56
	蒙山县	19.44	18.79	3.10
	岑溪市	77.96	73.16	5.79
	梧州市小计	**290.85**	**279.61**	**3.59**
贵港市	港北区与覃塘区	99.57	102.07	-2.25
	港南区	51.48	39.24	24.99
	市辖区	151.05	141.31	6.08
	平南县	113.69	105.58	6.75
	桂平市	150.93	135.90	9.58
	贵港市小计	**415.67**	**382.79**	**7.52**

续表

地区		常住人口（万人）		2000~2011年增长率（%）
		2011年	2000年	
百色市	右江区	37.80	34.05	9.54
	田阳县	31.54	29.20	7.03
	田东县	36.00	36.01	-0.03
	平果县	43.80	39.28	9.95
	德保县	29.97	27.63	7.42
	靖西县	50.20	45.63	8.71
	那坡县	15.46	17.02	-8.70
	凌云县	18.70	17.56	5.73
	乐业县	14.98	14.48	3.09
	田林县	22.60	23.68	-4.23
	西林县	13.97	13.93	0.26
	隆林县	34.44	34.75	-0.81
	百色市小计	**349.46**	**333.21**	**4.34**
来宾市	兴宾区	92.07	83.98	8.40
	忻城县	31.39	34.36	-8.18
	象州县	28.74	29.35	-1.91
	武宣县	35.60	34.78	2.12
	金秀县	12.50	13.49	-6.91
	合山市	11.52	13.12	-11.75
	来宾市小计	**211.82**	**209.09**	**1.18**
崇左市	江州区	32.05	30.62	4.16
	扶绥县	38.18	36.64	3.75
	宁明县	33.95	34.30	-0.93
	龙州县	22.40	25.58	-12.00
	大新县	29.88	31.43	-4.59
	天等县	33.35	31.14	6.25
	凭祥市	11.33	10.70	5.21
	崇左市小计	**201.14**	**200.42**	**0.33**

将2011年的常住人口与总人口相比较，可以发现，2011年仅有南宁市辖区（包括兴宁区、青秀区、江南区、西乡塘区、良庆区、邕宁区）、柳州市辖区（包括城中区、鱼峰区、柳南区、柳北区）、右江区、梧州市辖区（包括万秀区、蝶山区、长洲区）、柳江县、凭祥市这些地区的常住人口数大于总人口数，即只有这16个县（区）对人口有较强的吸引力，其他县（区）人口有向外流动的趋势。

2.2.3 各县（区）城镇化率明显提高

2000~2011年近10年来，在社会经济发展的带动下，西江经济带59个县（区）的城镇化进程明显加速。除梧州市辖区、西林县、凭祥市的城镇人口绝对数量有所减少外，其他54个县（区）城镇人口快速增长，且城镇人口在常住人口中的比重越来越高。2000~2011年西江经济带各县（区）城镇人口数据如表2-11所示。

表2-11　西江经济带各县（区）2000~2011年城镇人口发展情况

地区		城镇人口（万人）		城镇化水平（%）	
		2011年	2000年	2011年	2000年
南宁市	市辖区	269.96	166.72	77	64
	武鸣县	19.31	11.86	35	20
	隆安县	7.41	4.75	25	15
	马山县	8.20	5.89	21	15
	上林县	9.23	6.06	27	16
	宾阳县	28.40	20.89	36	24
	横县	24.85	13.30	29	15
	南宁市小计	**367.34**	**229.47**	**55**	**38**
柳州市	市辖区	141.24	104.35	97	86
	柳江县	21.78	14.66	38	28
	柳城县	11.89	6.58	33	18
	鹿寨县	15.59	5.76	37	14
	融安县	8.94	6.86	31	24
	融水县	10.28	4.98	25	12
	三江县	4.98	2.75	17	9
	柳州市小计	**214.70**	**145.93**	**57**	**41**
梧州市	市辖区	43.87	35.44	81	93
	苍梧县	22.83	12.23	41	19
	藤县	21.94	13.64	26	16
	蒙山县	6.19	3.17	32	17
	岑溪市	35.43	19.62	45	27
	梧州市小计	**130.27**	**84.10**	**45**	**30**

续表

地区		城镇人口（万人）		城镇化水平（%）	
		2011 年	2000 年	2011 年	2000 年
贵港市	港北区与覃塘区	57.21	37.06	57	36
	港南区	15.83	11.07	31	28
	平南县	46.39	19.98	41	19
	桂平市	55.44	27.70	37	20
	贵港市小计	**174.87**	**95.81**	**42**	**25**
百色市	右江区	20.58	13.72	54	40
	田阳县	10.16	6.00	32	21
	田东县	11.25	9.34	31	26
	平果县	17.47	9.32	40	24
	德保县	6.19	0.60	21	2
	靖西县	10.75	6.30	21	14
	那坡县	3.29	1.51	21	9
	凌云县	3.40	1.70	18	10
	乐业县	3.32	1.79	22	12
	田林县	4.18	1.78	18	8
	西林县	3.24	3.73	23	27
	隆林县	5.42	3.17	16	9
	百色市小计	**99.25**	**58.95**	**28**	**18**
来宾市	兴宾区	33.69	14.88	37	18
	忻城县	8.06	5.71	26	17
	象州县	9.60	5.56	33	19
	武宣县	11.90	6.16	33	18
	金秀县	3.87	3.05	31	23
	合山市	6.83	7.51	59	57
	来宾市小计	**73.95**	**42.87**	**35**	**21**
崇左市	江州区	13.40	7.27	42	24
	扶绥县	14.33	8.04	38	22
	宁明县	7.31	2.62	22	8
	龙州县	7.14	4.73	32	18
	大新县	6.82	4.44	23	14
	天等县	6.89	2.83	21	9
	凭祥市	7.40	7.62	65	71
	崇左市小计	**63.28**	**37.55**	**31**	**19**

资料来源：广西住房和城乡建设厅提供的城镇化发展数据

2.2.4 各县（区）农村人口逐渐减少

如表 2-12 所示，2000~2011 年近 10 年来，在西江经济带区 59 个县（区）中，除梧州市辖区、港南区、靖西县、西林县、凭祥市的农村人口有少量增加外，其他 25 个县（区）农村人口数量都呈减少态势，其中柳江县、苍梧县、港北区、覃塘区 4 个县区的农村人口年均都减少了 0.3% 以上，表明这些地区农村人口向城市的流动速度加快，也说明城市吸纳农村人口的能力增强。

表 2-12　西江经济带各县（区）2000~2011 年农村人口发展情况

地区		农村人口（万人）		2000~2011 年增长率（%）
		2011 年	2000 年	
南宁市	市辖区	78.46	95.14	-17.37
	武鸣县	35.54	48.45	-27.78
	隆安县	22.82	26.58	-13.77
	马山县	31.23	34.05	-7.83
	上林县	25.42	31.93	-20.51
	宾阳县	50.52	64.40	-21.83
	横县	62.05	75.67	-17.37
	南宁市小计	**306.06**	**376.23**	**-17.88**
柳州市	市辖区	4.24	17.69	-18.59
	柳江县	35.00	37.67	-121.78
	柳城县	23.72	29.04	-6.66
	鹿寨县	26.79	36.11	-18.23
	融安县	19.78	21.44	-26.78
	融水县	30.19	37.58	-7.30
	三江县	24.97	27.67	-19.71
	柳州市小计	**164.69**	**207.20**	**-20.66**
梧州市	市辖区	9.97	2.66	127.63
	苍梧县	32.44	52.46	-42.76
	藤县	62.40	71.22	-11.95
	蒙山县	13.25	15.62	-14.85
	岑溪市	42.53	53.54	-20.71
	梧州市小计	**160.58**	**195.51**	**-17.73**

续表

地区		农村人口（万人）		2000~2011年增长率（%）
		2011年	2000年	
贵港市	港北区与覃塘区	42.36	65.01	-38.19
	港南区	35.65	28.17	21.64
	平南县	67.30	85.60	-21.63
	桂平市	95.49	108.20	-11.30
	贵港市小计	**240.80**	**286.98**	**-15.82**
百色市	右江区	17.22	20.33	-14.98
	田阳县	21.38	23.20	-7.40
	田东县	24.75	26.68	-6.80
	平果县	26.33	29.96	-11.67
	德保县	23.78	27.04	-11.61
	靖西县	39.45	39.33	0.28
	那坡县	12.17	15.51	-21.81
	凌云县	15.30	15.85	-3.21
	乐业县	11.66	12.69	-7.67
	田林县	18.42	21.90	-15.61
	西林县	10.73	10.20	4.62
	隆林县	29.02	31.57	-7.63
	百色市小计	**250.21**	**274.26**	**-8.31**
来宾市	兴宾区	58.38	69.09	-15.20
	忻城县	23.33	28.65	-18.50
	象州县	19.14	23.80	-19.61
	武宣县	23.70	28.62	-17.00
	金秀县	8.63	10.44	-17.16
	合山市	4.69	5.61	-16.15
	来宾市小计	**137.87**	**166.21**	**-16.85**
崇左市	江州区	18.65	23.35	-20.22
	扶绥县	23.85	28.60	-16.38
	宁明县	26.64	31.68	-15.63
	龙州县	15.26	20.85	-27.98
	大新县	23.06	26.99	-14.20
	天等县	26.46	28.31	-6.12
	凭祥市	3.93	3.09	22.10
	崇左市小计	**137.86**	**162.87**	**-15.04**

资料来源：根据广西住房和城乡建设厅提供的城镇化发展数据进行计算得到

2.3 人口变动与城镇化驱动因素分析

2.3.1 人口发展驱动因素分析

1) 自然因素

自然环境为人类提供最基本的生存空间，与此同时也为人类生产生活提供物质源泉，人口分布必然要受到自然环境的影响和制约。

2) 社会因素

(1) 经济因素

经济状况是人口空间分布的关键性因素。目前广西整体经济发展还处在中等偏下的水平上，广西的产业比较少，不能提供大量的工作岗位，因此有大量的闲置劳动力，失业率比较高。总体来看，2010年西江经济带流动人口与2000年相比，无论是区内流动，还是流出外省的数量均有所增加。经济发展水平的差异成为推动区域人口流动的主要因素。

(2) 交通因素

交通发展对人口分布变化的影响至深。交通的发展可以缩小地区之间的时间距离，减少妨碍人口迁移的各种困难，从而促进人口的迁移。近年来，西江黄金水道等迅速建设，综合交通运输网不断得到完善，区域以及区际的联系不断得到加强，促进了人口结构的变迁和流动。

(3) 文化教育因素

文化教育影响能改变一个人的人生观、价值观，同时也给予人知识和能力，进而给予人选择更好的发展环境、生活环境的机会，从而促进人口的迁移。东部地区经济发展水平高，物质文明发展程度高，拥有更好的服务设施以及更多的就业机会，通过知识改变命运的学生群体更多地选择了留在东部地区。

3) 政策因素

政策对于人口的迁移、变动具有明显的导向性，近些年来，国家制定的人口政策和经济政策都对西江地区的人口流动产生了重要影响。近年来，随着国家及自治区加大力度打造西江黄金水道，使得广西地区内部的人力、资金等资源逐渐向西江经济带汇集。

2.3.2 城镇化驱动因素分析

1）经济发展水平的提高

2000年以来，西江经济带的经济以较快速度增长，国内生产总值从2000年的1 006.67亿元提高到2011年的6 806.63亿元，年均增长18.98%，由此推动了该地区的城镇化发展进程。

虽然，目前西江经济带的城镇化水平已跨过30%的拐点，城镇化发展进程进入到了一个高速增长阶段；但是，区域城乡经济发展不协调，工业与农业产值之比由2000年的1∶1.0084转变为2011年的1∶0.3718，城乡二元结构差距呈现出明显的扩大趋势，阻碍了农村城镇化步伐，导致西江经济带城镇化水平整体上仍偏低。由此，经济发展水平的提高在地区城镇化发展中将起到积极的促进作用。

2）产业结构的变动

西江经济带三大产业结构由2000年的27.19∶31.94∶40.87调整到2011年的15.68∶49.31∶35.01左右，产业结构的变动使人口从农业部门转向城镇部门，由此带来人口在城镇的集聚，进而促进了该区的城镇化进程，第二产业以及第三产业的发展将成为未来西江经济带城镇化发展的主要驱动力之一。

但是，西江经济带农业现代化程度还比较低，产业结构还不够合理，以工促农的城乡良性循环发展模式还未形成，这些问题对该地区农村城镇化水平的提高产生了严重的制约作用。因此，产业结构的优化对该区城镇化发展起到了关键作用。

3）资源开发

城市兴起的第一驱动力是资源。资源条件差异是城镇化综合水平具有空间差异的基本影响因素。西江经济带矿产资源丰富，如百色的铝土矿、铜矿、金矿、煤矿、水晶矿等资源储量位居广西首位；水能资源可开发利用500万千瓦，年发电量可达250亿度。崇左的锰矿储量占全国的四分之一，居广西之首；膨润土矿储量居世界第一。此外，西江经济带的森林资源、旅游资源和亚热带气候资源等皆相当丰富。这些资源的开发潜力很大，是工业发展的重要基础，也是推进城镇化建设的重要保证。

4）国家政策

随着国家改革开放的深入实施和西部大开发等政策的倾斜，以及积极打造西江黄金水道和推进区域次中心的发展等的重大战略决策，均为西江经济带的经济和城镇化的稳步发展提供了一系列的优惠政策。

5）交通区位

随着自治区政府正式批复实施《广西西江经济带发展总体规划》（2010~2030年），西江经济带各市依靠水陆交通的双重便利，获得了巨大的发展机遇。

水陆立体交通综合网络的完善和有机结合，提高了内河港口集疏运能力和水平，进一步提升广西的交通物流能力，降低广西资源和产品的流通成本，使广西能更好地承接东部产业转移。大量东部企业的转移进驻，为广西富足的人力资源提供许多就业岗位，促进了当地居民的增收和生活水平的提高。

6）激烈竞争

随着国家改革开放和西部大开发的深入实施以及西江经济带发展政策的不断调整，西江经济带在产业与经济等方面均取得了重大进展，但是随着经济和社会的不断发展，在人力、资金、市场、资源等方面的竞争会更加激烈。面对如此激烈的竞争形势，迫使西江经济带必须加快步伐发展经济，而这又必然在客观上促进区域城镇化水平的不断提高。

3

西江经济带人口规模与城镇化发展水平预测

3.1 西江经济带总人口规模预测

随着市场经济体制的不断完善和国家城镇化进程的推进，城市人口的增长已经突破了以往计划经济时期的发展、递进规律。本次西江经济带总人口规模预测将根据西江经济带各城市人口的发展趋势，采用综合增长率法、国民经济收入法、回归分析法三种方法综合确定不同规划时期西江经济带总人口规模数量，使预测结果和规划目标更有弹性和适应性，符合西江经济带的社会经济与城市建设发展的实际。

3.1.1 综合增长率法预测

1）规划自然增长率预测

根据西江经济带各城市历年统计年鉴显示：自2003年西江经济带内最年轻的地级市崇左市成立以来，2004～2011年西江经济带总人口年平均自然增长率都在8‰以上。考虑到大区域范围内人口自然增长具有周期长、惯性大的特点，在短时期内人口的自然增长率很少有大幅度下降或上升情况，依据《广西国民经济与社会发展"十二五"规划》所确定的广西范围内人口自然增长率年均控制在10‰以内的要求，并结合西江经济带人口发展现状，此次规划确定西江经济带2012～2015年区域人口自然增长率按8‰计算，2016～2020年区域人口自然增长率按7‰计算，2020～2030年区域人口自然增长率按6‰计算。

2) 规划机械增长率预测

自 2004 年以来，西江经济带内各城市人口的机械增长率差异较大，南宁市、柳州市地区总人口的机械增长率较高，都在 5‰ 以上，梧州市、贵港市、百色市、来宾市、崇左市的机械增长率相对较低，人口的机械增长率都在 3‰ 以下。

考虑到人口机械增长主要受宏观经济因素影响，而未来整个西江经济带宏观经济发展存在较大的不确定性，因此对于人口的机械增长率采取高、中、低三种方案预测。

（1）高方案

未来西江经济带继续保持矿产资源、能源资源、劳动力资源优势，在国内外经济形式继续看好的背景下，汽车制造、电力、制糖、冶炼、造纸等传统优势产业获得较大发展，铝材深加工、建材、物流、航运、旅游等新兴产业初具规模，并能在国内市场占有一定份额。经济发展带动就业机会大幅增加，城市环境得到大幅改善，一批具有地方文化和民族特色的城市和县城建成，对外来人口的吸引力增强。

（2）中方案

国内经济环境总体看好，但有一定的结构调整。国内外对钢材、铝材、能源、矿产的需求总体上保持稳定，西江经济带各城市的优势产业得到较好的发挥，但易受市场需求和下游行业发展形式的影响，第二产业就业人口需求成波动增长态势。旅游、物流、房地产等劳动密集型产业成为新的经济增长点，拉动就业作用明显。

（3）低速发展

受国际经济及下游产业链影响，国内钢材、铝生产、冶金、矿业产能过剩现象初步呈现，西江经济带的传统优势产业未能得到很好的发挥，同时房地产、高新技术、商贸、物流、金融、航运等第三产业在中后期拉动经济作用不明显。

规划预测高方案 2011~2015 年人口机械增长率为 4‰，2016~2020 年人口机械增长率为 3‰，2021~2030 年人口机械增长率为 2‰。中方案 2011~2015 年人口机械增长率为 3‰，2016~2020 年人口机械增长率为 2‰，2021~2030 年人口机械增长率为 1‰。低方案 2011~2015 年人口机械增长率为 2‰，2016~2020 年人口机械增长率为 1‰，2021~2030 年人口机械增长率为零。

综合增长率法按式（3-1）计算：

$$P = K(1+a+b)^n \quad (3-1)$$

式中：P——规划期总人口规模；

K——计算基期总人口数（2011 年西江经济带人口总量）；

a——规划自然增长率;

b——规划机械增长率;

n——规划年限。

据此得到高、中、低三方案下西江经济带不同时期的总人口(预测结果如表 3-1 所示)。

表 3-1　　　　　　　　西江经济带规划各期总人口预测值

方案	自然增长率(a,‰)			机械增长率(b,‰)			总人口(万人)		
	2012~2015年	2016~2020年	2021~2030年	2012~2015年	2016~2020年	2021~2030年	2015年	2020年	2030年
高	8	7	6	4	3	2	2 895.63	3 013.20	3 110.79
中	8	7	6	3	2	1	2 884.20	2 989.44	3 074.03
低	8	7	6	2	1	0	2 872.81	2 965.84	3 037.67

3.1.2　国民经济收入法预测

人口的增长与经济发展有较强的相关关系。从图 3-1 和图 3-2 可以清晰地

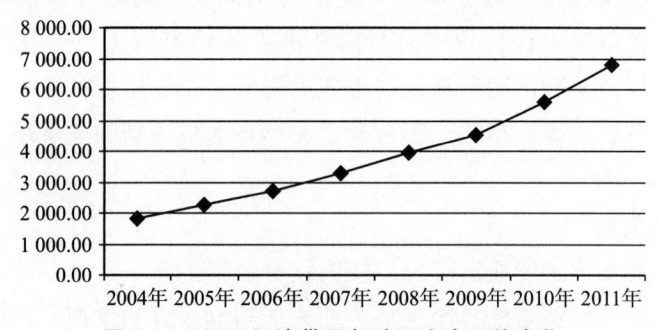

图 3-1　西江经济带历年地区生产总值变化

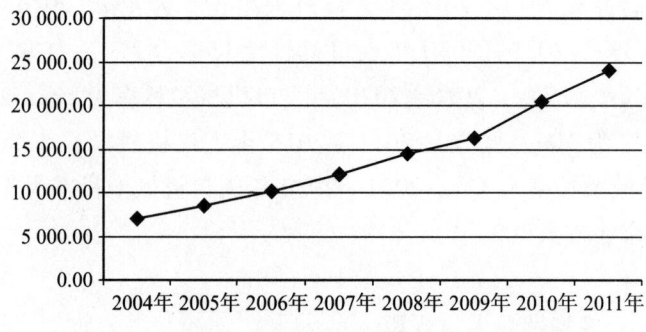

图 3-2　西江经济带历年人均地区生产总值变化

看到，GDP 值的函数图形与人均 GDP 的图形异常的相似，一定程度上说明人口的增长具有相当的规律性，并且是按照一定的速率进行增长。运用 SPSS18.0 对西江经济带 2004~2011 年全区地区生产总值与人均 GDP（数据如表 3-2 所示）做相关性分析，得出两个指标有很高的相关性，相关系数达 0.999。因此，可以通过预测经济水平的增长来预测人口增长。

表 3-2　　　　西江经济带历年经济情况调查表（2004~2011 年）

年份	总人口（万人）	地区生产总值（万元）	人均 GDP（元/人）
2004	2 627.97	1 833.09	6 975.31
2005	2 643.23	2 251.28	8 517.16
2006	2 679.11	2 722.86	10 163.30
2007	2 720.69	3 309.28	12 163.39
2008	2 756.81	3 977.33	14 427.32
2009	2 786.44	4 522.50	16 230.39
2010	2 740.15	5 611.10	20 477.35
2011	2 835.21	6 803.04	23 994.84

资料来源：《广西统计年鉴（2005~2012）》

以人均地区生产总值代表地区经济水平，预测中心城人口公式如下：

$$P_t = P_0 \left(1 + b_0 \frac{a_t}{a_0}\right)^t \quad (3-2)$$

式中：P_t——规划期末人口数；

P_0——基期年总人口数；

b_0——基期年总人口平均增长率；

a_t——预测规划期内人均地区生产总值年平均增长率；

a_0——基期年人均地区生产总值年平均增长率。

2004~2011 年西江经济带总人口年均增长率为 10‰，2004~2011 年人均地区生产总值年平均增长率为 19.30%，结合《广西国民经济与社会发展第十二个五年规划纲要》提供的相关预测，确定规划期内西江经济带 2012~2015 年人均地区生产总值年平均增长率为 16%，平均人口增长率为 9‰；2016~2020 年人均地区生产总值年平均增长率为 15%，平均人口增长率为 8‰，2021~2030 年人均地区生产总值年平均增长率为 13%，平均人口增长率为 7‰。

按式（3-2）计算出西江经济带 2015 年总人口为 2 931.92 万人，2020 年总人口为 3 057.72 万人，2030 年总人口为 3 276.46 万人。

3.1.3　回归分析方法预测

依据西江经济带总人口的历史数据，以时间为自变量进行外推。得到：

$$Y = a + bx \qquad (3-3)$$

上式中，Y 是预测期总人口；

x 是年份；

a、b 是常数。

运用 SPSS18.0 软件对 2004~2009 年人口总量与时间进行回归分析，发现县域总人口与所处年份存在如下关系：

$$Y = -64\,639.778 + 33.562X \qquad (3-4)$$
$$(R^2 = 0.986)$$

式中：Y——预测目标年末人口规模；

X——预测年限。

通过 SPSS18.0 软件计算，得到西江经济带 2015 年、2020 年、2030 年的人口总量规模如下：

西江经济带 2015 年总人口为 2 987.65 万人，2020 年总人口为 3 155.46 万人，2030 年总人口为 3 491.08 万人。

3.1.4 总人口预测综合评估

综合以上三种方法的预测结果，推算得出 2015 年西江经济带地区总人口为 2 872 万~2 987 万人，2020 年为 2 965 万~3 155 万人，2030 年为 3 037 万~3 491 万人。考虑到不同预测方法的特点及预测结果的误差，结合西江经济带的社会经济发展现状及前景，此次规划倾向于预测区间值的最大值，进行小幅微调后，得出西江经济带总人口预测值：2015 年为 2 948 万人，2020 年为 3 090 万人，2030 年为 3 295 万人（如表 3-3 所示）。

表 3-3　　　　　　　　西江经济带总人口预测综合评估　　　　　　　　单位：万人

预测方法			2015 年	2020 年	2030 年
综合增长率法	$P = K(1+a+b)^n$	高方案	2 895.63	3 013.20	3 110.79
		中方案	2 884.20	2 989.44	3 074.03
		低方案	2 872.81	2 965.84	3 037.67
经济相关法	$P_t = P_0 \left(1 + b_0 \dfrac{a_t}{a_0}\right)^t$		2 931.92	3 057.72	3 276.46
回归分析方法	$Y = -64\,639.778 + 33.562X$		2 987.65	3 155.46	3 491.08
总人口预测区间			2 872~2 987	2 965~3 155	3 037~3 491
综合预测结果			2 948	3 090	3 295

3.2 西江经济带各城市总人口规模预测

人口预测是通过对人口的发展过程和变动趋势对未来人口的估计,是政府各项决策的基础和社会经济发展规划的基本依据。为了增加预测的科学性与准确性,规划综合运用综合增长率法、国民经济收入法、回归分析法三种方法综合确定不同规划时期西江经济带各城市总人口规模数量。

3.2.1 综合增长率法预测

综合增长率法按下式计算:

$$P = K(1 + a + b)^n \qquad (3-5)$$

式中:P——规划期总人口规模;

K——计算基期总人口数(2011年市域人口总量);

a——规划自然增长率;

b——规划机械增长率;

n——规划年限。

根据各市历年统计年鉴的查阅获取 2004~2011 年西江经济带各城市市域总人口的平均自然增长率平均状况及人口的机械增长率平均状况。综合考虑未来国家人口政策的稳定性及各市目前的人口流动情况,参考西江经济带各城市城市总体规划、各市"十二五"相关规划要求分别设定各市近期(2012~2015年)、中期(2016~2020年)、远期(2021~2030年)的人口自然增长率及人口机械增长率(如表 3-4 所示)。代入式(3-5),计算得出各市 2015 年、2020 年、2030 年的人口总量。通过测算,统计得出西江经济带 7 个地级市 2015 年、2020 年、2030 年的总人口规模如下:

南宁市域 2015 年、2020 年、2030 年总人口分别为:752.19 万、806.34 万、913.89 万;

柳州市域 2015 年、2020 年、2030 年总人口分别为:425.33 万、451.46 万、498.70 万;

梧州市域 2015 年、2020 年、2030 年总人口分别为:345.68 万、363.31 万、413.40 万;

贵港市域 2015 年、2020 年、2030 年总人口分别为:553.48 万、581.71 万、629.96 万;

百色市域 2015 年、2020 年、2030 年总人口分别为:397.76 万、411.88 万、

437.27 万；

来宾市域 2015 年、2020 年、2030 年总人口分别为：270.21 万、281.19 万、304.51 万；

崇左市域 2015 年、2020 年、2030 年总人口分别为：238.40 万、243.20 万、260.77 万。

表 3-4　　　　　　　　西江经济带各市规划期总人口

地区	人口自然增长率（‰）				人口机械增长率（‰）				人口总量预测值（万人）		
	2004~2011 年	近期	中期	远期	现状	近期	中期	远期	2015 年	2020 年	2030 年
南宁市	8	8	7	6	6	6	7	6	752.19	806.34	913.89
柳州市	8	9	7	7	5	35①	5	3	425.33	451.46	498.70
梧州市	10	9	8	8	3	3	2	5	345.68	363.31	413.40
贵港市	10	9	8	7	3	3	2	1	553.48	581.71	629.96
百色市	7	7	6	5	1.04	1	1	1	397.76	411.88	437.27
来宾市	9	9	8	7	-1.61	-1	0	1	270.21	281.19	304.51
崇左市	9	8	7	7	-2	-6	-3	0	238.40	243.20	260.77

3.2.2　国民经济收入法预测

人口的增长与经济发展有较强的相关关系。运用 SPSS18.0 分别对西江经济带 2004~2011 年全区 7 个城市的地区生产总值与人均 GDP（如表 3-5 所示）做相关性分析，得出两个指标有很高的相关性，相关系数都达 0.994。

表 3-5　　　　西江经济带全区历年经济情况调查表（2004~2011 年）

	指标	南宁市	柳州市	梧州市	贵港市	百色市	来宾市	崇左市
地区生产总值（万元）	2004 年	588.86	403.76	195.54	164.83	206.16	145.21	128.73
	2005 年	723.36	512.00	228.40	227.02	239.36	170.01	151.13
	2006 年	870.15	622.34	270.42	265.19	297.27	203.46	194.02
	2007 年	1 069.01	755.12	319.57	338.02	350.35	245.34	231.87
	2008 年	1 316.21	909.85	400.12	398.53	416.24	271.58	264.80
	2009 年	1 524.71	1 046.05	453.65	437.73	452.85	303.13	304.35
	2010 年	1 800.26	1 315.31	579.28	544.65	573.98	405.22	392.36
	2011 年	2 211.51	1 579.72	735.24	634.41	664.10	486.21	491.85

---

① "十二五"时期是柳州市重点推进柳州汽车城项目建设阶段，此阶段受新城建设及重大项目落户开工等因素影响，柳州地区柳州汽车城人口机械增长会较为迅速，外来人口增加相对较多。

续表

指标		南宁市	柳州市	梧州市	贵港市	百色市	来宾市	崇左市
人均地区生产总值（元）	2004 年	9 126	24 296	6 594	3 485	5 564	5 936	5 627
	2005 年	11 057	14 399	7 512	4 800	6 415	6 912	6 566
	2006 年	13 071	17 355	8 813	5 587	7 900	8 230	8 365
	2007 年	15 759	20 737	10 565	8 038	9 781	10 852	10 826
	2008 年	19 142	24 680	13 115	9 386	11 517	11 903	12 226
	2009 年	21 829	28 291	14 776	10 215	12 424	13 180	13 921
	2010 年	26 330	35 230	19 431	12 932	16 106	18 385	18 734
	2011 年	31 173	41 832	25 394	15 332	18 867	23 055	24 531

资料来源：《广西统计年鉴（2005~2012）》

因此可以通过预测经济水平的增长来预测各市人口的增长。以人均地区生产总值代表地区经济水平，预测中心城人口公式如下：

$$P_t = P_0 \left(1 + b_0 \frac{a_t}{a_0}\right)^t \quad (3-6)$$

式中：P_t——规划期末人口数；

P_0——基期年各市总人口数；

b_0——基期年各市总人口平均人口增长率；

a_t——预测规划期内各市人均地区生产总值年平均增长率；

a_0——基期年人均地区生产总值年平均增长率。

结合西江经济带各城市国民经济与社会发展第十二个五年规划纲要提供的"十一五"时期各城市人均地区生产总值年均增长情况及"十二五"时期相关值的预测，分别确定规划期内西江经济带 7 个城市 2011~2030 年人均地区生产总值年平均增长率（如表 3-6 所示）。

表 3-6　2011~2030 年西江经济带各城市人均地区生产总值年平均增长率

地区	总人口平均人口增长率（‰）				人均地区生产总值平均增长率（%）			
	2004~2009 年	2010~2015 年	2016~2020 年	2021~2030 年	2004~2010 年	2011~2015 年	2016~2020 年	2021~2030 年
南宁市	12.22	9	8	7	16.34	11	13	12
柳州市	6.06	7	6	5	5.45	6	8	7
梧州市	7.32	10	9	8	16.69	11	10	9
贵港市	11.65	9	8	7	20.60	13	11	10
百色市	11.72	9	8	7	16.40	13	10	9
来宾市	6.27	6	5	4	17.53	14	12	9
崇左市	8.73	9	8	7	18.75	13	10	9

资料来源：西江经济带各城市"十二五"相关规划文件

由此根据国民经济收入法人口预测公式（3-6）计算统计得出西江经济带7个地级市2015年、2020年、2030年的总人口规模（如表3-7所示）：

南宁市域2015年、2020年、2030年总人口分别为：721.45万、760.64万、818.72万；

柳州市域2015年、2020年、2030年总人口分别为：369.92万、387.50万、408.33万；

梧州市域2015年、2020年、2030年总人口分别为：336.91万、352.51万、382.13万；

贵港市域2015年、2020年、2030年总人口分别为：525.92万、546.26万、587.31万；

百色市域2015年、2020年、2030年总人口分别为：404.46万、418.66万、449.80万；

来宾市域2015年、2020年、2030年总人口分别为：257.43万、264.11万、274.19万；

崇左市域2015年、2020年、2030年总人口分别为：243.42万、251.96万、270.71万。

表3-7　　　　2011~2030年西江经济带各城市市域总人口　　　　单位：万人

年份	南宁市	柳州市	梧州市	贵港市	百色市	来宾市	崇左市
2015年	721.45	369.92	336.91	525.92	404.46	257.43	243.42
2020年	760.64	387.50	352.51	546.26	418.66	264.11	251.96
2030年	818.72	408.33	382.13	587.31	449.80	274.19	270.71

3.2.3　回归分析方法预测

依据2004~2009年西江经济带各市总人口的历史数据，以时间为自变量进行外推。得到：

$$Y = a + bx \tag{3-7}$$

式中：Y是预测期总人口；

x是年份；

a、b是常数。

通过SPSS软件计算，得到各市2015年、2020年、2030年的人口总量。通过测算，统计得出西江经济带7个地级市2015年、2020年、2030年的总人口规模（如表3-8所示）：

南宁市市域2015年、2020年、2030年总人口分别为：762.10万、812.58

万、913.53 万；

柳州市市域 2015 年、2020 年、2030 年总人口分别为：382.63 万、395.80 万、422.13 万；

梧州市市域 2015 年、2020 年、2030 年总人口分别为：332.71 万、345.97 万、372.50 万；

贵港市市域 2015 年、2020 年、2030 年总人口分别为：556.17 万、595.94 万、675.48 万；

百色市市域 2015 年、2020 年、2030 年总人口分别为：431.48 万、459.69 万、516.11 万；

来宾市市域 2015 年、2020 年、2030 年总人口分别为：265.83 万、275.44 万、294.66 万；

崇左市市域 2015 年、2020 年、2030 年总人口分别为：257.77 万、271.09 万、297.72 万。

表 3-8　　　　　回归分析方法预测所得西江经济带各市规划期总人口

地区	a	b	R^2	人口总量预测值（万人）		
				2015 年	2020 年	2030 年
南宁市	-19 579.321	10.095	0.984	762.10	812.58	913.53
柳州市	-4 922.863	2.633	0.994	382.63	395.80	422.13
梧州市	-5 013.088	2.653	0.996	332.71	345.97	372.50
贵港市	-15 471.138	7.954	0.877	556.17	595.94	675.48
百色市	-10 937.151	5.642	0.974	431.48	459.69	516.11
来宾市	-3 606.998	1.922	0.975	265.83	275.44	294.66
崇左市	-5 108.171	2.663	0.974	257.77	271.09	297.72

3.2.4　各市总人口预测综合评估

1）南宁市市域总人口预测综合评估

综合以上三种方法的预测结果，推算得出 2015 年南宁市市域总人口为 721 万～762 万人，2020 年为 760 万～812 万人，2030 年为 818 万～913 万人。考虑不同预测方法的特点及预测结果的误差，结合南宁市的社会经济发展现状及前景，此次规划倾向于预测区间值的中间值，进行小幅微调后，得出南宁市域总人口预测值 2015 年为 755 万人，2020 年为 805 万人，2030 年为 835 万人（如表 3-9 所示）。

表 3-9　　　　　　　　　南宁市市域总人口预测综合评估　　　　　　　单位：万人

预测方法		2015 年	2020 年	2030 年
综合增长率法	$P = K(1+a+b)^n$	752.19	806.34	913.89
经济相关法	$P_t = P_0 \left(1 + b_0 \dfrac{a_t}{a_0}\right)^t$	721.45	760.64	818.72
回归分析方法	$Y = -19\,579.321 + 10.095X$	762.10	812.58	913.53
总人口预测区间		721~762	760~812	818~913
综合预测结果		755	805	835

2）柳州市市域总人口预测综合评估

综合以上三种方法的预测结果，推算得出 2015 年柳州市市域总人口为 369 万~425 万人，2020 年为 387 万~451 万人，2030 年为 408 万~498 万人。考虑不同预测方法的特点及预测结果的误差，结合柳州市的社会经济发展现状及前景，此次规划倾向于预测区间值的最大值，进行小幅微调后，得出柳州市域总人口预测值 2015 年为 425 万人，2020 年为 440 万人，2030 年为 460 万人（如表 3-10 所示）。

表 3-10　　　　　　　　柳州市市域总人口预测综合评估　　　　　　　单位：万人

预测方法		2015 年	2020 年	2030 年
综合增长率法	$P = K(1+a+b)^n$	425.33	451.46	498.70
经济相关法	$P_t = P_0 \left(1 + b_0 \dfrac{a_t}{a_0}\right)^t$	369.92	387.50	408.33
回归分析方法	$Y = -19\,579.321 + 10.095X$	382.63	395.80	422.13
总人口预测区间		369~425	387~451	408~498
综合预测结果		425	440	460

3）梧州市市域总人口预测综合评估

综合以上三种方法的预测结果，推算得出 2015 年梧州市市域总人口为 332 万~345 万人，2020 年为 345 万~363 万人，2030 年为 372 万~413 万人。考虑不同预测方法的特点及预测结果的误差，结合梧州市的社会经济发展现状及前景，此次规划倾向于预测区间值的最大值，进行小幅微调后，得出梧州市域总人口预测值 2015 年为 340 万人，2020 年为 360 万人，2030 年为 410 万人（如表 3-11 所示）。

表 3-11　　　　　梧州市市域总人口预测综合评估　　　　　单位：万人

预测方法		2015 年	2020 年	2030 年
综合增长率法	$P = K(1+a+b)^n$	345.68	363.31	413.40
经济相关法	$P_t = P_0 \left(1 + b_0 \dfrac{a_t}{a_0}\right)^t$	336.91	352.51	382.13
回归分析方法	$Y = -5\,013.088 + 2.653X$	332.71	345.97	372.50
总人口预测区间		332~345	345~363	372~413
综合预测结果		340	355	410

4）贵港市市域总人口预测综合评估

综合以上三种方法的预测结果，推算得出 2015 年贵港市市域总人口为 525 万~556 万人，2020 年为 546 万~595 万人，2030 年为 587 万~675 万人。考虑不同预测方法的特点及预测结果的误差，结合贵港市的社会经济发展现状及前景，此次规划倾向于预测区间值的中间值，进行小幅微调后，得出贵港市域总人口预测值 2015 年为 538 万人，2020 年为 555 万人，2030 年为 610 万人（如表 3-12 所示）。

表 3-12　　　　　贵港市市域总人口预测综合评估　　　　　单位：万人

预测方法		2015 年	2020 年	2030 年
综合增长率法	$P = K(1+a+b)^n$	553.48	581.71	629.96
经济相关法	$P_t = P_0 \left(1 + b_0 \dfrac{a_t}{a_0}\right)^t$	525.92	546.26	587.31
回归分析方法	$Y = -15\,471.138 + 7.954X$	556.17	595.94	675.48
总人口预测区间		525~556	546~595	587~675
综合预测结果		538	555	610

5）百色市市域总人口预测综合评估

综合以上三种方法的预测结果，推算得出 2015 年百色市市域总人口为 397 万~431 万人，2020 年为 411 万~459 万人，2030 年为 437 万~516 万人。考虑不同预测方法的特点及预测结果的误差，结合百色市的社会经济发展现状及前景，此次规划倾向于预测区间值的最小值，进行小幅微调后，得出百色市域总人口预测值 2015 年为 397 万人，2020 年为 410 万人，2030 年为 430 万人（如表 3-13 所示）。

表 3-13　　百色市市域总人口预测综合评估　　单位：万人

预测方法		2015 年	2020 年	2030 年
综合增长率法	$P = K(1+a+b)^n$	397.76	411.88	437.27
经济相关法	$P_t = P_0 \left(1 + b_0 \dfrac{a_t}{a_0}\right)^t$	404.46	418.66	449.80
回归分析方法	$Y = -10\,937.151 + 5.642X$	431.48	459.69	516.11
总人口预测区间		397~431	411~459	437~516
综合预测结果		397	410	430

6）来宾市市域总人口预测综合评估

综合以上三种方法的预测结果，推算得出 2015 年来宾市市域总人口为 257 万~270 万人，2020 年为 264 万~281 万人，2030 年为 274 万~304 万人。考虑不同预测方法的特点及预测结果的误差，结合来宾市的社会经济发展现状及前景，此次规划倾向于预测区间值的最小值，进行小幅微调后，得出来宾市域总人口预测值 2015 年为 255 万人，2020 年为 265 万人，2030 年为 280 万人（如表 3-14 所示）。

表 3-14　　来宾市市域总人口预测综合评估　　单位：万人

预测方法		2015 年	2020 年	2030 年
综合增长率法	$P = K(1+a+b)^n$	270.21	281.19	304.51
经济相关法	$P_t = P_0 \left(1 + b_0 \dfrac{a_t}{a_0}\right)^t$	257.43	264.11	274.19
回归分析方法	$Y = -3\,606.998 + 1.922X$	265.83	275.44	294.66
总人口预测区间		257~270	264~281	274~304
综合预测结果		255	265	280

7）崇左市市域总人口预测综合评估

综合以上三种方法的预测结果，推算得出 2015 年崇左市市域总人口为 238 万~257 万人，2020 年为 243 万~271 万人，2030 年为 260 万~297 万人。考虑不同预测方法的特点及预测结果的误差，结合崇左市的社会经济发展现状及前景，此次规划倾向于预测区间值的最小值，进行小幅微调后，得出崇左市域总人口预测值 2015 年为 238 万人，2020 年为 250 万人，2030 年为 270 万人（如表 3-15 所示）。

表 3-15　　　崇左市市域总人口预测综合评估　　　　　　单位：万人

预测方法		2015 年	2020 年	2030 年
综合增长率法	$P = K(1 + a + b)^n$	238.40	243.20	260.77
经济相关法	$P_t = P_0 \left(1 + b_0 \dfrac{a_t}{a_0}\right)^t$	243.42	251.96	270.71
回归分析方法	$Y = -5108.171 + 2.663X$	257.77	271.09	297.72
总人口预测区间		238~257	243~271	260~297
综合预测结果		238	250	270

3.3　西江经济带内部各县（区）总人口规模预测

本书的西江经济带内部各县（区）总人口规模预测将根据各县（区）人口的发展趋势，采用综合增长率预测法确定不同规划时期西江经济带的人口规模数量。

这种方法主要是确定预测期内的年平均综合增长率，然后再根据相应的公式预测出目标年末的人口规模。

$$P = P_0 \times (1 + a)^n \qquad (3-8)$$

式中：P——规划期末人口数；

P_0——基准年人口数；

a——年平均综合增长率；

n——规划期年限。

根据各县（区）历年统计数据计算 2004~2011 年人口的年均综合增长率。综合考虑未来国家人口政策的稳定性以及各县（区）目前的人口综合增长率，设定各县（区）2015 年、2020 年、2030 年的综合增长率。根据式（3-8）计算得各县（区）2015 年、2020 年、2030 年的人口总量，进而推算得到整个西江经济带内部各县（区）2015 年、2020 年、2030 年的人口总量（如表 3-16 所示）。

表 3-16　　　西江经济带各县（区）规划期总人口　　　　　单位：万人

地区	综合增长率				人口总量预测值		
	2004~2011 年	2012~2015 年	2016~2020 年	2021~2030 年	2015 年	2020 年	2030 年
南宁市辖区	0.94	3.60	3.10	0.80	300.10	349.59	378.58
武鸣县	0.76	2.70	0.05	0.03	75.86	76.05	76.28
隆安县	0.95	2.60	0.05	0.03	43.92	44.02	44.16
马山县	1.03	2.10	0.04	0.02	58.99	59.10	59.22
上林县	0.77	2.00	0.04	0.02	52.54	52.65	52.75

续表

地区	综合增长率				人口总量预测值		
	2004~2011年	2012~2015年	2016~2020年	2021~2030年	2015年	2020年	2030年
宾阳县	0.44	0.20	0.05	0.01	102.05	102.31	102.41
横县	1.40	0.40	0.02	0.02	121.48	121.61	121.85
南宁市小计	—	—	—	—	705.00	855.00	835.00
柳州市辖区	0.12	13.30	1.80	1.00	161.57	176.65	195.13
柳江县	0.57	0.50	0.01	0.05	56.88	56.91	57.20
柳城县	-0.08	0.05	0.01	0.05	40.45	40.47	40.67
鹿寨县	-0.45	0.03	0.01	0.03	46.78	46.80	46.94
融安县	-0.23	0.05	0.02	0.04	31.82	31.86	31.98
融水县	0.27	0.60	0.05	0.05	49.41	49.53	49.78
三江县	0.74	0.70	0.10	0.10	38.18	38.37	38.76
柳州市小计	—	—	—	—	425.00	441.00	460.00
梧州市辖区	0.73	1.00	1.10	1.50	52.59	55.55	64.47
苍梧县	1.11	0.70	0.80	1.30	64.22	66.83	76.04
藤县	1.52	0.70	0.70	1.60	107.19	110.99	130.09
蒙山县	0.39	0.20	0.40	0.80	21.43	21.86	23.68
岑溪市	1.46	1.00	1.10	1.50	94.78	100.11	116.18
梧州市小计	—	—	—	—	340.00	355.00	410.00
港北区	0.00	2.30	2.20	2.10	64.13	71.50	88.01
港南区	0.69	0.50	0.30	0.20	64.68	65.65	66.98
覃塘区	0.00	0.70	0.30	0.20	58.44	59.32	60.52
平南县	1.49	1.80	0.40	0.90	154.07	157.18	171.91
桂平市	1.21	1.50	0.50	1.00	196.64	201.60	222.70
贵港市小计	—	—	—	—	538.00	555.00	610.00
右江区	-0.47	6.30	2.80	2.00	41.15	47.25	57.59
田阳县	0.51	0.20	0.30	0.20	34.36	34.88	35.59
田东县	0.61	0.30	0.40	0.30	42.00	42.85	44.15
平果县	0.42	0.20	0.30	0.30	47.70	48.42	49.89
德保县	0.47	0.20	0.30	0.40	35.52	36.06	37.53
靖西县	0.58	0.30	0.40	0.30	61.68	62.93	64.84
那坡县	0.09	0.05	0.06	0.05	19.73	19.79	19.89
凌云县	0.61	0.30	0.04	0.03	19.74	19.77	19.83
乐业县	0.97	0.40	0.50	0.40	17.08	17.51	18.23
田林县	0.35	0.10	0.20	0.20	24.61	24.86	25.36
西林县	1.98	0.70	0.80	0.60	15.66	16.30	17.30
隆林县	0.89	0.30	0.40	0.30	38.67	39.45	40.65
百色市小计	—	—	—	—	397.00	410.00	430.00

续表

地区	综合增长率				人口总量预测值		
	2004~2011年	2012~2015年	2016~2020年	2021~2030年	2015年	2020年	2030年
兴宾区	0.39	0.40	1.00	0.80	104.08	109.39	118.46
忻城县	0.33	0.30	0.50	0.30	41.37	42.42	43.71
象州县	0.28	0.30	0.50	0.30	36.13	37.04	38.17
武宣县	0.62	0.60	0.90	0.50	44.56	46.61	48.99
金秀县	0.34	0.30	0.60	0.30	15.54	16.01	16.49
合山市	0.14	0.15	0.30	0.20	14.08	14.30	14.59
来宾市小计	—	—	—	—	255.00	265.00	280.00
江州区	0.62	0.50	1.90	1.20	35.80	39.33	44.31
扶绥县	0.54	0.30	1.00	0.90	44.02	46.27	50.61
宁明县	0.47	0.20	0.90	1.00	41.84	43.76	48.34
龙州县	-0.45	0.01	0.20	0.30	26.28	26.54	27.35
大新县	0.17	0.01	0.20	0.30	36.24	36.61	37.72
天等县	0.89	0.40	1.00	0.80	43.84	46.08	49.90
凭祥市	0.23	0.20	0.80	0.90	10.84	11.28	12.33
崇左市小计	—	—	—	—	238.00	250.00	270.00
西江经济带合计	—	—	—	—	5896.00	6170.00	6590.00

3.4 西江经济带各城市中心城区人口规模预测

本书的西江经济带各城市的中心城区人口规模预测以前文预测的西江经济带各县（区）总人口规模预测值为基础，通过对西江经济带内7个城市城市发展总体规划所确定的中心城区人口规模进行适度修正，估算得出规划期内西江经济带各城市中心城区人口规模预测规模。详细规划期内西江经济带各城市中心城区人口规模预测值如表3-17所示。

表3-17 规划期内西江经济带各城市中心城区人口规模预测值

地区	人口规模（万人）		
	2015年	2020年	2030年
南宁市	300	350	450
柳州市	185	240	320
梧州市	85	130	188
贵港市	65	75	95

续表

地区	人口规模（万人）		
	2015年	2020年	2030年
来宾市	40	50	70
百色市	45	50	60
崇左市	20	35	50

3.5 西江经济带全域城镇化率及城镇人口规模预测

根据国家最新的城镇化人口统计口径，城镇人口的主体已不仅限于传统的非农业人口，实际上应指城镇内登记人口，即包括城镇非农业人口、城镇农业人口和城镇机械增长人口。考虑西江经济带内部近十余年来县级行政区划调整较为频繁，各县（区）历年城镇人口统计不全，部分新划分县区城镇人口数据难以获取。因此，本次西江经济带全域城镇人口规模及全域城镇化水平预测将根据西江经济带人口的发展趋势，采用综合增长率法、联合国法两种方法综合确定不同规划时期西江经济带的城镇人口规模数量及城镇化水平，使预测结果和规划目标更有弹性和适应性，符合西江经济带各个城市的社会经济与城市建设发展的实际。

3.5.1 综合增长率法

根据广西第六次人口普查数据显示，2000年西江经济带地区城镇化水平为29.87%，至2011年城镇化水平上升至40.70%，11年增长了10.83个百分点，年均增长0.98个百分点，年均增长2.85%。综合考虑未来国家城镇化推进政策的稳定性以及现状西江经济带内部各市目前的城镇人口综合增长率情况，结合广西国民经济与社会发展第十二个五年规划纲要相关要求，分别设定西江经济带2012~2015年、2016~2020年、2021~2030年的城镇化率的年均增长率分别为3%、2%、1.5%。将其代入综合增长率法预测公式（3-9）。

$$P = P_0 \times (1 + a)^n \qquad (3-9)$$

式中：P——规划期末城镇化率；

P_0——基准年城镇化率；

a——年规划期城镇化率的年均增长率；

n——规划期年限。

结合前文所预测的规划期内西江经济带地区总人口，计算得到西江经济带

2015年、2020年、2030年的城镇人口总量及城镇化水平：

整个西江经济带2015年、2020年、2030年地区城镇人口总量分别为1 430.83万、1 696.83万、2 099.88万；区域城镇化水平分别为48.54%、54.91%、63.73%。

3.5.2 联合国法

联合国法主要根据已知的广西地区"五普""六普"两次人口普查的城镇人口与乡村人口，求取城乡人口平均增长率之差，假设西江经济带内城乡人口平均增长率之差在预测期内保持不变，通过联合国法预测模型外推求得预测期末的城镇人口比重。

联合国法预测模型为：

$$\frac{PU_i}{1-PU_i} = \frac{PU_1}{1-PU_2} \times e^{kt}, \quad k = \ln\left(\frac{PU_2 \times (1-PU_1)}{PU_1 \times (1-PU_2)}\right) \div n \quad (3-10)$$

式中：PU_i——i 时的城镇人口比重；

PU_1，PU_2——分别为前一时间周期初和周期末的城镇人口比重；

k——城乡人口增长率差；

t——预测年份距前一周期初年数；

n——前一周期时长。

分别选取2000年与2011年的农业人口与城镇人口作为所需两个年份的数据进行预测，经计算得出 k 为0.043388，由此预测出2015年西江经济带城镇化率为44.95%。采取同样方法预测得出2020年西江经济带城镇化率为50.35%，2025年西江经济带城镇化率为61.02%。

结合前文所预测的规划期内西江经济带地区总人口，计算得出西江经济带2015年、2020年、2030年的城镇人口总量如下：

整个西江经济带2015年、2020年、2030年地区总人口分别为1 303.50万、1 510.63万、1 952.56万。

3.5.3 城镇化率及城镇人口预测综合评估

综合以上两种方法的预测结果，推算得出2015年西江经济带城镇化率为44.95%~48.54%，2020年为50.35%~54.91%，2030年为61.02%~63.73%。同时期，西江经济带城镇总人口2015年为1 303.50万~1 430.83万人，2020年为1 510.63万~1 696.83万人，2030年为1 952.56万~2 099.88

万人。考虑不同预测方法的特点及预测结果的误差,结合西江经济带的社会经济发展现状及前景,此次规划倾向于预测区间值的最大值,进行小幅微调后,得出西江经济带 2015 年西江经济带城镇化率为 48%,2020 年为 54%,2030 年为 63%。同时期城镇人口总规模 2015 年为 1 415.04 万人,2020 年为 1 668.60 万人,2030 年为 2 075.85 万人(如表 3 – 18 所示)。

表 3 – 18　　　　　　　西江经济带城镇化水平预测综合评估

预测方法	2015 年	2020 年	2030 年
综合增长率法	48.54%	54.91%	63.73%
联合国法	44.95%	50.35%	61.02%
城镇化率预测区间	44.95% ~48.54%	50.35% ~54.91%	61.02% ~63.73%
综合城镇化率预测值	48.00%	55.00%	63.00%
城镇人口预测区间	1 303.50 万 ~ 1 430.83 万人	1 510.63 万 ~ 1 696.83 万人	1 952.56 万 ~ 2 099.88 万人
综合城镇人口预测值	1 415.04 万人	1 668.60 万人	2 075.85 万人

3.6　西江经济带各城市城镇化率及城镇人口规模预测

因为西江经济带内部各市近十余年来县级行政区划调整较为频繁,各市历年城镇人口统计口径不一,部分新划分县区城镇人口数据存在缺失。因此,本次西江经济带城镇人口规模及城镇化水平预测将根据西江经济带人口的发展趋势,采用综合增长率法、联合国法综合确定不同规划时期西江经济带内部 7 个城市的城镇人口规模数量及城镇化水平。

3.6.1　综合增长率法

分别根据广西"五普""六普"两次人口普查数据,根据各市历年统计数据计算 2000 ~2011 年城镇人口及城镇化水平的年均综合增长率。综合考虑未来国家城镇化推进政策的稳定性及各市目前的城镇人口综合增长率,分别设定各市 2015 年、2020 年、2030 年城镇化水平年均增长百分点(如表 3 – 19 所示)。代入综合增长率法预测公式(3 – 11):

$$P_{市} = P_{0市} \times (1 + a_{市})^n \qquad (3-11)$$

式中:$P_{市}$——规划期末城镇人口数;

P₀ 市 ——某市基准年城镇人口数；

a 市 ——该市年平均综合增长率；

n ——规划期年限。

计算得到各市 2015 年、2020 年、2030 年的城镇人口总量及城镇化水平。通过测算，统计得出西江经济带 7 个地级市 2015 年、2020 年、2030 年的城镇人口规模及城镇化水平如下：

南宁市市域 2015 年、2020 年、2030 年城镇人口分别为 423.53 万、498.61 万、959.64 万；市域城镇化水平分别为 60.47%、69.43%、82.17%。

柳州市市域 2015 年、2020 年、2030 年城镇人口分别为 222.43 万、261.72 万、338.70 万；市域城镇化水平分别为 62.18%、70.36%、82.46%。

梧州市市域 2015 年、2020 年、2030 年城镇人口分别为 156.71 万、176.36 万、214.25 万；市域城镇化水平分别为 48.33%、53.88%、61.92%。

贵港市市域 2015 年、2020 年、2030 年城镇人口分别为 230.14 万、263.37 万、324.27 万；市域城镇化水平分别为 45.46%、50.94%、58.53%。

百色市市域 2015 年、2020 年、2030 年城镇人口分别为 117.11 万、127.34 万、150.71 万；市域城镇化水平分别为 29.72%、32.49%、36.61%。

来宾市市域 2015 年、2020 年、2030 年城镇人口分别为 91.78 万、102.31 万、126.61 万；市域城镇化水平分别为 37.89%、42.45%、48.78%。

崇左市市域 2015 年、2020 年、2030 年城镇人口分别为 77.79 万、85.93 万、105.60 万；市域城镇化水平分别为 33.69%、37.74%、42.95%。

表 3－19　　西江经济带各市规划期城镇化率

地区	城镇化率年均增长（%）				城镇化率预测值（%）		
	2000～2011 年	2012～2015 年	2016～2020 年	2021～2030 年	2015 年	2020 年	2030 年
南宁市	3.42	2.40	2.80	1.70	60.47	69.43	82.17
柳州市	3.04	2.20	2.50	1.60	62.18	70.36	82.46
梧州市	3.75	1.80	2.20	1.40	48.33	53.88	61.92
贵港市	4.83	2.00	2.30	1.40	45.46	50.94	58.53
百色市	4.10	1.50	1.80	1.20	29.72	32.49	36.61
来宾市	4.75	2.00	2.30	1.40	37.89	42.45	48.78
崇左市	4.55	2.10	2.30	1.30	33.69	37.74	42.95

3.6.2　联合国法

根据西江经济带内部 7 个城市的"五普""六普"两次人口普查的城镇人口

与乡村人口，求取城乡人口平均增长率之差，假设西江经济带内城乡人口平均增长率之差在预测期内保持不变，通过联合国法预测模型（3-10）外推求得预测期末的城镇人口比重。

分别选取 2000 年与 2011 年的各市农业人口与城镇人口作为所需两个年份的数据进行预测，计算得出 k 值，由此预测出 2015 年西江经济带各城市的城镇化率，同时结合前文所预测的规划期内西江经济带各城市总人口，计算得出西江经济带各城市 2015 年、2020 年、2030 年的城镇人口总量（预测结果如表 3-20 所示）：

南宁市市域 2015 年、2020 年、2030 年城镇化率分别为 61.10%、68.25%、80.10%；城镇人口分别为 452.14 万、525.53 万、656.82 万；

柳州市市域 2015 年、2020 年、2030 年城镇化率分别为 62.64%、69.22%、80.18%；城镇人口分别为 234.90 万、269.96 万、328.74 万；

梧州市市域 2015 年、2020 年、2030 年城镇化率分别为 50.86%、58.14%、71.43%；城镇人口分别为 172.92 万、203.49 万、264.29 万；

贵港市市域 2015 年、2020 年、2030 年城镇化率分别为 48.98%、57.74%、73.44%；城镇人口分别为 262.04 万、323.34 万、440.64 万；

百色市市域 2015 年、2020 年、2030 年城镇化率分别为 32.38%、38.31%、51.08%；城镇人口分别为 132.76 万、160.90 万、229.86 万；

来宾市市域 2015 年、2020 年、2030 年城镇化率分别为 41.04%、48.96%、64.57%；城镇人口分别为 104.65 万、127.30 万、180.80 万；

崇左市市域 2015 年、2020 年、2030 年城镇化率分别为 36.27%、43.33%、57.99%；城镇人口分别为 88.86 万、108.33 万、156.57 万。

表 3-20　　　国民经济法预测西江经济带各城市城镇化水平　　　单位：%

地区	2001 年	2011 年	2015 年	2020 年	2030 年
南宁市	38.00	55.00	61.10	68.25	80.10
柳州市	41.00	57.00	62.64	69.22	80.18
梧州市	30.00	45.00	50.86	58.14	71.43
贵港市	25.00	42.00	48.98	57.74	73.44
百色市	18.00	28.00	32.38	38.31	51.08
来宾市	21.00	35.00	41.04	48.96	64.57
崇左市	19.00	31.00	36.27	43.33	57.99

3.6.3　各城市城镇化率及城镇人口预测综合评估

通过综合分析以上两种方法的预测结果，考虑不同预测方法的特点及预测结果的误差，结合西江经济带内各城市的社会经济发展现状及前景，此次规划倾向于预测区间值的最小值，对预测结果进行小幅微调后，得出西江经济带各城市 2015 年、2020 年、2030 年城镇化率值及同时期各市城镇人口总规模（如表 3-21 所示）。

表 3-21　　　　　　西江经济带各城市城镇化水平综合评估

地区	城镇化率（%）			城镇人口（万人）		
	2015 年	2020 年	2030 年	2015 年	2020 年	2030 年
南宁市	60.47	69.43	82.17	456.55	558.91	686.12
柳州市	62.18	70.36	82.46	264.27	309.58	379.32
梧州市	48.33	53.88	61.92	164.32	191.27	253.87
贵港市	45.46	50.94	58.53	244.57	282.72	357.03
百色市	29.72	32.49	36.61	117.99	133.21	157.42
来宾市	37.89	42.45	51.54	96.62	112.49	136.58
崇左市	33.69	37.74	42.95	80.18	94.35	115.97

3.7　西江经济带内部各县（区）城镇化率及城镇人口规模预测

本书的西江经济带内部各县（区）城镇化率及城镇人口规模预测将根据各县（区）城镇化率及城镇人口的发展趋势，采用综合增长率预测法确定不同规划时期西江经济带的各县（区）城镇化率及城镇人口规模。

这种方法主要是确定预测期内的年平均综合增长率，然后再根据相应的公式预测出目标年末的人口规模。

$$P = P_0 \times (1 + a)^n \tag{3-12}$$

其中：P 为规划期末城镇化率；P_0 为基准年城镇化率；a 为城镇化率的年平均综合增长率；n 为规划期年限。

根据各县（区）历年统计数据计算 2004~2011 年间城镇化率的年均综合增长率。综合考虑及各县（区）目前的城镇人口综合增长率，设定各县（区）2015 年、2020 年、2030 年的城镇化率的综合增长率。代入式（3-12）计算得出各县（区）2015 年、2020 年、2030 年的城镇化率水平。整个西江经济带内部各县（区）2015 年、2020 年、2030 年城镇化率的综合增长率预测情况及同时期城镇化率预测值（如表 3-22、表 3-23 所示）。

表 3-22　　西江经济带各城市城镇化水平预测

地区	城镇化率年均增长百分点				城镇化率预测值		
	2004~2011年	2012~2015年	2016~2020年	2021~2030年	2015年	2020年	2030年
南宁市辖区	1.26	1.80	1.50	0.60	84.20	91.70	97.70
武鸣县	1.41	4.00	2.00	2.50	51.00	61.00	86.00
隆安县	0.85	3.50	1.40	1.50	39.00	46.00	61.00
马山县	0.55	3.30	1.00	1.20	34.20	39.20	51.20
上林县	0.97	3.30	1.10	1.10	40.20	45.70	56.70
宾阳县	1.04	3.80	1.00	1.20	51.20	56.20	68.20
横县	1.24	4.00	2.00	2.20	45.00	55.00	77.00
柳州市辖区	0.12	0.30	0.20	0.10	98.20	99.20	100.00
柳江县	0.10	2.80	2.60	2.30	49.20	62.20	85.20
柳城县	0.15	2.70	2.40	2.20	43.80	55.80	77.80
鹿寨县	0.23	2.80	2.60	2.50	48.20	61.20	86.20
融安县	0.07	2.50	2.10	1.80	41.00	51.50	69.50
融水县	0.14	1.50	1.50	1.20	31.00	38.50	50.50
三江县	0.08	1.50	1.50	1.20	23.00	30.50	42.50
梧州市辖区	-0.12	2.00	1.20	1.00	89.00	95.00	100.00
苍梧县	0.22	1.80	1.40	1.10	48.20	55.20	66.20
藤县	0.10	0.60	0.50	0.90	28.40	30.90	39.90
蒙山县	0.15	1.30	1.20	0.60	37.20	43.20	49.20
岑溪市	0.19	1.60	1.30	0.70	51.40	57.90	64.90
港北区	0.21	1.40	1.20	0.70	77.60	83.60	90.60
港南区	0.03	0.23	0.80	1.00	31.92	35.92	45.92
覃塘区	0.21	1.40	1.10	0.70	42.60	48.10	55.10
平南县	0.22	0.80	0.70	0.50	44.20	47.70	52.70
桂平市	0.16	1.10	1.20	0.80	41.40	47.40	55.40
右江区	0.14	1.00	0.80	0.60	58.00	62.00	68.00
田阳县	0.12	0.80	0.80	0.40	35.20	39.20	43.20
田东县	0.05	0.20	0.40	0.20	31.80	33.80	35.80
平果县	0.16	0.30	0.50	0.30	41.20	43.70	46.70
德保县	0.18	0.30	0.60	0.40	22.20	25.20	29.20
靖西县	0.08	0.10	0.30	0.10	21.40	22.90	23.90
那坡县	0.12	1.10	1.20	0.70	25.40	31.40	38.40
凌云县	0.08	0.20	0.30	0.20	18.80	20.30	22.30
乐业县	0.10	0.30	0.40	0.30	23.20	25.20	28.20
田林县	0.11	0.30	0.40	0.20	19.20	21.20	24.20
西林县	-0.04	0.10	0.20	0.10	23.40	24.40	25.40
隆林县	0.07	0.40	0.50	0.30	17.60	20.10	23.10

续表

地区	城镇化率年均增长百分点				城镇化率预测值		
	2004~2011年	2012~2015年	2016~2020年	2021~2030年	2015年	2020年	2030年
兴宾区	0.19	1.30	1.10	0.90	42.20	47.70	56.70
忻城县	0.09	0.30	0.80	0.40	27.20	31.20	35.20
象州县	0.14	0.50	1.00	0.60	35.00	40.00	46.00
武宣县	0.16	0.50	0.80	0.40	35.00	39.00	43.00
金秀县	0.08	0.30	0.60	0.30	32.20	35.20	38.20
合山市	0.02	0.10	0.50	0.20	59.40	61.90	63.90
江州区	0.18	1.30	1.40	1.10	47.20	54.20	65.20
扶绥县	0.16	0.60	0.80	0.40	40.40	44.40	48.40
宁明县	0.14	0.60	0.80	0.40	24.40	28.40	32.40
龙州县	0.13	0.60	0.80	0.40	34.40	38.40	42.40
大新县	0.09	0.50	0.70	0.30	25.00	28.50	31.50
天等县	0.12	0.60	0.70	0.30	23.40	26.90	29.90
凭祥市	-0.06	0.10	0.30	0.20	65.40	66.90	68.90

表3-23　　　　　西江经济带各城市城镇化人口预测　　　　单位：万人

地区	城镇化人口预测值			城镇化率预测值		
	2015年	2020年	2030年	2015年	2020年	2030年
南宁市辖区	252.68	320.57	369.88	84.20	91.70	97.70
武鸣县	38.69	46.39	65.60	51.00	61.00	86.00
隆安县	17.13	20.25	26.94	39.00	46.00	61.00
马山县	20.17	23.17	30.32	34.20	39.20	51.20
上林县	21.12	24.06	29.91	40.20	45.70	56.70
宾阳县	52.25	57.50	69.84	51.20	56.20	68.20
横县	54.67	66.88	93.82	45.00	55.00	77.00
南宁市小计	**456.55**	**558.91**	**686.12**	**60.50**	**69.40**	**82.20**
柳州市辖区	158.66	175.23	195.13	98.20	99.20	100.00
柳江县	27.99	35.40	48.73	49.20	62.20	85.20
柳城县	17.72	22.58	31.64	43.80	55.80	77.80
鹿寨县	22.55	28.64	40.46	48.20	61.20	86.20
融安县	13.05	16.41	22.23	41.00	51.50	69.50
融水苗族自治县	15.32	19.07	25.14	31.00	38.50	50.50
三江县	8.78	11.70	16.47	23.00	30.50	42.50
柳州市小计	**264.27**	**309.58**	**379.32**	**62.20**	**70.40**	**82.50**
梧州市辖区	46.81	52.77	64.47	89.00	95.00	100.00
苍梧县	30.95	36.89	50.34	48.20	55.20	66.20

续表

地区	城镇化人口预测值			城镇化率预测值		
	2015年	2020年	2030年	2015年	2020年	2030年
藤县	30.44	34.30	51.91	28.40	30.90	39.90
蒙山县	7.97	9.44	11.65	37.20	43.20	49.20
岑溪市	48.72	57.96	75.40	51.40	57.90	64.90
梧州市小计	**164.32**	**191.27**	**253.87**	**48.33**	**53.88**	**61.92**
港北区	49.76	59.77	79.74	77.60	83.60	90.60
港南区	20.65	23.58	30.76	31.92	35.92	45.92
覃塘区	24.89	28.53	33.34	42.60	48.10	55.10
平南县	68.10	74.97	90.60	44.20	47.70	52.70
桂平市	81.41	95.56	123.37	41.40	47.40	55.40
贵港市小计	**244.57**	**282.72**	**357.03**	**45.46**	**50.94**	**58.53**
右江区	23.87	29.29	39.16	58.00	62.00	68.00
田阳县	12.10	13.67	15.37	35.20	39.20	43.20
田东县	13.36	14.48	15.81	31.80	33.80	35.80
平果县	19.65	21.16	23.30	41.20	43.70	46.70
德保县	7.89	9.09	10.96	22.20	25.20	29.20
靖西县	13.20	14.41	15.50	21.40	22.90	23.90
那坡县	5.01	6.21	7.64	25.40	31.40	38.40
凌云县	3.71	4.01	4.42	18.80	20.30	22.30
乐业县	3.96	4.41	5.14	23.20	25.20	28.20
田林县	4.72	5.27	6.14	19.20	21.20	24.20
西林县	3.66	3.98	4.39	23.40	24.40	25.40
隆林县	6.81	7.93	9.39	17.60	20.10	23.10
百色市小计	**117.99**	**133.21**	**157.42**	**29.72**	**32.49**	**36.61**
兴宾区	43.92	52.18	67.17	42.20	47.70	56.70
忻城县	11.25	13.23	15.38	27.20	31.20	35.20
象州县	12.65	14.82	17.56	35.00	40.00	46.00
武宣县	15.60	18.18	21.07	35.00	39.00	43.00
金秀县	5.00	5.63	6.30	32.20	35.20	38.20
合山市	8.37	8.85	9.32	59.40	61.90	63.90
来宾市小计	**96.62**	**112.49**	**136.58**	**37.89**	**42.45**	**51.54**
江州区	16.90	21.32	28.89	47.20	54.20	65.20
扶绥县	17.79	20.54	24.49	40.40	44.40	48.40
宁明县	10.21	12.43	15.66	24.40	28.40	32.40
龙州县	9.04	10.19	11.60	34.40	38.40	42.40
大新县	9.06	10.43	11.88	25.00	28.50	31.50
天等县	10.26	12.40	14.92	23.40	26.90	29.90
凭祥市	7.09	7.54	8.50	65.40	66.90	68.90
崇左市小计	**80.18**	**94.35**	**115.97**	**33.69**	**37.74**	**42.95**
西江经济带合计	**1 415.04**	**1 668.60**	**2 075.85**	**48.00**	**55.00**	**63.00**

3.8 西江经济带各城市农村人口预测

将前文规划推算的西江经济带各县（区）各年份总人口规模与同时期规划所测算的各县（区）城镇人口相减，推算得出西江经济带各县（区）2015年、2020年、2030年的农村人口总量，进而计算得出整个西江经济带各市2015年、2020年、2030年的农村人口总量。通过测算，统计得出西江经济带7个地级市2015年、2020年、2030年的农村人口规模（如表3-24所示）：

南宁市域2015年、2020年、2030年农村人口分别为298.23万、246.5万、148.95万；

柳州市域2015年、2020年、2030年农村人口分别为161.04万、131.55万、80.66万；

梧州市域2015年、2020年、2030年农村人口分别为175.32万、163.99万、156.69万；

贵港市域2015年、2020年、2030年农村人口分别为293.13万、272.83万、252.29万；

百色市域2015年、2020年、2030年农村人口分别为279.96万、276.14万、273.62万；

来宾市域2015年、2020年、2030年农村人口分别为158.98万、152.87万、143.60万；

崇左市域2015年、2020年、2030年农村人口分别为158.52万、155.02万、154.62万。

整个西江经济带2015年、2020年、2030年地区农村人口分别为1 445.86万、1 336.16万、1 155.62万。

表3-24　　　西江经济带各县（区）规划期农村人口规模　　　单位：万人

地区	2011年	2015年	2020年	2030年
南宁市辖区	78.46	47.42	29.02	8.71
武鸣县	35.54	37.17	29.66	10.68
隆安县	22.82	26.79	23.77	17.22
马山县	31.23	38.81	35.93	28.90
上林县	25.42	31.42	28.59	22.84
宾阳县	50.52	49.80	44.81	32.57
横县	62.05	66.82	54.72	28.03
南宁市小计	306.04	298.23	246.50	148.95

续表

地区	2011 年	2015 年	2020 年	2030 年
柳州市辖区	4.24	2.91	1.41	0.00
柳江县	35.00	28.90	21.51	8.47
柳城县	23.72	22.73	17.89	9.03
鹿寨县	26.79	24.23	18.16	6.48
融安县	19.78	18.78	15.45	9.75
融水县	30.19	34.09	30.46	24.64
三江县	24.97	29.40	26.67	22.29
柳州市小计	**164.69**	**161.04**	**131.55**	**80.66**
梧州市辖区	9.97	5.79	2.78	0.00
苍梧县	32.44	33.26	29.94	25.70
藤县	62.40	76.75	76.70	78.18
蒙山县	13.25	13.46	12.42	12.03
岑溪市	42.53	46.06	42.15	40.78
梧州市小计	**160.59**	**175.32**	**163.99**	**156.69**
贵港市辖区	107.87	91.93	84.59	71.66
平南县	67.30	85.97	82.20	81.31
桂平市	95.49	115.23	106.04	99.32
贵港市小计	**270.66**	**293.13**	**272.83**	**252.29**
右江区	17.22	17.28	17.95	18.43
田阳县	21.38	22.27	21.21	20.21
田东县	24.75	28.64	28.36	28.34
平果县	26.33	28.05	27.26	26.59
德保县	23.78	27.64	26.97	26.57
靖西县	39.45	48.48	48.52	49.34
那坡县	12.17	14.72	13.58	12.25
凌云县	15.30	16.02	15.76	15.41
乐业县	11.66	13.12	13.10	13.09
田林县	18.42	19.88	19.59	19.22
西林县	10.73	12.00	12.32	12.91
隆林县	29.02	31.86	31.52	31.26
百色市小计	**250.21**	**279.96**	**276.14**	**273.62**
兴宾区	58.38	60.16	57.21	51.29
忻城县	23.33	30.12	29.18	28.32
象州县	19.14	23.48	22.23	20.61
武宣县	23.70	28.97	28.43	27.92
金秀县	8.63	10.53	10.37	10.19
合山市	4.69	5.72	5.45	5.27
来宾市小计	**137.87**	**158.98**	**152.87**	**143.6**

续表

地区	2011 年	2015 年	2020 年	2030 年
江州区	18.65	18.90	18.01	15.42
扶绥县	23.85	26.24	25.73	26.11
宁明县	26.64	31.63	31.33	32.68
龙州县	15.26	17.24	16.35	15.75
大新县	23.06	27.18	26.18	25.84
天等县	26.46	33.58	33.69	34.98
凭祥市	3.93	3.75	3.73	3.84
崇左市小计	137.85	158.52	155.02	154.62
西江经济带合计	1 427.91	1 525.18	1 398.9	1 210.43

3.9 西江经济带人口规模与城镇化发展水平预测结果小结

通过多种预测方法，明确了规划期内广西西江经济带人口规模概况及地区城镇化发展水平的发展状况（如表 3 - 25 所示）。

表 3 - 25　　西江经济带及各市总人口与城镇化水平预测汇总

地区	2015 年			2020 年			2020 年		
	总人口（万人）	城镇化（%）	城镇人口（万人）	总人口（万人）	城镇化（%）	城镇人口（万人）	总人口（万人）	城镇化（%）	城镇人口（万人）
西江经济带	2 948	48	1 415	3 090	55	1 669	3 295	63	2 076
南宁市	755	60.47	456.55	805	69.43	558.91	835	82.17	686.12
柳州市	425	62.18	264.27	440	70.36	309.58	460	82.46	379.32
梧州市	340	48.33	164.32	355	53.88	191.27	410	61.92	253.87
贵港市	538	45.46	244.57	555	50.94	282.72	610	58.53	357.03
百色市	397	29.72	117.99	410	32.49	133.21	430	36.61	157.42
来宾市	255	37.89	96.62	265	42.45	112.49	280	51.54	136.58
崇左市	238	33.69	80.18	250	37.74	94.35	270	42.95	115.97

3.9.1 规划期内地区总人口发展概况

预测西江经济带总人口 2015 年为 2 948 万人，2020 年为 3 090 万人，2030 年为 3 295 万人。其中：

南宁市域总人口 2015 年为 755 万人，2020 年为 805 万人，2030 年为 835 万人；

柳州市域总人口 2015 年为 425 万人，2020 年为 440 万人，2030 年为 460 万人；

梧州市域总人口 2015 年为 340 万人，2020 年为 360 万人，2030 年为 410 万人；

贵港市域总人口 2015 年为 538 万人，2020 年为 555 万人，2030 年为 610 万人；

百色市域总人口 2015 年为 397 万人，2020 年为 410 万人，2030 年为 430 万人；

来宾市域总人口 2015 年为 255 万人，2020 年为 265 万人，2030 年为 280 万人；

崇左市域总人口 2015 年为 238 万人，2020 年为 250 万人，2030 年为 270 万人。

3.9.2　规划期内地区城镇化发展水平

预测西江经济带 2015 年西江经济带城镇化率为 48%，2020 年为 54%，2030 年为 63%。同时期城镇人口总规模 2015 年为 1 415.04 万人，2020 年为 1 668.60 万人，2030 年为 2 075.85 万人。其中：

南宁市域 2015 年、2020 年、2030 年城镇化率分别为 60.47%、69.43%、82.17%；城镇人口分别为 456.55 万、558.91 万、686.12 万；

柳州市域 2015 年、2020 年、2030 年城镇化率分别为 62.18%、70.36%、82.46%；城镇人口分别为 264.27 万、309.58 万、379.32 万；

梧州市域 2015 年、2020 年、2030 年城镇化率分别为 48.33%、53.88%、61.92%；城镇人口分别为 164.32 万、191.27 万、253.87 万；

贵港市域 2015 年、2020 年、2030 年城镇化率分别为 45.46%、50.94%、58.53%；城镇人口分别为 244.57 万、282.72 万、357.03 万；

百色市域 2015 年、2020 年、2030 年城镇化率分别为 29.72%、32.49%、36.61%；城镇人口分别为 117.99 万、133.21 万、157.42 万；

来宾市域 2015 年、2020 年、2030 年城镇化率分别为 37.89%、42.45%、51.54%；城镇人口分别为 96.62 万、112.49 万、136.58 万；

崇左市域 2015 年、2020 年、2030 年城镇化率分别为 33.69%、37.74%、42.95%；城镇人口分别为 80.18 万、94.35 万、115.97 万。

3.9.3 规划期内地区农村人口发展概况

预测整个西江经济带 2015 年、2020 年、2030 年地区农村人口分别为 1 445.86 万、1 336.16 万、1 155.62 万。其中：

南宁市域 2015 年、2020 年、2030 年农村人口分别为 298.23 万、246.5 万、148.95 万；

柳州市域 2015 年、2020 年、2030 年农村人口分别为 161.04 万、131.55 万、80.66 万；

梧州市域 2015 年、2020 年、2030 年农村人口分别为 175.32 万、163.99 万、156.69 万；

贵港市域 2015 年、2020 年、2030 年农村人口分别为 293.13 万、272.83 万、252.29 万；

百色市域 2015 年、2020 年、2030 年农村人口分别为 279.96 万、276.14 万、273.62 万；

来宾市域 2015 年、2020 年、2030 年农村人口分别为 158.98 万、152.87 万、143.60 万；

崇左市域 2015 年、2020 年、2030 年农村人口分别为 158.52 万、155.02 万、154.62 万。

3.9.4 规划期内人口发展类型区划分

人口问题是制约经济社会又好又快发展的关键问题，实现经济发展与人口资源环境相协调是推动科学发展的基本要求。随着人口的增长，人口资源环境压力加大，不断增长的人口需要在有限的国土空间上合理布局。

根据西江经济带内各城市资源环境承载条件及其经济社会发展现状，规划提出将西江经济带内部 59 个县级行政区划分为人口集聚区、人口疏散区、常规人口发展区三种类型，通过采取不同的人口发展政策，科学引导西江经济带内部人口的集聚与疏散。

1) 人口集聚区

研究划定的西江经济带人口集聚区包括：南宁市城区、武鸣县、横县、柳州市城区、柳江县、鹿寨县、桂林市城区、梧州市城区、岑溪市、港北区、港南区、覃塘区、右江区、田东县、田阳县、平果县、兴宾区、合山市、江州区、扶绥县、凭祥市。

人口集聚区属于人居环境适宜的地区，资源环境承载力平衡有余或盈余，物质积累基础和人文发展水平处于中等以上。该类地区人口与产业集聚，交通便利，城市化水平较高，人口与资源环境经济社会协调状态良好，人口吸纳能力较强，具有一定的发展空间，是西江经济带未来人口和产业的主要集聚区。这类地区的战略重点是提高人口密度、实现经济社会又好又快地发展。培育和发展若干个用地少、就业多、人口规模大的中心城镇、重点城镇，推进区域城镇协调发展。积极促进产业集群的形成，按照常住人口规模，适当扩大建设用地供给，建立有效的耕地占补平衡制度，使农民市民化与土地城镇化同步、外来人口吸纳与建设用地增加相协调。人口集聚区要实施积极的人口迁入政策，加强人口集聚和吸纳能力建设，破除限制人口转移的制度障碍，鼓励外来人口迁入和定居，将在城镇有稳定职业和住所的流动人口逐步实现本地化，并引导人口均衡分布。

2）人口疏散区

研究划定的西江经济带人口疏散区包括：马山县、上林县、融水苗族自治县、三江侗族自治县、蒙山县、那坡县、凌云县、乐业县、西林县、忻城县、金秀瑶族自治县、天等县。

人口疏散区属于人居环境临界适宜或一般适宜的地区，资源环境承载力临界超载或超载，物质积累基础和人文发展水平处于中等以下。这类地区生态环境脆弱，人口与产业相对分散，城市化水平不高，人口与资源环境关系相对失衡。因此，人口疏散区要实施积极的人口迁出政策，使人口分布与资源环境承载力相适应。切实加强义务教育、职业教育与劳动技能培训，增强劳动力跨区域转移就业的能力，鼓励人口到人口集聚区就业并定居。同时，要引导区域内人口向县城和重点镇集聚。

3）人口稳定区

研究划定的西江经济带人口稳定区包括：隆安县、宾阳县、柳城县、融安县、苍梧县、藤县、平南县、桂平市、田林县、隆林各族自治县、象州县、武宣县、宁明县、龙州县、大新县。

人口稳定区属于人居环境比较适宜的地区，资源环境承载力平衡，物质积累基础和人文发展水平处于中等水平。该类地区人口与资源环境经济社会协调状态良好，但人口吸纳能力一般。这类地区的战略重点是维持现有人口密度、通过积极统筹城乡人口实现地区人口的优化布局，从而推动经济社会又好又快地发展。

4

西江经济带城镇体系规划

4.1 西江经济带城镇体系现状

4.1.1 西江经济带城镇规模等级结构现状

截至2011年,西江经济带下辖7个地级城市,59个县级行政区。西江经济带中,南宁市、柳州市属于特大城市,梧州市、贵港市、来宾市、百色市为中等城市,其他县(市)为小城市(如表4-1、图4-1所示)。

表4-1　　　　　　　　西江经济带城镇等级规模现状

城市等级	城市人口规模(万人)	城镇数量(个)	城镇名称
特大城市	>100	2	南宁市、柳州市
大城市	50~100	0	—
中等城市	20~50	4	梧州市、贵港市、来宾市、百色市
小城市	<20	41	桂平市、横县、平南县、宾阳县、岑溪市、平果县、靖西县、崇左市、鹿寨县、融安县、武鸣县、融水苗族自治县、柳江县、藤县、苍梧县、宁明县、扶绥县、田东县、武宣县、田阳县、柳城县、凭祥市、合山市、龙州县、隆林各族自治县、上林县、那坡县、德保县、凌云县、三江侗族自治县、忻城县、蒙山县、象州县、乐业县、田林县、大新县、天等县、隆安县、马山县、西林县、金秀瑶族自治县

资料来源:2011年广西建设统计年报

综合上表,分析现状城镇规模结构特点如下:

西江经济带城镇首位度为 1.70（即第一位城镇人口规模与第二位城市人口规模之比）。城镇首度位不高，说明城镇体系在规模等级上还处于初级发展阶段，同时也说明核心城市在整个西江经济带城镇体系中的集聚和辐射能力有限，不能有效地带动区域的发展。

第二层次以下城镇规模普遍偏小。除百色市、来宾市、崇左市城镇人口规模均在 20 万~25 万人外。其他城镇规模过小，反映出地域经济水平不高，城镇规模等级结构差异大，难以带动地方经济的发展。

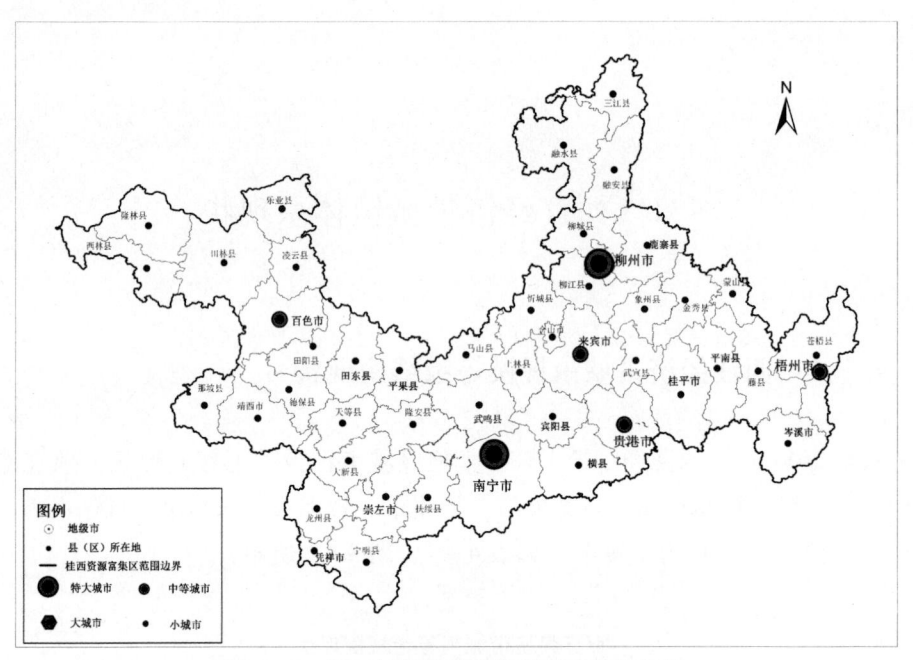

图 4-1 西江经济带城镇规模等级结构现状

4.1.2 西江经济带城镇职能结构现状

西江经济带城镇分布不均匀，没有形成空间体系，城市之间联系不够紧密，对地区的集聚和辐射作用不强。从西江沿线城镇职能和建设水平来看，城镇服务功能不完善，特别是小集镇服务功能不齐全。许多低层次城镇与一般乡村聚落相似，工业和乡镇企业不发达，城镇建设滞后，吸纳农村剩余劳动力的能力不强。

4.1.3 西江经济带城镇空间结构现状

各城镇分布呈现出沿江集中分布的特征，但从西江不同河段的城镇分布来看，沿江城镇的数量、规模存在较大差异。其中：

右江段(百色—南宁)有乡镇49个,人口197.6万人,人口密度145人/平方公里,城镇总人口约3.5万人/个;

左江段(崇左—南宁)有乡镇20个,人口79.21万人,人口密度137人/平方公里,城镇总人口约4万人/个;

郁江段(南宁—桂平)有乡镇92个,人口743.69万人,人口密度424人/平方公里,城镇总人口约8万人/个;

柳黔江段(柳州—桂平)有乡镇69个,人口387.35万人,人口密度266人/平方公里,城镇总人口约5.7万人/个;

浔江段(桂平—梧州)有乡镇55个,人口344.24万人,人口密度298人/平方公里,城镇总人口约5.8万人/个。

可以看出,右江段和左江段城镇规模较小,人口密度相对较低,城镇发展较缓慢;柳黔江段和浔江段城镇规模相对较大,人口较密集,小城镇极度发育;郁江段的城镇规模最大,人口也最密集,在首府南宁市的辐射带动下,城镇发展非常快。

这种分布反映出城镇经济发展的特点,交通条件较好的地方,经济发展条件较好,经济水平相对较高;交通条件较差的地方,经济发展较差。

4.2 西江经济带多中心网络化城镇结构体系规划

4.2.1 规划战略

按照"重点发展大、中城市,加快发展小城市和县城"的城镇发展导向和"促进产业、人口向沿江城镇集聚"的西江经济带城镇化发展目标,结合西江经济带重大交通基础设施建设和重点工业园区布局,提升南宁都市区,壮大柳州—来宾和梧州—贵港城市组团,加快发展中小城镇特色城镇,重点建设西江干流城镇发展走廊,形成以"一区二(组)团、一廊三带"为骨架的倒"T"字型城镇体系空间结构。

4.2.2 城镇规模等级结构规划

重点发展沿江大、中城市,积极发展小城市与城镇,构建以沿江4座特大城市为核心、大、中、小城市和小城镇协调发展的城镇体系规模结构(如表4-2、

图 4-2 所示)。

表 4-2　　　　　　　西江经济带城镇等级规模结构规划

城市等级	城市人口规模（万人）	城镇数量（个）	城镇名称
特大城市	>100	4	南宁市、柳州市、梧州市、贵港市
大城市	50~100	4	来宾市、百色市、崇左市、桂平市
中等城市	20~50	9	平南县、横县、岑溪市、宾阳县、平果县、田东县、武鸣县、凭祥市、鹿寨县
小城市	<20	30	靖西县、融安县、融水苗族自治县、柳江县、藤县、苍梧县、宁明县、扶绥县、武宣县、田阳县、柳城县、合山市、龙州县、隆林各族自治县、上林县、那坡县、德保县、凌云县、三江侗族自治县、忻城县、蒙山县、象州县、乐业县、田林县、大新县、天等县、隆安县、马山县、西林县、金秀瑶族自治县

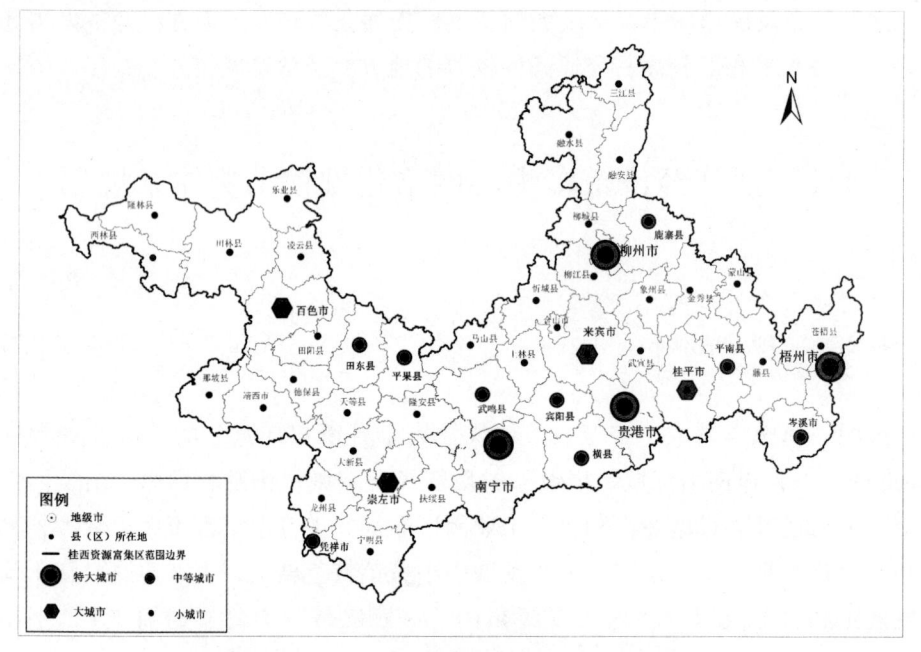

图 4-2　西江经济带城镇规模等级结构规划

——重点发展西江干、支流沿线的大中城市，至 2030 年规划形成特大城市 4 个：南宁市、柳州市、梧州市、贵港市；大城市 4 个：来宾市、百色市、崇左市、桂平市。充分发挥西江经济带总体开发将极大地改善沿江城镇的经济区位条件与战略地位、大幅提升其对资本、产业、人口的吸引力与集聚力等优势，促进产业、人口向沿江城镇集聚。

——依托中心城市的辐射带动产业园区建设，至 2030 年规划形成中等城市 9 个：平南县、横县、岑溪市、宾阳县、平果县、田东县、武鸣县、鹿寨县和凭祥市。

——依托县域经济发展和城乡管理体制改革创新，加快农村城镇化进程，积极发展一批各具特色的小城市与建制镇。重点建设石桥、太平、桥圩、大圩、大安、丹竹、木乐、江口、社坡、马头镇等西江经济带开发中受益显著、发展潜力较大的沿江小城镇，择优支持适合条件的小城镇改制升级为市。

4.2.3 城镇职能结构规划

提升"一主两副"区域中心城市的服务功能，壮大各类专业城镇的经济实力，构建辐射带动强劲、分工协作明确的城镇体系职能结构。

1）规划总体思路

（1）一主——核心城市发展

努力提升南宁市的核心地位和门户功能。南宁市应充分发挥服务全区、联系大西南、面向东南亚的作用，重点发展金融业、物流业、会展业、商务服务业等生产性服务业，加快建设南宁信息港、会展中心、综合交通枢纽和区域性国际城市，提升对广西全区和东盟自由贸易区的综合服务功能。

（2）两副——区域副中心城市建设

将梧州市和柳州市列为区域副中心城市，发挥其辐射功能。梧州市应充分发挥旅游资源丰富、广西与粤港澳（珠三角）联系的"水上门户"等优势，重点发展商贸物流、旅游休闲等消费性服务业，建设成为西江经济带区域性商贸旅游中心。柳州市应充分发挥工业基础雄厚的优势，重点建设先进制造业基地和交通运输枢纽，提升产业辐射带动功能，重点发展汽车、机械、冶金、食品、建材、日用化工等优势产业，以工业发展带动经济、社会的综合协调发展，打造中国西南地区重要先进制造业基地和广西经济中心。

（3）工业型城市建设

依托国家级、自治区级等重点工业园区建设，重点发展来宾、六景、平果等工业城市。来宾市重点发展铝业、制糖、蚕茧丝加工、电力和冶炼特色产业，打造区域性工业基地和商贸物流基地。六景依托自治区级六景工业园区建设，加强与伶俐、恋城和良祈等周边城镇的协调，快速建设成以重化工和仓储物流业为特色的组合型工业城市。平果依托资源优势，加强规划协调，打造成国家重要的铝产业基地。

（4）旅游主导型城市建设

积极发展旅游城镇，加快都市休闲旅游业发展，建设一批龙头旅游景区，促进桂平、凭祥、忻城县城、金秀、象州、融水、三江、桃城等旅游城镇的发展。

2）各重点城镇发展定位

（1）南宁市

①南宁市市区

建设成为区域性物流基地、加工制造基地、商贸基地和国际综合交通枢纽中心、信息交流中心、金融中心，成为面向中国与东盟合作的区域性国际城市，成为广西政治、经济、金融、信息、贸易、科教和文化中心，西南出海大通道的综合交通枢纽。

②隆安

全县的政治、经济、文化中心；右江城镇带上的重要工业基地之一，平果铝工业协作基地，以重点发展轻工业、农副产品加工和商贸旅游业为主的山水园林小城市。

③横县

著名的茉莉花之都，横县政治、经济、文化中心，以资源型加工业为主的商贸发达的滨江城市。

（2）柳州市

①柳州市市区

以打造西南地区最具竞争力的汽车整车生产基地，西江经济带龙头城市为目标，建成山水风貌独特的国家级历史文化名城、广西壮族自治区中心城市，西南地区交通枢纽，重要工业城市。

②柳江县

建成柳州市重要的卫星城镇。发挥区位优势和交通优势，依托柳州市工业和商贸业的辐射，以汽配、制糖、制药、机械制造为支柱产业，以化工、农产品加工、水力发电等为新兴产业，大力发展配套工业经济，进一步加强与广西农垦集团的合作，做大做强新兴工业园。拉堡镇与柳州市区相邻，交通和区位优势非常明显，具有极大的发展潜力。

③鹿寨县

积极建成广西重要的制造业基地、湘桂走廊重要的化工业基地，带动柳州市域发展的重要卫星城市。城市发展将充分利用其丰富的农副产品资源和矿产资源，以化工为主导，相应的加快食品、机械、建材等产业的发展。

（3）梧州市

①梧州市区

西江经济带中心城市和区域性综合交通运输枢纽，以发展现代服务业与珠三角经济圈产业配套型工业为主导，打造粤港澳"后花园"和承接产业转型示范基地。

②苍梧县

梧州市域发展的重要卫星城市，以发展再生资源循环经济和商贸服务为主，联系粤港澳的交通枢纽集散中心。

③藤县

通过加快港口码头建设，提升产业发展的领跑能力、支撑能力和配套能力，以承接东部产业转移为主导，建设成为西江经济带陶瓷产业基地。

（4）贵港市

①贵港市区

依托水陆转的优势，主动承接东部产业转移，以建设西南地区内核枢纽港、桂东南区域中心城市为目标，广西重要的现代化内河港口城市，具有南国特色的宜居生态园林城市。

②平南县

突出港口码头建设，大力发展临港工业，打造现代化内河强港，建成桂东南区域性的交通枢纽以电力能源、商贸物流及加工等特色产业为主。

③桂平市

以工业和旅游业为主导，加快基础设施建设，提高航运中转运输能力，形成水路、陆路、铁路互相衔接、优势互补的大交通网络，通过形成大港口来推进大物流和大工业，建设成为西江经济带中心城市。

（5）百色市

①百色市区

以建设桂西资源富集区核心城市为目标，打造以铝工业为主的先进制造业基地、红色旅游与壮民族文化旅游名城、中国—东盟农业合作中心，建设成为西江经济带上的中心城市，中国重要铝工业基地，全国重要的农副产品生产和加工基地，壮乡革命历史名城。

②田阳县

依托百色右江河谷城镇带，强化与百色、南宁市等区域中心城市的经济联系，充分发挥本地特色资源优势，发展成为以矿产资源加工和农副产品加工等新型工业为主导，右江河谷区域性果菜加工集散地，具有浓郁壮民族特色的生态田园宜居城市。

③田东县

百色的电解铝及铝产品加工基地、农副产品加工基地城市。铝产业中下游生产中心的"宜居宜业之城"。重点发展电解铝及铝加工业、石油化工业、电力和农副产品加工业。

④平果县

百色市的副中心城市，以铝冶炼加工和建材为主的工业城市。

（6）来宾市

①来宾市区

建设以铝工业、制糖、蚕茧丝加工、电力和冶炼为特色的区域性工业基地，建设适应现代化产业体系发展的区域性商贸物流基地，使之成为西江经济带上的中心城市、广西新兴现代化工业城市、区域性商贸物流基地、西江黄金水道上的内河枢纽港。

②象州县

以矿产品加工、特色农产品加工和旅游业为主的山水型城镇。

③武宣县

重点发展制糖、化冶、矿产品深加工业。充分利用交通、区位和资源的优势，积极引导重大基础设施和产业向县城集聚，强化县城在区域内的综合中心职能，将武宣发展成为具有桂中地域民族文化特色旅游业的商贸城市。

（7）崇左市

①崇左市区

西江经济带上的中心城市，面向东盟开放合作的区域性新兴城市。南崇经济带推进城市化主阵地和推动区域产业升级的关键地区，依托临边的优势，借助中国—东盟自由贸易区建设的机遇，建设成为面向东盟开放合作的，以亚热带农业、边境工业、国际商贸、边关旅游、壮族文化和山水园林为特色的区域性新兴城市。

②扶绥县

以制糖、建材、麻纺和食品等农副产品加工业和壮乡人文旅游业。推进中国—东盟合作的示范点，对接南宁都市区、沟通崇左的门户，工商贸、科教等职能综合发展的新兴城市。

4.2.4 城镇空间结构规划

有序推进，优先发展南宁都市区和梧州—贵港与柳州—来宾城市组团，重点建设西江干流城镇发展走廊，形成以"一区二（组）团、一廊三带"为骨架的倒"T"字型城镇体系空间结构（如图4-3所示）。

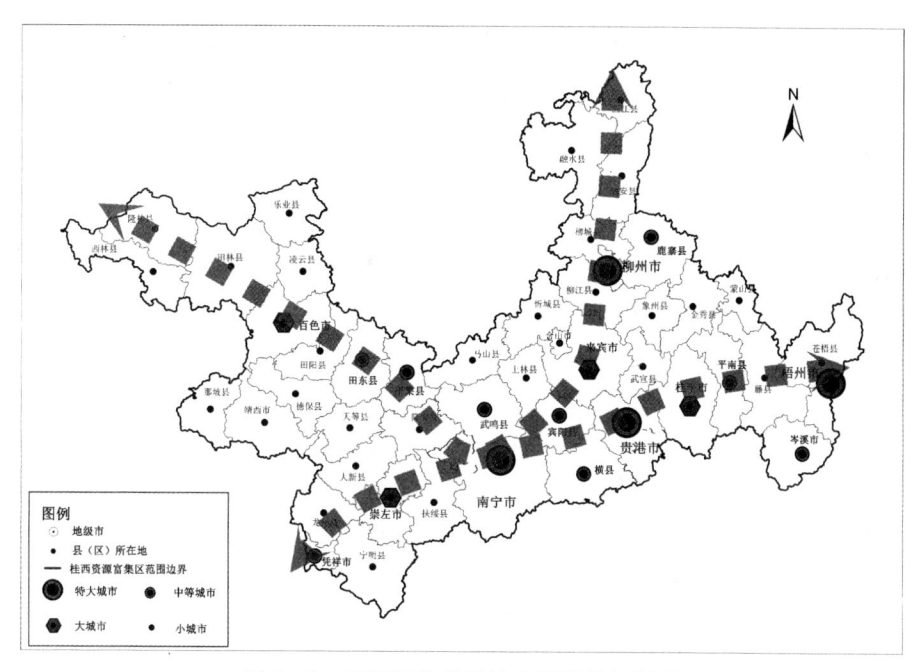

图 4-3　西江经济带城镇空间结构规划图

1）一区二（组）团

"十二五"期间主要扩点为（区）团，重点建设南宁都市区、梧州—贵港城市组团和柳州—来宾城市组团。采用据点式城镇化发展战略，充分发挥"一主两副"区域中心城市的辐射带动功能，优先发展以南宁市为核心、重点辐射带动六景—伶俐组合城市的南宁都市区，以梧州市与贵港市为双核心，共同辐射带动藤县、平南县、桂平市的梧州—港贵城市组团；以柳州市为核心、重点辐射带动来宾市的柳州—来宾城市组团，形成西江经济带的三个城镇化发展高地或城镇集聚组团。

2）一廊三带

近期（2020年）发展阶段连团为带，重点建设西江干流城镇发展走廊和南宁—柳州城镇带，形成城镇密集、经济社会发达的城镇集聚带。通过西江干流亿吨黄金水道、南广快速铁路、梧州—南宁高速公路和湘桂铁路复线与桂林—南宁城际客运专线等重大交通运输基础设施建设，完善南宁—梧州和南宁—柳州这两条综合运输通道，促进和提升三大城镇集聚组团之间的产业协作、要素流动与人员交流，辐射和带动沿线区域的城镇发展，连团为带，形成沿西江干流一级城镇发展轴、由南宁都市区和梧州—贵港城市组团连接而成的西江干流城镇发展走廊，和沿湘桂城镇二级发展轴、由南宁都市区与柳州—来宾城市组团连接而成的南宁—柳州城镇带。显然，西江干流城市群是西江经济带城镇最密集、经济社会最发达的城镇集聚带。

3） 多中心网络化城镇结构体系

远期（2030年）发展接带为网，重点建设桂西南城镇带、右江走廊城镇带，构建倒"T"字型城镇体系空间结构。依托铝工业、电力工业大型工业能源基地建设，培育以百色、平果为轴心的右江走廊城镇带；利用建设中国—东盟自由贸易区的历史机遇，培育以凭祥、崇左为轴心的桂西南城镇带。依托交通基础设施的改善和中国—东盟自由贸易区建设的进一步推进，强化南宁都市区和西江干流城镇群对桂西南城镇带和右江河谷城镇带的辐射带动，促进桂西南二级城镇发展轴与西江干流一级城镇发展轴的连接与融合，形成一条连通珠三角与东盟自由贸易区、横贯东西的梧州—南宁—凭祥城镇发展主轴，并与湘桂城镇二级发展轴及右江河谷二级城镇发展轴相连接，构成西江经济带倒"T"字型城镇总体空间结构。

5

西江经济带城乡建设用地管控

5.1 西江经济带城乡建设用地现状分析

2010 年西江经济带城镇建设用地规模为 114 596.52 公顷，人均 160.63 公顷。农村建设用地规模为 283 626.85 公顷，人均 103.33 公顷。详细现状西江经济带内部各城镇城乡建设用地规模情况如下。

5.1.1 西江经济带各市城乡建设用地规模情况

1）南宁市城乡建设用地规模情况

2010 年南宁市城镇建设用地规模为 35 041.10 公顷，人均城镇建设用地为 98.16 平方米；村庄建设用地规模为 70 300.33 公顷，人均农村建设用地为 169.23 平方米。南宁市各县（区）2010 年城乡建设用地规模情况如表 5-1 所示。

表 5-1 南宁市各县（区）2010 年城乡建设用地规模情况

地区	城镇建设用地规模（公顷）	村庄建设用地规模（公顷）	城镇人口（万人）	农村人口（万人）	人均城镇建设用地（平方米/人）	人均农村建设用地（平方米/人）
兴宁区	2 803.69	2 037.88	31.61	8.27	88.71	246.34
青秀区	5 993.04	2 498.80	61.35	9.63	97.69	259.60
江南区	4 759.06	4 378.45	41.39	15.41	114.98	284.13
西乡塘区	5 574.26	4 711.72	96.60	19.02	57.71	247.73

续表

地区	城镇建设用地规模（公顷）	村庄建设用地规模（公顷）	城镇人口（万人）	农村人口（万人）	人均城镇建设用地（平方米/人）	人均农村建设用地（平方米/人）
良庆区	2 671.97	2 400.31	21.42	13.06	124.75	183.81
邕宁区	1 197.78	3 354.91	7.20	18.77	166.30	178.74
武鸣县	3 563.01	9 060.26	19.31	48.34	184.52	187.44
隆安县	1 108.75	3 779.39	7.41	31.97	149.63	118.23
马山县	704.00	5 431.17	8.20	45.61	85.85	119.09
上林县	827.13	6 507.80	9.23	38.91	89.61	167.23
宾阳县	2 603.06	10 557.25	28.40	72.63	91.66	145.36
横县	3 235.35	15 582.39	24.85	93.81	130.20	166.11
南宁市	35 041.10	70 300.33	356.9614	415.4211	98.16	169.23

资料来源：广西2010年土地变更调查数据

2）柳州市城乡建设用地规模情况

2010年柳州市城镇建设用地规模为24 543.23公顷，人均城镇建设用地为115.87平方米；村庄建设用地规模为29 238.76公顷，人均农村建设用地为154.07平方米。柳州市各县（区）2010年城乡建设用地规模情况如表5-2所示。

表5-2　柳州市各县（区）2010年城乡建设用地规模情况

地区	城镇建设用地规模（公顷）	村庄建设用地规模（公顷）	城镇人口（万人）	农村人口（万人）	人均城镇建设用地（平方米/人）	人均农村建设用地（平方米/人）
城中区	1 986.13	184.80	15.84	0.18	125.41	1 003.80
鱼峰区	4 061.50	123.98	35.63	0.00	113.99	0.00
柳南区	4 417.26	805.19	48.78	0.43	90.56	1 879.97
柳北区	4 102.87	1 376.67	38.12	4.68	107.63	293.97
柳江县	2 782.11	6 165.50	21.78	33.45	127.74	184.30
柳城县	1 493.56	5 349.69	11.89	28.22	125.61	189.59
鹿寨县	3 711.71	5 744.91	15.59	30.75	238.08	186.83
融安县	809.16	3 007.91	8.94	22.64	90.51	132.87
融水县	830.47	4 179.44	10.28	37.64	80.79	111.05
三江县	348.46	2 300.67	4.98	31.79	69.97	72.37
柳州市	24 543.23	29 238.76	211.82	189.78	115.87	154.07

资料来源：广西2010年土地变更调查数据

3）梧州市城乡建设用地规模情况

2010 年梧州市城镇建设用地规模为 10 113.92 公顷，人均城镇建设用地为 78.49 平方米；村庄建设用地规模为 28 197.51 公顷，人均农村建设用地为 140.01 平方米。梧州市各县（区）2010 年城乡建设用地规模情况如表 5-3 所示。

表 5-3　　梧州市各县（区）2010 年城乡建设用地规模情况

地区	城镇建设用地规模（公顷）	村庄建设用地规模（公顷）	城镇人口（万人）	农村人口（万人）	人均城镇建设用地（平方米/人）	人均农村建设用地（平方米/人）
万秀区	1 160.28	678.68	10.84	3.05	107.05	222.82
蝶山区	1 082.90	781.56	16.51	4.18	65.60	186.97
长洲区	1 593.88	924.07	15.13	3.43	105.37	269.39
苍梧县	2 069.67	6 783.27	22.83	39.10	90.66	173.49
藤县	1 792.23	8 347.90	21.94	81.75	81.69	102.12
蒙山县	594.61	2 593.17	6.19	15.02	96.06	172.63
岑溪市	1 820.35	8 088.86	35.43	54.87	51.38	147.42
梧州市	10 113.92	28 197.51	128.86	201.39	78.49	140.01

资料来源：广西 2010 年土地变更调查数据

4）贵港市城乡建设用地规模情况

2010 年贵港市城镇建设用地规模为 13 140.45 公顷，人均城镇建设用地为 75.14 平方米；村庄建设用地规模为 58 041.53 公顷，人均农村建设用地为 176.72 平方米。贵港市各县（区）2010 年城乡建设用地规模情况如表 5-4 所示。

表 5-4　　贵港市各县（区）2010 年城乡建设用地规模情况

地区	城镇建设用地规模（公顷）	村庄建设用地规模（公顷）	城镇人口（万人）	农村人口（万人）	人均城镇建设用地（平方米/人）	人均农村建设用地（平方米/人）
港北区	3 797.40	5 787.33	41.84	16.27	90.76	355.66
港南区	1 482.50	8 358.92	15.83	47.06	93.65	177.62
覃塘区	1 126.07	6 868.53	15.37	40.95	73.26	167.71
平南县	2 450.10	15 697.89	46.39	95.85	52.82	163.78

续表

地区	城镇建设用地规模（公顷）	村庄建设用地规模（公顷）	城镇人口（万人）	农村人口（万人）	人均城镇建设用地（平方米/人）	人均农村建设用地（平方米/人）
桂平市	4 284.38	21 328.86	55.44	128.30	77.28	166.24
贵港市	13 140.45	58 041.53	174.87	328.44	75.14	176.72

资料来源：广西2010年土地变更调查数据

5) 百色市城乡建设用地规模情况

2010年百色市城镇建设用地规模为13 047.64公顷，人均城镇建设用地为141.48平方米；村庄建设用地规模为40 954.62公顷，人均农村建设用地为141.03平方米。百色市各县（区）2010年城乡建设用地规模情况如表5-5所示。

表5-5　　百色市各县（区）2010年城乡建设用地规模情况

地区	城镇建设用地规模（公顷）	村庄建设用地规模（公顷）	城镇人口（万人）	农村人口（万人）	人均城镇建设用地（平方米/人）	人均农村建设用地（平方米/人）
右江区	3 544.36	2 899.03	19.68	12.33	180.09	235.16
田阳县	951.90	3 361.15	9.62	24.21	98.92	138.83
田东县	1 575.05	3 778.06	10.72	30.43	146.92	124.14
平果县	2 754.33	4 702.62	16.41	30.67	167.81	153.33
德保县	830.57	2 674.11	5.86	29.23	141.81	91.49
靖西县	1 209.55	4 542.87	9.60	50.90	125.95	89.25
那坡县	279.79	2 616.21	2.96	16.60	94.52	157.64
凌云县	280.09	2 356.00	3.00	16.36	93.23	144.03
乐业县	313.08	1 907.40	2.98	13.73	105.08	138.95
田林县	383.70	3 585.48	3.66	20.70	104.76	173.19
西林县	256.88	2 434.97	3.03	12.09	84.78	201.42
隆林县	668.34	6 096.72	4.69	33.16	142.48	183.87
百色市	13 047.64	40 954.62	92.23	290.40	141.48	141.03

资料来源：广西2010年土地变更调查数据

6) 来宾市城乡建设用地规模情况

2010年来宾市城镇建设用地规模为8 578.10公顷，人均城镇建设用地为116.00平方米；村庄建设用地规模为29 689.81公顷，人均农村建设用地为

168.81 平方米。来宾市各县（区）2010 年城乡建设用地规模情况如表 5-6 所示。

表 5-6　　来宾市各县（区）2010 年城乡建设用地规模情况

地区	城镇建设用地规模（公顷）	村庄建设用地规模（公顷）	城镇人口（万人）	农村人口（万人）	人均城镇建设用地（平方米/人）	人均农村建设用地（平方米/人）
兴宾区	4 929.97	10 305.95	33.69	67.83	146.33	151.95
忻城县	641.88	4 470.80	8.06	32.48	79.64	137.65
象州县	1 015.50	4 794.48	9.60	25.89	105.78	185.17
武宣县	1 030.33	6 312.01	11.90	31.23	86.58	202.09
金秀县	334.45	2 196.73	3.87	11.35	86.42	193.52
合山市	625.97	1 609.84	6.83	7.09	91.65	226.97
来宾市	8 578.10	29 689.81	73.95	175.87	116.00	168.81

资料来源：广西 2010 年土地变更调查数据

7）崇左市城乡建设用地规模情况

2010 年崇左市城镇建设用地规模为 10 132.08 公顷，人均城镇建设用地为 170.72 平方米；村庄建设用地规模为 27 204.29 公顷，人均农村建设用地为 155.08 平方米。崇左市各县（区）2010 年城乡建设用地规模情况如表 5-7 所示。

表 5-7　　崇左市各县（区）2010 年城乡建设用地规模情况

地区	城镇建设用地规模（公顷）	村庄建设用地规模（公顷）	城镇人口（万人）	农村人口（万人）	人均城镇建设用地（平方米/人）	人均农村建设用地（平方米/人）
江州区	2 828.71	4 318.75	12.83	21.95	220.48	196.74
扶绥县	2 330.59	5 215.35	13.76	29.44	169.37	177.16
宁明县	1 097.54	5 923.16	6.84	34.39	160.46	172.23
龙州县	1 233.10	3 489.19	6.72	19.30	183.50	180.81
大新县	883.81	3 850.83	5.88	30.10	150.31	127.93
天等县	576.41	3 417.42	6.18	36.74	93.27	93.02
凭祥市	1 181.92	989.59	7.14	3.50	165.54	282.50
崇左市	10 132.08	27 204.29	59.35	175.42	170.72	155.08

资料来源：广西 2010 年土地变更调查数据

5.1.2 西江经济带城镇建设用地规模等级

根据《城市用地分类与规划建设用地标准》，综合考虑西江经济带城镇建设用地的现状，进行了西江经济带城镇建设用地规模等级的划分，如表 5-8 所示。

表 5-8　　　　　　　西江经济带城镇建设用地规模等级

城镇用地规模等级	人均城镇建设用地面积（平方米/人）
极低利用	≤65.00
低度利用	65.10~110.00
中度利用	110.10~155.00
集约利用	155.10~200.00
过度利用	>200.00

通过上表结合西江经济带各城乡用地情况，可得出西江经济带中大部分市（县）属于低度利用水平和中度利用水平；属于极低利用、集约利用和过度利用的县（市）极少。

具体地西江经济带处于极低利用水平的有西乡塘区、岑溪市和平南县；处于低度利用水平的有马山县、兴宁区、上林县、宾阳县、青秀区、南宁市、三江县、融水县、融安县、柳南区、蝶山区、梧州市、藤县、苍梧县、蒙山县、覃塘县、贵港市、桂平市、港北区、港南区、西林县、凌云县、那坡县、田阳县、忻城县、金秀县、武宣县、合山市和天等县；处于中度利用水平的有江南区、良庆区、横县、隆安县、柳北区、鱼峰区、柳州市、城中区、柳城县、柳江县、长洲区、万秀区、田林县、乐业县、靖西县、百色市、德保县、隆林县、田东县、象州县、来宾市、兴宾区和大新县；处于集约利用水平的有邕宁区、武鸣县、平果县、右江区、宁明县、凭祥市、扶绥县、崇左市和龙州县；处于过度利用水平的有江州区和鹿寨县。

5.1.3 西江经济带建设用地效率分析

2010 年西江经济带城镇建设用地规模为 114 596.52 公顷，西江经济带建设用地效率为 508.15 万元/公顷。西江经济带各地区建设用地效率分析如下。

1）南宁市建设用地效率分析

2010年南宁市城镇建设用地规模为35 041.10公顷，单位城镇建设用地GDP为513.76万元/公顷。南宁市各县（区）2010年建设用地效率如表5-9所示。

表5-9　　　　　　　　　　南宁市建设用地效率

地区	城镇建设用地规模（公顷）	GDP（万元）	建设用地效率（万元/公顷）
市辖区	22 999.80	13 016 361.18	565.93
武鸣县	3 563.01	1 486 548.43	417.22
隆安县	1 108.75	389 768.52	351.54
马山县	704.00	313 554.82	445.39
上林县	827.13	318 501.52	385.07
宾阳县	2 603.06	1 128 954.48	433.70
横县	3 235.35	1 348 911.04	416.93

2）柳州市建设用地效率分析

2010年柳州市城镇建设用地规模为24 543.23公顷，单位城镇建设用地GDP为535.92万元/公顷。柳州市各县（区）2010年建设用地效率如表5-10所示。

表5-10　　　　　　　　　　柳州市建设用地效率

地区	城镇建设用地规模（公顷）	GDP（万元）	建设用地效率（万元/公顷）
市辖区	3 235.35	9 111 242.30	625.44
柳江县	2 782.11	1 224 675.93	440.20
柳城县	1 493.56	658 409.72	440.83
鹿寨县	3 711.71	1 076 724.78	290.09
融安县	809.16	378 267.12	467.48
融水县	830.47	418 396.59	503.81
三江县	348.46	285 383.57	818.99

3）梧州市建设用地效率分析

2010年梧州市城镇建设用地规模为10 113.92公顷，单位城镇建设用地GDP为572.76万元/公顷。梧州市各县（区）2010年建设用地效率如表5-11所示。

表5-11　　　　　　　　梧州市建设用地效率

地区	城镇建设用地规模（公顷）	GDP（万元）	建设用地效率（万元/公顷）
市辖区	3 837.06	38 370 600.00	468.22
苍梧县	2 069.67	20 696 700.00	476.18
藤县	1 792.23	17 922 300.00	660.25
蒙山县	594.61	5 946 100.00	647.14
岑溪市	1 820.35	18 203 500.00	792.48

4）贵港市建设用地效率分析

2010年贵港市城镇建设用地规模为13 140.45公顷，单位城镇建设用地GDP为601.10万元/公顷。贵港市各县（区）2010年建设用地效率如表5-12所示。

表5-12　　　　　　　　贵港市建设用地效率

地区	城镇建设用地规模（公顷）	GDP（万元）	建设用地效率（万元/公顷）
港北区	3 797.40	1 256 080.59	330.77
港南区	1 482.50	547 743.85	369.47
覃塘区	1 126.07	648 379.53	575.79
平南县	2 450.10	1 269 627.23	518.19
桂平市	4 284.38	1 621 907.86	378.56

5）百色市建设用地效率分析

2010年百色市城镇建设用地规模为13 047.64公顷，单位城镇建设用地GDP为439.92万元/公顷。百色市各县（区）2010年建设用地效率如表5-13所示。

表5-13　　　　　　　　百色市建设用地效率

地区	城镇建设用地规模（公顷）	GDP（万元）	建设用地效率（万元/公顷）
右江区	3 544.36	1 214 142.54	342.56
田阳县	951.90	511 585.28	537.44
田东县	1 575.05	789 706.62	501.39
平果县	2 754.33	822 116.30	298.48
德保县	830.57	435 862.50	524.78
靖西县	1 209.55	716 699.11	592.53
那坡县	279.79	112 555.28	402.28
凌云县	280.09	153 206.90	546.99

续表

地区	城镇建设用地规模（公顷）	GDP（万元）	建设用地效率（万元/公顷）
乐业县	313.08	122 580.34	391.53
田林县	383.70	229 543.11	598.24
西林县	256.88	125 168.91	487.27
隆林县	668.34	421 970.35	631.37

6）来宾市建设用地效率分析

2010 年来宾市城镇建设用地规模为 8 578.10 公顷，单位城镇建设用地 GDP 为 453.12 万元/公顷。来宾市各县（区）2010 年建设用地效率如表 5-14 所示。

表 5-14　　　　　　　　　来宾市建设用地效率

地区	城镇建设用地规模（公顷）	GDP（万元）	建设用地效率（万元/公顷）
兴宾区	4 929.97	2 024 146.98	410.58
忻城县	641.88	379 659.34	591.48
象州县	1 015.50	568 547.80	559.87
武宣县	1 030.33	512 426.61	497.34
金秀县	334.45	176 147.97	526.68
合山市	625.97	226 021.23	361.07

7）崇左市建设用地效率分析

2010 年崇左市城镇建设用地规模为 10 132.08 公顷，单位城镇建设用地 GDP 为 370.95 万元/公顷。崇左市各县（区）2010 年建设用地效率如表 5-15 所示。

表 5-15　　　　　　　　　崇左市建设用地效率

地区	城镇建设用地规模（公顷）	GDP（万元）	建设用地效率（万元/公顷）
江州区	2 828.71	770 153.00	272.26
扶绥县	2 330.59	806 385.26	346.00
宁明县	1 097.54	550 845.42	501.89
龙州县	1 233.10	458 508.06	371.83
大新县	883.81	565 238.82	639.55
天等县	576.41	356 038.82	617.68
凭祥市	1 181.92	251 320.40	212.64

5.1.4 西江经济带各城市中心城区建设用地规模现状

2011年西江经济带中心城区建设用地规模为570.29平方公里,人均建设用地面积104.96平方米。西江经济带各城市中心城区建设用地规模情况如表5-16所示。

表5-16　　　　西江经济带各城市中心城区建设用地规模

地区	建设用地规模（平方公里）	人口规模（万人）	人均建设用地（平方米/人）
南宁市	225.65	241.02	93.62
柳州市	162.24	153.02	106.03
梧州市	37.00	42.01	88.07
贵港市	58.69	40.98	143.22
来宾市	31.00	29.2	106.16
百色市	33.71	23.7	142.24
崇左市	22.00	13.4	164.18

5.1.5 城镇建设空间发展存在的问题

1）城镇建设外延式扩张严重，占用耕地过多

在区域城镇发展过程中，为满足城镇社会生产和生活需要，一部分耕地转为建设用地不可避免。在小城镇发展过程中，片面强调以地生财，建设用地盲目扩张现象严重。外延式扩张侵占了大量耕地，小城镇建设用地的大肆扩张，进一步加剧了耕地资源的稀缺。

2）城镇用地集约利用水平有待提高

随着经济增长方式由粗放型逐步向集约型转变，土地作为经济活动的载体和经济发展必不可少的生产资料，也必然要求其利用方式由粗放型向集约型转变。但目前，桂西地区城镇建设用地建设强度不大，集约利用水平也有待提高。城镇建设用地尤其是工业用地的可集约空间比较大。

造成城镇建设用地集约利用水平不高的原因主要有四个：

一是建设用地规模以土地利用总体规划下达的控制指标为限，再按人口规模和重点建设项目布局分摊到各地，结果导致一些经济发展水平相对滞后的地方由于人口基数较大得到较多的建设用地，却由于经济发展力量不足难以发挥预留建设用地的作用。

二是在广西范围内尚未形成提高建设用地产出水平的强烈氛围。相当一部分产业的工业用地容积率仍低于工业项目建设用地控制指标的规定标准值。

三是土地资源市场化配置的程度还不高。很明显，经营性项目用地市场化程度较高，其利用就比较集约；而目前工业用地的市场化程度不高，其利用就比较粗放。

四是监管机制尚待进一步完善。制约粗放用地、鼓励节约集约用地的法律法规相对滞后，节约集约用地的责任机制和考核机制不够完善。实施调控用地总量的土地利用总体规划和建设用地年度计划缺乏严肃性，对闲置浪费土地行为的查处力度不大，建设用地批前、批中、批后的全程监督还需进一步加强。

5.2 西江经济带城乡建设用地预测

5.2.1 西江经济带城镇建设用地规模预测

根据西江经济带内各城市的城市规划文件显示，截至 2010 年西江经济带人均城镇建设用地已经突破了 100 平方米/人标准，达到了 101.99 平方米，处于人均 100~105 平方米/人区间。参照我国当前实施的《城市用地分类与规划建设用地标准》（GB 50137—2011），本着高效集约用地的原则，同时充分考虑现状及未来西江经济带各城市建设发展用地需求，此次研究设定规划期内西江经济带内的各城镇人均平均城镇建设用地面积在 2010 年人均基础上，依据各城镇发展现状及发展需求进行适度调整，原则上不允许超过 105 平方米/人标准，重点城镇加强对城镇建设用地的集约利用，走土地开发集约型道路。普通城镇依据发展需要适当放宽人均城镇建设用地标准，加快城镇的成长与建设。规划期内各县（区）人均城镇建设用地面积制定情况如表 5-17 所示。

结合前文 3.7 预测的西江经济带各县（区）城镇人口数量，通过统计获得规划期内西江经济带各城市建设用地规模。

计算得出各县（区）2015 年、2020 年、2030 年的城镇建设用地规模分别如下（如表 5-17 所示）：

南宁市域 2015 年、2020 年、2030 年城镇建设用地分别为 44 960.06 公顷、54 946.89 公顷、67 713.37 公顷；

柳州市域 2015 年、2020 年、2030 年城镇建设用地分别为 226 441.05 公顷、

30 946.96 公顷、38 057.53 公顷；

梧州市域 2015 年、2020 年、2030 年城镇建设用地分别为 14 587.39 公顷、16 922.02 公顷、22 452.51 公顷；

贵港市域 2015 年、2020 年、2030 年城镇建设用地分别为 21 454.89 公顷、24 799.57 公顷、31 516.03 公顷；

百色市域 2015 年、2020 年、2030 年城镇建设用地分别为 12 180.87 公顷、13 833.97 公顷、16 248.13 公顷；

来宾市域 2015 年、2020 年、2030 年城镇建设用地分别为 9 745.89 公顷、11 372.52 公顷、13 812.53 公顷；

崇左市域 2015 年、2020 年、2030 年城镇建设用地分别为 8 333.09 公顷、9 835.79 公顷、12 025.06 公顷。

整个西江经济带 2015 年、2020 年、2030 年地区总城镇建设用地分别为 137 703.2 公顷、162 657.7 公顷、201 825.2 公顷。

表 5-17　西江经济带各县（区）规划期城镇建设用地规模

地区	规划期人均城镇建设用地	城镇人口总量预测值（万人）			城镇建设用地总量（公顷）		
		2015 年	2020 年	2030 年	2015 年	2020 年	2030 年
南宁市辖区	95.00	252.68	320.57	369.88	24 004.86	30 454.37	35 138.26
武鸣县	105.00	38.69	46.39	65.60	4 062.21	4 870.88	6 887.77
隆安县	105.00	17.13	20.25	26.94	1 798.32	2 126.41	2 828.27
马山县	100.00	20.17	23.17	30.32	2 017.29	2 316.85	3 032.14
上林县	100.00	21.12	24.06	29.91	2 112.16	2 405.94	2 991.03
宾阳县	100.00	52.25	57.50	69.84	5 225.08	5 749.69	6 984.37
横县	105.00	54.67	66.88	93.82	5 740.14	7 022.75	9 851.53
南宁市小计	98.00	456.71	558.82	686.31	44 960.06	54 946.89	67 713.37
柳州市辖区	100.00	158.66	175.23	195.13	15 866.41	17 523.38	19 512.81
柳江县	105.00	27.99	35.40	48.73	2 938.61	3 716.93	5 116.87
柳城县	105.00	17.72	22.58	31.64	1 860.33	2 371.20	3 322.65
鹿寨县	105.00	22.55	28.64	40.46	2 367.34	3 007.33	4 248.55
融安县	95.00	13.05	16.41	22.23	1 239.53	1 558.53	2 111.68
融水县	90.00	15.32	19.07	25.14	1 378.49	1 716.28	2 262.50
三江县	90.00	8.78	11.70	16.47	790.34	1 053.31	1 482.47
柳州市小计	100.00	264.07	309.03	379.8	26 441.05	30 946.96	38 057.53
梧州市辖区	90.00	46.81	52.77	64.47	4 212.63	4 749.44	5 802.02
苍梧县	95.00	30.95	36.89	50.34	2 940.50	3 504.42	4 782.21
藤县	90.00	30.44	34.30	51.91	2 739.76	3 086.74	4 671.45
蒙山县	100.00	7.97	9.44	11.65	797.22	944.47	1 164.86

续表

地区	规划期人均城镇建设用地	城镇人口总量预测值（万人）			城镇建设用地总量（公顷）		
		2015年	2020年	2030年	2015年	2020年	2030年
岑溪市	80.00	48.72	57.96	75.40	3 897.28	4 636.95	6 031.97
梧州市小计	88.00	164.89	191.36	253.77	14 587.39	16 922.02	22 452.51
港北区	95.00	49.76	59.77	79.74	4 727.32	5 678.24	7 575.18
港南区	95.00	20.65	23.58	30.76	1 961.28	2 240.36	2 921.87
覃塘区	80.00	24.89	28.53	33.34	1 991.57	2 282.63	2 667.59
平南县	80.00	68.10	74.97	90.60	5 447.96	5 997.90	7 247.74
桂平市	90.00	81.41	95.56	123.37	7 326.76	8 600.44	11 103.65
贵港市小计	88.00	244.81	282.41	357.81	21 454.89	24 799.57	31 516.03
右江区	105.00	23.87	29.29	39.16	2 506.17	3 075.67	4 112.05
田阳县	100.00	12.10	13.67	15.37	1 209.60	1 367.38	1 537.32
田东县	105.00	13.36	14.48	15.81	1 402.39	1 520.64	1 659.59
平果县	105.00	19.65	21.16	23.30	2 063.49	2 221.73	2 446.45
德保县	105.00	7.89	9.09	10.96	828.04	954.12	1 150.59
靖西县	105.00	13.20	14.41	15.50	1 386.06	1 513.11	1 627.21
那坡县	100.00	5.01	6.21	7.64	501.13	621.36	763.69
凌云县	95.00	3.71	4.01	4.42	352.47	381.35	420.18
乐业县	100.00	3.96	4.41	5.14	396.27	441.30	513.95
田林县	100.00	4.72	5.27	6.14	472.48	526.93	613.64
西林县	95.00	3.66	3.98	4.39	348.14	377.78	417.50
隆林县	105.00	6.81	7.93	9.39	714.63	832.60	985.96
百色市小计	103.00	117.94	133.91	157.22	12 180.87	13 833.97	16 248.13
兴宾区	105.00	43.92	52.18	67.17	4 611.73	5 478.69	7 052.56
忻城县	90.00	11.25	13.23	15.38	1 012.81	1 191.08	1 384.65
象州县	105.00	12.65	14.82	17.56	1 327.79	1 555.79	1 843.57
武宣县	95.00	15.60	18.18	21.07	1 481.74	1 726.73	2 001.20
金秀县	95.00	5.00	5.63	6.30	475.22	535.26	598.55
合山市	100.00	8.37	8.85	9.32	836.60	884.97	932.00
来宾市小计	101.00	96.79	112.89	136.8	9 745.89	11 372.52	13 812.53
江州区	105.00	16.90	21.32	28.89	1 774.10	2 238.24	3 033.62
扶绥县	105.00	17.79	20.54	24.49	1 867.51	2 157.11	2 571.85
宁明县	105.00	10.21	12.43	15.66	1 072.02	1 304.93	1 644.48
龙州县	105.00	9.04	10.19	11.60	949.25	1 070.27	1 217.69
大新县	105.00	9.06	10.43	11.88	951.42	1 095.51	1 247.64
天等县	95.00	10.26	12.40	14.92	974.66	1 177.60	1 417.50
凭祥市	105.00	7.09	7.54	8.50	744.13	792.13	892.28
崇左市小计	104.00	80.35	94.85	115.94	8 333.09	9 835.79	12 025.06
西江经济带	97.00	1 425.56	1 683.27	2 087.65	137 703.2	162 657.7	201 825.2

5.2.2 西江经济带农村建设用地规模预测

参照我国当前实施的《村镇规划标准》(GB 50188—93),本着高效集约用地的原则,同时充分考虑现状及未来西江经济带城镇化发展趋势及新时期西江经济带新农村建设用地需求,此次研究设定规划期内西江经济带内的各县(区)农村人均平均建设用地面积在 2010 年人均基础上,依据各城镇所属人口发展类型区进行适度调整,人口集聚区加强农村建设用地的集约利用、人口疏散区可适当放宽农村建设用地的人均标准,人口稳定区基本保持原有人均农村建设用地标准。

结合前文 3.8 预测的西江经济带各县(区)农村人口数量,通过统计获得规划期内西江经济带各县(区)农村建设用地规模。

计算得出各县(区)2015 年、2020 年、2030 年的农村建设用地规模分别如下(如表 5 - 18 所示):

南宁市域 2015 年、2020 年、2030 年农村建设用地规模分别为 38 769.14 公顷、32 045.42 公顷、19 362.31 公顷;

柳州市域 2015 年、2020 年、2030 年农村建设用地规模分别为 20 934.58 公顷、17 101.86 公顷、10 485.01 公顷;

梧州市域 2015 年、2020 年、2030 年农村建设用地规模分别为 22 617.77 公顷、21 233.54 公顷、20 369.77 公顷;

贵港市域 2015 年、2020 年、2030 年农村建设用地规模分别为 38 108.49 公顷、35 468.01 公顷、32 799.46 公顷;

百色市域 2015 年、2020 年、2030 年农村建设用地规模分别为 36 395.96 公顷、35 897.92 公顷、35 571.63 公顷;

来宾市域 2015 年、2020 年、2030 年农村建设用地规模分别为 20 667.26 公顷、19 872.77 公顷、18 669.18 公顷;

崇左市域 2015 年、2020 年、2030 年农村建设用地规模分别为 20 608.95 公顷、20 152.02 公顷、20 100.91 公顷。

整个西江经济带 2015 年、2020 年、2030 年地区总农村建设用地规模分别为 198 102.2 公顷、181 771.6 公顷、157 358.3 公顷。

表 5-18　西江经济带各县（区）规划期农村建设用地规模

地区	规划期人均村庄建设用地	农村人口总量预测值（万人）			农村建设用地总量（公顷）		
		2015 年	2020 年	2030 年	2015 年	2020 年	2030 年
南宁市辖区	130	47.42	29.02	8.71	6 164.02	3 772.06	1 131.97
武鸣县	130	37.17	29.66	10.68	4 832.17	3 855.63	1 388.23
隆安县	130	26.79	23.77	17.22	3 482.46	3 090.55	2 238.77
马山县	130	38.81	35.93	28.90	5 045.59	4 671.52	3 757.01
上林县	130	31.42	28.59	22.84	4 084.56	3 716.31	2 969.40
宾阳县	130	49.80	44.81	32.57	6 474.20	5 825.40	4 233.63
横县	130	66.82	54.72	28.03	8 686.14	7 113.95	3 643.30
南宁市小计	**130**	**298.23**	**246.5**	**148.95**	**38 769.14**	**32 045.42**	**19 362.31**
柳州市辖区	130	2.91	1.41	0.00	378.08	183.71	0.00
柳江县	130	28.90	21.51	8.47	3 756.59	2 796.66	1 100.47
柳城县	130	22.73	17.89	9.03	2 955.34	2 325.47	1 173.85
鹿寨县	130	24.23	18.16	6.48	3 149.90	2 360.57	842.10
融安县	130	18.78	15.45	9.75	2 440.87	2 008.48	1 268.13
融水县	130	34.09	30.46	24.64	4 431.92	3 960.07	3 203.35
三江县	130	29.40	26.67	22.29	3 821.88	3 466.90	2 897.11
柳州市小计	**130**	**161.04**	**131.55**	**80.66**	**20 934.58**	**17 101.86**	**10 485.01**
梧州市辖区	100	5.79	2.78	0.00	578.51	277.75	0.00
苍梧县	130	33.26	29.94	25.70	4 324.38	3 892.01	3 341.24
藤县	130	76.75	76.70	78.18	9 977.20	9 970.59	10 163.76
蒙山县	130	13.46	12.42	12.03	1 749.59	1 614.34	1 563.56
岑溪市	130	46.06	42.15	40.78	5 988.09	5 478.85	5 301.21
梧州市小计	**130**	**175.32**	**163.99**	**156.69**	**22 617.77**	**21 233.54**	**20 369.77**
港北区	130	14.36	11.73	8.27	1 867.33	1 524.30	1 075.51
港南区	130	44.03	42.07	36.22	5 724.22	5 469.20	4 708.86
覃塘区	130	33.54	30.79	27.17	4 360.65	4 002.31	3 532.38
平南县	130	85.97	82.20	81.31	11 176.34	10 686.50	10 570.77
桂平市	130	115.23	106.04	99.32	14 979.95	13 785.70	12 911.94
贵港市小计	**130**	**293.13**	**272.83**	**252.29**	**38 108.49**	**35 468.01**	**32 799.46**
右江区	130	17.28	17.95	18.43	2 246.91	2 333.92	2 395.82
田阳县	130	22.27	21.21	20.21	2 894.78	2 757.08	2 627.67
田东县	130	28.64	28.36	28.34	3 723.74	3 687.41	3 684.75
平果县	130	28.05	27.26	26.59	3 646.16	3 543.82	3 457.01
德保县	130	27.64	26.97	26.57	3 592.77	3 506.36	3 454.02
靖西县	130	48.48	48.52	49.34	6 302.94	6 307.30	6 414.80
那坡县	130	14.72	13.58	12.25	1 913.36	1 764.75	1 592.62
凌云县	130	16.02	15.76	15.41	2 083.23	2 048.84	2 003.43
乐业县	130	13.12	13.10	13.09	1 705.32	1 702.86	1 701.13

续表

地区	规划期人均村庄建设用地	农村人口总量预测值（万人）			农村建设用地总量（公顷）		
		2015 年	2020 年	2030 年	2015 年	2020 年	2030 年
田林县	130	19.88	19.59	19.22	2 584.84	2 546.17	2 498.66
西林县	130	12.00	12.32	12.91	1 559.52	1 601.72	1 677.96
隆林县	130	31.86	31.52	31.26	4 142.39	4 097.69	4 063.76
百色市小计	130	279.96	276.14	273.62	36 395.96	35 897.92	35 571.63
兴宾区	130	60.16	57.21	51.29	7 820.48	7 437.28	6 668.15
忻城县	130	30.12	29.18	28.32	3 915.52	3 793.82	3 681.91
象州县	130	23.48	22.23	20.61	3 053.01	2 889.33	2 679.47
武宣县	130	28.97	28.43	27.92	3 765.63	3 695.81	3 630.08
金秀县	130	10.53	10.37	10.19	1 369.26	1 348.41	1 325.08
合山市	130	5.72	5.45	5.27	743.36	708.12	684.49
来宾市小计	130	158.98	152.87	143.6	20 667.26	19 872.77	18 669.18
江州区	130	18.90	18.01	15.42	2 457.11	2 341.68	2 004.69
扶绥县	130	26.24	25.73	26.11	3 411.01	3 344.40	3 394.72
宁明县	130	31.63	31.33	32.68	4 112.34	4 073.20	4 247.99
龙州县	130	17.24	16.35	15.75	2 241.20	2 125.67	2 048.08
大新县	130	27.18	26.18	25.84	3 533.84	3 402.75	3 359.11
天等县	130	33.58	33.69	34.98	4 366.04	4 379.08	4 547.67
凭祥市	130	3.75	3.73	3.84	487.41	485.24	498.65
崇左市小计	130	158.52	155.02	154.62	20 608.95	20 152.02	20 100.91
西江经济带	130	1 525.18	1 398.9	1 210.43	198 102.2	181 771.54	157 358.3

5.2.3 西江经济带各城市中心城区建设用地规模预测

参照我国当前实施的《城市用地分类与规划建设用地标准》（GB 50137—2011），结合西江经济带各城市已编制的城市发展总体规划关于中心城区建设用地规模的相关要求，此次规划统计得出规划期内西江经济带各城市中心城区建设用地规模预测值（如表5-19所示）。

表5-19　　西江经济带各城市中心城区建设用地规模预测值

地区	人口规模（万人）			建设用地规模（平方公里）			人均用地（平方米/人）		
	2015 年	2020 年	2030 年	2015 年	2020 年	2030 年	2015 年	2020 年	2030 年
南宁市	300	350	450	285.0	332.5	450.0	95	95	100
柳州市	185	240	320	195.0	252.0	336.0	105	105	105
梧州市	85	130	188	100.3	156.0	200.0	118	120	106
贵港市	65	75	95	68.0	79.0	98.0	105	105	103

续表

地区	人口规模（万人）			建设用地规模（平方公里）			人均用地（平方米/人）		
	2015年	2020年	2030年	2015年	2020年	2030年	2015年	2020年	2030年
来宾市	40	50	70	48.0	60.0	80.5	120	120	115
百色市	45	50	60	47.3	52.4	66.0	105	105	110
崇左市	20	35	50	21.0	36.8	55.0	105	105	110

5.3 西江经济带城乡建设用地空间管制类型划分

为了西江经济带内城镇体系的整体协调发展，促进城镇建成区的有序发展，形成良好的城市形态和生活空间，引导不同地域的城乡规划、建设和管理，研究对西江经济带城镇体系建立一种可持续发展的空间协调发展模式，确保城市有较合理的空间发展形态，避免盲目发展而导致环境质量下降，使城镇体系的生态环境得到改善。本书主要对城乡建设发展区和严格保护地区提出了划分和控制要求。

5.3.1 城乡建设发展区

城乡建设发展区包括城镇规划区、城镇密集区、村镇建设区三种类型。

城镇规划区是人口和经济集聚区，是开发建设密度强度、频度最高的地区，以建设设施功能完备、生态环境优良、适宜人居住的城镇为其发展目标。

城镇密集区是城镇间距较小、市镇密度较大，城镇间有便捷的交通联系，单独或共同承担一定职能的区域，是核心城市、中心城市的补充和后备基地。城镇之间有明显的分离地带，但距离较近。区域内的土地利用功能以城市为主导，农业用地仍占较大比重。该区域通常是沿海、沿江、沿交通干线组团式延伸，与经济走廊相吻合。根据各城市经济区的具体情况，整个西江经济带可划分出以下8个城镇发展密集区：

1）宾阳——黎塘城镇发展密集区

以南梧二级公路沿线为重点，包括宾州、王灵、黎塘等，较好的工业基础，经济发展达到一定的规模。

2）凭祥——崇左城镇发展密集区

随着中国和东盟自由贸易区的建设、南友高等级公路的通车，该区域将会是广西最具发展活力的地区之一。

3) 玉林城市群城镇发展密集区

这个城市群的核心是玉林，东北方向是北流市区和容县县城，西北方向有兴业县城，东南为陆川县城，西南为博白县城。以玉林为中心，这些城市群均在半径50公里左右的范围内。随着"路桥经济"战略的实施，玉林市的高等级公路建设取得了可喜的成绩，初步形成了以玉林为中心的高等级公路网络。

4) 梧州——岑溪及藤县城镇发展密集区

主要沿西江走廊、国道207及国道324线分布，西至藤县的天平镇、南至岑溪市区并沿国道324线向东和西分别延伸至归义镇和南渡镇。该区交通发达，区位优势较明显，又是受珠江三角洲辐射的最前沿，且直接接受梧州市的辐射，城镇发展潜力巨大。

5) 贵港—桂平—平南城镇发展密集区

该区主要沿西江及黎湛铁路分布，东至平南县的大安镇，西到贵港市界，几乎包括了现贵港市（含桂平、平南）的大部分城镇，依托西江航道、黎湛铁路，以及规划中的高等级公路网，该区城镇发展具有广阔的前景。

6) 柳州周围城镇发展密集区

由柳州及其周围的柳城、柳江、鹿寨等组成，该区为桂中地区的城镇集中最突出的地带，有湘桂、黔桂及枝柳铁路在柳州交汇，又有南柳、桂柳高速公路通过，交通极为便利，应作为桂中的重点开发地区。

7) 来宾周围城镇发展密集区

以来宾县城为中心，包括周围的凤凰、良江、桥巩等乡镇。有湘桂铁路及南柳高速公路从本区通过，发展基础及条件较好，是桂中区南部的鼓励城镇发展地区。

8) 百色——平果城镇发展密集区

该区沿右江河谷、南昆铁路发展并有南百公路从本区穿过，交通条件优越，且城镇的发展已具有一定的基础。

村镇建设区是以农业为主的包括集镇、村、农田、水网、山地等用地的地区。区内聚居点密度小，是区域农业或林业发展基地。地貌以自然环境、绿地植被和自然村落为主，是低密度的开发区域，工业规模小。

5.3.2 严格保护地区

该区域是指对区域生态环境起决定性作用的大型生态要素和生态实体，这些区域对整体空间的发展具有生态保护意义，一旦受到人为破坏，将很难有效地恢复。该地区包括各类自然保护区、大型水库和水源地、风景名胜区、森林公园，以及基本农田保护区等。

1）自然保护区

包括弄岗自然保护区、大瑶山自然保护区、大明山自然保护区、龙虎山自然保护区等各类共计22个自然保护区（如表5-20所示）。

2）大型湖泊水库和水源地

包括西江经济带内大型湖泊水库，城市规划区内的水域，左江、右江、郁江、浔江等重要河流，以及所有城镇和乡村的水源地。

3）风景名胜区

包括桂平西山、龙虎山等各类国家级、自治区风景名胜区。

4）森林公园

包括良凤江、三门江、龙潭、元宝山等各类国家级或自治区级森林公园（如表5-21所示）。

5）基本农田保护区

根据土地利用总体规划，各市、县都划定了基本农田保护区，其中重点建设好武鸣和南宁盆地及三角洲平原、左江河谷盆地等盆地、谷地、平原的高产、优质、高效农田。

表5-20　　　　　　　　西江经济带自然保护区一览

序号	自然保护区名称	地址	面积（公顷）	主要保护对象	保护区级别	建立时间
1	弄岗自然保护区	龙州、宁明	10 080	石灰岩季节雨林生态系统，白头叶猴、黑叶猴等	国家级	1980

续表

序号	自然保护区名称	地址	面积（公顷）	主要保护对象	保护区级别	建立时间
2	大瑶山自然保护区	金秀县	24 907	银杉、瑶山鳄蜥及水源涵养林	国家级	2000.4
3	大明山自然保护区	武鸣、马山、上林、宾阳	16 994	季风常绿阔叶林、水源涵养林及自然景观	国家级	2002.6
4	龙虎山自然保护区	隆安县	2 766	广西猕猴、珍贵药作植物及自然景观	自治区级	1980.11
5	元宝山自然保护区	融水县	4 159	元宝山冷杉、珍稀动物及水源涵养林	自治区级	1982.6
6	岑王老山自然保护区	田林、凌云	29 800	季风常绿阔叶林	自治区级	1982.6
7	大平山自然保护区	桂平市	1 867	桫椤、圆籽荷、鳄蜥	自治区级	1982.6
8	九万山自然保护区	融水、罗城、环江	96 400	季风常绿阔叶林、水源涵养林	自治区级	1982.6
9	恩城自然保护区	大新县	20 900	黑叶猴、猕猴、冠斑犀鸟	自治区级	1982.6
10	岜盆自然保护区	扶绥县	8 000	白头叶猴、猕猴、黑叶猴	自治区级	1982.6
11	板利自然保护区	崇左市	18 530	白头叶猴、黑叶猴、猕猴	自治区级	1982.6
12	横县六景泥盆纪地标准剖面自然保护区	横县	5	泥盆系地质剖面	自治区级	1983
13	象州县大乐泥盆纪地质标准剖面	象州县	12	泥盆系地质剖面	自治区级	1983
14	大王岭自然保护区	百色市	80 319	季风常绿阔叶林、水源涵养林	自治区级	1982.6
15	西大明山自然保护区	扶绥、隆安、大新、崇左	60 100	季风常绿阔叶林、水源涵养林	自治区级	1982.6
16	下雷自然保护区	大新县	7 920	季风常绿阔叶林、水源涵养林	自治区级	1982.6
17	泗水河自然保护区	凌云县	20 950	季风常绿阔叶林、水源涵养林	自治区级	1987.5
18	金钟山鸟类保护区	隆林县	27 300	鸟类	自治区级	1982.6
19	上林龙山自然保护区	上林县	10 749	季风常绿阔叶林	自治区级	2003.11
20	澄碧河自然保护区	百色市	77 000	季风常绿阔叶林、水源涵养林	地市级	1982.6
21	百东河自然保护区	百色、田阳	41 600	季风常绿阔叶林、水源涵养林	地市级	1982.6
22	那佐自然保护区	西林县	40 000	季风常绿阔叶林、水源涵养林	县级	1982.6

表 5-21　　　　　　　　　西江经济带森林公园基本情况

序号	名称	面积（公顷）	行政区位	批复单位	批复文号
2	良凤江国家森林公园	248.00	南宁市	国家林业局	林造批字 [1992] 154 号
3	三门江国家森林公园	13 151.40	柳州市	国家林业局	林造批字 [1993] 89 号
4	龙潭国家森林公园	7 800.00	桂平市	国家林业局	林造批字 [1993] 89 号
6	元宝山国家森林公园	25 000.00	融水县	国家林业局	林场批字 [1994] 150 号
11	大瑶山国家森林公园	11 124.00	金秀县	国家林业局	林场批字 [1997] 104 号
14	老虎岭森林公园	306.67	南宁市	广西林业厅	桂林场字 [1994] 03 号
16	澄碧湖森林公园	8 205.00	百色市	广西林业厅	桂林场字 [1995] 5 号
17	象山森林公园	253.33	象州县	广西林业厅	桂林计学 [1995] 71 号
19	险山（洛清江）森林公园	5 298.50	鹿寨县	广西林业厅	桂林计学 [1996] 20 号
20	大山顶森林公园	266.67	岑溪市	广西林业厅	桂林计学 [1996] 62 号
22	龙须河森林公园	791.33	田东县	广西林业厅	桂林计学 [1996] 83 号
24	五象岭森林公园	650.00	南宁市	广西林业厅	桂林计学 [1998] 55 号
25	君武森林公园	1 207.76	柳州市	广西林业厅	桂林计学 [1998] 71 号
26	九龙瀑布群森林公园	1 639.90	横县	广西林业厅	桂林计学 [1998] 76 号
27	飞龙湖森林公园	12 097.56	苍梧县	广西林业局	桂林用发 [2002] 40 号
28	太平狮山森林公园	2 860.00	藤县	广西林业局	桂林用发 [2002] 47 号
29	凌云森林公园	12 000.00	凌云县	广西林业厅	桂林用发 [2003] 17 号
30	平天山森林公园	2 964.00	贵港市	广西林业局	桂林用发 [2003] 21 号

5.4　建设用地空间管制要点

根据管制策略，分别对划分的各种类型的区域提出管制要求。

5.4.1　城镇规划区

城镇规划区内的一切开发建设要必须符合城市总体规划，严格执行法定规划审批程序；高效集约调配与使用市区（镇区）土地；严格管制城市近郊区的开发建设，严禁随意突破市区建设范围，确保城镇周边生态缓冲区功能得以有效发挥；保护与改善城镇生态环境，划定城市绿线，按城市绿地率和人均公共绿地面积指标控制与保障城市绿地（含山体水体）建设；建设污水处理厂、垃圾处理场，推动重点流域、区域污染防治工作取得进展；加强环境管理能力建设，提高环境管理现代化水平；积极配套完善城市基础设施，充实社会服务功能，提升人居环境，积极发挥区域辐射功能。

开发区的规划要纳入城市总体规划,开发区的规划管理应纳入城市规划部门统一管理,土地征用后的空置时间不应超过一年,进入的企业绿化环境必须达到规划要求;乡镇工业小区应纳入城镇总体规划,其规模一般不小于 20~30 公顷,工业小区内绿地率和污染排放标准应符合规划要求。

5.4.2 城镇密集区

积极引导、控制城镇空间布局的发展形态,满足生态建设要求,保证各地农业生产用地。着重协调用地结构、区域服务设施等方面的关系,特别是区域内重大基础设施建设项目,其用地、位置、规模等方面更需要在各城镇间加强协调。

要特别注重城镇发展用地的选址布局。在各市(县)域规划、镇域规划和城市总体规划中应对用地性质、隔离绿带的设置和规模作出明确的规定。城镇建设用地不宜沿公路(高速公路、国道、省道等)两侧布局,不应把公路作为城市道路,并在公路两侧划定一定范围,作为禁止建设区,城镇宜在禁止建设区外公路一侧建设。

5.4.3 村镇建设区

村镇建设应体现保护、利用、改造、发展等原则,结合农业产业化的进程,因地制宜,有利生产,方便生活,集约经营,从城乡融合的趋势和要求对村镇建设进行控制。产业发展以提高农业综合效益为主,控制工业企业数量和规模;依靠科技进步,大力发展环保产业,引导绿色消费;提高村镇的建设质量,控制村镇数量的无序发展。促进村镇建设空间布局的优化,通过乡镇兼并、退宅还田等多种途径引导村镇建设。

居民点的建房户型结构要合理,村民住宅用地应严格按国家《村镇规划标准》的有关技术规定执行,人均非农建设用地在 100~120 平方米,超过以上标准的用地开发建设需在经济和行政措施上做更为严格的控制。加强住宅内外设施的配套建设,注重居住环境的建设,绿化、道路及基础设施应按规划统一实施。

5.4.4 自然保护区

保护各种典型的自然生态系统、珍稀生物物种及各种有价值的自然遗迹,保护生态系统的多样性、物种多样性和遗传多样性,严格保障各类生态自然保护区空间地理界限不受侵占,各生态自然保护区与居民稠密区、重大基础设施之间应建立隔离防护带。

各生态保护区内部管制应以生态保护为主、生态修复为辅，严格控制旅游、休闲、观光等设施的建设，严格防止各类污染和生态破坏。自然保护区按照资源状况，可划分为核心保护区、缓冲区和实验区：核心保护区禁止任何单位和个人进入；缓冲区主要进行科学观测活动；实验区可以进行科学实验、教学实习，参观考察和驯养、培育珍稀动植物活动。自然保护区核心区内原有居民确有必要迁出的，由自然保护区所在地的地方人民政府予以妥善安置；禁止在自然保护区的缓冲区开展旅游和生产经营活动；有条件的自然保护区，可在实验区适当开展旅游活动，但对旅游区必须进行规划设计，确定合适的旅游点和旅游路线；旅游点的建筑和设施要体现民族风格，同自然景观和谐一致；设置防火、卫生等设施，实行严格的巡护检查，防止造成环境污染和自然资源的破坏，其建设模式与布局应视具体情况而定，并必须征得各生态自然保护区主管部门的同意，并按规定权限和法定程序上报批准。多渠道筹措资金，建立生态环境保护基金。

5.4.5　风景名胜区

风景名胜区内各项开发建设应与环境承载能力以及经济发展状况相适应；应严格保护自然与文化遗产，保护原有景观特征和地方特色；应维护生物多样性和生态良性循环，防止污染；按照国家相关法律和条例严格保护风景名胜区的林木植被和动植物物种的生长栖息条件；保持人与自然的协调融合，并能促进风景区的自我生存和有序发展。

严格控制旅游开发强度，严禁不顾整体和长远利益擅自改变用地性质，违规建设，严防对不可再生的自然景观资源的侵害。严格控制风景名胜区内的人为负荷，合理确定旅游容量，防止人工化、城市化、商业化倾向，严禁将旅游服务基地布置在有碍景观和影响环境质量的地段，坚持有度、有序、有节律地开发建设，实现风景资源的永续利用。

合理协调风景名胜区旅游业、农业、加工业之间的关系，以有利于景区的保护、建设和管理为原则，严禁在景区内安排工业项目、城镇建设和其他企业事业单位用地，安排建设项目不得破坏林木。

实行权威、统一的管理体制，严格履行资源监督职责。严格对城乡建设和风景区资源开发活动进行监管，严禁以任何名义和方式出让或变相出让风景名胜区资源及其土地，不得将风景名胜区规划管理和监督的责任交由企业承担，管理机构自身也不得从事开发经营活动。严格风景名胜区建设项目审批程序，制定和完善风景名胜区有关保护管理条例。坚持风景名胜资源管理与经营活动分开，规划编制与实施管理分开，建立健全规划管理监督制约机制和开发建设中违规行为的行政纠正机制。加强环境宣传教育，推动公众参与环境保护。

严格风景名胜区建设项目审批程序，严格控制风景名胜区内各类建设项目，特别是风景名胜区核心保护区建设项目，严格禁止与资源保护无关的各种建设，要按规划要求确定各类设施的选址和规模，符合规划要求的建设项目，要按规定的审批权限审批。

5.4.6 森林公园

森林是陆地生态系统的主体，由森林地文、水文、生物、人文及天象等因素组成的多样性的森林风景资源，是珍贵的自然文化遗产，要加强对森林风景资源的保护管理，合理开发利用森林风景资源。

对森林风景资源的利用必须坚持"严格保护，统一规划，合理开发，永续利用"的原则，确保可持续发展。凡利用森林资源进行旅游开发的，必须编制开发建设规划，并严格按规划实施，在规划未审批之前，一律不得在公园内进行各类项目建设。利用森林及野生动物类型自然保护区开展生态旅游和其他景观利用的，要按《森林及野生动物类型自然保护区管理办法》进行管理。

各类森林公园内的森林、林木和林地应纳入特种用途林及林地管理范畴。因道路和必要的旅游接待设施等建设确需征占用林地或采伐林木的，必须符合总体规划要求，并严格按照国家有关征占用林地和林木采伐的审批管理办法办理手续。森林公园的各项设施建设应与自然景观相协调，严格控制道路、索道及大型永久性旅游接待设施的建设规模和数量。对游客较为集中的景区，应制订相应的轮休计划，确保森林植被和生态环境的自然和完整。

5.4.7 大型湖泊水库和水源地

水资源的开发利用要全流域统筹兼顾，生产、生活和生态用水综合平衡，坚持开源与节流并重，治污为本，综合利用。

根据城镇、村镇总体规划，划定水源保护区，严格按国家《饮用水水源保护区污染防治管理规定》进行管制，禁止各类污染源进入水源及其保护区，禁止受污染的水流向水源地保护区，不得向水源地保护区排放环境污染物。

加强合浦水库群、大王滩水库、澄碧湖水库、凤亭湖水库以及红水河、左江、右江、郁江、浔江、桂江等重点区域、流域水源供给区的保护，中小河流流域应实施流域性水资源监管，合理控制城镇规模，工业发展以低耗水为主。禁止在作为水源地的水库湖泊周围开展旅游度假活动。

严格控制水源保护区内农业及城镇发展,除必要的取水、净水等供水设施、林业设施外,水源保护区的土地不得用于有损水源保护的建设。鼓励在水源地进行植树种草绿化,以净化环境、涵养水源,推行生态农业、节水农业,建设生态城镇。

沿江毗邻城市必须协调和处理好城市之间沿江的取水口和排污口之间的关系,重点是对城市排污口的控制,上游城市最下端排污口应控制在规划建成区下游500米范围内,下游城市最上端取水口,在满足取水条件和本城市排污口间距要求的前提下,应尽量往下游设置。上游城市建设污水处理时,应进行水环境影响评价,以不侵害下游城市取水口水源保护区为限,确定上游城市排污口位置和出水水质。

5.4.8 基本农田保护区

以提高农业综合效益为主,严格控制城乡各类建设用地,严格保护基本农田,对国家级、自治区级粮食基地实行特殊保护,并鼓励农业用地区内的其他用地转为农业生产及直接为农业生产服务的用地。

国家能源、交通、水利、国防等重点建设项目选址无法避开基本农田的,必须经国务院批准,并经法定程序修改土地利用总体规划,按照《土地管理法》《基本农田保护条例》的规定严格审批用地。禁止占用基本农田进行城镇、村镇、开发区和工业小区建设;禁止占用基本农田建窑、建房、建坟或挖沙、采石、取土、堆放固体废弃物等;禁止占用基本农田发展林果业和挖塘养鱼;禁止任何单位和个人闲置、荒芜耕地,已经办理审批手续的建设占用耕地,一年内不用而又可以耕种并收获的应恢复耕种;一年以上未动工建设的,应缴纳闲置费;连续两年未使用的经原批准耕地机关批准,收回土地使用权,恢复耕种;承包经营耕地的单位或者个人连续二年弃耕抛荒的,原发包单位应当终止承包合同,收回发包的耕地。

加快生态农业的建设。结合农业产业结构调整,大力发展生态农业、有机农业和节水农业,积极发展无公害农产品、有机食品和绿色食品。从可持续发展出发,改变重用轻养的掠夺开发模式和高耗低效的落后生产方式,走集约化、精准化、产业化之路。促进农业资源合理利用,不断削减化肥施用量,鼓励使用复合肥、有机肥、微生物肥;禁止使用高毒高残留农药,推广生物治虫技术,控制农村生活污染和农药、化肥、生物激素、农膜等化学物质的污染。加强生态农业建设,建设生态良性循环、人与自然和谐共处的示范区。

第二篇

广西西江经济带市域国土空间优化研究——以来宾市为例

6

来宾市国土空间开发现状及其评价研究

6.1 来宾市国土空间开发现状

6.1.1 开发现状

建市以来，来宾市经济社会发展取得了巨大成就。2013年全市地区生产总值达515.17亿元，按可比价格计算，比2004年增长了3.57倍；总人口255.62万人，比2004年增加了10.49万人；城镇化率37.47%，比2004年提高了13.09个百分点；城镇居民人均可支配收入23 563元，农民人均纯收入7 085元，分别比2004年增长了3.67倍、3.35倍；基础设施条件不断完善，截至2013年，公路总里程达到6 194公里，其中高速公路75公里，内河港口吞吐能力521万吨。目前，来宾呈现出欣欣向荣、蓬勃发展的良好势头，在全区发展总体战略中的地位明显提升，进入了工业化城镇化快速推进和全面建成小康社会的新阶段。当前，来宾市国土空间开发具有以下特点：

1）可利用土地资源较多，开发潜力较大

根据可利用土地资源综合评价，全市适宜建设的土地面积为5 185.95平方公里，占全市土地总面积的38.67%。扣除掉城镇、农村居民点、工矿、交通等已开发建设的用地面积和基本农田面积，今后可供建设的土地资源为1 724.97平方公里，占国土面积的12.86%。从土地后备资源分布来看，兴宾区、象州县、合山市的土地资源充裕，可利用土地资源占其土地面积比重16%以上，其中，象州县为22.43%，兴宾区为16.81%，合山市为16.03%。武宣县可利用土地资源比重12.28%，比全市的平均水平低0.86%。忻城县、金秀瑶族自治县的可利用土地资源最为匮乏，可利用土地资源比重分别为7.09%、4.18%，远远低于全市的平均水平。

2）水资源较为丰富，但时空分布不均

来宾市多年水资源总量相对丰富，扣除水资源重复计算量，来宾市目前水资源总量为111.8亿立方米，是广西水资源较为丰富的地区。来宾市境内地表径流主要来源于大气降水形成，故大小河川径流补给均属雨源型，由于降雨时空分布不均，以及受地形、地质、植被等下垫面因素的影响，河川径流量的区域分布以及年内分配相差较大。其中，地表径流量和水资源总量兴宾区位居第一，为34.65亿立方米；金秀瑶族自治县作为来宾市生态资源较丰富的县，年降水量和年径流深最大，分别是1 694.1mm和965.6mm；而武宣县和合山市的多年水资源总量相对较小。来宾市集水面积在1 000平方公里以上的主要河流水资源质量状况总体上满足所属水体功能的要求；中小河流总体保持在国家《地表水水环境质量标准》（GB3838—2002）Ⅱ~Ⅲ类水质，局部河段为Ⅳ~Ⅴ类水质。来宾市大部分县的水资源开发利用率相对较高，基本在20%以上。其中合山市的水资源开发利用率超过了100%，水资源开发利用程度高，而金秀瑶族自治县和忻城县在20%以下，具有很大的开发潜力。

3）环境状况良好，存在一定的环境容量压力

根据环境容量总体评价，来宾市大气和水环境状况整体良好，大部分区域大气环境容量处于无超载状况，所有的国土空间水环境无超载。大气和水环境容量无超载的镇级行政区有63个，土地面积8 612.65平方公里，占全市土地总面积的64.22%；轻度超载4 431.98平方公里，占33.05%；重度超载365.72平方公里，占2.73%。随着工业化和城镇化快速发展，一些地区的剩余环境容量相对不足，对人口、经济布局和产业发展形成较大制约，在未来一个时期，来宾市环境压力将处于上升阶段。

4）生态系统相对稳定，需加强生态脆弱地区的治理工作

根据生态系统脆弱性和生态重要性综合评价，来宾市生态类型多样，森林、草地、灌丛、石山、湿地等生态系统均有分布，但生态比较脆弱的区域面积较大，达2 407.16平方公里，占全市土地总面积的17.95%。

5）自然灾害较为频繁，需重视灾害防御工作

根据自然灾害危险性综合评价，全市危险性大的镇级行政区有19个，土地

面积占全市土地面积的 27.85%；划分为危险性较大的有 34 个，土地面积占全市土地面积的 48.44%。这些镇级行政区主要受洪涝和地质灾害影响，有的镇级行政区受台风影响较大，有的受地震的影响略大。

6）交通发展水平存在区域差异，中部地区交通优势较为明显

根据交通优势度综合评价，交通优势度最高的有兴宾区城东街道办、良江镇、城北街道办、河西街道办、凤凰镇、城厢乡，土地面积占全市土地面积的 6.4%；处于较高水平的有 12 个，土地面积比重为 16.8%；处于中等水平的有 20 个，土地面积比重为 31.1%。交通优势度处于中等及其以上水平的镇级行政区有 38 个，土地面积比重为 54.3%，主要分布在来宾市中部地区，形成了中部交通优势集中区以及沿"南宁—来宾—柳州"铁路交通优势带。东北和西北地区受地形等因素的限制，交通发展较为薄弱，交通优势度较低。

7）人口总量不大，但人口集聚程度仍需提高

2012 年年末来宾市总人口 253.68 万人，人口总量位居全区第十位，人口密度为 189 人/平方公里，低于广西平均人口密度（221 人/平方公里），是广西人口密度相对较低的地区。在 70 个镇级行政区中，人口密度高及较高等级的镇级行政区有 8 个，土地面积占全市土地面积的 4.12%。从人口集聚程度情况来看，人口集聚度较高的地区为城东街道办、河西街道办、城北街道办、八一街道办，土地面积占全市总面积的 0.64%。人口聚集度处于中等等级的镇级行政区有 9 个，土地面积占全市总面积的 8.92%。

8）区域经济发展水平差异较大，中部地区经济发展水平较高

根据经济发展水平分析综合评价，经济发展水平高及较高等级的镇级行政区有 14 个，土地面积占全市总面积的 15%，主要分布在来宾市中心城区周边交通区位优势突出的地区。在 70 个镇级行政区中，77.1% 行政区的经济发展水平低于全市平均水平。来宾市东部、中部、西部三大区域经济发展水平存在一定差异，中部地区经济发展水平高于全市平均水平，东部、西部地区低于全市平均水平。

6.1.2 主要问题

建市以来，来宾市经济快速增长，工业化和城镇化进程加快，综合实力大幅提升，人民生活水平明显提高，与此同时，国土空间发生了巨大变化，也出现了一些必须高度重视并且需要着力解决的突出问题。

1）建设用地需求旺盛，用地保障压力加大

全市城镇用地面积由 2010 年的 8 578.01 公顷增加到 2012 年的 9 351.71 公顷，增加了 773.7 公顷，增长了 1.09 倍。2013 年来宾市城镇化率 37.5%，处于城镇化加速发展阶段，城镇用地、工矿、交通等建设用地也需求旺盛，土地供求形势比较严峻。

2）发展环境压力较大，资源短缺问题突出

随着工业化、城镇化快速推进，能源、资源约束日益凸显，环境保护压力越来越大，特别是少数地方粗放式、无节制过度开发，污染物排放超过环境容量，导致经济发展与资源保障、环境保护的矛盾更加突出。

3）空间结构不尽合理，空间利用效率偏低

城市、工矿、基础设施建设空间增长较快，农产品生产空间有所减少。城市和工矿建设单位空间产出较低，城市和建制镇建成区空间利用效率不高，且在一定程度上挤占了农产品空间和绿色生态产品空间。

4）城乡和区域发展不协调，公共服务和生活水平差距较大

人口分布与经济布局失衡，劳动人口与赡养人口异地居住，城乡之间和不同区域之间的公共服务及人民生活水平的差距较大。2013 年，全市城乡居民收入比约为 3.33∶1，高于全国的 3.03∶1。人均生产总值最高地区和最低地区间的差距达 21.63 倍。

6.2 来宾市国土空间区划指标体系及数据来源

6.2.1 国土空间区划指标体系

以全国主体功能区划指标及广西主体功能区划指标为指导，以土地、水、生态环境、社会经济等国土空间要素数据为基础，综合考虑来宾市区域特性等因素，整理构建来宾市国土空间评价体系并根据各项指标的性质和功能，将 9 项指标进行合并分类，共分为五类，以反映来宾市各地的现有开发水平、水土资源承载力、环境承载力、自然灾害与生态限制因四个方面。

来宾市国土空间指标体系如表6-1所示：

表6-1　　　　　　　　　来宾市国土空间指标体系

一级指标	二级指标	三级指标
现有开发水平	经济发展水平	人均GDP
		GDP增长率
	人口集聚度	人口密度
		人口流动强度
	交通优势度	交通网络密度
		交通干线影响度
		区位优势度
水土资源承载力	可利用土地资源	适宜建设用地规模
		已有建设用地规模
		基本农田规模
	可利用水资源	可利用水资源丰度
环境承载力	环境容量	水环境容量
		大气环境容量
自然灾害和生态限制因素	生态系统脆弱性	土壤侵蚀脆弱性
		石漠化脆弱性
	生态重要性	水源涵养重要性
		土壤保持重要性
		生物多样性维护重要性
	自然灾害危险性	洪水灾害危险性
		地质灾害危险性
		地震灾害危险性
		台风灾害危险性

6.2.2　数据来源

基础数据是国土空间区划的前提和基础。为了确保基础数据来源的准确性、可靠性、权威性，将9个指标项进行数据采集和加工整理，分解到来宾市发改委、国土资源局、水利局、交通局、环保局、统计局等单位。

土地资源数据来源：一是土地利用现状数据由国土资源部门提供；二是数字高程模型（DEM）数据由（http://datamirror.csdb.cn/）国际科学数据服务平台提供的ASTER GDEM数字高程数据产品，覆盖整个中国区域，空间分辨率为30m。

水资源数据来源于水利局。

环境容量、生态系统脆弱性、生态重要性三个指标的数据主要来自环保局、水利局等部门。

自然灾害数据来源主要有两个来源：从相关部门获取数据，如地震局、气象局及民政局等；从相关文献资料获取数据，如广西统计年鉴、来宾统计年鉴、各乡镇规划，来宾市防震减灾"十二五"规划等。

经济发展水平数据主要来源于统计部门。

人口集聚度数据来源均来自统计局数据资料。

交通优势度数据主要来源于各乡镇规划和政府报告公布的官方数据，以及各乡镇政府提供的数据。

涉及的各级各类自然保护区资料，主要来源于来宾市国土资源局、住建局、林业局、环保局等部门。

地理工作底图作为课题研究底图，主要来源于来宾市国土资源局、住建局、水利局、交通局等部门。

6.3 来宾市国土空间区划指标评价

6.3.1 现有开发水平分析评价

现有开发水平综合反映一个地区的产业、交通、经济、人口等发展水平，是衡量一个地区工业化城镇化水平的重要标尺，也是划分城镇空间的主导因素。本书主要选取经济发展水平、交通优势度和人口集聚度三项指标，来综合评价一个地区的现有开发水平。

1） 经济发展水平分析评价

经济发展水平是评估一个地区现有开发水平的重要指标，能够体现区域经济发展现状与增长活力，是划分城市空间的主导因素。本书对来宾市各县级行政区及各镇级行政区的经济发展水平进行分析评价，主要通过计算各地的生产总值增长率和人均生产总值规模来反映。

(1) 计算方法

通过计算 70 个镇级行政区的人均生产总值和 2009~2011 年的生产总值年均增长率，获取各镇级行政区的经济发展水平，并按照高、较高、中等、较低、低进行自然分等，划分经济发展水平的等级。其计算公式如下：

$$经济发展水平 = f(人均GDP, GDP增长率) \qquad (6-1)$$

其中，

$$人均GDP = GDP/总人口 \quad (6-2)$$

GDP 指的是各镇级行政区的地区生产总值规模；

$$GDP 增长率 = (GDP2011/GDP2009)^{1/3} - 1 \quad (6-3)$$

GDP 增长率是指近 3 年各镇级行政区的地区 GDP 的平均增长率。

$$经济发展水平 = 人均GDP \times k_{(GDP增长强度)} \quad (6-4)$$

式中，$k_{(GDP增长强度)}$ 根据各镇级行政区的 GDP 增长率分级状况，依据《技术规程》的规定，选取权重值。在不同情况下 $k_{(GDP增长强度)}$ 值的赋值如表 6-2 所示。

表 6-2　　　　　　在不同情况下 $k_{(GDP增长强度)}$ 值的赋值

项目	经济增长强度				
	<5%	5%~10%	10%~20%	20%~30%	>30%
强度权系数赋值	1	1.2	1.3	1.4	1.5

(2) 人均生产总值评价

人均 GDP 是一个地区的经济总量与总人口的比值。《技术规程》没有明确提出人均 GDP 的等级划分标准，因此采用自然分等法进行等级划分。通过对 70 个镇级行政区的人均 GDP 计算，按照高、较高、中等、较低、低五个等级自然分等（如表 6-3 所示），分析评价出各地的人均经济发展水平（如表 6-4、表 6-5 所示）。

表 6-3　　　　　　人均 GDP 自然分等等级标准

人均 GDP 等级	高	较高	中等	较低	低
等级标准（元/人）	>20 000	20 000~13 000	13 000~9 500	9 500~6 000	<6 000

表 6-4　　　　　　2011 年来宾市各镇级行政区的人均 GDP 排序

排序	行政区名称	人均 GDP 人（元/人）	排序	行政区名称	人均 GDP 人（元/人）
1	迁江镇	77 210	10	河西街道办	20 798
2	象州镇	74 450	11	城东街道办	19 804
3	石龙镇	71 510	12	城厢乡	16 489
4	武宣镇	53 841	13	石陵镇	16 205
5	城北街道办	53 198	14	三江乡	15 134
6	红渡镇	28 727	15	桐木镇	14 766
7	八一街道办	23 375	16	寺村镇	14 644
8	岭南镇	22 138	17	小平阳镇	13 705
9	大乐镇	20 998	18	头排镇	13 621

续表

排序	行政区名称	人均GDP人（元/人）	排序	行政区名称	人均GDP人（元/人）
19	六巷乡	13 043	45	大樟乡	7 820
20	马坪镇	13 042	46	运江镇	7 792
21	罗秀镇	12 959	47	北更乡	7 640
22	良江镇	12 016	48	黄茆镇	7 599
23	妙皇乡	11 752	49	蒙村镇	7 511
24	北泗镇	11 721	50	三里镇	7 220
25	桥巩镇	11 550	51	禄新镇	7 188
26	大塘镇	11 459	52	罗香乡	7 157
27	百丈乡	11 300	53	寺山镇	7 063
28	水晶乡	11 208	54	安东乡	6 739
29	陶邓乡	10 565	55	金秀镇	6 715
30	中平镇	10 432	56	三角乡	6 417
31	良塘乡	10 385	57	凤凰镇	6 116
32	大湾镇	10 381	58	通挽镇	6 036
33	马泗乡	9 618	59	五山乡	6 006
34	思练镇	9 616	60	正龙乡	5 813
35	河里乡	9 456	61	新圩乡	5 595
36	欧洞乡	9 026	62	石牙乡	5 497
37	七洞乡	8 924	63	忠良乡	5 440
38	南泗乡	8 903	64	城关镇	5 302
39	金鸡乡	8 811	65	遂意乡	5 168
40	桐岭镇	8 780	66	平阳镇	5 049
41	高安乡	8 762	67	果遂乡	5 032
42	二塘镇	8 582	68	古蓬镇	4 978
43	思灵乡	8 243	69	长垌乡	4 834
44	东乡镇	7 838	70	三五乡	3 569

表6-5　　来宾市人均GDP评价结果

人均GDP等级	行政区数（所占比重）	平均值（元）	行政区名称	总面积（平方公里）（所占比重）
高	10个（14.3%）	44 625	兴宾区：城北街道、河西街道、八一街道、迁江镇 忻城县：红渡镇 象州县：象州镇、石龙镇、大乐镇 武宣县：武宣镇 合山市：岭南镇	1 477.59（11%）

续表

人均GDP等级	行政区数（所占比重）	平均值（元）	行政区名称	总面积（平方公里）（所占比重）
较高	10个（14.3%）	15 045	兴宾区：城东街道、小平阳镇、石陵镇、城厢乡 象州县：寺村镇、马坪镇 金秀瑶族自治县：桐木镇、头排镇、六巷乡、三江乡	1 807.54（13.5%）
中等	14个（20%）	11 069	兴宾区：良江镇、陶邓乡、桥巩镇、良塘乡、大湾镇 忻城县：大塘镇、思练镇、马泗乡 象州县：罗秀镇、水晶乡、中平镇、妙皇乡、百丈乡 合山市：北泗镇	2 761.27（20.6%）
较低	25个（35.7%）	7 694	兴宾区：凤凰镇、五山乡、七洞乡、蒙村镇、寺山镇、南泗乡、高安乡 忻城县：欧洞乡、安东乡、北更乡 象州镇：运江镇 金秀瑶族自治县：金秀镇、三角乡、罗香乡、大樟乡 合山市：河里乡 武宣县：黄茆镇、二塘镇、东乡镇、三里镇、桐岭镇、通挽镇、思灵乡、禄新镇、金鸡乡	5 088.59（37.9%）
低	11个（15.7%）	5 116	兴宾区：平阳镇、三五乡、石牙乡、正龙乡 忻城县：城关镇、古蓬镇、果遂乡、新圩乡、遂意乡 金秀瑶族自治县：长垌乡、忠良乡	2 275.36（17%）

（3）2009~2011年GDP增长率评价

为了更准确地反映近年来宾市各地经济发展的情况，本书按照《技术规程》的计算方法和分级标准对各地的经济增长速度进行分析评价。

《技术规程》明确提出了GDP增长率的等级划分标准（如表6-6所示），以等级划分标准为手段，以各镇级行政区GDP增长率为基础数据（如表6-7所示），获取了GDP增长率分析结果（如表6-8所示）。

表6-6　　　　　　　2009~2011年GDP增长率分级标准

GDP增长率水平等级	高	较高	中等	较低	低
等级标准（%）	>30.0%	20.0%~30.0%	10.0%~20.0%	5.0%~10.0%	<5.0%

表 6-7　2009~2011 年来宾市各镇级行政区 GDP 增长率排序

排序	等级	行政区名称	GDP 增长率（%）	排序	等级	行政区名称	GDP 增长率（%）
1	1	运江镇	42.7	36	4	新圩乡	8.2
2	2	大塘镇	26.4	37	4	高安乡	8.1
3	2	三江乡	24.2	38	4	七洞乡	8.0
4	2	石龙镇	23.8	39	4	二塘镇	8.0
5	2	大樟乡	23.7	40	4	平阳镇	7.4
6	2	岭南镇	20.7	41	4	河西街道办	7.1
7	2	武宣镇	20.6	42	4	八一街道办	7.1
8	3	石陵镇	19.9	43	4	城北街道办	7.1
9	3	城厢乡	19.6	44	4	城东街道办	7.1
10	3	思灵乡	19.4	45	4	桐岭镇	7.1
11	3	马泗乡	16.5	46	4	百丈乡	7.0
12	3	良塘乡	16.2	47	4	北泗镇	6.8
13	3	罗秀镇	16.0	48	4	蒙村镇	6.6
14	3	北更乡	15.7	49	4	三角乡	6.5
15	3	中平镇	15.4	50	4	六巷乡	6.4
16	3	罗香乡	13.9	51	4	石牙乡	6.4
17	3	五山乡	13.9	52	4	黄茆镇	6.2
18	3	通挽镇	13.7	53	4	桥巩镇	5.5
19	3	妙皇乡	12.9	54	4	迁江镇	5.4
20	3	良江镇	12.1	55	4	金秀镇	5.2
21	3	河里乡	11.6	56	4	头排镇	5.1
22	3	大乐镇	11.4	57	5	金鸡乡	4.9
23	3	忠良乡	11.2	58	5	南泗乡	4.6
24	3	长垌乡	10.8	59	5	水晶乡	4.3
25	3	小平阳镇	10.7	60	5	遂意乡	4.2
26	3	红渡镇	10.4	61	5	东乡镇	3.9
27	3	城关镇	10.4	62	5	果遂乡	3.7
28	3	安东乡	10.1	63	5	大湾镇	2.6
29	4	寺山镇	9.8	64	5	凤凰镇	2.5
30	4	寺村镇	9.3	65	5	桐木镇	1.9
31	4	象州镇	9.1	66	5	陶邓乡	1.4
32	4	思练镇	8.8	67	5	三五乡	0.9
33	4	正龙乡	8.5	68	5	欧洞乡	-1.0
34	4	马坪镇	8.4	69	5	古蓬镇	-1.7
35	4	禄新镇	8.2	70	5	三里镇	-3.8

表6-8　　　　　　　　　　来宾市GDP增长率评价结果

GDP增长率水平等级	行政区数（所占比重）	行政区名称	总面积（平方公里）（所占比重）
高	1个（1.4%）	象州县：运江镇	285.30（2.1%）
较高	6个（8.6%）	合山市：岭南镇 象州县：石龙镇 武宣县：武宣镇 忻城县：大塘镇 金秀瑶族自治县：大樟乡、三江乡	1 301.62（9.7%）
中等	21个（30%）	金秀瑶族自治县：忠良乡、罗香乡、长垌乡 忻城县：城关镇、红渡镇、安东乡、马泗乡、北更乡 武宣县：通挽镇、思灵乡 象州县：罗秀镇、大乐镇、中平镇、妙皇乡 合山市：河里乡 兴宾区：良江镇、小平阳镇、石陵镇、五山乡、良塘乡、城厢乡	3 928.73（29.3%）
较低	28个（40%）	兴宾区：城东街道、城北街道、河西街道、八一街道、迁江镇、平阳镇、桥巩镇、七洞乡、蒙村镇、寺山镇、遂意乡、高安乡、正龙乡 象州县：北泗镇、象州镇、寺村镇、百丈乡、马坪镇 武宣县：黄茆镇、二塘镇、桐岭镇、禄新镇 忻城县：思练镇、新圩乡 金秀瑶族自治县：金秀镇、头排镇、三角乡、六巷乡	5 027.03（37.5%）
低	14个（20%）	金秀瑶族自治县：桐木镇 忻城县：古蓬镇、欧洞乡、果遂乡、遂意乡 武宣县：东乡镇、三里镇、金鸡乡 象州县：水晶乡 兴宾区：凤凰镇、三五乡、陶邓乡、南泗乡、大湾镇	2 867.67（21.4%）

（4）经济发展水平总体评价分析

通过计算70个镇级行政区的人均生产总值和2009~2011年的生产总值年均增长率，获取各镇级行政区的经济发展水平，并按照高、较高、中等、较低、低进行自然分等（经济发展水平自然分等等级标准如表6-9所示），划分经济发展水平的等级（如表6-10所示）。来宾市经济发展水平评价结果如表6-11、图6-1所示。

表6-9　　　　　　　　　经济发展水平自然分等等级标准

经济发展水平等级	高	较高	中等	较低	低
等级标准（元）	≥30 000	20 000~30 000	13 000~20 000	7 000~13 000	<7 000

表6-10　2011年来宾市各镇级行政区经济发展水平排序

排序	行政区名称	2011经济发展水平（元）	排序	行政区名称	2011经济发展水平（元）
1	迁江镇	92 652	36	思灵乡	10 716
2	象州镇	89 340	37	七洞乡	10 709
3	石龙镇	82 411	38	陶邓乡	10 565
4	武宣镇	75 378	39	桐岭镇	10 536
5	城北街道办	63 838	40	高安乡	10 514
6	红渡镇	37 345	41	大湾镇	10 381
7	岭南镇	30 994	42	二塘镇	10 299
8	八一街道办	28 049	43	北更乡	9 933
9	大乐镇	27 297	44	罗香乡	9 304
10	河西街道办	24 958	45	黄茆镇	9 118
11	城东街道办	23 764	46	欧洞乡	9 026
12	城厢乡	21 436	47	蒙村镇	9 013
13	三江乡	21 187	48	南泗乡	8 903
14	石陵镇	21 067	49	金鸡乡	8 811
15	小平阳镇	17 816	50	安东乡	8 760
16	寺村镇	17 573	51	禄新镇	8 626
17	罗秀镇	16 847	52	寺山镇	8 476
18	头排镇	16 345	53	金秀镇	8 058
19	大塘镇	16 042	54	通挽镇	7 847
20	六巷乡	15 652	55	东乡镇	7 838
21	马坪镇	15 650	56	五山乡	7 807
22	良江镇	15 621	57	三角乡	7 700
23	妙皇乡	15 278	58	三里镇	7 220
24	桐木镇	14 766	59	忠良乡	7 073
25	北泗镇	14 065	60	正龙乡	6 976
26	桥巩镇	13 859	61	城关镇	6 892
27	中平镇	13 562	62	新圩乡	6 713
28	百丈乡	13 560	63	石牙乡	6 596
29	良塘乡	13 500	64	长垌乡	6 284
30	马泗乡	12 503	65	凤凰镇	6 116
31	河里乡	12 293	66	平阳镇	6 058
32	运江镇	11 688	67	遂意乡	5 168
33	思练镇	11 539	68	果遂乡	5 032
34	水晶乡	11 208	69	古蓬镇	4 978
35	大樟乡	10 948	70	三五乡	3 569

表 6-11　　　　　　　　　来宾市经济发展水平评价结果

经济发展 水平等级	行政区数 （所占比重）	行政区名称	总面积（平方公里） （所占比重）
高	7 个 （10%）	兴宾区：城北街道、迁江镇 忻城县：红渡镇 象州县：象州镇、石龙镇 武宣县：武宣镇 合山市：岭南镇	1 301.39 （9.7%）
较高	7 个 （10%）	兴宾区：城东街道、河西街道、八一街道、石陵镇、城厢乡 象州县：大乐镇 金秀瑶族自治县：三江乡	711.06 （5.3%）
中等	15 个 （21.4%）	兴宾区：良江镇、小平阳镇、桥巩镇、良塘乡 忻城县：大塘镇 象州县：寺村镇、罗秀镇、中平镇、马坪镇、妙皇乡、百丈乡 金秀瑶族自治县：桐木镇、头排镇、六巷乡 合山市：北泗镇	2 875.21 （21.4%）
较低	30 个 （42.9%）	兴宾区：五山乡、陶邓乡、七洞乡、蒙村镇、寺山镇、南泗乡、高安乡、大湾镇 忻城县：思练镇、马泗乡、欧洞乡、安东乡、北更乡 象州县：运江镇、水晶乡； 武宣县：黄茆镇、二塘镇、三里镇、东乡镇、桐岭镇、通挽镇、金鸡乡、禄新镇、思灵乡 金秀瑶族自治县：金秀镇、三角乡、忠良乡、罗香乡、大樟乡 合山市：河里乡	6 127.19 （45.7%）
低	11 个 （15.7%）	兴宾区：凤凰镇、平阳镇、三五乡、石牙乡、正龙乡 忻城县：城关镇、古蓬镇、果遂乡、新圩乡、遂意乡 金秀瑶族自治县：长垌乡	2 395.50 （17.9%）

①经济发展水平数量特征分析

2011 年，按照 70 个镇级行政区综合计算，全市经济发展平均水平为 16 914 元，处在经济发展水平的中等等级，总体发展水平不高。从评价结果看，各地呈现出以下几个特征：

经济发展水平较低及以下的镇级行政区超过半数。在 70 个镇级行政区中，经济发展水平处于高等级的有城北街道办、迁江镇、红渡镇等 7 个，占全市镇级行政区总数的 10%，土地面积占全市总面积的 9.7%；经济发展水平处于较高等级有城东街道办、河西街道办、八一街道办等 7 个行政区，行政区数量比重占 10%，土地面积比重占 5.3%；经济发展水平处于中等等级的有小平阳镇、寺村镇、头排镇等 15 个行政区，行政区比重占 21.4%，土地面积比重占 21.4%；经

图6-1 来宾市经济发展水平评价

济发展水平处于较低等级的有马泗乡、河里乡、运江镇等30个行政区,行政区比重占42.9%,土地面积比重占45.7%;经济发展水平处于低等级的有正龙乡、城关镇、新圩乡等11个行政区,行政区比重为15.7%,土地面积比重为17.9%;经济发展水平处于较低及以下的行政区有41个,行政区比重达58.6%,土地面积比重为63.6%。

各等级之间经济发展水平差异明显。经济发展水平高等级区域的平均水平为67 423元,比全市平均水平高3.86倍;较高等级区域的平均水平为23 965元,比全市平均水平高37.3%;中等等级区域平均水平为15 342元,比全市平均水平低12%;较低等级区域的平均水平为9 580元,比全市平均水平低45.1%;低等级区域的平均水平为5 853元,比全市平均水平低66.5%。高等级区域的经济发展水平与低等级区域相差61 570元,比低等级区域经济发展水平高11.52倍。

大部分乡镇经济发展水平偏低。在70个镇级行政区中,城北街道办、迁江镇、红渡镇、象州镇、石龙镇、武宣镇、岭南镇、城东街道办、河西街道办、八一街道办、石陵镇、城厢乡、大乐镇、三江乡等14个高于全市平均经济发展水平,行政区数量比重占22.9%。其余77.1%行政区低于全市平均水平,其中北更乡、罗香乡、黄茆镇等28个行政区经济发展水平低于10 000元。而禄新镇、寺山镇、金秀镇、通挽镇、东乡镇、五山乡、三角乡等20个行政区不及全市平均经济发展水平的一半。

6个县级行政区经济发展水平差异明显。按6个县级行政区所辖的行政区计算，5个县级行政区的经济发展水平高于全市平均水平，分别是兴宾区、象州县、合山市、武宣县、金秀瑶族自治县。经济发展水平最高的是兴宾区，为37 707元；第二位是象州县，为34 220元；第三位是合山市，为32 899元。其他依次分别是武宣县（28 504元）、金秀瑶族自治县（22 746元）、忻城县（18 775元）。经济发展水平最高的兴宾区是最低忻城县的2.0倍。

经济发展水平前10位与后10位差距。在70个镇级行政区中，经济发展水平排前10位的是迁江镇、象州镇、石龙镇、武宣镇、城北街道办、红渡镇、岭南镇、八一街道办、大乐镇、河西街道办，平均经济发展水平为55 226元，比全市平均水平高3.16倍。排名后10位的是城关镇、新圩乡、石牙乡、凤凰镇、长垌乡、平阳镇、遂意乡、果遂乡、古蓬镇、三五乡，平均经济发展水平为5 741元，比全市平均水平低67.1%。前10位区域的经济发展水平是后10位区域的9.62倍。其中，迁江镇经济发展水平最高，为92 652元，三五乡最低，为3 569，两者相差89 083元，迁江镇是三五乡的25.96倍，差异悬殊。

②经济发展水平空间分布特征分析

从空间分布看，经济发展水平分布呈现东部较高，西部较低的格局。经济发展水平高等级区域分布零散，主要为来宾市中心城区，尚未形成经济发展水平较高的连片区域。但交通干线沿线区域经济发展水平相对较高，西部地区相对较低。

经济发展水平最高的区域主要分布在城北街道办、武宣镇、象州镇等中心城区及其周围。

交通干线沿线区域经济发展水平相对较高。来宾市的岭南镇—妙皇乡—三江乡中轴沿线区域（岭南镇、城厢乡、石龙镇、妙皇乡、象州镇、寺村镇、罗秀镇、大乐镇、桐木镇、头排镇、三江乡）11个镇级行政区，平均经济发展水平为32 134元，比全市平均水平高1.39倍。

经济发展水平低等级区域主要分布在东、西部地区及边境地区。在全市11个经济发展水平低等级的区域中，忻城县有5个，兴宾区有5个，金秀瑶族自治县有1个。其中，位于西部地区的有城关镇、遂意乡、果遂乡等6个，这6个区域同时也是边境地区。

来宾市东部、中部、西部三大区域经济发展水平存在一定差异。中部地区经济发展水平高于全市平均水平，东部、西部地区低于全市平均水平。中部地区经济发展水平最高，达到27 468元，比全市平均水平高29.8%；东部地区居第二位，为15 698元，比全市平均水平低25.8%；西部地区最低，为15 237元，比全市平均水平低28%。中部地区比西部地区多12 231元，高99.98%。

2) 交通优势度分析评价

交通是一个地区发展水平的重要标志。交通优势度主要评估一个地区交通的通达水平，主要通过对各镇级行政区的交通网络密度、交通干线拥有程度和与中心城市的交通距离三个指标来反映，是判断一个地区是否属于城镇空间的主导因素之一。

(1) 计算方法

通过计算70个镇级行政区的公里网络密度、交通干线影响度和区位优势度，分别获取各镇级行政区的交通优势度，并按照突发、显著、中等、较低、缺乏进行自然分等，划分交通优势度的等级。其计算公式如下：

$$交通优势度 = 交通网络密度 + 交通干线影响度 + 区位优势度 \quad (6-5)$$

式中，交通网络密度 = 公路通车里程/镇域面积；交通干线影响度 = $\sum$（交通干线技术水平）；区位优势度 = 距中心城市的交通距离。

区位优势度主要指由各镇级行政区与中心城市间的交通距离所反映的区位条件和优劣程度。区位优势度的计算要根据各镇域与中心城市的交通距离远近进行分级，并依此进行权重赋值，得出各地的区位优势度。

(2) 来宾市交通网络密度评价

交通网络密度是一个地区的公路通车里程与土地面积的比值。采用自然分等法进行等级划分（如表6-12所示），通过对70个镇级行政区的交通网络密度（如表6-13所示）的计算，来获取评价来宾市各地的交通网络覆盖情况（如表6-14所示）。

表6-12　　　　　　　　交通优势度自然分等等级标准

交通优势度等级	高	较高	中等	较低	低
等级标准	≥1.90	1.15~1.65	0.73~1.12	0.41~0.71	≤0.34

表6-13　　　　　　　　来宾市各镇级行政区交通网络密度排序

排序	等级	行政区名称	交通密度（公里/100平方公里）	排序	等级	行政区名称	交通密度（公里/100平方公里）
1	1	城东街道办	13.002	7	1	象州镇	4.263
2	1	城北街道办	4.728	8	1	河里乡	4.169
3	1	河西街道办	4.728	9	1	中平镇	4.024
4	1	岭南镇	4.619	10	2	武宣镇	3.771
5	1	良江镇	4.427	11	2	北泗镇	3.753
6	1	城厢乡	4.309	12	2	马坪镇	3.183

续表

排序	等级	行政区名称	交通密度（公里/100平方公里）	排序	等级	行政区名称	交通密度（公里/100平方公里）
13	2	运江镇	3.152	42	4	蒙村镇	2.181
14	2	思灵乡	3.137	43	4	桐木镇	2.176
15	2	石龙镇	2.944	44	4	桐岭镇	2.134
16	2	思练镇	2.927	45	4	长垌乡	2.097
17	2	凤凰镇	2.913	46	4	石陵镇	2.083
18	2	二塘镇	2.839	47	4	寺山镇	2.081
19	2	古蓬镇	2.769	48	4	大塘镇	2.073
20	2	禄新镇	2.758	49	4	大湾镇	2.068
21	2	罗秀镇	2.687	50	4	安东乡	2.047
22	2	寺村镇	2.679	51	4	高安乡	2.036
23	2	小平阳镇	2.667	52	4	城关镇	1.978
24	3	红渡镇	2.594	53	4	东乡镇	1.884
25	3	果遂乡	2.575	54	4	六巷乡	1.778
26	3	八一街道办	2.572	55	4	罗香乡	1.774
27	3	金鸡乡	2.546	56	4	水晶乡	1.770
28	3	大乐镇	2.540	57	4	通挽镇	1.770
29	3	平阳镇	2.540	58	4	五山乡	1.724
30	3	遂意乡	2.511	59	5	黄茆镇	1.653
31	3	南泗乡	2.486	60	5	欧洞乡	1.647
32	3	三里镇	2.383	61	5	妙皇乡	1.541
33	3	三五乡	2.381	62	5	陶邓乡	1.539
34	3	百丈乡	2.369	63	5	头排镇	1.511
35	3	新圩乡	2.333	64	5	马泗乡	1.395
36	3	石牙乡	2.295	65	5	忠良乡	1.390
37	3	迁江镇	2.288	66	5	良塘乡	1.313
38	3	北更乡	2.275	67	5	正龙乡	1.289
39	4	金秀镇	2.207	68	5	大樟乡	1.248
40	4	桥巩镇	2.207	69	5	三江乡	0.816
41	4	七洞乡	2.185	70	5	三角乡	0.384

表6-14　　来宾市交通网络密度评价结果

交通网络密度等级	平均交通网络密度（公里/100平方公里）	行政区数（所占比重）	行政区名称	总面积（平方公里）（所占比重）
高	5.36	9个（12.86%）	兴宾区：城厢乡、良江镇、城东街道办、城北街道办、河西街道办 合山市：河里乡、岭南镇 象州县：象州镇、中平镇	940.45（7.01%）

续表

交通网络密度等级	平均交通网络密度（公里/100平方公里）	行政区数（所占比重）	行政区名称	总面积（平方公里）（所占比重）
较高	3.01	14个（20.00%）	武宣县：禄新镇、二塘镇、思灵乡、武宣镇 合山市：北泗镇 象州县：寺村镇、罗秀镇、马坪镇、运江镇、石龙镇 忻城县：古蓬镇、思练镇 兴宾区：凤凰镇、小平阳镇	3 094.70（23.07%）
中等	2.45	15个（21.43%）	忻城县：北更乡、新圩乡、遂意乡、红渡镇、果遂乡 兴宾区：石牙乡、迁江镇、三五乡、南泗乡、平阳镇、八一街道办 武宣县：三里镇、金鸡乡 象州县：大乐镇、百丈乡	2 652.52（19.77%）
较低	2.01	20个（28.57%）	金秀瑶族自治县：罗香乡、六巷乡、长峒乡、桐木镇、金秀镇 兴宾区：高安乡、大湾镇、寺山镇、石陵镇、桥巩镇、七洞乡、蒙村镇、五山乡 武宣县：通挽镇、东乡镇、桐岭镇 忻城县：大塘镇、安东乡、城关镇 象州县：水晶乡	4 204.54（31.35%）
低	1.31	12个（17.14%）	武宣县：黄茆镇 忻城县：马泗乡、欧洞乡 象州县：妙皇乡 兴宾区：正龙乡、良塘乡、陶邓乡 金秀瑶族自治县：头排镇、忠良乡、大樟乡、三江乡、三角乡	2 518.15（18.77%）

(3) 交通干线影响度评价

交通干线影响度是反映一个地区铁路、公路、水运、机场等交通干线的拥有程度或距离这些交通干线的空间影响范围。采用自然分等法进行等级划分（如表6-15所示），通过对70个镇级行政区不同交通干线影响程度进行分析（如表6-16所示），来获取来宾各地的交通干线影响度（如表6-17所示）。

表 6-15　　　　　　　　交通干线影响度自然分等等级标准

交通干线影响度等级	高	较高	中等	较低	低
等级标准	>12.3	11.9~7.7	6.4~3.9	3.8~2.0	≤2.0

表 6-16　　　　　　　　来宾市各镇级行政区交通干线影响度排序

排序	等级	行政区名称	交通干线影响度	排序	等级	行政区名称	交通干线影响度
1	1	凤凰镇	19.9	36	4	平阳镇	2.9
2	1	良江镇	16.5	37	4	禄新镇	2.9
3	1	城北街道办	15.0	38	4	大塘镇	2.8
4	1	河西街道办	12.7	39	4	安东乡	2.8
5	1	三五乡	12.4	40	4	罗香乡	2.7
6	1	城厢乡	12.3	41	4	中平镇	2.6
7	2	岭南镇	11.9	42	4	水晶乡	2.6
8	2	城东街道办	11.3	43	4	金秀镇	2.4
9	2	河里乡	11.1	44	4	陶邓乡	2.3
10	2	武宣镇	11.1	45	4	良塘乡	2.3
11	2	桥巩镇	10.4	46	4	寺山镇	2.3
12	2	桐岭镇	10.2	47	4	长垌乡	2.1
13	2	迁江镇	9.5	48	4	罗秀镇	2.1
14	2	马坪镇	9.0	49	4	东乡镇	2.0
15	2	北泗镇	8.8	50	5	七洞乡	2.0
16	2	八一街道办	8.3	51	5	南泗乡	2.0
17	2	三里镇	8.0	52	5	通挽镇	2.0
18	2	小平阳镇	7.7	53	5	头排镇	1.9
19	3	城关镇	6.4	54	5	新圩乡	1.9
20	3	象州镇	5.7	55	5	石牙乡	1.8
21	3	石龙镇	5.1	56	5	百丈乡	1.6
22	3	蒙村镇	5.0	57	5	石陵镇	1.6
23	3	二塘镇	4.5	58	5	大乐镇	1.6
24	3	思练镇	4.4	59	5	思灵乡	1.5
25	3	红渡镇	4.3	60	5	遂意乡	1.4
26	3	大湾镇	4.1	61	5	黄茆镇	1.4
27	3	桐木镇	3.9	62	5	五山乡	1.3
28	4	正龙乡	3.8	63	5	马泗乡	1.3
29	4	运江镇	3.5	64	5	三角乡	1.1
30	4	寺村镇	3.4	65	5	六巷乡	1.0
31	4	果遂乡	3.3	66	5	三江乡	0.9
32	4	金鸡乡	3.2	67	5	北更乡	0.9
33	4	古蓬镇	3.1	68	5	忠良乡	0.8
34	4	高安乡	3.0	69	5	大樟乡	0.6
35	4	欧洞乡	3.0	70	5	妙皇乡	0.0

表 6-17　　　　　　　　　来宾市交通干线影响度评价结果

交通干线影响度等级	平均交通干线影响度	行政区数（所占比重）	行政区名称	总面积（平方公里）（所占比重）
高	14.80	6 个（8.5%）	兴宾区：凤凰镇、良江镇、城北街道办、河西街道办、三五乡、城厢乡	1 112.26（8.32%）
较高	9.78	12 个（17.14%）	合山市：北泗镇、河里乡、岭南镇 兴宾区：八一街道办、小平阳镇、迁江镇、桥巩镇、城东街道办 武宣县：三里镇、武宣镇、桐岭镇 象州县：马坪镇	2 080.21（15.51%）
中等	4.82	9 个（12.85%）	忻城县：红渡镇、思练镇、城关镇 象州县：象州镇、石龙镇 兴宾区：大湾镇、蒙村镇 武宣镇：二塘镇 金秀瑶族自治县：桐木镇	2 317.84（17.28%）
较低	2.91	22 个（32.85%）	兴宾区：陶邓乡、良塘乡、寺山镇、平阳镇、高安乡、正龙乡 象州县：罗秀镇、水晶乡、中平镇、运江镇、寺村镇 忻城县：安东乡、大塘镇、欧洞乡、古蓬镇、果遂乡 武宣县：金鸡乡、禄新镇、东乡镇 金秀瑶族自治县：罗香乡、金秀镇、长垌乡	4 402.82（32.83%）
低	1.36	21 个（30%）	兴宾区：五山乡、石陵镇、石牙乡、七洞乡、南泗乡 武宣县：黄茆镇、思灵乡、通挽镇 金秀瑶族自治县：大樟乡、忠良乡、三江乡、六巷乡、三角乡、头排镇 忻城县：北更乡、马泗乡、遂意乡、新圩乡 象州县：百丈乡、大乐镇、妙皇乡	3 497.21（26.07%）

（4）交通区位优势度评价

区位优势度是指 70 个镇级行政区与南宁、柳州、来宾市 3 个区内中心城市的交通距离，以反映各地的区位条件的优劣程度。通过计算区位条件，并按照区位优势度高、较高、中等、较低、低五个等级进行分类（如表 6-18 所示），来分析评价来宾市各地的区位优势度（如表 6-19 所示）。

表 6-18　　　　　　　　　　区位优势度分级标准

区位优势度等级	高	较高	中等	较低	低
等级标准（公里）	≤20	20~38	38~65	65~80	>82

表 6-19 来宾市各镇级行政区区位优势度排序

排序	等级	行政区名称	与中心城市距离	排序	等级	行政区名称	与中心城市距离
1	1	城东街道办	1	36	3	象州镇	57
2	1	城厢乡	2	37	3	思练镇	58
3	1	城北街道办	4	38	3	水晶乡	58
4	1	河西街道办	5	39	3	武宣镇	59
5	1	八一街道办	5	40	3	通挽镇	59
6	1	良江镇	10	41	3	二塘镇	62
7	1	桥巩镇	18	42	3	黄茆镇	64
8	1	正龙乡	19	43	3	大塘镇	64
9	1	良塘乡	19	44	4	寺村镇	65
10	2	三五乡	21	45	4	桐木镇	70
11	2	凤凰镇	22	46	4	三里镇	70
12	2	蒙村镇	23	47	4	百丈乡	71
13	2	河里乡	30	48	4	妙皇乡	72
14	2	迁江镇	32	49	4	大樟乡	72
15	2	高安乡	33	50	5	三江乡	101
16	2	寺山镇	33	51	4	新圩乡	72
17	2	七洞乡	35	52	4	罗秀镇	73
18	2	北泗镇	35	53	4	中平镇	75
19	2	小平阳镇	38	54	4	桐岭镇	77
20	3	南泗乡	41	55	4	东乡镇	82
21	3	岭南镇	42	56	4	欧洞乡	84
22	3	大湾镇	42	57	4	红渡镇	88
23	3	石牙乡	44	58	4	三角乡	88
24	3	石龙镇	44	59	4	头排镇	89
25	3	陶邓乡	46	60	5	大乐镇	92
26	3	金鸡乡	46	61	5	马泗乡	94
27	3	安东乡	47	62	5	城关镇	95
28	3	五山乡	47	63	5	金秀镇	97
29	3	石陵镇	48	64	5	六巷乡	97
30	3	平阳镇	49	65	5	古蓬镇	103
31	3	禄新镇	49	66	5	长垌乡	104
32	3	马坪镇	50	67	5	北更乡	111
33	3	思灵乡	50	68	5	遂意乡	115
34	3	果遂乡	50	69	5	忠良乡	118
35	3	运江镇	54	70	5	罗香乡	131

（5）交通优势度总体评价分析

在对 70 个镇级行政区的交通网络密度、交通干线影响度、区位优势度分析评价后，综合计算各区域的交通优势度，并按照交通优势度高、较高、中等、较低、低五个等级进行自然分级（如表6-20所示），来综合评价各区域的交通优势度总体水平（如表6-21所示）。来宾市交通优势度等级结果如表6-22、图6-2所示。

表6-20　　　　　　　　交通优势度自然分等等级标准

交通优势度等级	高	较高	中等	较低	低
等级标准	≥1.90	1.15~1.65	0.73~1.12	0.41~0.71	≤0.34

表6-21　　　　　　　来宾市各镇级行政区交通优势度排序

排序	等级	行政区名称	交通优势度	排序	等级	行政区名称	交通优势度
1	1	城东街道办	2.554	29	3	大湾镇	0.814
2	1	良江镇	2.144	30	3	果遂乡	0.813
3	1	城北街道办	2.090	31	3	禄新镇	0.807
4	1	河西街道办	1.971	32	3	金鸡乡	0.806
5	1	凤凰镇	1.950	33	3	平阳镇	0.795
6	1	城厢乡	1.917	34	3	三里镇	0.791
7	2	桥巩镇	1.652	35	3	思灵乡	0.769
8	2	河里乡	1.593	36	3	大塘镇	0.752
9	2	八一街道办	1.572	37	3	安东乡	0.745
10	2	三五乡	1.519	38	3	南泗乡	0.739
11	2	北泗镇	1.441	39	4	石牙乡	0.718
12	2	岭南镇	1.421	40	4	水晶乡	0.713
13	2	迁江镇	1.361	41	4	石陵镇	0.686
14	2	武宣镇	1.312	42	4	陶邓乡	0.684
15	2	小平阳镇	1.298	43	4	通挽镇	0.682
16	2	正龙乡	1.237	44	4	五山乡	0.647
17	2	良塘乡	1.161	45	4	中平镇	0.647
18	2	马坪镇	1.157	46	4	黄茆镇	0.642
19	3	蒙村镇	1.120	47	4	红渡镇	0.616
20	3	象州镇	1.071	48	4	寺村镇	0.570
21	3	高安乡	1.005	49	4	桐木镇	0.562
22	3	寺山镇	0.972	50	4	罗秀镇	0.510
23	3	七洞乡	0.965	51	4	欧洞乡	0.474
24	3	石龙镇	0.935	52	4	新圩乡	0.471
25	3	思练镇	0.898	53	4	百丈乡	0.469
26	3	二塘镇	0.896	54	4	东乡镇	0.446
27	3	桐岭镇	0.886	55	4	城关镇	0.426
28	3	运江镇	0.869	56	4	头排镇	0.411

续表

排序	等级	行政区名称	交通优势度	排序	等级	行政区名称	交通优势度
57	5	妙皇乡	0.341	64	5	大乐镇	0.222
58	5	大樟乡	0.328	65	5	遂意乡	0.215
59	5	古蓬镇	0.318	66	5	北更乡	0.165
60	5	三角乡	0.286	67	5	六巷乡	0.136
61	5	金秀镇	0.248	68	5	马泗乡	0.116
62	5	罗香乡	0.224	69	5	忠良乡	0.095
63	5	长垌乡	0.223	70	5	三江乡	0.054

表 6-22 来宾市交通优势度等级评价结果

交通优势度等级	平均交通优势度	行政区数（所占比重）	行政区名称	总面积（平方公里）（所占比重）
高	2.10	6 个（8.5%）	兴宾区：城东街道办、良江镇、城北街道办、河西街道办、凤凰镇、城厢乡	871.54（6.4%）
较高	1.32	12 个（16.9%）	兴宾区：良塘乡、正龙乡、小平阳镇、迁江镇、三五乡、八一街道办、桥巩镇 合山市：河里乡、北泗镇、岭南镇 武宣县：武宣镇 象州县：马坪镇	2 287.06（16.8）
中等	0.83	20 个（30.98%）	兴宾区：平阳镇、大湾镇、七洞乡、高安乡、寺山镇、蒙村镇、南泗乡 象州县：象州镇、石龙镇、运江镇 忻城县：安东乡、大塘镇、果遂乡、思练镇、二塘镇 武宣县：思灵乡、三里镇、禄新镇、金鸡乡、桐岭镇	4 223.63（31.1%）
较低	0.57	18 个（25.71%）	兴宾区：五山乡、石陵镇、陶邓乡、石牙乡 象州县：百丈乡、罗秀镇、寺村镇、中平镇、水晶乡 武宣县：东乡镇、通挽镇、黄茆镇 忻城县：城关镇、新圩乡、欧洞乡、红渡镇 金秀瑶族自治县：桐木镇、头排镇	3 021.46（22.3%）
低	0.21	14 个（20%）	象州县：大乐镇、妙皇乡 金秀瑶族自治县：六巷乡、忠良乡、三江乡、长垌乡、三角乡、金秀镇、罗香乡、大樟乡 忻城县：古蓬镇、遂意乡、北更乡、马泗乡	3 173.16（23.4%）

图 6-2　来宾市交通优势度评价

①交通优势度数量特征分析

从交通优势度综合评价结果来看，经过无量纲化处理，来宾市平均交通优势度为0.86，处于中等等级。随着交通建设步伐加快，来宾市交通优势逐渐显现，呈现出以下特征：

大部分区域交通优势度处于中等及以上水平。在70个镇级行政区中，交通优势度处于最高水平的共有6个乡镇，占全市镇级行政区总数的8.45%，土地面积占全市土地面积的6.4%；处于较高水平的有12个，占全市镇级行政区总数的16.9%，土地面积比重为16.8%；处于中等水平的有20个，占全市镇级行政区总数的30.98%，土地面积比重为31.1%；处于较低水平的有18个，占全市镇级行政区总数的25.71%，土地面积比重为22.3%；处于低水平的有14个，占全市镇级行政区总数的20%，土地面积比重为23.4%。总体来看，全市处于中等及以上水平的行政区有38个，占全市镇级行政区总数的54.29%，土地面积占全市土地面积的54.3%。而交通优势度水平较低和低的行政区有32个，占全市镇级行政区总数的43.66%，土地面积占土地面积的45.7%。

不同等级之间的交通优势度差异较大。高等级交通优势度平均水平达到2.1，相当于全市水平的2.44倍；较高等级平均水平达到1.39，相当于全市水平的1.62倍；中等等级平均水平达0.87，相当于全市水平的1.01倍；较低等级的平均水平为 0.57，相当于全市平均水平的 66.27%；低等级的平均水平为 0.18，比全市平均水平低 20.93%。

地区之间交通优势度差异较大。城东街道办交通优势度为全市最高水平，达到 2.554，比全市平均水平高 2.97 倍；交通优势度最低的是三角乡，仅为 0.054，仅相当于全市平均水平的 6.27%，相当于城东街道办的 2.11%。

②交通优势度空间分布特征

形成以兴宾区为中心的高交通优势度中心。兴宾区作为来宾市行政中心，交通地位突出，交通优势显著，因而带动了周边包括良江镇、凤凰镇、城厢乡的交通优势度水平；随着与兴宾区的距离增加，交通优势度水平逐渐降低，其周边的岭南镇、迁江镇、桥巩镇等乡镇交通优势度均处于中等以上水平，形成中部交通优势集中区。武宣镇虽然离兴宾区较远，但因其是连接贵港市的重要区位城市，因此具有较高的水平；向外辐射区域的乡镇，交通优势度水平进一步降低。

形成沿"南宁—来宾—柳州"铁路交通优势带。近几年随着南宁—柳州的经济往来加强，以及南宁—柳州高速铁路的修建，来宾市作为两大城市之间的缓冲区域，"南宁—来宾—柳州"铁路对来宾市交通发展影响较大，沿线乡镇交通优势度普遍高于其他地区，交通发展态势良好。

东北和西北地区为交通发展薄弱区域。由于东北地区地形等自然条件因素，该地区交通发展受到一定限制，成为来宾市交通发展的薄弱地区，一定程度上阻碍了城市的协调发展和与周边城市的交通连接。

总的来说，来宾市交通优势度发展态势良好，与南宁、柳州两个城市的连接交通发展较好，但因地区发展不均衡，仍会存在发展薄弱地区。而与河池、梧州、桂林交界处及其周边区域的交通优势度发展水平均较低，限制了来宾市发展范围，因此交通优势有待进一步完善提高。

3）人口聚集度分析评价

人口是形成主体功能区最基本、最能动的要素。人口的集聚状况和水平，是反映一个地区现有开发水平的重要组成部分。人口集聚度指标，主要评估一个地区人口的集聚状况和水平，通过一个地区的人口密度和吸纳流动人口的规模来反映，是判断一个地区是否划分为城镇空间的重要因素。

（1）计算方法

区域人口集聚度评价，主要通过分别计算 6 个县级行政区的 70 个镇级行政区的人口密度、人口流动强度，分析人口分布的空间格局特征、差异状况，来评价每个县级行政区及镇级行政区的人口集聚水平。其计算公式为：

$$人口集聚度 = f(人口密度，人口流动强度) \quad (6-6)$$

式中，

$$人口密度 = 总人口/土地面积 \quad (6-7)$$
$$人口流动强度 = (暂住人口/总人口) \times 100\% \quad (6-8)$$

总人口指各镇级行政单元的常住人口总数，即按国家"六普"统计口径确定的常住人口（包括暂住半年以上的流动人口数）。

暂住人口指镇级行政单元内暂住半年以上的流动人口数。

$$人口集聚度 = 人口密度 \times d_{(人口流动强度)} \quad (6-9)$$

式中，$d_{(人口流动强度)}$根据镇级行政单元的暂住人口占常住总人口的比重分级状况，按表6-23取选权重值。

表6-23　　　　　在不同情况下 $d_{(人口流动强度)}$ 值的赋值

项目	人口流动强度				
	<5%	5%~10%	10%~20%	20%~30%	>30%
强度权系数赋值	1	3	5	7	9

（2）人口密度数量特征评价

由于来宾市人口流动强度较小，流动强度都在5%以下，因此人口流动强度系数 $d_{(人口流动强度)}$ 取值为1，因此影响人口聚集度的因子就是人口密度。

人口密度是反映一个地区单位面积的人口数量。采用自然分等法进行等级划分（如表6-24所示），通过对来宾市70个镇级行政区的人口密度进行计算（如表6-25所示），来获取全市的人口分布状况（如表6-26所示）。来宾市人口密度评价结果如表6-27所示。

表6-24　　　　　来宾市人口密度自然分等等级标准

人口密度等级	高	较高	中等	较低	低
等级标准（人/平方公里）	>700	340~700	220~340	120~220	<120

表6-25　　　　　来宾市各县级行政区人口密度排序

排序	等级	行政区名称	人口密度（人/平方公里）
1	3	合山市	280
2	3	兴宾区	260
3	3	武宣县	257
4	4	象州县	187
5	4	忻城县	164
6	5	金秀瑶族自治县	62

表6-26　　　　　　　　来宾市各镇行政区人口密度排序

排序	等级	行政区名称	人口密度（人/平方公里）	排序	等级	行政区名称	人口密度（人/平方公里）
1	1	城东街道办	13 698	36	4	北泗镇	213
2	1	河西街道办	2 942	37	4	平阳镇	200
3	1	城北街道办	1 046	38	4	寺村镇	199
4	2	八一街道办	601	39	4	迁江镇	195
5	2	通挽镇	480	40	4	桥巩镇	192
6	2	岭南镇	464	41	4	凤凰镇	192
7	2	武宣镇	400	42	4	头排镇	191
8	2	中平镇	355	43	4	石龙镇	184
9	3	石牙乡	321	44	4	果遂乡	175
10	3	桐岭镇	320	45	4	陶邓乡	175
11	3	禄新镇	315	46	4	遂意乡	174
12	3	寺山镇	305	47	4	安东乡	170
13	3	思灵乡	305	48	4	红渡镇	168
14	3	小平阳镇	289	49	4	大塘镇	164
15	3	百丈乡	268	50	4	运江镇	154
16	3	良江镇	261	51	4	二塘镇	151
17	3	五山乡	257	52	4	七洞乡	149
18	3	三五乡	256	53	4	良塘乡	148
19	3	大湾镇	255	54	4	马坪镇	147
20	3	南泗乡	252	55	4	思练镇	140
21	3	正龙乡	251	56	4	高安乡	136
22	3	桐木镇	248	57	4	金鸡乡	132
23	3	古蓬镇	248	58	4	水晶乡	129
24	3	东乡镇	241	59	4	北更乡	124
25	3	罗秀镇	236	60	5	妙皇乡	115
26	3	石陵镇	236	61	5	马泗乡	107
27	3	城厢乡	228	62	5	欧洞乡	91
28	3	大乐镇	228	63	5	金秀镇	60
29	3	象州镇	225	64	5	三江乡	48
30	3	三里镇	220	65	5	罗香乡	46
31	3	河里乡	220	66	5	忠良乡	34
32	4	新圩乡	219	67	5	大樟乡	33
33	4	蒙村镇	219	68	5	三角乡	32
34	4	黄茆镇	215	69	5	长垌乡	29
35	4	城关镇	213	70	5	六巷乡	20

表6-27　　　　　　　　　来宾市人口密度评价结果

人口密度等级	平均人口密度（人/平方公里）	行政区数（所占比重）	行政区名称	总面积（平方公里）（所占比重）
高	3 172	3个（4.29%）	兴宾区：城东街道办、河西街道办、城北街道办	51.93（0.43%）
较高	429	5个（7.14%）	兴宾区：八一街道办 武宣县：武宣镇、通挽镇 合山市：岭南镇 象州县：中平镇	495.21（3.69%）
中等	259	23个（32.86%）	兴宾区：石牙乡、寺山镇、小平阳镇、良江镇、五山乡、三五乡、大湾镇、正龙乡、石陵镇、城厢乡 武宣县：桐岭镇、禄新镇、思灵乡、南泗乡、东乡镇、三里镇 象州县：百丈乡、罗秀镇、大乐镇、象州镇 金秀瑶族自治县：桐木镇 忻城县：古蓬镇 合山市：河里乡	3 696.91（27.57%）
较低	175	28个（40.00%）	兴宾区：蒙村镇、平阳镇、寺村镇、迁江镇、桥巩镇、凤凰镇、陶邓乡、七洞乡、良塘乡、高安乡 忻城县：新圩乡、城关镇、果遂乡、遂意乡、安东乡、红渡镇、大塘镇、二塘镇、思练镇、北更乡 象州县：石龙镇、运江镇、马坪镇、水晶乡 武宣县：黄茆镇、金鸡乡 合山市：北泗镇 金秀瑶族自治县：头排镇	6 436.52（48.00%）
低	52	11个（15.71%）	金秀瑶族自治县：金秀镇、三江乡、罗香乡、忠良乡、大樟乡、三角乡、长垌乡、六巷乡 忻城县：马泗乡、欧洞乡 象州县：妙皇乡	2 724.13（20.31%）

(3) 人口集聚度总体评价分析

采用自然分等法进行等级划分（如表6-28所示），来获取来宾市各镇行政区人口集聚度（如表6-29、表6-30所示）。来宾市人口聚集度评价结果如表6-31、图6-3所示。

表6-28　　　　　　　　　人口集聚度自然分等等级标准

人口集聚度等级	高	较高	中等	较低	低
等级标准（人/平方公里）	>1 000	500~1 000	300~500	100~300	<100

表 6-29　　　　来宾市各县级行政区人口集聚度排序

排序	等级	行政区名称	人口聚集度（人/平方公里）
1	4	合山市	280
2	4	兴宾区	260
3	4	武宣县	257
4	4	象州县	187
5	4	忻城县	164
6	5	金秀瑶族自治县	62

表 6-30　　　　来宾市各镇行政区人口集聚度排序

排序	等级	行政区名称	人口集聚度（人/平方公里）	排序	等级	行政区名称	人口集聚度（人/平方公里）
1	1	城东街道办	13 698	29	4	象州镇	225
2	1	河西街道办	2 942	30	4	三里镇	220
3	1	城北街道办	1 046	31	4	河里乡	220
4	2	八一街道办	601	32	4	新圩乡	219
5	3	通挽镇	480	33	4	蒙村镇	219
6	3	岭南镇	464	34	4	黄茆镇	215
7	3	武宣镇	400	35	4	城关镇	213
8	3	中平镇	355	36	4	北泗镇	213
9	3	石牙乡	321	37	4	平阳镇	200
10	3	桐岭镇	320	38	4	寺村镇	199
11	3	禄新镇	315	39	4	迁江镇	195
12	3	寺山镇	305	40	4	桥巩镇	192
13	3	思灵乡	305	41	4	凤凰镇	192
14	4	小平阳镇	289	42	4	头排镇	191
15	4	百丈乡	268	43	4	石龙镇	184
16	4	良江镇	261	44	4	果遂乡	175
17	4	五山乡	257	45	4	陶邓乡	175
18	4	三五乡	256	46	4	遂意乡	174
19	4	大湾镇	255	47	4	安东乡	170
20	4	南泗乡	252	48	4	红渡镇	168
21	4	正龙乡	251	49	4	大塘镇	164
22	4	桐木镇	248	50	4	运江镇	154
23	4	古蓬镇	248	51	4	二塘镇	151
24	4	东乡镇	241	52	4	七洞乡	149
25	4	罗秀镇	236	53	4	良塘乡	148
26	4	石陵镇	236	54	4	马坪镇	147
27	4	城厢乡	228	55	4	思练镇	140
28	4	大乐镇	228	56	4	高安乡	136

续表

排序	等级	行政区名称	人口集聚度（人/平方公里）	排序	等级	行政区名称	人口集聚度（人/平方公里）
57	4	金鸡乡	132	64	5	三江乡	48
58	4	水晶乡	129	65	5	罗香乡	46
59	4	北更乡	124	66	5	忠良乡	34
60	4	妙皇乡	115	67	5	大樟乡	33
61	5	马泗乡	107	68	5	三角乡	32
62	5	欧洞乡	91	69	5	长垌乡	29
63	5	金秀镇	60	70	5	六巷乡	20

表6-31　　　　　　　　来宾市人口聚集度评价结果

人口聚集度等级	平均人口聚集度（人/平方公里）	行政区数（所占比重）	行政区名称	总面积（平方公里）（所占比重）
高	3 172	3个（4.29%）	兴宾区：城东街道办、河西街道办、城北街道办	57.58（0.43%）
较高	601	1个（1.43%）	兴宾区：八一街道办	28.52（0.21%）
中等	354	9个（14.28%）	兴宾区：石牙乡、寺山镇 武宣县：通挽镇、武宣镇、桐岭镇、禄新镇、思灵乡 象州县：中平镇 合山市：岭南镇	1 196.49（8.92%）
较低	194	48个（65.71%）	兴宾区：小平阳镇、五山乡、三五乡、正龙乡、良江镇、大湾镇、南泗乡、石陵镇、城厢乡、蒙村镇、平阳镇、迁江镇、桥巩镇、凤凰镇、陶邓乡、七洞乡、良塘乡、高安乡 忻城县：城关镇、大塘镇、思练镇、红渡镇、马泗乡、安东乡、果遂乡、新圩乡、北更乡、遂意乡、古蓬镇 象州县：象州镇、石龙镇、寺村镇、运江镇、大乐镇、马坪镇、百丈乡、水晶乡、罗秀镇 武宣县：黄茆镇、二塘镇、三里镇、东乡镇、金鸡乡 金秀瑶族自治县：桐木镇、头排镇 合山市：河里乡、北泗镇	9 797.66（73.06%）
低	42	9个（12.86%）	忻城县：欧洞乡 金秀瑶族自治县：金秀镇、三江乡、罗香乡、忠良乡、大樟乡、三角乡、长垌乡、六巷乡	2 330.10（17.38%）

图 6-3 来宾市人口集聚度评价

经过计算，2011年来宾市人口集聚度为195，处在较低等级，总体水平不高。综合来看，来宾市总体人口密度较小，人口流动性不足，流动强度偏低，导致人口集聚度水平不高。

市域人口集聚度较低，区县差异不明显。从县级行政区看，除金秀瑶族自治县处于低聚集度外，其他5区县均属于人口聚集度较低区域。人口聚集度最大的是合山市，为280，人口聚集度最低的是金秀瑶族自治县，仅为62，与最大人口聚集度的合山市相差3.52倍。

街道办人口集聚度处于较高水平，6成以上的镇级行政区人口集聚度水平较低。在70个镇级行政区中，人口聚集高的有城东街道办、河西街道办、城北街道办，占镇级行政区总数的4.29%，土地面积占全市总面积的0.43%；人口聚集度较高的区域仅有1个，即八一街道办，占镇行政区总数的1.43%，土地面积占全市总面积的0.21%；人口聚集度中等等级的有通挽镇、岭南镇、武宣镇、中平镇、石牙乡、桐岭镇、禄新镇、寺山镇、思灵乡9个镇级行政区，占镇级行政区总数的12.86%，土地面积占全市总面积的8.92%；多数镇级行政区属于人口聚集度较低等级，数量达到48个，占镇行政区总数的68.57%，面积比重达到73.06%；人口聚集度低等级的有欧洞乡、金秀镇、三江乡、罗香乡、忠良乡、大樟乡等9个，占全市镇级行政区总数的12.86%，面积比重为17.37%。

各等级之间人口集聚度差异较大。人口集聚度最大的区域为来宾市兴宾区城东街道办，人口集聚度达到 13 698 人/平方公里，比全市平均水平高 69.14 倍。人口集聚度最小的是六巷乡，仅为 20 人/平方公里，与人口聚集度最高水平的兴宾区城东街道办相比，相差 683.88 倍。人口集聚度中等等级的镇级行政区平均人口集聚度为 354 人/平方公里，比全市平均水平高 81.45%。人口集聚度较低等级的镇级行政区平均人口集聚度为 194 人/平方公里，基本达到全市平均水平，人口集聚度低等级的镇级行政区平均人口集聚度为 42 人/平方公里，比全市平均水平低 88.46%。高等级区域的人口集聚度比低等级区域高 74.52 倍。

除兴宾区市辖区 4 个街道办外，其余 66 个镇级行政区人口聚集度差异不明显。按照全市 70 个镇级行政区的行政区范围计算，41 个镇级行政区人口聚集度高于全市平均水平，仅 26 个镇级行政区人口聚集度低于全市平均水平。除了排名前四位的兴宾区街道办人口平均聚集度达到 2 552 人/平方公里以外，其余的镇级行政区大多数人口聚集度都在 100~300 人/平方公里之间，人口聚集度处于较低水平。

各区县政府所在地镇级行政区人口聚集度差异较大。各区县政府所在地的镇级行政区中，兴宾区市辖区人口聚集度最大，达到 2 321 人/平方公里，金秀瑶族自治县政府所在地金秀镇人口聚集度最小，仅为 62 人/平方公里，与兴宾区市辖区相差 37.68 倍；排名第二位的是合山市岭南镇，人口聚集度为 464 人/平方公里，第三位的是武宣县武宣镇，人口聚集度 400 人/平方公里，两者聚集度也相差了 13.80%。

4）现有开发水平综合评价方法

本书采用计量分析方法和 GIS 空间叠加方法，对经济发展水平、交通优势度、人口集聚度三项指标进行 0~1 标准化加权求和，来反映一个地区的现有开发水平。

(1) 评价方法

以 70 个镇级行政区计算的经济发展水平、交通优势度、人口集聚度为基础，分别对其进行 0~1 标准化处理，并在 GIS 软件中进行空间叠加求和，获得各镇级行政区的现有开发水平值，并采用自然分等法，按照高、较高、中等、较低、低进行自然分等（分等等级标准如表 6-32 所示），划分出现有开发水平的等级，来综合评价来宾市各地的现有开发水平（如表 6-33 所示）。现有开发水平综合评价结果如表 6-34、图 6-4 所示。

表 6-32　　　　　　　现有开发水平自然分等等级标准

现有开发水平等级	高	较高	中等	较低	低
现有开发水平值	≥1.95	1.19~1.95	0.82~1.19	0.37~0.82	≤0.37

（2）现有开发水平综合评价结果

表6-33　来宾市各镇级行政区现有开发水平综合排序

排序	等级	行政区名称	现有开发水平值	排序	等级	行政区名称	现有开发水平值
1	1	城东街道办	2.848	36	4	良塘乡	0.797
2	1	城北街道办	2.752	37	4	五山乡	0.789
3	1	河西街道办	2.414	38	4	头排镇	0.780
4	2	八一街道办	1.955	39	4	南泗乡	0.771
5	2	迁江镇	1.794	40	4	古蓬镇	0.767
6	2	象州镇	1.765	41	4	百丈乡	0.756
7	2	岭南镇	1.757	42	4	城关镇	0.743
8	2	罗秀镇	1.611	43	4	寺村镇	0.712
9	2	石龙镇	1.521	44	4	平阳镇	0.700
10	2	良江镇	1.452	45	4	高安乡	0.688
11	2	武宣镇	1.351	46	4	安东乡	0.685
12	2	通挽镇	1.310	47	4	七洞乡	0.684
13	2	城厢乡	1.303	48	4	思练镇	0.678
14	2	蒙村镇	1.293	49	4	二塘镇	0.673
15	2	黄茆镇	1.287	50	4	运江镇	0.667
16	3	小平阳镇	1.196	51	4	陶邓乡	0.640
17	3	桥巩镇	1.153	52	4	大塘镇	0.633
18	3	凤凰镇	1.146	53	4	红渡镇	0.590
19	3	河里乡	1.122	54	4	金鸡乡	0.588
20	3	三五乡	1.088	55	4	水晶乡	0.558
21	3	寺山镇	1.079	56	4	果遂乡	0.517
22	3	新圩乡	1.072	57	4	大湾镇	0.517
23	3	北泗镇	1.059	58	4	马泗乡	0.452
24	3	桐岭镇	1.039	59	4	妙皇乡	0.439
25	3	禄新镇	1.037	60	5	欧洞乡	0.372
26	3	中平镇	1.027	61	5	遂意乡	0.316
27	3	思灵乡	0.966	62	5	三角乡	0.234
28	3	正龙乡	0.937	63	5	北更乡	0.234
29	3	石牙乡	0.935	64	5	金秀镇	0.215
30	3	马坪镇	0.867	65	5	三江乡	0.160
31	3	桐木镇	0.862	66	5	大樟乡	0.158
32	3	石陵镇	0.862	67	5	罗香乡	0.149
33	3	大乐镇	0.858	68	5	长垌乡	0.133
34	4	东乡镇	0.824	69	5	六巷乡	0.095
35	4	三里镇	0.819	70	5	忠良乡	0.080

表6-34　　　　　　　　来宾市现有开发水平等级评价结果

现有开发水平等级	行政区数（所占比重）	行政区名称	总面积（平方公里）（所占比重）
高	3个（4.3%）	兴宾区：城东街道办、城北街道办、河西街道办	58.36（0.40%）
较高	12个（17.1%）	兴宾区：城厢乡、蒙村镇、八一街道办、迁江镇、良江镇 象州县：罗秀镇、石龙镇、象州镇 合山市：岭南镇 武宣县：武宣镇、通挽镇、黄茆镇	2 058.10（15.34%）
中等	18个（25.7%）	兴宾区：石牙乡、正龙乡、石陵镇、三五乡、寺山镇、小平阳镇、桥巩镇、凤凰镇 武宣县：思灵乡、禄新镇、桐岭镇、河里乡 忻城县：新圩乡 合山市：北泗镇 象州县：中平镇、马坪镇、大乐镇 金秀瑶族自治县：桐木镇	3 137.99（23.39%）
较低	26个（37.2%）	武宣县：金鸡乡、二塘镇、东乡镇、三里镇 兴宾区：大湾镇、陶邓乡、七洞乡、高安乡、平阳镇、南泗乡、良塘乡、五山乡 金秀瑶族自治县：头排乡 忻城县：马泗乡、果遂乡、红渡镇、大塘镇、思练镇、城关镇、古蓬镇、安东乡 象州县：百丈乡、寺村镇、运江镇、水晶乡、妙皇乡	5 474.35（40.82%）
低	11个（15.7%）	忻城县：北更乡、欧洞乡、遂意乡 金秀瑶族自治县：三角乡、金秀镇、三江乡、大樟乡、罗香乡、长垌乡、六巷乡、忠良乡	2 682.32（20.01%）

(3) 现有开发水平综合特征分析

现有开发水平平均值为0.919，整体开发水平低。从各等级区域数量来看，现有开发水平高和较高的区域共有15个，占行政区总数的21.4%；处于中等水平及以下的区域数量有55个，占行政区总数的78.6%，即绝大部分区域的现有开发水平都有待提升。

现有开发水平高和较高的区域呈零散分布。开发水平较高的区域零散分布在市中心一带，罗秀镇、象州镇、石龙镇分布零星在来宾市东北部，武宣镇、通挽镇则零星分布在来宾中部偏南区域。除了市中心一带之外还尚未形成开发水平较高的连片区域。

整体呈现出由中部区域向东西区域递减的趋势。现有开发水平高的区域集中在市中心一片，即来宾市中心区域；开发水平处于低水平区域则分布在东部及西部区域；较高、中等水平乡镇零散分布于中部及中部周边区域；较低乡镇主要分布在临近东部、西部区域。总体来看现有开发水平呈现出中部向东西两翼递减的趋势。

图 6-4　来宾市国土空间现有开发水平评价

6.3.2　水土资源承载力分析评价

水土资源承载力是反映一个地区的土地资源和水资源对经济社会发展和人口集聚的承载能力，是一个地区工业化和城镇化发展的基础条件，是划分城镇空间的重要参考因素。本书主要选取可利用土地资源和可利用水资源两项指标以综合评价来宾市水土资源承载力。

1）可利用土地资源分析评价

可利用土地资源是反映一个地区剩余或潜在的后备土地资源状况，用于评价一个地区的后备土地资源对工业化城镇化发展和人口集聚的承载能力。主要由可利用土地资源的数量、质量、集中规模三个要素构成，通过可利用土地资源规模总量或人均可利用土地资源水平来反映。

(1) 计算方法

通过计算 70 个镇级行政区的适宜建设用地面积、已有建设用地面积和基本农田面积，来获取各镇级行政区的可利用土地资源，并按照高、较高、中等、较低、低五个等级进行分等。《技术规程》提供了可利用土地资源规模和人均可利用土地资源两种选择。本书考虑可利用土地资源规模更能反映来宾市的实际，故采用可利用土地资源规模进行评价。计算公式如下：

可利用土地资源 = 适宜建设用地面积 – 已有建设用地面积 – 基本农田面积

(6 – 10)

式中，适宜建设用地面积 =（地形坡度 ∩ 海拔高度）– 所含河湖库等水域面积 – 所含林草地面积 – 所含裸岩石砾地面积 (6 – 11)

已有建设用地面积 = 城镇用地面积 + 农村居民点用地面积 + 独立工矿用地面积 交通用地面积 + 特殊用地面积 + 水利设施建设用地面积

(6 – 12)

基本农田面积 = 适宜建设用地面积内的耕地面积 × β (6 – 13)

β 的取值范围为 [0.8，1)。

(2) 适宜建设用地面积评价结果

适宜建设用地面积是指一个地区适宜开发建设的土地面积。就来宾市而言，主要是指高程在 1 500 米以下、坡度 15 度以下的土地面积，并扣除所含河湖库等水域面积、林草地面积，以及裸岩石砾地面积。《技术规程》没有明确提出适宜建设用地面积的分级标准，因而采用自然分等法进行适宜建设用地面积划分等级，具体等级标准如表 6 – 35 所示。来宾市各镇级行政区适宜建设用地面积排序如表 6 – 36 所示。来宾市各镇级行政区适宜建设用地面积评价结果如表 6 – 37 所示。

表 6 – 35　　　　　　　　　适宜建设用地面积分级标准

适宜建设用地面积等级	丰富	较丰富	中等	较缺乏	缺乏
等级标准（平方公里）	>160	100 ~ 160	70 ~ 100	30 ~ 70	<30

表 6 – 36　　　　　　来宾市各镇级行政区适宜建设用地面积排序

排序	等级	行政区名称	适宜建设用地面积（平方公里）	排序	等级	行政区名称	适宜建设用地面积（平方公里）
1	1	凤凰镇	267.24	10	2	运江镇	129.50
2	1	迁江镇	193.37	11	2	思练镇	125.00
3	2	蒙村镇	155.94	12	2	小平阳镇	123.70
4	2	城关镇	142.45	13	2	三五乡	122.44
5	2	桥巩镇	142.32	14	2	大湾镇	120.00
6	2	二塘镇	141.44	15	2	马坪镇	116.87
7	2	陶邓乡	132.77	16	2	平阳镇	111.59
8	2	良江镇	131.79	17	2	桐木镇	111.18
9	2	寺村镇	131.11	18	2	武宣镇	110.66

续表

排序	等级	行政区名称	适宜建设用地面积（平方公里）	排序	等级	行政区名称	适宜建设用地面积（平方公里）
19	3	城厢乡	98.02	45	4	岭南镇	54.68
20	3	石龙镇	96.55	46	4	中平镇	53.77
21	3	石陵镇	94.57	47	4	北泗镇	50.91
22	3	大塘镇	87.79	48	4	七洞乡	46.91
23	3	金鸡乡	86.33	49	4	欧洞乡	46.43
24	3	石牙乡	84.81	50	4	马泗乡	46.33
25	3	禄新镇	84.10	51	4	古蓬镇	44.34
26	3	寺山镇	84.09	52	4	安东乡	42.99
27	3	南泗乡	82.68	53	4	头排镇	40.59
28	3	正龙乡	81.80	54	4	通挽镇	36.91
29	3	良塘乡	81.49	55	4	百丈乡	31.19
30	3	水晶乡	81.12	56	5	遂意乡	28.50
31	3	象州镇	76.24	57	5	城北街道办	28.09
32	3	桐岭镇	75.97	58	5	北更乡	25.89
33	3	三里镇	75.29	59	5	新圩乡	17.87
34	3	黄茆镇	73.53	60	5	河西街道办	17.74
35	3	罗秀镇	72.19	61	5	大樟乡	15.81
36	4	河里乡	67.18	62	5	八一街道办	15.40
37	4	红渡镇	65.56	63	5	金秀镇	15.12
38	4	高安乡	63.43	64	5	三江乡	13.60
39	4	五山乡	59.83	65	5	忠良乡	9.01
40	4	妙皇乡	58.46	66	5	罗香乡	8.77
41	4	果遂乡	58.03	67	5	长垌乡	7.86
42	4	思灵乡	57.65	68	5	六巷乡	6.96
43	4	大乐镇	57.26	69	5	三角乡	6.11
44	4	东乡镇	55.06	70	5	城东街道办	5.82

表6-37　来宾市各镇级行政区适宜建设用地面积评价结果

适宜建设用地面积等级	平均适宜建设用地面积（平方公里）	行政区数（所占比重）	行政区名称	总面积（平方公里）（所占比重）
丰富	230.31	2个（2.86%）	兴宾区：凤凰镇、迁江镇	888.68（6.63%）
较丰富	128.05	16个（22.86%）	兴宾区：蒙村镇、桥巩镇、陶邓乡、良江镇、小平阳镇、三五乡、大湾镇、平阳镇 忻城县：城关镇、思练镇 象州县：寺村镇、运江镇、马坪镇 武宣县：二塘镇、武宣镇 金秀瑶族自治县：桐木镇	4 150（30.95%）

续表

适宜建设用地面积等级	平均适宜建设用地面积（平方公里）	行政区数（所占比重）	行政区名称	总面积（平方公里）（所占比重）
中等	83.33	17个（24.29%）	兴宾区：城厢乡、石陵镇、石牙乡、寺山镇、南泗乡、正龙乡、良塘乡 忻城县：大塘镇 象州县：石龙镇、水晶乡、象州镇、罗秀镇 武宣县：金鸡乡、禄新镇、桐岭镇、三里镇、黄茆镇	2 898.25（21.61%）
较缺乏	51.87	20个（28.57%）	兴宾区：高安乡、五山乡、七洞乡 忻城县：红渡镇、果遂乡、欧洞乡、马泗乡、古蓬镇、安东乡 象州县：妙皇乡、大乐镇、中平镇、百丈乡 武宣县：思灵乡、东乡镇、通挽镇 金秀瑶族自治县：头排镇 合山市：河里乡、岭南镇、北泗镇	2 814.33（20.99%）
缺乏	14.84	15个（21.43%）	兴宾区：城北街道办、河西街道办、八一街道办、城东街道办 忻城县：遂意乡、北更乡、新圩乡 金秀瑶族自治县：大樟乡、金秀镇、三江乡、忠良乡、罗香乡、长垌乡、六巷乡、三角乡	2 559.09（19.83%）

（3）已有建设用地评价结果

已有建设用地是指一个地区已开发建设的土地面积。采用自然分等法进行等级划分（如表6-38所示），通过对70个镇级行政区的已有建设用地面积进行计算（如表6-39所示），来获取各地已有建设用地面积情况（如表6-40所示）。

表6-38　　　　　　　　已有建设用地面积等级标准

已有建设用地面积等级	大	较大	中等	较小	小
等级标准（平方公里）	>18	12~18	8~12	4~8	<4

表6-39　　　　　　来宾市各镇级行政区已有建设用地面积排序

排序	等级	行政区名称	已有建设用地面积（平方公里）	排序	等级	行政区名称	已有建设用地面积（平方公里）
1	1	凤凰镇	30.58	6	2	二塘镇	15.12
2	2	迁江镇	17.89	7	2	武宣镇	14.92
3	2	象州镇	16.08	8	2	桥巩镇	14.07
4	2	岭南镇	15.68	9	2	城关镇	13.63
5	2	寺村镇	15.16	10	2	良江镇	13.38

续表

排序	等级	行政区名称	已有建设用地面积（平方公里）	排序	等级	行政区名称	已有建设用地面积（平方公里）
11	2	桐岭镇	12.94	41	4	中平镇	6.25
12	3	桐木镇	11.83	42	4	金鸡乡	6.17
13	3	城北街道办	11.41	43	4	大塘镇	5.98
14	3	蒙村镇	11.22	44	4	古蓬镇	5.50
15	3	三里镇	10.88	45	4	黄茆镇	5.47
16	3	马坪镇	10.84	46	4	妙皇乡	5.40
17	3	平阳镇	10.83	47	4	大湾镇	5.23
18	3	城厢乡	10.65	48	4	头排镇	5.05
19	3	小平阳镇	10.46	49	4	思灵乡	4.86
20	3	陶邓乡	10.34	50	4	城东街道办	4.10
21	3	东乡镇	9.55	51	4	遂意乡	4.07
22	3	运江镇	8.98	52	4	果遂乡	4.06
23	3	五山乡	8.92	53	4	良塘乡	4.03
24	3	河西街道办	8.59	54	5	金秀镇	3.95
25	3	思练镇	8.57	55	5	百丈乡	3.66
26	3	北泗镇	8.53	56	5	北更乡	3.52
27	3	三五乡	8.36	57	5	欧洞乡	3.44
28	3	罗秀镇	8.20	58	5	正龙乡	3.38
29	3	南泗乡	8.10	59	5	七洞乡	3.28
30	3	八一街道办	8.03	60	5	马泗乡	2.80
31	4	禄新镇	7.66	61	5	高安乡	2.65
32	4	石龙镇	7.28	62	5	罗香乡	2.47
33	4	红渡镇	7.26	63	5	长垌乡	2.42
34	4	石牙乡	7.20	64	5	三江乡	2.41
35	4	石陵镇	7.18	65	5	大樟乡	2.30
36	4	大乐镇	7.15	66	5	安东乡	2.23
37	4	寺山镇	6.89	67	5	忠良乡	2.12
38	4	河里乡	6.54	68	5	新圩乡	2.08
39	4	水晶乡	6.40	69	5	六巷乡	1.61
40	4	通挽镇	6.39	70	5	三角乡	1.21

表6－40　来宾市各镇级行政区已有建设用地面积评价结果

已有建设用地面积等级	行政区数（所占比重）	行政区名称	总面积（平方公里）（所占比重）
大	1个（1.43%）	兴宾区：凤凰镇	456.49（3.40%）

续表

已有建设用地面积等级	行政区数（所占比重）	行政区名称	总面积（平方公里）（所占比重）
较大	10个（14.29%）	兴宾区：迁江镇、桥巩镇、良江镇 忻城县：城关镇 象州县：象州镇、寺村镇 武宣县：二塘镇、武宣镇、桐岭镇 合山市：岭南镇	2 491.13（18.58%）
中等	19个（27.14%）	兴宾区：城北街道办、蒙村镇、平阳镇、城厢乡、小平阳镇、陶邓乡、五山乡、河西街道办、三五乡、南泗乡、八一街道办 忻城县：思练镇 象州县：马坪镇、运江镇、罗秀镇 武宣县：三里镇、东乡镇 金秀瑶族自治县：桐木镇 合山市：北泗镇	3 650.91（27.22%）
较小	23个（32.86%）	兴宾区：石牙乡、石陵镇、寺山镇、大湾镇、城东街道办、良塘乡 忻城县：红渡镇、大塘镇、古蓬镇、遂意乡、果遂乡 象州县：石龙镇、大乐镇、水晶乡、中平镇、妙皇乡 武宣县：禄新镇、通挽镇、金鸡乡、黄茆镇、思灵乡 金秀瑶族自治县：头排镇 合山市：河里乡	3 429.43（25.57%）
小	17个（24.29%）	兴宾区：正龙乡、七洞乡、高安乡 忻城县：北更乡、欧洞乡、马泗乡、安东乡、新圩乡 象州县：百丈乡 金秀瑶族自治县：金秀镇、罗香乡、长垌乡、三江乡、大樟乡、忠良乡、六巷乡、三角乡	3 382.39（25.22%）

（4）可利用土地资源总体分析评价

可利用土地资源是反映一个地区的土地后备资源状况，是在分别计算各镇级行政区的适宜建设用地面积、已有建设用地面积，以及基本农田面积后，综合计算得出的。《技术规程》明确提出了可利用土地资源的等级划分标准，按照可利用土地资源丰富、较丰富、中等、较缺乏、缺乏五个等级进行分类，来反映各地的可利用土地资源情况。等级划分的标准如表6-41所示。来宾市各镇级行政区可利用土地资源排序如表6-42所示。来宾市各镇级行政区可利用土地资源评价结果如表6-43、图6-5所示。

表6-41　　　　　　　　　可利用土地资源分级标准

可利用土地资源级别	丰富	较丰富	中等	较缺乏	缺乏
可利用土地资源面积（平方公里）	>54	29~54	17~29	9~17	<9

表 6-42　　来宾市各镇级行政区可利用土地资源排序

排序	等级	行政区名称	可利用土地资源面积（平方公里）	排序	等级	行政区名称	可利用土地资源面积（平方公里）
1	1	凤凰镇	90.80	36	3	岭南镇	19.02
2	1	寺村镇	65.34	37	3	桐岭镇	18.91
3	1	迁江镇	64.80	38	3	红渡镇	18.27
4	1	运江镇	62.82	39	3	寺山镇	18.07
5	1	桥巩镇	61.07	40	4	城北街道办	16.68
6	2	马坪镇	52.49	41	4	七洞乡	16.59
7	2	石龙镇	50.22	42	4	东乡镇	16.01
8	2	桐木镇	48.56	43	4	果遂乡	15.63
9	2	蒙村镇	47.26	44	4	头排镇	15.49
10	2	武宣镇	45.12	45	4	大塘镇	15.29
11	2	水晶乡	44.13	46	4	五山乡	15.22
12	2	二塘镇	44.04	47	4	南泗乡	14.52
13	2	城厢乡	43.36	48	4	北泗镇	14.50
14	2	良江镇	42.46	49	4	安东乡	12.88
15	2	陶邓乡	41.06	50	4	禄新镇	11.32
16	2	象州镇	39.28	51	4	古蓬镇	10.88
17	2	大湾镇	39.27	52	4	欧洞乡	10.25
18	2	三五乡	36.77	53	4	马泗乡	10.20
19	2	城关镇	35.00	54	4	金秀镇	10.13
20	2	罗秀镇	34.89	55	4	河西街道办	9.15
21	2	小平阳镇	34.18	56	5	百丈乡	8.39
22	2	思练镇	31.70	57	5	思灵乡	8.31
23	3	妙皇乡	28.26	58	5	北更乡	7.80
24	3	良塘乡	27.94	59	5	遂意乡	7.77
25	3	高安乡	25.46	60	5	八一街道办	7.37
26	3	正龙乡	25.43	61	5	通挽镇	7.07
27	3	河里乡	25.10	62	5	大樟乡	6.57
28	3	平阳镇	23.28	63	5	六巷乡	4.30
29	3	大乐镇	23.10	64	5	忠良乡	4.29
30	3	石陵镇	22.57	65	5	三江乡	3.70
31	3	中平镇	21.27	66	5	罗香乡	3.54
32	3	石牙乡	19.95	67	5	长垌乡	3.43
33	3	三里镇	19.87	68	5	新圩乡	3.18
34	3	金鸡乡	19.45	69	5	三角乡	3.14
35	3	黄茆镇	19.08	70	5	城东街道办	1.73

表 6-43　　　来宾市各镇级行政区可利用土地资源评价结果

可利用土地资源等级	平均可利用土地资源面积（平方公里）	行政区数（所占比重）	行政区名称	总面积（平方公里）（所占比重）
丰富	68.97	5个（7.14%）	兴宾区：凤凰镇、迁江镇、桥巩镇 象州县：寺村镇、运江镇	1 629.64（12.15%）
较丰富	41.75	17个（24.29%）	兴宾区：蒙村镇、城厢乡、良江镇、陶邓乡、大湾镇、三五乡、小平阳镇 忻城县：城关镇、思练镇 象州县：马坪镇、石龙镇、水晶乡、象州镇 武宣县：武宣镇、二塘镇、罗秀镇 金秀瑶族自治县：桐木镇	3 915.85（29.20%）
中等	22.06	17个（21.14%）	兴宾区：良塘乡、高安乡、正龙乡、平阳镇、石陵镇、石牙乡、寺山镇 忻城县：红渡镇 象州县：妙皇乡、大乐镇、中平镇 武宣县：三里镇、金鸡乡、黄茆镇、桐岭镇 合山市：河里乡、岭南镇	2 835.43（21.14%）
较缺乏	13.42	16个（22.86%）	兴宾区：城北街道办、七洞乡、五山乡、南泗乡、河西街道办 忻城县：果遂乡、大塘镇、安东乡、古蓬镇、欧洞乡、马泗乡 武宣县：东乡镇、禄新镇 金秀瑶族自治县：头排镇、金秀镇 合山市：北泗镇	2 476.04（18.46%）
缺乏	5.37	15个（21.43%）	兴宾区：八一街道办、城东街道办 忻城县：北更乡、遂意乡、新圩乡 象州县：百丈乡 武宣县：思灵乡、通挽镇 金秀瑶族自治县：大樟乡、六巷乡、忠良乡、三江乡、罗香乡、长垌乡、三角乡	2 553.40（19.04%）

从评价结果看，来宾市可利用土地资源面积达到1 724.97平方公里，平均每个镇级行政区为24.64平方公里，属于中等等级。呈现出以下特征：

大多数地区的可利用土地资源处于中等及以上水平。在70个镇级行政区中，可利用土地资源处于丰富等级的有5个，占全市行政区总数的7.14%，土地面积占全市总面积的12.15%；较丰富等级的有17个，占全市行政区总数的24.29%，土地面积占全市总面积的29.2%；中等等级的有17个，占全市行政区总数的24.29%，土地面积占全市总面积的21.14%；较缺乏等级的有16个，占全市行政区总数的22.86%，土地面积占全市总面积的18.46%；缺乏等级的有15个，占全市行政区总数的21.43%，土地面积占全市总面积的19.04%。全市中等及以上等级的镇级行政区达39个，占全市行政区总数的55.71%，土地面积占全市总面积的62.5%。

图 6-5 来宾市国土空间可利用土地资源评价

各等级之间的可利用土地资源差距较大。丰富等级的平均可利用土地资源为 68.97 平方公里，比全市平均水平高 64.27%；较丰富等级的平均面积为 41.75 平方公里，比全市平均水平高 40.98%；中等级别的平均面积为 22.06 平方公里，比全市平均水平低 10.47%；较缺乏等级的平均面积为 13.42 平方公里，比全市平均水平低 45.54%；缺乏等级的平均面积为 5.37 平方公里，比全市平均水平低 78.2%。丰富等级的平均面积是缺乏等级的 12.84 倍。

可利用土地资源前 10 位与后 10 位的差距。在 70 个镇级行政区中，可利用土地面积排前 10 位的是凤凰镇、寺村镇、迁江镇、运江镇、桥巩镇、马坪镇、石龙镇、桐木镇、蒙村镇、武宣镇，面积合计为 588.48 平方公里，占全市总量的 34.12%。后 10 位的是八一街道办、通挽镇、大樟乡、六巷乡、忠良乡、三江乡、罗香乡、长垌乡、新圩乡、三角乡、城东街道办，面积合计为 48.31 平方公里，占全市总量的 2.8%。最高的凤凰镇的可利用土地面积是最低的城东街道办的 12.18 倍。

6 个县级行政区的可利用土地资源面积水平差异显著。按照来宾市 6 个县级行政区所辖的行政区范围计算，可利用土地资源面积从高到低依次分别是兴宾区（744.96 平方公里）、象州县（430.21 平方公里）、武宣县（209.18 平方公里）、忻城县（178.85 平方公里）、金秀瑶族自治县（103.14 平方公里）、合山市

(58.63平方公里)。可利用土地资源面积最高的兴宾区是最低的合山市的12.71倍。

可利用土地资源空间分布特点。全市可利用土地资源面积整体呈现中部地区比较丰富、东北部和西北部地区比较缺乏的特点。一是可利用土地资源中等及中等以上级别的区域主要分布在中部地区的兴宾区、象州县、武宣县,在全市39个可利用土地资源中等及中等以上级别的镇级行政区中,中部地区占33个。二是西北部地区的忻城县、合山市和东北部地区的金秀瑶族自治县可利用土地资源较为缺乏,在全市31个可利用土地资源较缺乏以下级别的镇级行政区中,西北部地区占9个,东北部地区占9个。

2)可利用水资源分析评价

水资源是经济社会发展的战略资源,水资源承载能力是区域协调发展的重要支撑。可利用水资源反映一个地区剩余或潜在的后备水资源状况,主要用于评价水资源对经济发展、人口集聚的支撑能力,可通过可利用水资源丰缺情况来反映。

(1)计算流程

第一步:调查统计各乡镇级行政单元可利用水资源分布情况。

第二步:根据各河流的水文特征,按照《来宾市水功能区划》中划分的河流级别,对各河流进行赋分。

第三步:基于上述两步整理得出的各乡镇河流流经情况以及各河流的分值,累积求和得到各乡镇的水资源评价得分。

第四步:依据全部乡镇水资源评分的取值范围以及《广西主体功能区区划研究报告》中的可利用水资源等级划分类型,按照极丰富、丰富、较丰富、中等四个等级进行自然分等,以反映各乡镇的可利用水资源丰缺状况。

(2)可利用水资源现状分析

①可利用水资源

以来宾市水系图为基础,整理得到来宾市各乡镇的水资源拥有情况(如表6-44所示)。

表6-44　　　　　　　来宾市各乡镇水资源情况汇总

行政区名称		水资源名称
兴宾区	城东街道办	红水河
	城北街道办	红水河
	河西街道办	红水河
	八一街道办	红水河、北之江
	凤凰镇	凤凰河、龙头河

续表

行政区名称		水资源名称
兴宾区	良江镇	红水河、朝西河、龙洞河、大良村河、高怀河
	小平阳镇	合江河、青岑河、小平阳河
	迁江镇	红水河、料村河、清水河、龙降河
	石陵镇	清水河
	平阳镇	红水河、料村河、高境河
	三五乡	龙洞河、止马河、青岑河
	五山乡	止马河
	陶邓乡	清水河、合江河、陶村河
	桥巩镇	红水河、北之江、新周河、古塔河
	良塘乡	北之江、古塔河、石仁河
	七洞乡	北之江、白山河、古塔河、平安河、石仁河
	城厢乡	红水河、龙洞河、止马河、周城河
	蒙村镇	红水河、河敏河、思畔河、塘条河
	寺山镇	河敏河
	石牙乡	河敏河、濠江
	南泗乡	黔江、南泗河
	高安乡	红水河、黔江、南泗河
	大湾镇	红水河、凤凰河、仁恩河
	正龙乡	红水河、大王河
忻城县	城关镇	奇庚江、都乐河、六华河、龙城河、鸡叫河、加座河、双胜河
	大塘镇	北之江、平安河、塞北河、三孔河、大塘河、加座河、兴木河、敬流河
	思练镇	思练河、大塘河
	红渡镇	红水河、滂江
	古蓬镇	滂江、流浪河、蚂蚁河、龙球河
	马泗乡	都乐河、长流河、朝阳河、加座河、弄麦河、欧洞河、五龙河
	欧洞乡	都乐河、里苗河、弄麦河、欧洞河、平阳河、板江河、敬流河
	安东乡	北之江、平安河、三孔河、思练河、三桃河
	果遂乡	红水河、桥断溪
	新圩乡	红水河、排里河
	北更乡	滂江、石牙河
	遂意乡	内琼河、流浪河
象州县	象州镇	柳江、花池河、龙富河、平山溪、石里河、新造河
	石龙镇	红水河、柳江、高龙河、青岭河
	寺村镇	花池河、平山溪、下腊河、寺村河、苦闷河、中团河
	运江镇	柳江、落里小河、下腊河、岩村河、运江、大冲河、京寺河、水晶河、朝敬河
	罗秀镇	罗秀河、运江、凤法河、落脉河、寺村河、永罗河
	大乐镇	落脉河、永罗河、龙屯河、三来河

续表

行政区名称		水资源名称
象州县	中平镇	罗秀河、滴水河、桂河、良山河、大架河、三来河、王炉河
	马坪镇	柳江、大佃河、高龙河、龙富河、岩村河、马坪河
	妙皇乡	石祥河、甘好河、六冒河、那宜河、新造河
	百丈乡	罗秀河、桂河、门头河
	水晶乡	水晶河、新村河、龙团河
武宣县	黄茆镇	黔江、陈康河、甘检河
	二塘镇	黔江、福隆河、新江河、古情河
	武宣镇	黔江、濠江、新江河
	三里镇	黔江、大坑河、大片河、东乡河、六那河、天牌河、阴江
	东乡镇	大坑河、东乡河、六那河、阴江、白沙冲河、高达河、石岗河、松响河、双髻河
	桐岭镇	黔江、濠江、马来河、武赖河、三江河
	通挽镇	武赖河、三江河
	金鸡乡	黔江、柳江、石祥河、新村河
	禄新镇	濠江、上堂河
	思灵乡	濠江、上堂河
金秀瑶族自治县	金秀镇	滴水河、金龙河、金秀河、坤林河、六定河、盘王河、长滩河、龙安河
	桐木镇	盘王河、大苏河、六秘河、桐木河
	头排镇	二排河、头排河
	三角乡	古范河、六定河、盘王河、大苏河、六秘河、桐木河
	忠良乡	大垌河、忠良河、卜泉河、能琴冲、长滩河
	罗香乡	大垌河、滴水河、滑坪河、六烟冲、罗香河、平余河、鸡冲河、水湾河
	长垌乡	滴水河、金秀河、道江河、平道河、水湾河
	大樟乡	东乡河、新江河、阴江、三江河、大田河、黄田河、门头河、朝塘河、黄茅河、瓦厂河
	六巷乡	滴水河、门头河、大架河、古麦河、黄茅河、王钳河
	三江乡	二排河、修仁河、古范河、六定河
合山市	岭南镇	红水河、桥断溪、柳花岭河
	北泗镇	石榴河、东亭溪、柳花岭河、洛山溪
	河里乡	红水河、河里河、石榴河、新欧溪

②水资源等级

依据来宾市行政区范围内各个水系的长度、流量等水文特征，以及《来宾市水功能区划》提供的现状河流级别,确定本次水资源评价涉及的 160 条河流的级别。如表 6-45 所示,来宾市河流共分为五个等级,其中一级河流 2 条,占河流总数的 1.25%;二级河流 33 条,占河流总数的 20.63%;三级河流 45 条,占河流总数的 28.13%;四级河流 54 条,占河流总数的 33.75%;五级河流 26 条,占河流总数的 16.25%。

表 6-45　　　　　　　　　来宾市水资源等级

河流级别	河流名称
1	红水河、黔江
2	北之江、凤凰河、龙头河、朝西河、龙洞河、料村河、清水河、止马河、新周平河、周城河、河敏河、思畔河、塘条河、濠江、南泗河、奇庚江、滂江、排里河、内琼河、柳江、陈康河、甘检河、福隆河、新江河、大坑河、大片河、东乡河、六那河、天牌河、阴江、马来河、武赖河、河里河
3	大良村河、高怀河、合江河、龙降河、高境河、古塔河、石仁河、白山河、平安河、仁恩河、大王河、都乐河、六华河、龙城河、塞北河、三孔河、思练河、流浪河、蚂蚁河、桥断溪、石牙河、花池河、龙富河、平山溪、高龙河、下腊河、落里小河、岩村河、运江、罗秀河、大佃河、石祥河、古情河、白沙冲河、高达河、石岗河、松响河、三江河、上堂河、二排河、大垌河、忠良河、修仁河、石榴河、新欧溪
4	青岑河、陶村河、鸡叫河、加座河、双胜河、大塘河、兴木河、龙球河、长流河、朝阳河、弄麦河、欧洞河、五龙河、里苗河、平阳河、三桃河、石里河、新造河、青岭河、寺村河、大冲河、京寺河、水晶河、凤法河、落脉河、永罗河、滴水河、桂河、良山河、马坪河、甘好河、六冒河、那宜河、门头河、新村河、双髻河、金龙河、金秀河、坤林河、六定河、盘王河、头排河、古范河、卜泉河、能琴冲、滑坪河、六烟冲、罗香河、平余河、大田河、黄田河、柳花岭河、东亭溪、洛山溪
5	小平阳河、敬流河、板江河、苦闷河、中团河、朝敬河、龙屯河、三来河、大架河、王炉河、龙团河、长滩河、龙安河、大苏河、六秘河、桐木河、鸡冲河、水湾河、道江河、平道河、朝塘河、黄茅河、瓦厂河、大架河、古麦河、王钳河

(3) 可利用水资源分析评价

①河流级别赋分

根据划分的河流级别及其对当地水源补给的重要性程度,分别对不同等级的河流进行赋分:一级河流分值为 5,二级河流分值为 4,三级河流分值为 3,四级河流分值为 2,五级河流分值为 1。

②水资源综合评价

根据整理得出的来宾市各乡镇水资源分布情况以及对来宾市行政区域内各河流的划分级别,参照以上对不同等级河流的赋分,累积求和得到各乡镇的水资源综合评价得分排序(如表 6-46 所示)。

表 6-46　　来宾市各镇级行政区水资源评价得分排序

排序	行政区名称	水资源评价得分	排序	行政区名称	水资源评价得分
1	东乡镇	30	15	三五乡	10
2	三里镇	29	15	良塘乡	10
3	大樟乡	24	15	三江乡	10
4	运江镇	23	15	岭南镇	10
5	大塘镇	20	16	八一街道办	9
5	桐岭镇	20	16	陶邓乡	9
6	良江镇	19	16	南泗乡	9
6	城关镇	19	16	红渡镇	9
7	马坪镇	18	16	新圩乡	9
8	城厢乡	17	16	三角乡	9
8	蒙村镇	17	16	北泗镇	9
8	象州镇	17	17	凤凰镇	8
9	迁江镇	16	17	石牙乡	8
9	桥巩镇	16	17	正龙乡	8
9	七洞乡	16	17	果遂乡	8
9	二塘镇	16	17	六巷乡	8
10	马泗乡	15	18	北更乡	7
10	安东乡	15	18	遂意乡	7
10	罗香乡	15	18	百丈乡	7
10	河里乡	15	18	通挽镇	7
11	高安乡	14	18	禄新镇	7
11	石龙镇	14	18	思灵乡	7
11	罗秀镇	14	18	长垌乡	7
11	金鸡乡	14	19	小平阳镇	6
11	金秀镇	14	19	大乐镇	6
12	欧洞乡	13	20	城东街道办	5
12	寺村镇	13	20	城北街道办	5
12	黄茆镇	13	20	河西街道办	5
12	武宣镇	13	20	思练镇	5
13	平阳镇	12	20	水晶乡	5
13	大湾镇	12	20	桐木镇	5
13	古蓬镇	12	20	头排镇	5
13	中平镇	12	21	石陵镇	4
14	妙皇乡	11	21	五山乡	4
14	忠良乡	11	21	寺山镇	4

（4）可利用水资源分区评价

根据《广西主体功能区区划研究报告》中可开发利用水资源分析评价的研

究成果，来宾市武宣县、兴宾区、忻城县、合山市、象州县的水资源属于丰富等级，金秀瑶族自治县的水资源等级为中等。

按照来宾市各乡镇可利用水资源评价得分的取值范围，并考虑《广西主体功能区区划研究报告》成果中来宾市各评价单元的可开发利用水资源只涉及丰富和中等两个等级，本书将运用自然间断点分级法，按照可利用水资源极丰富、丰富、较丰富、中等四个等级进行水资源分区，具体等级标准和分区结果如表6-47、表6-48、图6-6所示。

表6-47　　　　　　　　可利用水资源等级分区标准

可利用水资源等级	极丰富	丰富	较丰富	中等
评价得分标准	>20	14~20	9~13	<9

表6-48　　　　　　　　来宾市可利用水资源分区评价结果

水资源分区	行政区数（所占比重）	行政区名称	总面积（平方公里）（所占比重）
极丰富	4个（5.71%）	象州县：运江镇 武宣县：东乡镇、三里镇 金秀瑶族自治县：大樟乡	1 080.91（8.06%）
丰富	21个（30%）	兴宾区：良江镇、城厢乡、蒙村镇、迁江镇、桥巩镇、七洞乡、高安乡 忻城县：大塘镇、城关镇、马泗乡、安东乡 象州县：马坪镇、象州镇、石龙镇、罗秀镇 武宣县：桐岭镇、二塘镇、金鸡乡 金秀瑶族自治县：罗香乡、金秀镇 合山市：河里乡	4 711.18（35.13%）
较丰富	21个（30%）	兴宾区：平阳镇、大湾镇、三五乡、良塘乡、八一街道办、陶邓乡、南泗乡 忻城县：欧洞乡、古蓬镇、红渡镇、新圩乡 象州县：寺村镇、中平镇、妙皇乡 武宣县：黄茆镇、武宣镇 金秀瑶族自治县：忠良乡、三江乡、三角乡 合山市：岭南镇、北泗镇	3 815.42（28.45%）
中等	24个（34.29%）	兴宾区：凤凰镇、石牙乡、正龙乡、小平阳镇、城东街道办、城北街道办、河西街道办、石陵镇、五山乡、寺山镇 忻城县：果遂乡、北更乡、遂意乡、思练镇 象州县：百丈乡、大乐镇、水晶乡 武宣县：通挽镇、禄新镇、思灵乡 金秀瑶族自治县：六巷乡、长垌乡、桐木镇、头排镇	3 802.83（28.36%）

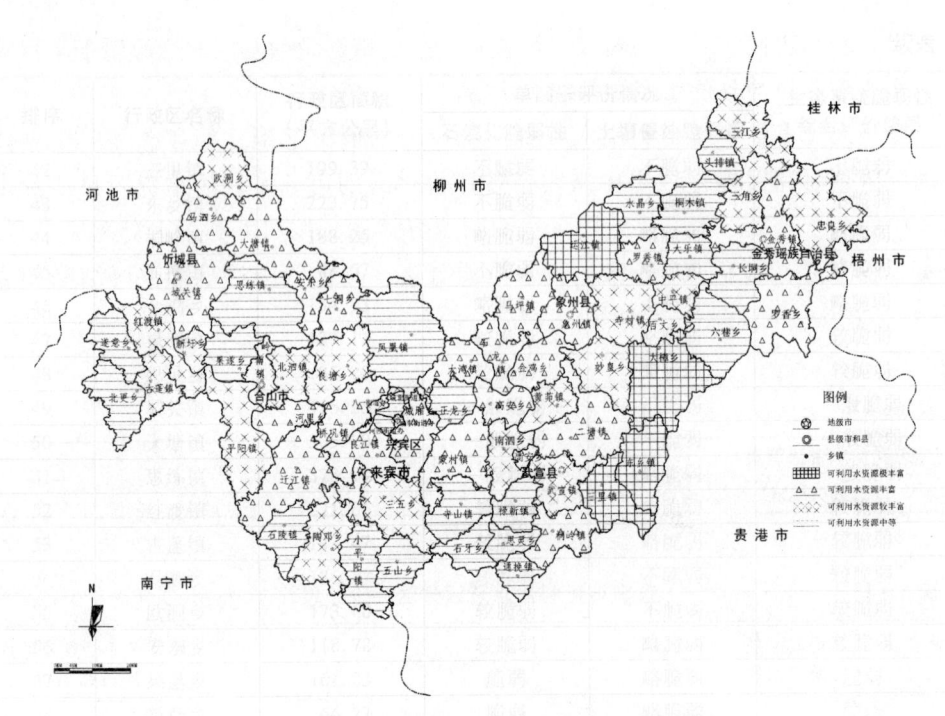

图 6-6 来宾市国土空间可利用水资源评价

①数量特征评价

从评价结果来看，来宾市境内江河水系众多，地表水系发达，降水充沛。境内河流均属珠江流域西江水系，以红水河和黔江两大水系为骨架，而其支流多呈树枝状分布并形成发达的水系网络，全市水资源相对丰富。

6 成以上的乡镇级行政区可利用水资源处于丰富等级。在 70 个镇级行政区级行政区中，可利用水资源属于丰富（包括极丰富、丰富、较丰富）地区的有 46 个，行政区比重为 65.71%，土地面积比重为 71.64%；属于中等地区的有 24 个，行政区比重为 34.29%，土地面积比重为 28.36%。

可利用水资源丰富地区里高等级的只占少数。来宾市可利用水资源属于丰富地区的 46 个行政区中，属于极丰富等级的只有 4 个，行政区比重为 5.71%，土地面积比重为 8.06%；属于丰富等级和较丰富等级的有 21 个，行政区比重为 30%，土地面积比重分别为 35.13% 和 28.45%。

各等级的行政区比重与土地面积比重有所差异。在 70 个镇级行政区级行政区中，水资源极丰富地区和丰富地区的土地面积比重（分别为 8.06% 和 35.13%）均大于其行政区比重（分别为 5.71% 和 30%）；而水资源较丰富地区和中等地区的土地面积比重（分别为 28.45% 和 28.36%）均小于其行政区比重（分别为 30% 和 34.29%）。

城区街道办的可利用水资源小于乡镇行政区。来宾市 4 个城区街道办中，八一街道办的可利用水资源处于较丰富等级，而城东街道办、城北街道办、河西街道办则处于中等等级，城区街道办的可利用水资源相对匮乏，当地水资源对经济社会发展的承载能力明显小于行政区域内的其他乡镇。

②空间分布特点

可利用水资源丰富地区分布比较广泛。来宾市行政区域内的可利用水资源比较丰富，可利用水资源丰富（包括极丰富、丰富、较丰富）地区的覆盖面积大而且广，将有利于来宾市未来城镇化、工业化以及农业现代化的发展。

可利用水资源中等地区面积相对较少且分布零散。来宾市部分地区的可利用水资源相对缺乏，但其覆盖面积较小，且分散于全市的东北部、南部、西部和中部地区。

丰富地区中各等级的分布各具特点。来宾市可利用水资源丰富地区中，极丰富地区主要分布在市域的东南部，丰富地区分布于市域的东部、西南部、西北部和中部，较丰富地区分布相对分散，在全市的东北部、西南部、北部和中部地区均有分布。

可利用水资源各等级在 6 县级行政区中的分布各不相同。来宾市可利用水资源极丰富地区主要分布于象州县的北部、武宣县的东南部及金秀瑶族自治县的西南部；丰富地区分布在兴宾区的中部，忻城县的东北部和西北部，象州县的西部，武宣县的南部、北部和中部，金秀瑶族自治县的南部和中部，以及合山市的南部；较丰富地区分布于兴宾区的东北部、东部、西南部、西北部和中部，忻城县的南部和北部，象州县的东南部、西南部和中部，武宣县的中部，金秀瑶族自治县的北部和中部，以及合山市的北部和中部；中等地区分布在兴宾区的东南部、南部、北部和中部，忻城县的东部和西南部，象州县的东北部、东部和东南部，武宣县的西南部，以及金秀瑶族自治县的金秀瑶族自治县的西南部和西北部。

3）水土资源承载力综合评价

水土资源承载力，主要评估一个地区的土地资源和水资源的复合承载能力，是判断一个地区是否划分为城镇空间的重要参考因素。具体包括可利用土地资源和可利用水资源两项指标。本书采用计量分析和 GIS 空间叠加方法，对可利用土地资源和可利用水资源两项指标进行 0~1 标准化加权求和，来反映一个地区的水土资源承载能力。

（1）评价方法

在分别评价 70 个镇级行政区的可利用土地资源和可利用水资源后，采用计量分析和 GIS 空间叠加方法，对可利用土地资源和可利用水资源两项指标进行 0~1 标准化加权求和，综合计算各地的水土资源承载能力，并采用自然分等法（等级标准如表 6-49 所示），来获取资源承载能力总体水平（如表 6-50 所示）。来宾市水土资源承载力评价结果如表 6-51、图 6-7 所示。

表 6-49　　　　　　　　　　水土资源承载力等级标准

水土资源承载能力等级	好	较好	中等	较差	差
等级标准	>0.6	0.4~0.6	0.2~0.4	0.1~0.2	≤0.1

表 6-50　　　　　　　来宾市各镇级行政区水土资源承载力排序

排序	等级	行政区名称	水土资源承载力	排序	等级	行政区名称	水土资源承载力
1	1	运江镇	0.71	28	3	妙皇乡	0.28
2	2	迁江镇	0.58	29	3	桐木镇	0.28
3	2	三里镇	0.58	30	3	平阳镇	0.27
4	2	东乡镇	0.58	31	3	安东乡	0.27
5	2	凤凰镇	0.58	32	3	黄茆镇	0.27
6	2	桥巩镇	0.56	33	3	中平镇	0.26
7	2	马坪镇	0.55	34	3	良塘乡	0.26
8	2	寺村镇	0.53	35	3	马泗乡	0.26
9	2	良江镇	0.52	36	3	水晶乡	0.26
10	2	蒙村镇	0.51	37	3	金秀镇	0.24
11	2	城厢乡	0.48	38	3	罗香乡	0.22
12	2	城关镇	0.48	39	3	欧洞乡	0.22
13	2	二塘镇	0.47	40	3	小平阳镇	0.22
14	2	石龙镇	0.46	41	3	岭南镇	0.21
15	2	象州镇	0.46	42	3	正龙乡	0.21
16	2	武宣镇	0.42	43	3	古蓬镇	0.21
17	2	大樟乡	0.41	44	4	红渡镇	0.19
18	2	桐岭镇	0.40	45	4	思练镇	0.19
19	3	大塘镇	0.38	46	4	石牙乡	0.18
20	3	罗秀镇	0.38	47	4	南泗乡	0.17
21	3	大湾镇	0.36	48	4	北泗镇	0.17
22	3	河里乡	0.34	49	4	大乐镇	0.16
23	3	高安乡	0.33	50	4	果遂乡	0.15
24	3	陶邓乡	0.32	51	4	忠良乡	0.15
25	3	七洞乡	0.31	52	4	八一街道办	0.13
26	3	三五乡	0.31	53	4	三江乡	0.13
27	3	金鸡乡	0.29	54	4	石陵镇	0.12

续表

排序	等级	行政区名称	水土资源承载力	排序	等级	行政区名称	水土资源承载力
55	4	禄新镇	0.11	63	5	寺山镇	0.09
56	4	新圩乡	0.10	64	5	遂意乡	0.09
57	4	三角乡	0.10	65	5	六巷乡	0.09
58	4	城北街道办	0.10	66	5	通挽镇	0.09
59	4	头排镇	0.10	67	5	五山乡	0.08
60	4	百丈乡	0.10	68	5	长垌乡	0.07
61	5	思灵乡	0.09	69	5	河西街道办	0.06
62	5	北更乡	0.09	70	5	城东街道办	0.02

表 6-51　　　　　　　　来宾市水土资源承载力评价结果

水土资源承载力	行政区数（所占比重）	行政区名称	总面积（平方公里）（所占比重）
好	1 个 (1.43%)	象州县：运江镇	285.30 (2.13%)
较好	17 个 (24.29%)	兴宾区：迁江镇、凤凰镇、桥巩镇、良江镇、蒙村镇、城厢乡 忻城县：城关镇 象州县：马坪镇、寺村镇、石龙镇、象州镇 武宣县：三里镇、东乡镇、二塘镇、武宣镇、桐岭镇 金秀瑶族自治县：大樟乡	4 468.34 (33.32%)
中等	25 个 (35.71%)	兴宾区：大湾镇、高安乡、陶邓乡、七洞乡、三五乡、平阳镇、良塘乡、小平阳镇、正龙乡 忻城县：大塘镇、安东乡、马泗乡、欧洞乡、古蓬镇 象州县：罗秀镇、妙皇乡、中平镇、水晶乡 武宣县：金鸡乡、黄茆镇 金秀瑶族自治县：桐木镇、金秀镇、罗香乡 合山市：河里乡、岭南镇	4 687.51 (34.95%)
较差	17 个 (24.29%)	兴宾区：石牙乡、南泗乡、八一街道办、石陵镇、城北街道办 忻城县：红渡镇、思练镇、果遂乡、新圩乡 象州县：大乐镇、百丈乡 武宣县：禄新镇 金秀瑶族自治县：忠良乡、三江乡、三角乡、头排镇 合山市：北泗镇	2 624.56 (19.57%)
差	10 个 (14.29%)	兴宾区：寺山镇、五山乡、河西街道办、城东街道办 忻城县：北更乡、遂意乡 武宣县：思灵乡、通挽镇 金秀瑶族自治县：六巷乡、长垌乡	1 344.63 (10.03%)

图6-7 来宾市国土空间水土资源承载力评价

(2) 水土资源承载力分析评价

从水土资源承载力的分析评价看,来宾市的水土资源承载力水平整体较好,平均水土资源承载力指数为0.28,属于中等等级。呈现出以下特征:

大多数地区的镇级行政区水土资源承载力较好。 水土资源承载力好和较好的镇级行政区有18个,占全市镇级行政区总数的25.71%,土地面积占全市总面积的35.45%;水土资源承载力中等及中等以上等级的镇级行政区有43个,占全市镇级行政区总数的61.43%,土地面积占全市总面积的70.4%,可利用土地资源占全市总量的81.64%,可利用水资源评价得分占全市总得分的76.71%。表明来宾市绝大部分地区拥有比较好的水土资源承载力,在推进工业化城镇化进程中,受到水土资源条件限制的因素较小。

6个县级行政区的水土资源承载力指数差异显著。 按照来宾市6个县级行政区所辖的行政区范围计算,兴宾区、象州县、武宣县的水土资源承载力指数高于全市平均水平(3.23)。6个县级行政区中,水土资源承载力指数从高到低依次分别是兴宾区(6.78)、象州县(4.15)、武宣县(3.31)、忻城县(2.64)、金秀瑶族自治县(1.79)、合山市(0.72)。水土资源承载力指数最高的兴宾区是最低的合山市的9.42倍。

水土资源承载力空间分布特点。 全市水土资源承载力整体呈现中北部比较丰富，中南部、东北部和西北部比较缺乏的特点。一是中部地区的兴宾区、象州县、武宣县所辖的 45 个镇级行政区中，水土资源承载力为中等及中等以上级别的镇级行政区有 31 个，占全市中等及中等以上级别的镇级行政区总数的 72.09%，这类地区主要集中在兴宾区北部、象州县和武宣县东部；二是水土资源承载力在较缺乏以下级别的镇级行政区主要分布在东北部地区的金秀瑶族自治县、西北部地区的忻城县、中部地区的兴宾区南部和武宣县西部。

6.3.3 环境承载力分析评价

1）水环境容量分析评价

水环境容量是指一个地区的水环境对典型污染物的容纳能力，通过对化学需氧量的容纳能力来反映。

（1）计算方法

通过分析评价来宾市 6 个县级行政区的水环境容量，并按照极超载、重度超载、中度超载、轻度超载和无超载五个等级进行分类，划分水环境承载力等级的计算公式如下：

①一维模型

$$W_i = 31.54 * (C * e^{\frac{K_x}{86.4 * u}} - C_i) * (Q_i + Q_j) \quad (6-14)$$

②二维模型

$$w = 86.4 \exp\left(\frac{z^2 u}{4E_y x_1}\right) \left[C_s \exp\left(K \frac{x_1}{86.4u}\right) - C_0 \exp\left(-K \frac{x_2}{86.4u}\right) \right] h \cdot u \sqrt{\pi E_y \frac{x_1}{1\,000u}} \quad (6-15)$$

③感潮河段一维模型

$$\frac{\partial C}{\partial t} + u \frac{\partial C}{\partial x} = \frac{\partial}{\partial x}\left(E \frac{\partial C}{\partial x}\right) - K \cdot C \quad (6-16)$$

（2）水环境容量及承载力评价结果分析

根据水环境容量承载指数的具体等级阈值和分级标准（如表 6-52 所示），对来宾市各县级行政区的水环境容量承载力进行排序（结果如表 6-53 所示）。来宾市各镇级行政区水环境容量评价结果如表 6-54 所示。

表 6-52　　　　　　　　水环境容量承载指数等级标准

超载等级	无超载	轻度超载	中度超载	重度超载	极度超载
水环境承载指数（a_i）	≤0	0~1	1~2	2~3	>3

表 6-53　　　　来宾市各县级行政区水环境容量承载力排序

排序	行政区名称	水环境容量（t/a）	污染物排放量（t/a）	剩余水环境容量（t/a）	承载指数（a_i）	等级
1	忻城县	89 610	2 811.55	86 798.45	-0.97	1
2	合山市	24 862	1 761.07	23 100.93	-0.93	1
3	兴宾区	103 533	17 543.91	85 989.09	-0.83	1
4	武宣县	69 158	16 725.78	52 432.22	-0.76	1
5	象州县	17 146	5 229.33	11 916.67	-0.70	1
6	金秀瑶族自治县	1 587	1 557.37	29.63	-0.02	1

表 6-54　　　　2013 年来宾市各镇级行政区水环境容量评价结果

水环境容量等级	行政区数（所占比重）	行政区名称	总面积（平方公里）（所占比重）
无超载	70 个（100%）	兴宾区：城东街道办、河西街道办、城北街道办、八一街道办、凤凰镇、良江镇、小平阳镇、迁江镇、石陵镇、平阳镇、三五乡、五山乡、陶邓乡、桥巩镇、良塘乡、七洞乡、城厢乡、蒙村镇、寺山镇、石牙乡、南泗乡、高安乡、大湾镇、正龙乡 忻城县：城关镇、大塘镇、思练镇、红渡镇、古蓬镇、马泗乡、欧洞乡、安东乡、果遂乡、新圩乡、北更乡、遂意乡 象州县：象州镇、石龙镇、寺村镇、运江镇、罗秀镇、大乐镇、中平镇、马坪镇、妙皇乡、百丈乡、水晶乡 武宣县：黄茆镇、二塘镇、通挽镇、武宣镇、禄新镇、桐岭镇、三里镇、东乡镇、金鸡乡、思灵乡 金秀瑶族自治县：金秀镇、桐木镇、头排镇、三角乡、忠良乡、罗香乡、长垌乡、大樟乡、六巷乡、三江乡 合山市：岭南镇、北泗镇、河里乡	13 410.34（100%）

从计算结果看，来宾市水环境容量为 305 896 吨/年，化学需氧量排放量为 45 629.01 吨/年，剩余水环境容量为 260 267 吨/年，占全市水环境容量的比重 85.08%，水环境容量平均承载指数为 -0.85，全市水环境容量状况良好。呈现以下特点：

各县级行政区总体水环境承载力较高，所有的国土空间水环境无超载。来宾市 6 个县级行政区 70 个镇级行政区的水环境容量指数都小于 0，也就是说都属于无超载区域，无超载地区的剩余水环境容量为 260 267 吨，占全区水环境容量的 85.08%。

剩余水环境容量较大的地区。在 6 个县级行政区中，忻城县的水环境承载指数最低，水环境容量最大，剩余水环境容量为 86 798.45 吨，占该县水环境总容量的 97%，其次是兴宾区，剩余水环境容量为 85 989 吨，占该区水环境总容量的 83%，排名第三位的是武宣县，剩余水环境容量为 52 432.22 吨，占该县水环境总容量的76%。

6个县级行政区水环境容量差异较大。在6个县级行政区中,水环境容量最高的是忻城县,为86 798.45吨,水环境容量最低的是金秀瑶族自治县,仅为29.63吨,剩余水环境容量占该县水环境总容量的2%,已经比较接近轻度超载状态。最高水环境容量的忻城县是最低水环境容量金秀瑶族自治县的2 929倍。

2)大气环境容量分析评价

大气环境容量是指一个地区的大气环境对典型污染物的容纳能力,通过对二氧化硫的容纳能力来反映。

(1)计算方法

根据2007年环境统计数据库中的二氧化硫排放量,计算70个镇级行政区的大气环境容量,并按照极超载、重度超载、中度超载、轻度超载和无超载五个等级进行分类,划分大气环境容量承载力等级,计算公式如下:

$$[大气环境容量(SO_2)] = A \cdot (C_{ki} - C_0) \cdot S_i / \sqrt{S} \quad (6-17)$$

大气环境容量承载能力指数 a_i 按下式计算:

$$a_i = \frac{P_i - G_i}{G_i} \quad (6-18)$$

(2)大气环境容量及承载力评价结果分析

《技术规程》明确提出了大气环境容量承载指数的等级划分标准(具体等级阈值和分级标准如表6-55所示),根据标准对来宾市各县级行政区的大气环境承载力进行排序(结果如表6-56所示)。来宾市各镇级行政区大气环境容量评价结果如表6-57所示。

表6-55   大气环境容量承载指数等级标准

超载等级	无超载	轻度超载	中度超载	重度超载	极度超载
大气环境承载指数(a_i)	≤0	0~1	1~2	2~3	>3

表6-56   来宾市各县级行政区大气环境承载力排序

排序	行政区名称	大气环境容量(t/a)	污染物排放量(t/a)	剩余大气环境容量(t/a)	承载指数(a_i)	等级
1	金秀瑶族自治县	31 098	95.15	31 002.90	-1.00	1
2	忻城县	31 314	173.92	31 140.10	-0.99	1
3	武宣县	26 171	791.63	25 379.40	-0.97	1
4	象州县	27 086	1 074.34	26 011.70	-0.96	1
5	兴宾区	32 712	45 358.11	-12 646.11	0.39	2
6	合山市	11 935	38 249.83	-26 314.83	2.20	4

表 6-57　　2013 年来宾市各镇级行政区大气环境容量评价结果

大气环境容量承载力等级	行政区数（所占比重）	行政区名称	总面积（平方公里）（所占比重）
无超载	63 个（90.00%）	兴宾区：凤凰镇、良江镇、小平阳镇、迁江镇、石陵镇、平阳镇、三五乡、五山乡、陶邓乡、桥巩镇、良塘乡、七洞乡、城厢乡、蒙村镇、寺山镇、石牙乡、南泗乡、高安乡、大湾镇、正龙乡 忻城县：城关镇、大塘镇、思练镇、红渡镇、古蓬镇、马泗乡、欧洞乡、安东乡、果遂乡、新圩乡、北更乡、遂意乡 象州县：象州镇、石龙镇、寺村镇、运江镇、罗秀镇、大乐镇、中平镇、马坪镇、妙皇乡、百丈乡、水晶乡 武宣县：黄茆镇、二塘镇、通挽镇、武宣镇、禄新镇、桐岭镇、三里镇、东乡镇、金鸡乡、思灵乡 金秀瑶族自治县：金秀镇、桐木镇、头排镇、三角乡、忠良乡、罗香乡、长垌乡、大樟乡、六巷乡、三江乡	8 612.65（64.22%）
轻度超载	4 个（5.71%）	兴宾区：城东街道办、河西街道办、城北街道办、八一街道办	4 431.98（33.05%）
重度超载	3 个（4.29%）	合山市：岭南镇、北泗镇、河里乡	365.72（2.73%）

从评价结果来看，来宾市大气环境容量状况总体优良，全市二氧化硫大气环境容量为 160 316 吨/年，二氧化硫排放量为 85 743 吨，剩余大气环境容量为 74 573 吨，占大气环境容量比重 47%，大气环境容量平均承载指数为 -0.47。

90% 的区域大气环境容量处于无超载状态。在 70 个镇级行政区中，无超载的乡镇共 63 个，占乡镇级行政区总数的 90%；轻度超载有 4 个，占 5.71%%；重度超载有 3 个，占 4.29%；在无超载地区中，剩余大气环境容量为 113 534 吨，占全市大气环境容量的 71%，平均承载指数为 -0.71。

2/3 的国土空间无超载。全市无超载地区面积 8 612.65 平方公里，占全区土地总面积的 64.22%；轻度超载 4 431.98 平方公里，占 33.05%；重度超载 365.72 平方公里，占 2.73%。

超载地区的大气环境容量情况。轻度超载地区的环境容量超载了 12 646 吨，占大气环境容量的 7.89%；重度超载地区的环境容量超载 26 315 吨，占大气环境容量的 16.41%。

6 个县级行政区大气环境容量差异较大。按照全市 6 个县级行政区所辖的行政区范围计算，大气环境容量最高的是忻城县，为 31 140 吨；第二位金秀瑶族自治县，为 31 002 吨；第三位是象州县，为 26 011 吨；第四位是武宣县，为 25 379 吨。排名最后两位的是超载地区，分别为兴宾区（-12 646 吨），合山市（-26 315 吨）。

空间分布特点。超载地区主要分布在中部，分别为兴宾区 4 个街道办及合山市 3 个镇级行政区，其余中部以外地区都属于无超载。

3）综合环境容量承载力总体评价

在分析评价大气环境容量和水环境容量的基础上，对单因素环境容量承载指数进行等级划分，然后采用最大值函数法，取其中胁迫最高的等级为综合评价的等级，得到综合环境容量承载指数等级。根据等级标准（如表 6－58 所示），对来宾市各县级行政区的综合环境容量承载力进行排序（结果如表 6－59 所示）。来宾市各镇级行政区综合环境容量评价结果如表 6－60 所示。

表 6－58 综合环境容量承载指数等级标准

超载等级	无超载	轻度超载	中度超载	重度超载	极度超载
综合承载指数	<0	0~1	1~2	2~3	≥3

表 6－59 来宾市各县级行政区综合环境容量承载力排序

排序	行政区名称	大气环境容量承载指数（SO_2）	水环境容量承载指数（COD）	综合承载指数	综合承载力评价
1	合山市	2.20	－0.93	2.20	重度超载
2	兴宾区	0.39	－0.83	0.39	轻度
3	金秀瑶族自治县	－1.00	－0.02	－0.02	无超载
4	象州县	－0.96	－0.70	－0.70	无超载
5	武宣县	－0.97	－0.76	－0.76	无超载
6	忻城县	－0.99	－0.97	－0.97	无超载

表 6－60 来宾市各镇级行政区综合环境容量承载力评价结果

综合环境容量承载力等级	行政区数（所占比重）	行政区名称	总面积（平方公里）（所占比重）
无超载	63 个（90.00%）	兴宾区：凤凰镇、良江镇、小平阳镇、迁江镇、石陵镇、平阳镇、三五乡、五山乡、陶邓乡、桥巩镇、良塘乡、七洞乡、城厢乡、蒙村镇、寺山镇、石牙乡、南泗乡、高安乡、大湾镇、正龙乡 忻城县：城关镇、大塘镇、思练镇、红渡镇、古蓬镇、马泗乡、欧洞乡、安东乡、果遂乡、新圩乡、北更乡、遂意乡 象州县：象州镇、石龙镇、寺村镇、运江镇、罗秀镇、大乐镇、中平镇、马坪镇、妙皇乡、百丈乡、水晶乡 武宣县：黄茆镇、二塘镇、通挽镇、武宣镇、禄新镇、桐岭镇、三里镇、东乡镇、金鸡乡、思灵乡 金秀瑶族自治县：金秀镇、桐木镇、头排镇、三角乡、忠良乡、罗香乡、长垌乡、大樟乡、六巷乡、三江乡	8 612.65（64.22%）

续表

综合环境容量承载力等级	行政区数（所占比重）	行政区名称	总面积（平方公里）（所占比重）
轻度超载	4个（5.71%）	兴宾区：城东街道办、河西街道办、城北街道办、八一街道办	4 431.98（33.05%）
重度超载	3个（4.29%）	合山市：岭南镇、北泗镇、河里乡	365.72（2.73%）

4）环境承载力总体评价

环境承载力是判断一个地区有多大环境容量空间可用于工业化城镇化开发的指标。环境容量超载等级和环境承载力指数是一种负相关关系，环境容量超载等级越高，环境承载力指数越低。因此，本书采用 0～1 负向标准化方法（计算公式为：$\frac{x_i - x_{max}}{x_{min} - x_{max}}$），把相应的环境容量承载等级转化为环境承载力指数（如表 6-61 所示），反映一个地区的环境承载力。转化后的来宾市各县级行政区环境承载力评价结果如表 6-62、图 6-8 所示。

表 6-61　　　　　环境容量评价结果与环境承载力对应

环境容量级别	环境容量极超载	环境容量重度超载	环境容量中度超载	环境容量轻度超载	环境容量无超载
环境承载力级别	环境承载力低	环境承载力较低	环境承载力中等	环境承载力较高	环境承载力高
环境承载力值	0	0.25	0.5	0.75	1

表 6-62　　　　　来宾市各县级行政区环境承载力评价结果

排序	级别	行政区名称	环境承载力
1	5	忻城县	1.00
2	5	武宣县	1.00
3	5	象州县	1.00
4	5	金秀瑶族自治县	1.00
5	4	兴宾区	0.75
6	2	合山市	0.25

环境承载力高的县级行政区有 4 个，镇级行政区共 63 个，占全市镇行政区总数的 90%，土地面积 8 612.65 平方公里，土地面积占全市土地面积的 64.22%。这些地区的环境承载力平均指数为 1，环境承载力强。

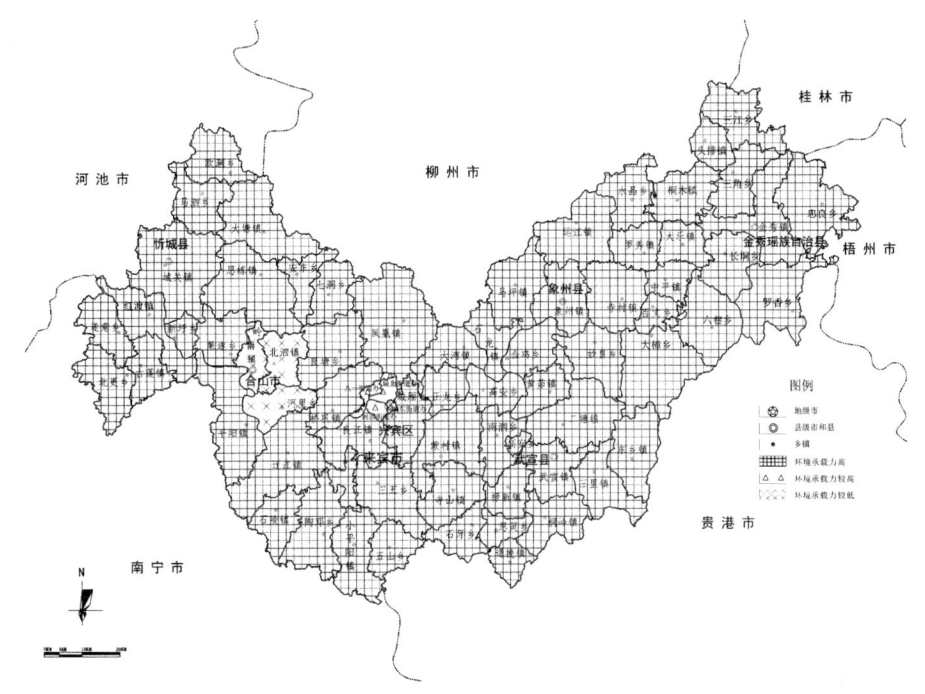

图 6-8 来宾市国土空间环境承载力评价

环境承载力较高的县级行政区有 1 个，4 个街道办，占全市乡镇行政区总数的 5.71%，土地面积 4 431.98 平方公里，土地面积占全市土地面积的 33.05%。这些地区的环境承载力平均指数为 0.75，环境承载力较强。

环境承载力较低的县级行政区有 1 个，乡镇 3 个，占全市镇行政区总数的 4.29%，土地面积 365.72 平方公里，土地面积占全市土地面积的 2.73%。这些地区的环境承载力平均指数为 0.25，环境承载力较低。

从评价结果来看，全区环境承载力呈现出以下特点：

大部分地区环境承载力较高。全市环境承载力较高及以上等级的县级行政区有 5 个，镇级行政区有 67 个，占全市镇行政区总数的 95.71%，土地面积 13 044.63 平方公里，土地面积占全市土地面积的 97.27%。

6 个县级行政区环境承载力指数差异较大。按照全市 6 个县级行政区所辖的行政区范围计算，4 个县 63 个镇级行政区的环境承载力指数高于全市平均水平，分别是忻城县、武宣县、象州县、金秀瑶族自治县，环境承载力指数最高的忻城县是最低的合山市的 4 倍。

6.3.4 自然灾害和生态限制性因素分析评价

自然灾害和生态限制因素，是反映一个地区自然灾害发生可能性、生态的脆弱程度和生态系统结构功能重要程度的综合指标，是衡量一个地区推进工业化城镇化发展受到的自然灾害和生态限制因素影响高低的重要标尺，是划分生态空间的主导因素。本书在分别评价生态系统脆弱性、自然灾害危险性和生态重要性的基础上，采用计量分析和 GIS 空间叠加分析，并进行 0~1 标准化加权求和，开展对自然灾害和生态限制因素的研究。

1）生态系统脆弱性分析评价

来宾市是南方地区，沙漠化和土壤盐渍化对其的影响较小。因此，来宾市生态系统脆弱性评价选取了石漠化和土壤侵蚀进行分析评价。

（1）计算方法

通过计算 4 个街道办、66 个乡镇行政区已有的生态环境资料，获取各行政区生态系统的脆弱程度，采用评价单元取最大值法确定评价单元生态系统脆弱性，并按照脆弱、较脆弱、一般脆弱、略脆弱和不脆弱进行等级划分，综合评价各区域生态系统的脆弱程度。具体计算公式如下：

$$\text{生态系统脆弱性} = \text{MAX}\{\text{石漠化脆弱性}, \text{土壤侵蚀脆弱性}\} \qquad (6-19)$$

（2）石漠化脆弱性评价

来宾市是我国主要的岩溶地区，是桂黔滇喀斯特石漠化防治区的核心区之一。石漠化脆弱性评价就是对各级行政区的石漠化状况进行分析评估，并按照脆弱、较脆弱、一般脆弱、略脆弱和不脆弱五个等级进行划分，并分析评价出各地石漠化的脆弱程度。《技术规程》明确各市可采用石漠化已有研究成果进行评价分析。因此，根据《省级主体功能区划分技术规程》的石漠化脆弱性评价标准并参考《广西生态环境敏感性综合评价及其空间分布》（2006 年）、广西部分市、县生态功能区划的石漠化评价指标与方法，确立了来宾市石漠化脆弱性评价分级标准（如表 6-63 所示），并获取了石漠化脆弱性评价结果（如表 6-64 所示）。

表 6-63　　　　　　　来宾市石漠化脆弱性评价标准

石漠化敏感程度	极敏感	高度敏感	中度敏感	轻度敏感	不敏感
石漠化脆弱性	脆弱	较脆弱	一般脆弱	略脆弱	不脆弱

表 6-64　　　　　　　来宾市石漠化脆弱性评价结果分类

石漠化脆弱性等级	行政区数（所占比重）	行政区名称	总面积（平方公里）（所占比重）
脆弱	3 个（4.29%）	忻城县：新圩乡、果遂乡、北更乡	419.89（3.13%）

续表

石漠化脆弱性等级	行政区数（所占比重）	行政区名称	总面积（平方公里）（所占比重）
较脆弱	12个（17.14%）	武宣县：武宣镇、禄新镇、思灵乡 兴宾区：良塘乡、七洞乡、寺山镇 忻城县：红渡镇、遂意乡、古蓬镇、马泗乡、安东乡、欧洞乡	1 987.27（14.82%）
一般脆弱	14个（20%）	兴宾区：凤凰镇、迁江镇、平阳镇、五山乡、陶邓乡、桥巩镇、蒙村镇、高安乡 忻城县：城关镇、思练镇、大塘镇 合山市：岭南镇、北泗镇、河里乡	3 699.58（27.59%）
略脆弱	12个（17.14%）	兴宾区：良江镇、小平阳镇、石陵镇、三五乡、城厢乡、石牙乡、南泗乡、正龙乡 武宣县：黄茆镇、桐岭镇、金鸡乡 象州县：马坪镇	2 076.96（15.49%）
不脆弱	29个（41.43%）	兴宾区：城东街道办、城北街道办、河西街道办、八一街道办、大湾镇 象州县：象州镇、石龙镇、寺村镇、运江镇、罗秀镇、大乐镇、中平镇、妙皇乡、百丈乡、水晶乡 武宣县：二塘镇、三里镇、东乡镇、通挽镇 金秀瑶族自治县：金秀镇、桐木镇、头排镇、三角乡、忠良乡、罗香乡、长垌乡、大樟乡、六巷乡、三江乡	5 226.64（38.97%）

（3）土壤侵蚀脆弱性评价

土壤侵蚀是指陆地表明内外营力，包括水力、风、冻融和重力等作用下，土壤、土壤母质及其他地貌组成物质被破坏、剥蚀、转运和沉积的全部过程。

根据广西水利厅调查及土壤侵蚀模数计算结果（如表6-65所示），来宾市属于土壤侵蚀不脆弱地区，本书为突出全市不同地区土壤侵蚀现状差异，采用《广西壮族自治区生态功能区划报告》土壤侵蚀调查数据，参考《基于GIS的广西土壤侵蚀敏感性评价》（2007年）、广西部分市、县生态功能区划的石漠化评价指标与方法，确立了来宾市石漠化脆弱性评价分级标准（如表6-66所示），并获取了来宾市石漠化脆弱性评价结果（如表6-67所示）。

表6-65　　　　　　　　来宾各县级行政区土壤侵蚀模数

来宾市各县（区）名称	侵蚀模数 [t/(km²·a)]
兴宾区	450
合山市	604
象州县	428

续表

来宾市各县（区）名称	侵蚀模数 [t/(km²·a)]
武宣县	436
金秀瑶族自治县	339
忻城县	430

表6-66　　　　　　　　来宾市石漠化脆弱性评价标准

土壤侵蚀敏感程度	极敏感	高度敏感	中度敏感	轻度敏感
土壤侵蚀脆弱性	脆弱	较脆弱	略脆弱	不脆弱

表6-67　　　　　　　　来宾市土壤侵蚀脆弱性评价结果分类

土壤侵蚀脆弱性等级	行政区数（所占比重）	行政区名称	总面积（平方公里）（所占比重）
略脆弱	32个（45.71%）	兴宾区：小平阳镇、五山乡、寺山镇、石牙乡 象州县：象州镇、寺村镇、马坪镇、妙皇乡、百丈乡 武宣县：桐岭镇、通挽镇、禄新镇、思灵乡 忻城县：思练镇、红渡镇、古蓬镇、安东乡、果遂乡、新圩乡、北更乡、遂意乡 金秀瑶族自治县：金秀镇、桐木镇、头排镇、三角乡、忠良乡、罗香乡、长垌乡、大樟乡、六巷乡、三江乡 合山市：河里乡	6 174.35（46.04%）
不脆弱	38个（54.29%）	兴宾区：城东街道办、城北街道办、河西街道办、八一街道办、凤凰镇、良江镇、迁江镇、石陵镇、平阳镇、三五乡、陶邓乡、桥巩镇、良塘乡、七洞乡、城厢乡、蒙村镇、南泗乡、高安乡、大湾镇、正龙乡 合山市：岭南镇、北泗镇 象州县：石龙镇、运江镇、罗秀镇、大乐镇、中平镇、水晶乡 武宣县：武宣镇、黄茆镇、二塘镇、三里镇、东乡镇、金鸡乡 忻城县：城关镇、大塘镇、马泗乡、欧洞乡	7 236.00（53.96%）

（4）生态系统脆弱性总体评价

根据公式（6-19）在对70个镇级行政区的石漠化和土壤侵蚀脆弱性进行分析评价后，综合计算各地区的生态系统脆弱程度，采用评价单元取最大值法确定评价单元生态系统脆弱性，并按照生态系统脆弱、较脆弱、一般脆弱、略脆弱、不脆弱进行等级划分，综合评价各区域生态系统的脆弱程度，获取全市生态系统脆弱性评价结果（如表6-68所示）及分类结果（如表6-69、图6-9所示）。

表 6-68　　来宾市各镇级行政区生态系统脆弱性评价

排序	行政区名称	行政区面积（平方公里）	单因子评价情况 石漠化脆弱性	单因子评价情况 土壤侵蚀脆弱性	生态系统脆弱性综合评价结果
1	城东街道办	6.57	不脆弱	不脆弱	不脆弱
2	城北街道办	30.27	不脆弱	不脆弱	不脆弱
3	河西街道办	20.73	不脆弱	不脆弱	不脆弱
4	八一街道办	28.52	不脆弱	不脆弱	不脆弱
5	凤凰镇	456.49	一般脆弱	不脆弱	一般脆弱
6	良江镇	189.07	略脆弱	不脆弱	略脆弱
7	小平阳镇	218.56	略脆弱	略脆弱	略脆弱
8	迁江镇	432.19	一般脆弱	不脆弱	一般脆弱
9	石陵镇	150.12	略脆弱	不脆弱	略脆弱
10	平阳镇	307.51	一般脆弱	不脆弱	一般脆弱
11	三五乡	247.29	略脆弱	不脆弱	略脆弱
12	五山乡	132.90	一般脆弱	略脆弱	一般脆弱
13	陶邓乡	262.14	一般脆弱	不脆弱	一般脆弱
14	桥巩镇	215.67	一般脆弱	不脆弱	一般脆弱
15	良塘乡	238.54	较脆弱	不脆弱	较脆弱
16	七洞乡	149.44	较脆弱	不脆弱	较脆弱
17	城厢乡	168.41	略脆弱	不脆弱	略脆弱
18	蒙村镇	277.60	一般脆弱	不脆弱	一般脆弱
19	寺山镇	199.39	较脆弱	略脆弱	较脆弱
20	石牙乡	129.85	略脆弱	略脆弱	略脆弱
21	南泗乡	151.75	略脆弱	不脆弱	略脆弱
22	高安乡	148.94	一般脆弱	不脆弱	一般脆弱
23	大湾镇	154.80	不脆弱	不脆弱	不脆弱
24	正龙乡	115.23	略脆弱	不脆弱	略脆弱
25	岭南镇	94.20	一般脆弱	不脆弱	一般脆弱
26	北泗镇	141.09	一般脆弱	不脆弱	一般脆弱
27	河里乡	130.42	一般脆弱	略脆弱	一般脆弱
28	象州镇	202.86	不脆弱	略脆弱	略脆弱
29	石龙镇	133.99	不脆弱	不脆弱	不脆弱
30	寺村镇	239.98	不脆弱	略脆弱	略脆弱
31	运江镇	285.30	不脆弱	不脆弱	不脆弱
32	罗秀镇	132.51	不脆弱	不脆弱	不脆弱
33	大乐镇	126.95	不脆弱	不脆弱	不脆弱
34	中平镇	97.91	不脆弱	不脆弱	不脆弱
35	马坪镇	239.33	略脆弱	略脆弱	略脆弱
36	妙皇乡	207.76	不脆弱	略脆弱	略脆弱
37	百丈乡	74.77	不脆弱	略脆弱	略脆弱
38	水晶乡	176.55	不脆弱	不脆弱	不脆弱
39	武宣镇	186.01	较脆弱	不脆弱	较脆弱
40	黄茆镇	124.18	略脆弱	不脆弱	略脆弱
41	二塘镇	326.66	不脆弱	不脆弱	不脆弱

续表

排序	行政区名称	行政区面积（平方公里）	单因子评价情况		生态系统脆弱性综合评价结果
			石漠化脆弱性	土壤侵蚀脆弱性	
42	三里镇	199.39	不脆弱	不脆弱	不脆弱
43	东乡镇	223.75	不脆弱	不脆弱	不脆弱
44	桐岭镇	188.25	略脆弱	略脆弱	略脆弱
45	通挽镇	88.57	不脆弱	略脆弱	略脆弱
46	金鸡乡	154.93	略脆弱	不脆弱	略脆弱
47	禄新镇	127.11	较脆弱	略脆弱	较脆弱
48	思灵乡	85.20	较脆弱	略脆弱	较脆弱
49	城关镇	416.23	一般脆弱	不脆弱	一般脆弱
50	大塘镇	305.20	一般脆弱	不脆弱	一般脆弱
51	思练镇	378.99	一般脆弱	略脆弱	一般脆弱
52	红渡镇	221.86	较脆弱	略脆弱	较脆弱
53	古蓬镇	143.47	较脆弱	略脆弱	较脆弱
54	马泗乡	186.27	较脆弱	不脆弱	较脆弱
55	欧洞乡	173.60	较脆弱	不脆弱	较脆弱
56	安东乡	118.78	较脆弱	略脆弱	较脆弱
57	果遂乡	161.03	脆弱	略脆弱	脆弱
58	新圩乡	64.27	脆弱	略脆弱	脆弱
59	北更乡	194.60	脆弱	略脆弱	脆弱
60	遂意乡	157.62	较脆弱	略脆弱	较脆弱
61	金秀镇	303.22	不脆弱	略脆弱	略脆弱
62	桐木镇	204.86	不脆弱	略脆弱	略脆弱
63	头排镇	107.42	不脆弱	略脆弱	略脆弱
64	三角乡	184.44	不脆弱	略脆弱	略脆弱
65	忠良乡	336.35	不脆弱	略脆弱	略脆弱
66	罗香乡	291.22	不脆弱	略脆弱	略脆弱
67	长垌乡	196.52	不脆弱	略脆弱	略脆弱
68	大樟乡	372.46	不脆弱	略脆弱	略脆弱
69	六巷乡	262.53	不脆弱	略脆弱	略脆弱
70	三江乡	209.76	不脆弱	略脆弱	略脆弱

表 6-69　来宾市各镇级行政区生态系统脆弱性评价结果分类

生态系统脆弱性等级	行政区数（所占比重）	行政区名称	总面积（平方公里）（所占比重）
脆弱	3 个（4.29%）	忻城县：果遂乡、新圩乡、北更乡	419.89（3.13%）
较脆弱	12 个（17.14%）	兴宾区：良塘乡、七洞乡、寺山镇 忻城县：遂意乡、红渡镇、古蓬镇、马泗乡、欧洞乡、安东乡 武宣县：武宣镇、思灵乡、禄新镇	1 987.27（14.82%）

续表

生态系统脆弱性等级	行政区数（所占比重）	行政区名称	总面积（平方公里）（所占比重）
一般脆弱	14 个（20.00%）	兴宾区：凤凰镇、迁江镇、平阳镇、五山乡、陶邓乡、桥巩镇、蒙村镇、高安乡 忻城县：思练镇、城关镇、大塘镇 合山市：岭南镇、北泗镇、河里乡	3 699.58（27.59%）
略脆弱	27 个（38.57%）	兴宾区：良江镇、小平阳镇、石陵镇、三五乡、城厢乡、石牙乡、南泗乡、正龙乡 象州县：象州镇、寺村镇、马坪镇、妙皇乡、百丈乡 武宣县：黄茆镇、桐岭镇、通挽镇、金鸡乡 金秀瑶族自治县：金秀镇、桐木镇、头排镇、三角乡、忠良乡、罗香乡、长垌乡、大樟乡、六巷乡、三江乡	5 359.69（39.97%）
不脆弱	14 个（20.0%）	兴宾区：城东街道办、城北街道办、河西街道办、八一街道办、大湾镇 象州县：石龙镇、运江镇、罗秀镇、大乐镇、中平镇、水晶乡 武宣县：二塘镇、三里镇、东乡镇	1 943.91（14.49%）

图 6-9 来宾市生态系统脆弱性评价

2) 自然灾害危险性分析评价

自然灾害危险性是评估一个地区自然灾害发生的可能性和灾害损失的严重性的主要指标，是生态空间的主导因素。来宾市自然灾害危险性评价选取了地质灾害、台风灾害、洪水灾害和地震灾害，来分析评价各地的自然灾害危险程度。

（1）计算方法

通过70个镇级行政区的地质、台风、洪水和地震资料，获取各评价单元自然灾害的危险性程度，并按照较大、略大、小（广西自然灾害研究报告划定来宾市没有较大以上等级）进行等级划分，来划分自然灾害危险性的等级，具体计算公式如下：

$$\text{自然灾害危险性} = \text{MAX}\left\{\text{地质灾害危险性},\ \text{台风灾害危险性},\ \text{地震灾害危险性},\ \text{洪水灾害危险性}\right\} \quad (6-20)$$

（2）地质灾害危险性评价

地质灾害危险性是评估地质灾害破坏能力的主要指标，根据来宾市的地质灾害情况与差异，参考省级主体功能区划分技术规程的地质灾害危险性指标和地质灾害防治条例。鉴于已获取的数据，来宾市地质灾害的危险性可从来宾市地质灾害隐患点的个数、威胁人口、威胁财产三个方面进行评测（如表6-70所示），并获取了来宾市地质灾害危险性评价结果（如表6-71所示）。

表6-70　　　　　　来宾市地质灾害危险性分级指标

地质灾害威胁点次（个/年）	威胁财产（万元/年）	威胁人口（人/年）	地质灾害危险程度	地质灾害危险性
≥10	≥1 200	≥1 000	中度	较大
2~10	100~1 200	100~1 000	中度	略大
≤2	≤100	≤100	微度	小

表6-71　　　　　　来宾市地质灾害危险性综合评价

地质灾害危险性等级	行政区数（所占比重）	行政区名称	总面积（平方公里）（所占比重）
较大	19个（27.14%）	兴宾区：良江镇、平阳镇、寺山镇 象州县：寺村镇 武宣县：武宣镇、桐岭镇、通挽镇、思灵乡、禄新镇 忻城县：城关镇、大塘镇、红渡镇、古蓬镇、果遂乡、新圩乡、遂意乡、北更乡 金秀瑶族自治县：长垌乡、六巷乡	3 734.41（27.85%）

续表

地质灾害危险性等级	行政区数（所占比重）	行政区名称	总面积（平方公里）（所占比重）
略大	26个（37.15%）	兴宾区：三五乡、良塘乡、七洞乡、城厢乡、南泗乡、迁江镇、石陵镇 合山市：岭南镇、北泗镇、河里乡 象州县：运江镇、罗秀镇、石龙镇、大乐镇、马坪镇 武宣县：黄茆镇、二塘镇、东乡镇、三里镇、金鸡乡 金秀瑶族自治县：金秀镇、三角乡、忠良乡、罗香乡、大樟乡、三江乡	5 547.91（41.37%）
小	25个（35.71%）	兴宾区：城东街道办、城北街道办、河西街道办、八一街道办、凤凰镇、小平阳镇、五山乡、陶邓乡、桥巩镇、蒙村镇、石牙乡、高安乡、大湾镇、正龙乡 象州县：水晶乡、中平镇、百丈乡、妙皇乡、象州镇 忻城县：思练镇、安东乡、马泗乡、欧洞乡 金秀瑶族自治县：桐木镇、头排镇	4 128.04（30.78%）

（3）台风灾害危险性评价

鉴于来宾市的实际情况，本书利用台风灾害代替热带风暴潮灾害，在来宾市台风引起的大风、暴雨是造成灾害的直接因素，因此在分析台风灾害危险性时主要根据台风引起的大风和暴雨频次及统计年限范围内受灾面积两项因子划分来宾市台风灾害危险性等级。根据台风灾害综合评价方法和《省级主体功能区域划分技术规程》（第三稿），来宾市台风灾害危险性分级指标为较大、略大、小三个等级（如表6-72所示），并获取了来宾市台风灾害危险性评价结果（如表6-73所示）。

表6-72　　　来宾市各镇级行政区台风灾害危险性分级指标

台风灾害危险性	较大	略大	小
台风灾害综合评价值	≥3.0	1.0~2.9	≤0.9

表6-73　　　来宾市台风灾害危险性综合评价

台风灾害危险性等级	行政区数（所占比重）	行政区名称	总面积（平方公里）（所占比重）
较大	24个（34.29%）	兴宾区：小平阳镇、石陵镇、三五乡、五山乡、陶邓乡、寺山镇、石牙乡、南泗乡、高安乡 象州县：寺村镇、中平镇、百丈乡、妙皇乡 武宣县：武宣镇、黄茆镇、二塘镇、东乡镇、三里镇、桐岭镇、通挽镇、思灵乡、禄新镇 金秀瑶族自治县：大樟乡、六巷乡	4 445.49（33.15%）

续表

台风灾害危险性等级	行政区数（所占比重）	行政区名称	总面积（平方公里）（所占比重）
略大	30个（42.86%）	兴宾区：良江镇、迁江镇、平阳镇、蒙村镇、城东街道办、城北街道办、河西街道办、八一街道办、凤凰镇、桥巩镇、良塘乡、城厢乡、大湾镇、正龙乡 象州县：象州镇、运江镇、罗秀镇、水晶乡、石龙镇、大乐镇、马坪镇 武宣县：金鸡乡 金秀瑶族自治县：金秀镇、桐木镇、头排镇、三角乡、忠良乡、长垌乡、罗香乡 合山市：河里乡	5 848.47（43.61%）
小	16个（22.86%）	兴宾区：七洞乡 忻城县：古蓬镇、北更乡、城关镇、大塘镇、思练镇、红渡镇、安东乡、马泗乡、欧洞乡、果遂乡、新圩乡、遂意乡 金秀瑶族自治县：三江乡 合山市：岭南镇、北泗镇	3 116.36（23.23%）

（4）地震灾害危险性评价

鉴于来宾市地震灾害的具体情况，本书评价主要以来宾市乡镇的断裂带情况及已经发生的5.0级~5.9级以上地震来划分来宾市地震灾害危险性等级，根据台风灾害综合评价方法和《省级主体功能区域划分技术规程》（第三稿），来宾市地震灾害危险性分级指标为略大、小两个等级（如表6-74所示），并获取了来宾市地震灾害评价结果（如表6-75所示）。

表6-74　　　　来宾市镇级行政区地震灾害危险性分级指标

地震灾害危险性	略大	小
地震灾害综合评价值	>1	≤1

表6-75　　　　来宾市地震灾害危险性综合评价

地震灾害危险性等级	行政区数（所占比重）	行政区名称	总面积（平方公里）（所占比重）
略大	29个（41.43%）	兴宾区：迁江镇、平阳镇、凤凰镇、桥巩镇、七洞乡、良塘乡 象州县：大乐镇、中平镇、百丈乡 武宣县：通挽镇、东乡镇、三里镇、桐岭镇 金秀瑶族自治县：桐木镇、罗香乡、大樟乡、三江乡、金秀镇、头排镇 合山市：河里乡、岭南镇 忻城县：思练镇、北更乡、城关镇、大塘镇、红渡镇、安东乡、果遂乡、遂意乡	6 467.31（48.22%）

续表

地震灾害危险性等级	行政区数（所占比重）	行政区名称	总面积（平方公里）（所占比重）
小	41个（58.57%）	兴宾区：城东街道办、城北街道办、河西街道办、八一街道办、良江镇、小平阳镇、石陵镇、三五乡、五山乡、陶邓乡、城厢乡、蒙村镇、寺山镇、石牙乡、南泗乡、高安乡、大湾镇、正龙乡 合山市：北泗镇 象州县：象州镇、运江镇、寺村镇、罗秀镇、石龙镇、水晶乡、妙皇乡、马坪镇 武宣县：武宣镇、黄茆镇、二塘镇、思灵乡、禄新镇、金鸡乡 忻城县：古蓬镇、马泗乡、欧洞乡、新圩乡 金秀瑶族自治县：三角乡、忠良乡、长峒乡、六巷乡	6 943.05（51.77%）

（5）洪涝灾害危险性分析评价

洪涝灾害的危险性评价是一种综合性评价，需要对洪涝灾害造成的受灾人口、经济损失、受灾面积以及发生洪涝灾害的频率等多种因素进行综合评价。鉴于本书掌握的数据有限，本书根据2003~2013年各乡镇有记录的较大洪涝灾害等级的数量并且结合洪涝灾害的财产损失来进行综合赋值（鉴于来宾市的特殊地理环境，洪涝灾害普遍存在，并且各乡镇的记录没有涉及较小洪涝灾害，为了本书的精确性，将没有涉及较大洪涝灾害的乡镇统一赋值为1）。

根据《省级主体功能区域划分技术规程》有关规定，洪涝灾害的危险性分为较大、略大和弱三类（如表6-76所示），并获取了来宾市洪涝灾害评价结果（如表6-77所示）。

表6-76　　　　　来宾市各乡镇洪涝灾害危险性分级指标

洪涝灾害危险性	较大	略大	小
洪涝灾害综合评价值	≥2	1~2	≤1

表6-77　　　　　来宾市洪涝灾害危险性综合评价

洪涝灾害危险性等级	行政区数（所占比重）	行政区名称	总面积（平方公里）（所占比重）
较大	11个（15.71%）	象州县：中平镇、罗秀镇、大乐镇、百丈乡 金秀瑶族自治县：六巷乡、三江乡、头排镇 兴宾区：平阳镇 忻城县：红渡镇、古蓬镇、果遂乡	1 845.71（13.76%）

续表

洪涝灾害危险性等级	行政区数（所占比重）	行政区名称	总面积（平方公里）（所占比重）
略大	14个（20%）	兴宾区：城北街道办、五山乡、七洞乡、高安乡 象州县：象州镇、寺村镇、石龙镇、水晶乡、马坪镇 武宣县：金鸡乡 忻城县：马泗乡、遂意乡 金秀瑶族自治县：桐木镇、大樟乡	2 530.40（18.87%）
小	45个（64.29%）	兴宾区：城东街道办、河西街道办、八一街道办、凤凰镇、良江镇、小平阳镇、迁江镇、石陵镇、三五乡、陶邓乡、桥巩镇、良塘乡、城厢乡、蒙村镇、寺山镇、石牙乡、南泗乡、大湾镇、正龙乡 合山市：岭南镇、北泗镇、河里乡 象州县：运江镇、妙皇乡、武宣镇武宣镇、黄茆镇、二塘镇、东乡镇、三里镇、桐岭镇、通挽镇、思灵乡、禄新镇 忻城县：城关镇、大塘镇、思练镇、安东乡、欧洞乡、新圩乡、北更乡 金秀瑶族自治县：金秀镇、三角乡、忠良乡、罗香乡、长洞乡	9 034.23（67.37%）

（6）自然灾害危险性总体评价

在对70个镇级行政区级行政区的地质灾害、台风灾害、地震灾害和洪涝灾害分析评价后，综合计算各区域的自然灾害危险程度。采用自然分等法进行等级划分，获取了自然灾害评价结果（如表6-78、图6-10所示）。

表6-78　　　　　来宾市自然灾害危险性评价结果

标准化值	危险性分区	行政区数（所占比重）	行政区名称	总面积（平方公里）（所占比重）
1	小	20个（28.57%）	兴宾区：城东街道办、城北街道办、河西街道办、八一街道办、凤凰镇、小平阳镇、陶邓乡、桥巩镇、蒙村镇、大湾镇、石牙乡、正龙乡 合山市：北泗镇 象州县：象州镇、水晶乡、妙皇乡 忻城县：思练镇、安东乡、欧洞乡、马泗乡	3 502.31（26.12%）
2	较小	37个（52.86%）	兴宾区：良江镇、寺山镇、石陵镇、三五乡、五山乡、良塘乡、七洞乡、城厢乡、南泗乡、高安乡、迁江镇 象州县：寺村镇、运江镇、石龙镇、中平镇、百丈乡、马坪镇 武宣县：武宣镇、二塘镇、三里镇、思灵乡、禄新镇、东乡镇、金鸡乡 忻城县：城关镇、大塘镇、北更乡、新圩乡 金秀瑶族自治县：长洞乡、金秀镇、头排镇、三角乡、忠良乡、罗香乡、桐木镇 合山市：岭南镇、河里乡	7 295.53（54.40%）

续表

标准化值	危险性分区	行政区数（所占比重）	行政区名称	总面积（平方公里）（所占比重）
3	略大	13个（18.57%）	兴宾区：平阳镇 象州县：寺村镇、罗秀镇、大乐镇 武宣县：桐岭镇、通挽镇 忻城县：红渡镇、古蓬镇、果遂乡、遂意乡 金秀县：大樟乡、六巷乡、三江乡	2 612.49（19.48%）
4	大	0个	无	0
5	极大	0个	无	0

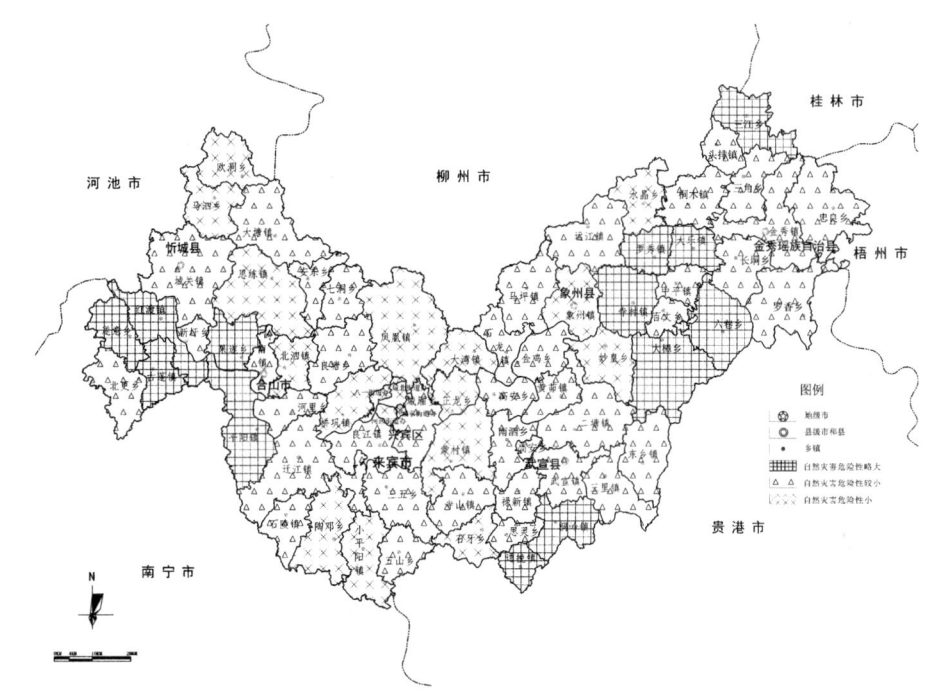

图6-10 来宾市自然灾害危险性评价

3）生态重要性分析评价

生态重要性是评估一个地区的生态系统结构和功能重要程度的综合性指标，评价生态重要性的因子有水源涵养重要性、土壤保持重要性、防风固沙重要性、生物多样性维护重要性、特殊生态系统重要性五个要素。来宾市根据实际情况，主要选择了水源涵养重要性、土壤保持重要性和生物多样性维护重要性三个要素，来综合评价各镇、乡级行政区的生态重要性。

（1）计算方法

通过计算70个乡镇级行政区的水源涵养重要性、土壤保持重要性和生物多样性维护重要性，获取了各地的生态系统重要性程度，并按照高、较高、中等、较低和低五个等级进行了划分。计算公式为：

$$生态重要性 = MAX\{水源涵养重要性，土壤保持重要性，生物多样性维护重要性\} \quad (6-21)$$

（2）水源涵养重要性评价

区域生态系统水源涵养的重要性在于整个区域对评价地区水资源的依赖程度及洪水调节作用。根据《省级主体功能区划分技术规程》的水源涵养重要性评价标准，并参考广西部分市、县生态功能区划的水源涵养评价指标与方法，确立了来宾市生态系统水源涵养重要性评价分级标准（如表6-79所示），并获取了来宾市水源涵养重要性评价结果（如表6-80所示）。

表6-79　　　　　　　生态系统水源涵养重要性评价分级标准

流域级别	生态系统类型	重要性
一级流域	森林/灌丛、草地/农田、城镇、村庄、裸地	高/较高/中等
二级流域	森林/灌丛、草地/农田、城镇、村庄、裸地	较高/中等/较低
三级流域	森林/灌丛、草地/农田、城镇、村庄、裸地	中等/较低/低

表6-80　　　　　　　来宾市水源涵养重要性评价结果

水源涵养重要性等级	行政区数（所占比重）	行政区名称	总面积（平方公里）（所占比重）
高重要性	16个（22.86%）	象州县：寺村镇、水晶乡、大乐镇、中平镇、百丈乡、妙皇乡 武宣县：东乡镇 金秀瑶族自治县：金秀镇、三角乡、忠良乡、罗香乡、长桐乡、大樟乡、六巷乡、三江乡 忻城县：欧洞乡	3 477.77（25.93%）
较高重要性	7个（10.00%）	兴宾区：平阳镇 合山市：北泗镇 象州县：象州镇、马坪镇、罗秀镇 武宣县：金鸡乡、通挽镇	1 266.81（9.45%）
中等重要性	11个（15.71%）	兴宾区：桥巩镇、高安乡 合山市：河里乡 武宣县：二塘镇、三里镇、桐岭镇 金秀瑶族自治县：桐木镇、头排镇 忻城县：马泗乡、大塘镇、思练镇	2 392.07（17.84%）
较低重要性	12个（17.14%）	兴宾区：小平阳镇、五山乡、良塘乡、正龙乡 合山市：岭南镇 象州县：运江镇、石龙镇 武宣县：思灵乡、禄新镇 忻城县：城关镇、遂意乡、安东乡	2 123.65（15.84%）

续表

水源涵养重要性等级	行政区数（所占比重）	行政区名称	总面积（平方公里）（所占比重）
低重要性	24个（34.29%）	兴宾区：城东街道办、城北街道办、河西街道办、八一街道办、凤凰镇、良江镇、迁江镇、石陵镇、三五乡、七洞乡、陶邓乡、城厢乡、蒙村镇、寺山镇、石牙乡、南泗乡、大湾镇 武宣县：武宣镇、黄茆镇 忻城县：红渡镇、古蓬镇、果遂乡、新圩乡、北更乡	4 150.04（30.95%）

（3）土壤保持重要性评价

土壤保持是生态系统保护的重要内容。《省级主体功能区划分技术规程》明确提出了土壤保持重要性的等级划分标准，要求土壤保持重要性由森林、草原、草甸和荒漠四类生态系统以及土壤侵蚀程度来确定。根据《省级主体功能区划分技术规程》的土壤保持重要性评价标准，并参考部分地区生态功能区划的土壤保持重要性评价指标与方法，确立了来宾市生态系统土壤保持重要性评价分级标准（如表6-81所示），并获取了来宾市土壤保持重要性评价结果（如表6-82所示）。

表6-81　　　　　　　土壤保持重要性评价标准

生态系统类型	土壤侵蚀敏感程度	土壤保持重要性
森林生态系统	极敏感	重要
草原生态系统	高度敏感	较重要
草甸生态系统	中度敏感	一般重要
荒漠生态系统	轻度、一般敏感	低重要

表6-82　　　　　　来宾市土壤保持重要性评价结果

土壤保持重要性等级	行政区数（所占比重）	行政区名称	总面积（平方公里）（所占比重）
一般重要性	32个（45.71%）	兴宾区：小平阳镇、五山乡、寺山镇、石牙乡 忻城县：思练镇、红渡镇、古蓬镇、安东乡、果遂乡、新圩乡、北更乡、遂意乡 象州县：象州镇、寺村镇、马坪镇、妙皇乡、百丈乡 武宣县：桐岭镇、通挽镇、禄新镇、思灵乡 金秀瑶族自治县：金秀镇、桐木镇、头排镇、三角乡、忠良乡、罗秀乡、长垌乡、大樟乡、六巷乡、三江乡 合山市：河里乡	6 174.35（46.04%）

续表

土壤保持重要性等级	行政区数（所占比重）	行政区名称	总面积（平方公里）（所占比重）
低重要性	38个（54.29%）	兴宾区：城东街道办、城北街道办、河西街道办、八一街道办、凤凰镇、良江镇、迁江镇、石陵镇、平阳镇、三五乡、陶邓乡、桥巩镇、良塘乡、七洞乡、城厢乡、蒙村镇、南泗乡、高安乡、大湾镇、正龙乡 忻城县：城关镇、大塘镇、马泗乡、欧洞乡 象州县：石龙镇、运江镇、罗秀镇、大乐镇、中平镇、水晶乡 武宣县：武宣镇、二塘镇、黄茆镇、三里镇、东乡镇、金鸡乡 合山市：岭南镇、北泗镇	7 236.00（53.96%）

（4）生物多样性维护重要性评价

生物多样性维护重要性是反映一个地区生物物种数量丰富程度的重要指标，生物多样性维护重要性主要根据生态系统或物种占地区物种数量比率来确定。参考广西部分市、县生态功能区划的生物多样性评价指标与方法，根据评价地区的国家与自治区级保护区及物种的分布、土地利用状况和生态环境类型来评价区域生物多样性及生境敏感性，制定分级标准（如表6-83所示），并获取了来宾市生物多样性维护重要性评价结果（如表6-84所示）。

表6-83　　　　　　　生物多样性维护重要性分级标准

生物多样性维护重要性分级	重要	较重要	一般重要	低重要
评价指标	有国家级保护区；原始林地	有自治区级保护区；有林地	有国家级/自治区级保护物种；有林地、疏林地	林地较少，草地、园地、耕地、裸地等用地较多

表6-84　　　　　　来宾市生物多样性维护重要性评价结果

生物多样性维护重要性等级	乡镇名称（所占比重）	行政区名称	总面积（平方公里）（所占比重）
重要	5个（7.14%）	金秀瑶族自治县：金秀镇、忠良乡、罗香乡、长垌乡、六巷乡	1 389.84（10.36%）
比较重要	10个（14.29%）	兴宾区：桥巩镇、高安乡、大湾镇、良江镇、正龙乡 象州县：大乐镇 武宣县：东乡镇 金秀瑶族自治县：三角乡、大樟乡、三江乡	1 941.07（14.48%）

续表

生物多样性维护重要性等级	乡镇名称（所占比重）	行政区名称	总面积（平方公里）（所占比重）
一般重要	51 个（72.86%）	兴宾区：凤凰镇、小平阳镇、迁江镇、石陵镇、平阳镇、三五乡、五山乡、陶邓乡、良塘乡、七洞乡、城厢乡、蒙村镇、寺山镇、石牙乡、南泗乡 合山市：岭南镇、北泗镇、河里乡 象州县：象州镇、石龙镇、寺村镇、运江镇、罗秀镇、中平镇、马坪镇、妙皇乡、百丈乡、水晶乡 武宣县：武宣镇、黄茆镇、二塘镇、三里镇、桐岭镇、通挽镇、思灵乡、禄新乡、金鸡乡 忻城县：城关镇、大塘镇、思练镇、红渡镇、古蓬镇、安东乡、马泗乡、欧洞乡、果遂乡、新圩乡、遂意乡、北更乡 金秀瑶族自治县：桐木镇、头排镇	9 993.33（74.52%）
低重要	4 个（5.71%）	兴宾区：城东街道办、城北街道办、河西街道办、八一街道办	86.10（0.64%）

（5）生态重要性总体评价

根据公式（6-21）在对各乡镇级行政区的水源涵养重要性、土壤保持重要性和生物多样性维护重要性进行分析评价后，采用最大限制因素法确定生态系统重要程度。鉴于来宾市是比较重要的生态地区，因此缺失不重要等级。来宾市镇级行政区生态重要性评价结果如表6-85、表6-86、图6-11所示。

表6-85　　　　　　来宾市镇级行政区生态重要性评价结果

排序	生态重要性等级	行政区名称	排序	生态重要性等级	行政区名称
1	较不重要	城东街道办	14	中等重要	七洞乡
2	较不重要	城北街道办	15	中等重要	城厢乡
3	较不重要	河西街道办	16	中等重要	蒙村镇
4	较不重要	八一街道办	17	中等重要	寺山镇
5	中等重要	凤凰镇	18	中等重要	石牙乡
6	中等重要	良江镇	19	中等重要	南泗乡
7	中等重要	小平阳镇	20	中等重要	城关镇
8	中等重要	迁江镇	21	中等重要	大塘镇
9	中等重要	石陵镇	22	中等重要	思练镇
10	中等重要	三五乡	23	中等重要	红渡镇
11	中等重要	五山乡	24	中等重要	古蓬镇
12	中等重要	陶邓乡	25	中等重要	马泗乡
13	中等重要	良塘乡	26	中等重要	安东乡

续表

排序	生态重要性等级	行政区名称	排序	生态重要性等级	行政区名称
27	中等重要	果遂乡	49	重要	正龙乡
28	中等重要	新圩乡	50	重要	象州镇
29	中等重要	北更乡	51	重要	罗秀镇
30	中等重要	遂意乡	52	重要	通挽镇
31	中等重要	石龙镇	53	重要	金鸡乡
32	中等重要	运江镇	54	重要	北泗镇
33	中等重要	马坪镇	55	极重要	欧洞乡
34	中等重要	武宣镇	56	极重要	寺村镇
35	中等重要	二塘镇	57	极重要	大乐镇
36	中等重要	黄茆镇	58	极重要	中平镇
37	中等重要	三里镇	59	极重要	妙皇乡
38	中等重要	桐岭镇	60	极重要	百丈乡
39	中等重要	禄新镇	61	极重要	水晶乡
40	中等重要	思灵乡	62	极重要	东乡镇
41	中等重要	桐木镇	63	极重要	金秀镇
42	中等重要	头排镇	64	极重要	三角乡
43	中等重要	岭南镇	65	极重要	忠良乡
44	中等重要	河里乡	66	极重要	罗香乡
45	重要	平阳镇	67	极重要	长垌乡
46	重要	桥巩镇	68	极重要	大樟乡
47	重要	高安乡	69	极重要	六巷乡
48	重要	大湾镇	70	极重要	三江乡

表 6-86　　来宾市生态重要性评价结果

生态重要性等级	行政区数（所占比重）	行政区名称	总面积（平方公里）（所占比重）
高重要	16 个（22.86%）	忻城县：欧洞乡 象州县：寺村镇、大乐镇、中平镇、妙皇乡、百丈乡、水晶乡 武宣县：东乡镇 金秀瑶族自治县：金秀镇、三角乡、忠良乡、罗香乡、长垌乡、大樟乡、六巷乡、三江乡	3 477.77（25.93%）
较高重要	10 个（14.29%）	兴宾区：平阳镇、桥巩镇、高安乡、大湾镇、正龙乡 象州县：象州镇、罗秀镇 武宣县：通挽镇、金鸡镇 合山市：北泗镇	1 662.12（12.39%）

续表

生态重要性等级	行政区数（所占比重）	行政区名称	总面积（平方公里）（所占比重）
中等重要	40个（57.14%）	兴宾区：凤凰镇、良江镇、小平阳镇、迁江镇、石陵镇、三五乡、五山乡、陶邓乡、良塘乡、七洞乡、城厢乡、蒙村镇、寺山镇、石牙乡、南泗乡、忻城县城关镇、大塘镇、思练镇、红渡镇、古蓬镇、马泗乡、安东乡、果遂乡、新圩乡、北更乡、遂意乡 象州县：石龙镇、运江镇、马坪镇 武宣县：武宣镇、二塘镇、黄茆镇、三里镇、桐岭镇、禄新镇、思灵乡 金秀瑶族自治县：桐木镇、头排镇 合山市：河里乡、岭南镇	8 184.36（61.03%）
较不重要	4个（5.71%）	兴宾区：城东街道办、城北街道办、河西街道办、八一街道办	86.10（0.64%）

图 6-11 来宾市生态重要性评价

从评价结果来看，在70个镇级行政区中，生态重要性高重要的镇级行政区有欧洞乡、寺村镇、大乐镇等16个，占全市镇级行政区总数的22.86%，土地面积占全市土地面积的25.93%；较高重要等级的镇级行政区有平阳镇、桥巩镇、高安乡、大湾镇、正龙乡等10个，占全市镇级行政区总数的14.29%，土地面积占全市土地面积的12.39%；生态重要性中等重要等级的镇级行政区有凤凰镇、良江镇、小平阳镇、迁江镇、石陵镇等 40 个，占全市镇级行政区总数的 57.14%，土地面积占全市土地面积的 61.03%；生态重要性较不重要的有兴宾区城东街道办、城北街道办、河西街道办、八一街道办 4 个，占全市镇级行政区总数的 5.71%，土地面积占全市土地面积的 0.64%。

生态重要性相对较高的地区主要分布在来宾市东部地区。在 16 个生态重要性高重要地区中，有 15 个分布在来宾市东部地区。10 个生态重要性较高重要等级的地区分布在来宾市中部地区。

4）自然灾害和生态限制因素综合评价

自然灾害和生态限制因素，主要是评估一个地区受到自然灾害危害的可能性大小，以及生态环境对区域开发的限制程度。在分别评价自然灾害危险性、生态脆弱性和生态重要性的基础上，采用计量分析和 GIS 空间叠加分析，并进行 0~1 标准化加权求和，来综合反映一个地区的自然灾害和生态限制程度。

(1) 评价方法

以 70 个镇级行政区计算的自然灾害危险性、生态脆弱性和生态重要性为基础，分别对其进行 0~1 标准化处理，在 GIS 软件中进行空间叠加求和，获得各镇级行政区的自然灾害和生态限制影响程度值，并采用自然分等法，按照高、较高、中等、较低、低进行自然分等（等级标准如表 6-87 所示），划分出自然灾害和生态限制影响程度等级。各镇级行政区自然灾害和生态限制因素评价结果如表 6-88、表 6-89、图 6-12 所示。

表 6-87　　　　来宾市自然灾害和生态限制因素等级标准

自然灾害和生态限制程度	低	较低	中等	较高	高
等级标准	≤1.25	1.25~1.45	1.45~1.7	1.7~2	>2

表 6-88　　　　来宾市各镇级行政区自然灾害和生态限制因素评价结果

排序	等级	行政区名称	自然灾害和生态限制程度	排序	等级	行政区名称	自然灾害和生态限制程度
1	低	城东街道办	0.5	8	低	二塘镇	1
2	低	城北街道办	0.5	9	低	三里镇	1
3	低	河西街道办	0.5	10	低	桐木镇	1
4	低	八一街道办	0.5	11	低	凤凰镇	1.25
5	低	大湾镇	1	12	低	小平阳镇	1.25
6	低	石龙镇	1	13	低	迁江镇	1.25
7	低	运江镇	1	14	低	石陵镇	1.25

续表

排序	等级	行政区名称	自然灾害和生态限制程度	排序	等级	行政区名称	自然灾害和生态限制程度
15	低	三五乡	1.25	43	较高	高安乡	1.75
16	低	城厢乡	1.25	44	较高	城关镇	1.75
17	低	蒙村镇	1.25	45	较高	大塘镇	1.75
18	低	石牙乡	1.25	46	较高	欧洞乡	1.75
19	低	南泗乡	1.25	47	较高	妙皇乡	1.75
20	低	正龙乡	1.25	48	较高	百丈乡	1.75
21	低	思练镇	1.25	49	较高	通挽镇	1.75
22	低	象州镇	1.25	50	较高	金秀镇	1.75
23	低	罗秀镇	1.25	51	较高	三角乡	1.75
24	低	马坪镇	1.25	52	较高	忠良乡	1.75
25	低	水晶乡	1.25	53	较高	罗香乡	1.75
26	低	黄茆镇	1.25	54	较高	大樟乡	1.75
27	低	头排镇	1.25	55	较高	三江乡	1.75
28	较低	良江镇	1.5	56	较高	北泗镇	1.75
29	较低	五山乡	1.5	57	较高	平阳镇	2
30	较低	陶邓乡	1.5	58	较高	寺山镇	2
31	较低	桥巩镇	1.5	59	较高	红渡镇	2
32	较低	马泗乡	1.5	60	较高	古蓬镇	2
33	较低	安东乡	1.5	61	较高	遂意乡	2
34	较低	大乐镇	1.5	62	较高	寺村镇	2
35	较低	中平镇	1.5	63	较高	武宣镇	2
36	较低	东乡镇	1.5	64	较高	禄新镇	2
37	较低	桐岭镇	1.5	65	较高	思灵乡	2
38	较低	金鸡乡	1.5	66	较高	长垌乡	2
39	较低	岭南镇	1.5	67	较高	六巷乡	2
40	较低	河里乡	1.5	68	高	果遂乡	2.25
41	较高	良塘乡	1.75	69	高	新圩乡	2.25
42	较高	七洞乡	1.75	70	高	北更乡	2.25

表6-89　　来宾市自然灾害和生态限制因素评价结果

自然灾害和生态限制因素等级	行政区数（所占比重）	行政区名称	总面积（平方公里）（所占比重）
低	27个（38.57%）	兴宾区：城东街道办、城北街道办、河西街道办、八一街道办、凤凰镇、小平阳镇、迁江镇、石陵镇、三五乡、城厢乡、蒙村镇、石牙乡、南泗乡、大湾镇、正龙乡 忻城县：思练镇 象州县：象州镇、石龙镇、运江镇、罗秀镇、马坪镇、水晶乡 武宣县：二塘镇、黄茆镇、三里镇 金秀瑶族自治县：桐木镇、头排镇	5 100.43（38.03%）

续表

自然灾害和生态限制因素等级	行政区数（所占比重）	行政区名称	总面积（平方公里）（所占比重）
较低	13个（18.57%）	兴宾区：良江镇、五山乡、陶邓乡、桥巩镇 忻城县：马泗乡、安东乡 象州县：大乐镇、中平镇 武宣县：东乡、桐岭镇、金鸡乡 合山市：岭南镇、河里乡	2 121.23（15.82%）
较高	27个（38.57%）	兴宾区：平阳镇、良塘乡、七洞乡、寺山镇、高安乡 忻城县：城关镇、大塘镇、红渡镇、古蓬镇、欧洞乡、遂意乡 象州县：寺村镇、妙皇乡、百丈乡 武宣县：武宣镇、通挽镇、禄新镇、思灵乡 金秀瑶族自治县：金秀镇、三角乡、忠良乡、罗香乡、长垌乡、大樟乡、六巷乡、三江乡 合山市：北泗镇	5 768.78（43.02%）
高	3个（4.29%）	忻城县：果遂乡、新圩乡、北更乡	419.90（3.13%）

图 6-12 来宾市国土空间自然灾害和生态限制因素评价

（2）自然灾害和生态限制因素综合评价结果分析

自然灾害和生态限制影响程度低的镇级行政区有城东街道办、城北街道办、河西街道办、八一街道办、凤凰镇、小平阳镇、迁江镇等 27 个，占全市镇级行政区总数的 38.57%，土地面积占全市土地面积的 38.03%。该类区域受自然灾害危险性、生态脆弱性和生态重要性三种因素的影响较小，相对而言适宜城镇开发。

自然灾害和生态限制影响程度较低的镇级行政区有良江镇、五山乡、陶邓乡、桥巩镇、马泗乡、安东乡等 13 个，占全市镇级行政区总数的 18.57%，土地面积占全市土地面积的 15.82%。该类区域受自然灾害危险性、生态脆弱性和生态重要性三种因素的影响不大，相对而言比较适宜优化开发和重点开发。

自然灾害和生态限制影响程度较高的镇级行政区有平阳镇、良塘乡、七洞乡、寺山镇、高安乡、城关镇等 27 个，占全市镇级行政区总数的 38.57%，土地面积占全市土地面积的 43.02%。该类区域受到自然灾害和生态因素的限制较大，特别是生态重要性程度高，部分地区是重要的水源涵养地、生物多样性维护重要区域、桂黔滇喀斯特石漠化防治区域，总体上而言，该类区域不适宜重点开发。

自然灾害和生态限制影响程度高的镇级行政区有忻城县果遂乡、新圩乡、北更乡，占全市镇级行政区总数的 4.29%；土地面积占全市土地面积的 3.13%。自然灾害危险性、生态脆弱性和生态重要性三种因素对该类区域的影响都很大。整体而言，该区域不适宜重点开发，而应作为生态空间。

（3）自然灾害和生态限制影响程度评价分析

从自然灾害和生态限制因素的评价结果来看，来宾市自然灾害和生态限制影响程度指数平均为 1.51，处在中等偏下等级，表明来宾市整体上受自然灾害和生态限制因素的影响是比较大的。

将近一半的镇级行政区受自然灾害和生态限制因素的影响较大。自然灾害和生态限制影响程度高和较高等级的镇级行政区有 30 个，占全市镇级行政区总数的 42.86%，土地面积占全市土地面积的 46.15%，这类区域的生态脆弱性指数平均为 3.13，自然灾害危险性指数平均为 3.5，生态重要性指数平均为 3.93；较低等级的有 13 个，占全市镇级行政区总数的 18.57%，土地面积占全市土地面积的 15.82%；低等级的有 27 个，占全市镇级行政区总数的 38.57%，土地面积占全市土地面积的 38.03%。

6 个县级行政区的自然灾害和生态限制因素存在差异。按照全市 6 个县级行政区所辖的行政区范围计算，4 个县的自然灾害和生态限制影响程度指数高于全市平均水平，分别是忻城县、武宣县、金秀瑶族自治县、合山市。自然灾害和生态限制影响程度指数最高的是忻城县，为 1.85；第二位的是金秀瑶族自治县，为 1.68；第三位是合山市，为 1.58；第四位是武宣县，为 1.55。其他依次分别是象州县（1.41）、兴宾区（1.28）。自然灾害和生态限制影响程度指数最高的忻城县是最低的兴宾区的1.45倍。

兴宾区、象州县、合山市城区所在地受自然灾害和生态限制因素的影响较小，金秀、忻城、武宣县城区所在地受自然灾害和生态限制因素的影响较大。6个县级行政区城区的自然灾害和生态限制影响程度平均指数为1.14，低于全市平均水平。兴宾区城区的自然灾害和生态限制影响程度指数为0.5，忻城县城区所在地城关镇为1.75，象州县城区所在地象州镇为1.25，武宣县城区所在地武宣镇为2，金秀瑶族自治县城区所在地金秀镇为1.75，合山市城区所在地岭南镇为1.5。

（4）自然灾害和生态限制影响程度空间分布特点

从空间分布来看，来宾市受自然灾害和生态限制影响程度总体上东、西部地区较高，呈现出连片分布的受自然灾害和生态限制影响程度较高和高的地区。受自然灾害和生态限制影响程度较低和低的区域较多，主要分布在中部地区。

自然灾害和生态限制影响程度最高的地区主要分布在来宾市东、西两翼地区。来宾市东部地区有11个镇级行政区的自然灾害和生态限制程度处于较高等级，占该级别行政区比重的40.07%。来宾市西部地区有8个镇级行政区的自然灾害和生态限制程度处于较高等级，占自然灾害和生态限制程度较高行政区总数的29.63%。3个自然灾害和生态限制程度处于高等级的镇级行政区分布于来宾市西部地区。

自然灾害和生态限制影响程度较低及低的乡镇级行政区分布于来宾市中部地区。在40个自然灾害和生态限制程度低和较低级别的镇级行政区中，兴宾区自然灾害和生态限制程度低和较低级别的镇级行政区有19个，象州县8个，武宣县8个，合山市2个，占镇级行政区总数的92.50%。

6.4 小　　结

本章通过构建国土空间开发评价体系对来宾市70个评价单元的水土资源承载能力、环境容量承载力、现有开发水平、自然灾害和生态限制因素影响进行评价，研究发现现有开发水平与水土资源承载力、限制性因素配合较好，国土空间开发潜力大。其中现有开发水平高等级与水土资源承载力高等级集中连片区均分布于来宾段中部；限制性因素高等级主要分布于两翼的忻城县、合山市及金秀县境内。现有开发水平与水土资源承载力高值区重合度大，与此同时，现有开发水平与水土资源承载力高值区基本错开限制性因素高值区，整体开发适宜性强、开发潜力大。

开发强度有待提升，西江流域作用未得到充分凸显，区划格局有待进一步优化。来宾段整体开发水平较低，开发强度有待增强；西江流域沿线国土空间开发条件好但流域优势有待进一步凸显；微观尺度发展格局不清晰，结构层次不明朗，国土空间格局有待优化。

7 来宾市国土空间开发现状综合评价

国土空间综合评价的主要方法，包括指数评价法、判别评价法，以及计量分析、遥感分析、空间分析等辅助分析方法。本书结合来宾市实际，依次选取了指数评价、判别评价和综合评价等方法，对来宾市国土空间开发现状进行了综合评价。

7.1 指标的标准化和归化

7.1.1 计算过程

1）指标的标准化

对 70 个行政单元的九个指标进行标准化及确定分值。经标准化后，九个指标得分均在 1~5 之间，1 为最低等级，5 为最高等级。

可利用土地资源按照丰度分级为丰富、较丰富、中等、较缺乏和缺乏，分别赋值 5、4、3、2、1；

可利用水资源按照人均可利用水资源潜力分级为水资源极丰富、丰富、较丰富、中等、较缺乏，分别赋值 5、4、3、2、1；

环境容量按照环境容量综合承载指数分级为无超载、轻度超载、中度超载、重度超载和极超载，分别赋值 5、4、3、2、1；

生态系统脆弱性按照生态系统脆弱性程度分级为脆弱、较脆弱、一般脆弱、略脆弱、不脆弱，分别赋值 5、4、3、2、1；

生态重要性按照生态重要性程度分级为重要性高、重要性较高、重要性中等、重要性较低和重要性低，分别赋值5、4、3、2、1；

自然灾害危险性按照自然灾害危险性分级为危险性高、危险性较高、危险性中等、危险性较低和危险性低，分别赋值5、4、3、2、1；

人口集聚度按照人口集聚度水平分级为人口集聚度高水平、较高水平、中等水平、较低水平和低水平，分别赋值5、4、3、2、1；

经济发展水平按照经济发展水平分级为经济发展高水平、较高水平、中等水平、较低水平和低水平，分别赋值5、4、3、2、1；

交通优势度按照交通优势度分级为交通优势度高水平、较高水平、中等水平、较低水平和低水平，分别赋值5、4、3、2、1。

2）指标的归并

按照指标项的内在含义和指标间的相互关系，将九个指标归并为三种类型：

第一类指标：各评价单元经济社会发展状况指标。包括人口集聚度、经济发展水平和交通优势度三项指标。

第二类指标：各评价单元生态系统保护重要性指标。包括生态系统脆弱性和生态重要性两项指标。

第三类指标：各评价单元国土空间开发的支撑条件指标。包括人均可利用土地资源、可利用水资源、自然灾害危险性和环境容量四项指标，土地资源和水资源作为支撑条件，环境容量和自然灾害危险性作为限制因素。

7.1.2 指标标准化和归并的结果

按照前文7.1.1的计算过程对指标进行标准化和归并后，得到来宾市国土空间单项指标分级结果（如表7-1所示）。

表7-1　　　　　来宾市国土空间单项指标分级标准化和归并

项目	水土资源承载能力		环境承载能力	自然灾害和生态限制因素			现有开发水平		
单项指标	可利用土地资源（平方公里）	可利用水资源（立方米/人）	环境容量	自然灾害危险性	生态重要性	生态系统脆弱性	人口集聚度（人/平方公里）	经济发展水平（元）	交通优势度
范围	<9		0				0~100	<7 000	≤0.34
分级	缺乏	缺乏	无超载	无危险性	低	不脆弱	低	低	低
得分	1	1	1	1	1	1	1	1	1
范围	9~17	<9	0.25				100~300	7 000~13 000	0.41~0.71

续表

项目	水土资源承载能力		环境承载能力	自然灾害和生态限制因素			现有开发水平		
单项指标	可利用土地资源（平方公里）	可利用水资源（立方米/人）	环境容量	自然灾害危险性	生态重要性	生态系统脆弱性	人口集聚度（人/平方公里）	经济发展水平（元）	交通优势度
分级	较缺乏	较缺乏	轻度	略大	较低	略脆弱	较低	较低	较低
得分	2	2	2	2	2	2	2	2	2
范围	17~29	9~13	0.50				300~500	13 000~20 000	0.73~1.12
分级	中等	中等	中度	较大	中等	一般脆弱	中等	中等	中等
得分	3	3	3	3	3	3	3	3	3
范围	29~54	14~20	0.75				500~1 000	20 000~30 000	1.15~1.65
分级	较丰富	较丰富	重度	大	较高	较脆弱	较高	较高	较高
得分	4	4	4	4	4	4	4	4	4
范围	>54	>20	1				≥1 000	≥30 000	≥1.9
分级	丰富	丰富	极超载	极大	高	脆弱	高	高	高
得分	5	5	5	5	5	5	5	5	5

7.2 基于三种评价法的国土空间优化候选方案

7.2.1 指数评价法

指数评价法是国土空间开发现状综合评价的定量方法和划分主体功能区的主要方法。计算过程主要是：首先，归并九个单项指标，计算三类国土空间开发评价指数，获取各评价单元的国土空间开发综合评价指数；然后，将评价单元的综合评价指数按照自然分等分成八级，按照评价结果等级，划分城镇空间、农业空间和生态空间。

1）评价方法技术流程

（1）分类指标综合指数的算法

对各评价单元的九个指标进行标准化及确定分值，经过标准化后，九个指标得分均在1~5之间，1为最低等级，5为最高等级。通过各单项指标值，计算评价单元的经济社会发展状况、生态系统保护重要性、国土空间开发的支撑条件三类综合指数。

三类综合指数的计算方法为：

①经济社会发展状况指数计算方法：

$$P_1 = \sqrt{\frac{1}{3}([\text{人口集聚度}]^2 + [\text{经济发展水平}]^2 + [\text{交通优势度}]^2)} \quad (7-1)$$

通过计算三维矢量距离的方法，反映三项因素对各评价单元经济社会发展状况的共同作用。

②生态系统保护重要性指数计算方法：

$$P_2 = \max([\text{生态系统脆弱性}], [\text{生态重要性}]) \quad (7-2)$$

选取两项指标的最高得分，反映各评价单元生态系统需要保护的程度。

③国土空间开发的支撑条件指数计算方法：

$$P_3 = \frac{\min([\text{可利用土地资源}], [\text{人均可利用水资源}])}{\max([\text{自然灾害危险性}], [\text{环境容量}])} \quad (7-3)$$

可利用土地资源和人均可利用水资源取两者最小值作为分子，反映对国土空间开发的支撑作用；自然灾害危险性和环境容量取两者最大值作为分母，反映对国土空间开发的限制作用。

（2）国土空间开发综合评价指数计算

在上述指标归并的基础上，构建国土空间开发综合评价指数，并通过该指数区分"开发"或者"保护"两类地域主体功能。其中"开发"类是指城镇空间，而"保护"类则是指农业空间和生态空间。

P_1 和 P_2 分别体现了一个行政单元对于两种地域主体功能类型的评价结果，因此将两个综合指数相减，分值之差越高的地区地域功能越偏向于"开发类"，反之则倾向于"保护类"。

P_3 对地域功能起到辅助性作用。因此，通过正弦变换为取值在一定范围内的标准化指数 K，作为支撑系数，用以约束经济社会发展状况指数的综合得分，以便更准确地反映支撑条件对国土空间开发评价结果的影响。

因此，国土空间开发综合评价指数（A）的计算方法如下：

空间开发综合评价指数(A) = K × 区域经济社会发展状况指数 P_1

－区域生态系统保护重要性指数 P_2 （7-4）

国家规程提供 K 取值范围为 0.9~1.1，来宾市国土空间开发支撑条件指数分值的分布，与国土空间开发格局一致性水平一般，因此此次研究中来宾市的 K 取值为 1。

2）基于指数评价法的国土空间开发现状综合评价

结合《技术规程》要求，运用 GIS 技术将来宾市各评价单元的国土空间开发现状综合评价指数分值依次分为 1~8 级，获取各评价单元的国土适宜开发程度。具体步骤如下：

第一步：根据各单项指标的评价结果，选择可利用土地资源、可利用水资源、环境容量、生态系统脆弱性、生态重要性、自然灾害危险性、人口集聚度、经济发展水平、交通优势度九个单项指标，作为指数评价的特征指标；

第二步：应用 P_1、P_2 和 P_3 等指数计算公式分别将各自对应指标项代入，计算出 P_1、P_2 和 P_3 的值；

第三步：将 P_1 和 P_2 值进行相减获得结果，并对该值进行自然分等为八类（自然分等等级标准如表 7-2 所示，分等结果如表 7-3 所示），并对各类区域进行 GIS 空间查询统计。

表 7-2　　　　　　　　　指数评价自然分等等级标准

指数评价等级	一级	二级	三级	四级	五级	六级	七级	八级
等级标准	≥2.00	0.56~2.00	0.55~-0.29	-0.28~-0.89	-0.88~-1.29	-1.28~-1.84	-1.83~-2.99	≤-3.00

表 7-3　　　　基于指数评价法的来宾市国土空间开发现状评价结果

指数评价级别	行政区数（所占比重）	行政区名称	总面积（平方公里）（所占比重）
一级	4 个（5.71%）	兴宾区：城东街道办、城北街道办、河西街道办、八一街道办	86.10（0.64%）
二级	5 个（7.14%）	兴宾区：良江镇、迁江镇、城厢乡 象州县：石龙镇 合山市：岭南镇	1 017.86（7.59%）
三级	8 个（11.43%）	兴宾区：凤凰镇、小平阳镇、石陵镇 忻城县：大塘镇 象州县：马坪镇 武宣县：武宣镇、桐岭镇 合山市：河里乡	1 874.38（13.98%）
四级	15 个（21.43%）	兴宾区：三五乡、桥巩镇、良塘乡、蒙村镇、石牙乡、南泗乡 忻城县：思练镇、红渡镇 象州县：象州镇、运江镇 武宣县：二塘镇、三里镇 金秀瑶族自治县：桐木镇、头排镇 合山市：北泗镇	3 329.15（24.83%）
五级	7 个（10.00%）	兴宾区：五山乡、陶邓乡、寺山镇 忻城县：城关镇 武宣县：黄茆镇、禄新镇、思灵乡	1 347.14（10.05%）

续表

指数评价级别	行政区数（所占比重）	行政区名称	总面积（平方公里）（所占比重）
六级	9个（12.86%）	兴宾区：平阳镇、七洞乡、高安乡、大湾镇、正龙乡 忻城县：安东乡 象州县：罗秀镇 武宣县：通挽镇、金鸡乡	1 370.70（10.22%）
七级	10个（14.29%）	忻城县：古蓬镇、马泗乡、新圩乡、遂意乡 象州县：寺村镇、大乐镇、中平镇、妙皇乡、百丈乡 金秀瑶族自治县：三江乡	1 508.75（11.25%）
八级	12个（17.14%）	忻城县：欧洞乡、果遂乡、北更乡 象州县：水晶乡 武宣县：东乡镇 金秀瑶族自治县：金秀镇、三角乡、忠良乡、罗香乡、长垌乡、大樟乡、六巷乡	2 876.27（21.45%）

3）基于指数评价法的国土空间优化候选方案

根据指数评价法结果，选择综合评价指数1~3级的各评价单元作为城镇空间候选区域；4~6级作为农业空间候选区域；7~8级作为生态空间候选区域，形成国土空间优化候选方案（如表7-4、图7-1所示）。

表7-4　　基于指数评价法的国土空间优化候选方案

类别	行政区数（所占比重）	行政区名称	总面积（平方公里）（所占比重）
城镇空间	32个（45.71%）	兴宾区：城东街道办、城北街道办、河西街道办、八一街道办、迁江镇、城厢乡、良江镇、凤凰镇、小平阳镇、石陵镇、三五乡、蒙村镇、南泗乡、石牙乡、桥巩镇、良塘乡 象州县：石龙镇、马坪镇、象州镇、运江镇 合山市：岭南镇、河里乡、北泗镇 武宣县：武宣镇、桐岭镇、二塘镇、三里镇 忻城县：大塘镇、思练镇、红渡镇 金秀瑶族自治县：桐木镇、头排镇	6 307.48（46.93%）
农业空间	16个（22.86%）	兴宾区：五山乡、陶邓乡、寺山镇、正龙乡、七洞乡、高安乡、大湾镇、平阳镇 武宣县：黄茆镇、禄新镇、思灵乡、通挽镇、金鸡乡 忻城县：城关镇、安东乡 象州县：罗秀镇	2 717.85（20.27%）

续表

类别	行政区数（所占比重）	行政区名称	总面积（平方公里）（所占比重）
生态空间	22个（31.43%）	忻城县：马泗乡、新圩乡、果遂乡、欧洞乡、北更乡、古蓬镇、遂意乡 象州县：中平镇、大乐镇、寺村镇、百丈乡、妙皇乡、水晶乡 金秀瑶族自治县：三江乡、六巷乡、金秀镇、三角乡、忠良乡、罗香乡、大樟乡、长垌乡 武宣县：东乡镇	4 385.03（32.70%）

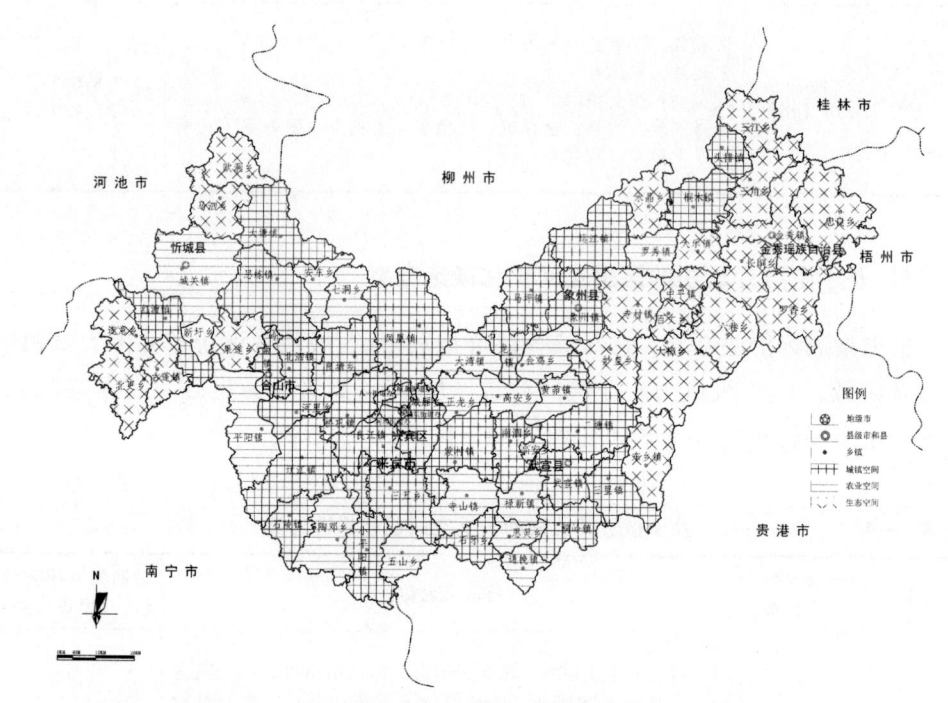

图7-1 来宾市基于指数评价法的国土空间优化方案

4）指数评价法评价结果说明

指数评价法是《省级主体功能区技术规程》明确规定必须采用的一种分析方法。该方法对分布比较靠前和比较靠后的评价单元具有较强的指向性，划分出来的城镇空间和生态空间具有较强的代表性，处于中间地带的评价单元有待采用其他评价方法进一步明确。

该方法的计算公式为：国土空间开发综合评价指数（A）=K×区域经济社会发展状况指数（P_1）-区域生态系统保护重要性指数（P_2），在用指数评价法进行国土空间综合评价时，P_1、P_2直接参与评价指数计算，而P_3作为国土空间开发的支撑条件指数，需经转换成 K 值后间接参与计算。由于本研究中 K 取值为 1，因此 A 值大小直接由 $P_1 - P_2$ 决定：

城镇空间评价结果代表性较高。当某地区 $P_1 - P_2$ 值越大，即 P_1 偏大，这一区域的发展水平越高；P_2 偏小，区域生态系统需要保护程度越低，则越倾向于"开发类"。该评价法能比较准确地判定这一地域功能，例如城北街道办、城东街道办、河西街道办、八一街道办最终划入城镇空间。

生态空间评价结果代表性也较高。当某地区 $P_1 - P_2$ 值越小，即 P_1 偏小，区域发展水平越低；P_2 偏大，区域生态系统需要保护程度越高，则越倾向于"保护类"。该评价法同样能比较准确地判定这一地域功能，例如金秀镇、三角乡、忠良乡、罗香乡，最终划入限制开发的生态空间。

限制开发的农业空间评价结果有待进一步明确。当某地区 $P_1 - P_2$ 值一般，则有三种情况可能发生：①P_1、P_2 同时较大；②P_1、P_2 同时较小；③P_1、P_2 同时处于中等水平。例如 P_1、P_2 同时较大的有寺山镇、禄新镇、思灵乡等；P_1、P_2 同时处于中等水平的有七洞乡、高安乡、大湾镇、安东乡、罗秀镇、通挽镇、金鸡乡等；P_1、P_2 同时较小的有五山乡、陶邓乡、黄茆镇、城关镇等。三种情况的地区均被划入了农业空间。可以看出，当某地区的 $P_1 - P_2$ 值处于中等水平时，很难仅通过单一评价方法准确定位该地区的地域主体功能，因此该评价法对农业空间的评价结果有待进一步明确。

采用指数评价法对来宾市镇级行政区国土空间进行综合评价，并形成区划方案，城镇空间比重相对较小，生态空间比重过大。来宾市划入城镇空间的有 9 个镇级行政单位，所占比重为 8.23%；生态系统比较脆弱和比较重要的地区基本划入了生态空间，共 22 个镇级行政区，所占比重为 32.70%；但在该评价方法中，资源支撑作用和环境限制作用被削弱，全市超过一半的评价单元被划入了农业空间和生态空间，一些镇级行政区的功能有待进一步明确。

7.2.2 判别评价法

判别评价法是根据指标项的含义及地域功能指向，通过指标间的组合关系，对地域功能进行定性判别，进而获取各类功能区的空间格局。本次研究采用指数评价法中三类指标的组合元素进行分级赋值，产生 18 种不同组合，并划分为八级，其中，1~3 级基本为适宜开发区域，是城镇空间的候选区域，7~8 级基本为较不适宜开发的区域，是生态空间的候选区域，据此获取各镇级行政区主体功能区的大致空间格局。

1）判别评价法技术流程

（1）组合元素确定

将九个指标归并为经济社会发展状况、生态系统保护重要性和国土空间开发的支撑条件三类组合元素。

（2）分级与赋值

为体现人口经济集聚度及交通优势度、生态系统脆弱性及重要性、资源环境承载能力的差异，按表7-5将第一类和第二类指标分为三级，第三类指标分为两级，按每类指标的分级打分。

表7-5　　　　　　　　　判别分析法的分级赋值方法

打分	第一类指标	第二类指标	第三类指标
1	人口集聚度≤2 and 经济发展水平≤2	生态系统脆弱性=5 or 生态重要性=5	（可利用土地资源=1 and 可利用水资源=1）or 环境容量=5 or 自然灾害危险性=5
2	其余	其余	其余
3	人口集聚度≥4 and 经济发展水平≥4 and 交通优势度≥3	生态系统脆弱性≤2 and 生态重要性≤2	—

（3）指标的组合与分级

赋值后产生18种组合，不同组合表示不同的适宜开发程度，将18种组合分为八个等级。第1级为最适宜开发，第8级为最不适宜开发。具体分级组合如下：

第一级：332和322。表示人口和经济集聚度、交通优势度高，生态系统脆弱性和重要性较低，支撑条件一般；

第二级：321，232和331。表示人口和经济集聚度、交通优势度较高，生态系统脆弱性和重要性较低，支撑条件不显著；

第三级：231和222。表示人口和经济集聚度、交通优势度一般，生态系统脆弱性和重要性较低，支撑条件不显著；

第四级：132和221。表示人口和经济集聚度、交通优势度较低，生态系统脆弱性和重要性较低，支撑条件不显著；

第五级：131，321和311。表示人口和经济集聚度、交通优势度和生态系统脆弱性和重要性同时高，或者同时低，支撑条件不显著；

第六级：212和122。表示人口和经济集聚度、交通优势度低，生态系统脆弱性和重要性较高，支撑条件一般；

第七级：211和121。表示人口和经济集聚度、交通优势度低，生态系统脆弱性和重要性较高，支撑条件较差；

第八级：111和112。表示人口和经济集聚度、交通优势度低，生态系统脆弱性和重要性较高，支撑条件不显著。

2）基于判别评价法的国土空间开发现状综合评价

运用GIS技术对各镇级行政区的综合分级结果进行分类，按从高到低顺序依次分为1~8级，反映各镇级行政区的适宜开发程度。基于判别评价法的来宾市国土空间综合评价结果如表7-6所示。

表7-6　　基于判别评价法的来宾市国土空间综合评价结果

级别	行政区数（所占比重）	行政区名称	总面积（平方公里）（所占比重）
一级	0个	无	0
二级	4个（5.71%）	兴宾区：城东街道办、城北街道办、河西街道办、八一街道办	86.10（0.64%）
三级	20个（28.57%）	兴宾区：良江镇、小平阳镇、迁江镇、石陵镇、桥巩镇、良塘乡、城厢乡、寺山镇、石牙乡 忻城县：大塘镇、红渡镇 象州县：象州镇、石龙镇、罗秀镇、马坪镇 武宣县：武宣镇、禄新镇、思灵乡 金秀瑶族自治县：桐木镇、头排镇	3 888.15（28.99%）
四级	2个（2.86%）	合山市：岭南镇、北泗镇	235.30（1.75%）
五级	0	无	0
六级	29个（41.43%）	兴宾区：凤凰镇、平阳镇、三五乡、五山乡、陶邓乡、七洞乡、蒙村镇、南泗乡、高安乡、大湾镇、正龙乡 忻城县：城关镇、思练镇、古蓬镇、马泗乡、安东乡、遂意乡 象州县：寺村镇、运江镇、大乐镇、中平镇、妙皇乡、百丈乡 武宣县：黄茆镇、二塘镇、三里镇、金鸡乡 金秀瑶族自治县：六巷乡、三江乡	6 115.56（45.6%）
七级	1个（1.43%）	合山市：河里乡	130.42（0.97%）
八级	14个（20.00%）	忻城县：欧洞乡、果遂乡、北更乡、新圩乡 象州县：水晶乡 武宣县：东乡镇、桐岭镇、通挽镇 金秀瑶族自治县：金秀镇、三角乡、忠良乡、罗香乡、长垌乡、大樟乡	3 954.84（22.03%）

3) 基于判别评价法的国土空间优化候选方案

根据判别评价法的结果，选择评价指数 1~3 级的镇级行政区作为城镇空间候选区域；4~6 级作为农业空间候选区域；7~8 级作为生态空间候选区域，形成国土空间优化候选方案（如表 7-7、图 7-2 所示）。

表 7-7　　　　　基于判别评价法的国土空间优化候选方案

级别	行政区数（所占比重）	行政区名称	总面积（平方公里）（所占比重）
城镇空间	26 个（37.14%）	兴宾区：城东街道办、城北街道办、河西街道办、八一街道办、良江镇、小平阳镇、迁江镇、石陵镇、桥巩镇、良塘乡、城厢乡、寺山镇、石牙乡 忻城县：大塘镇、红渡镇 象州县：象州镇、石龙镇、罗秀镇、马坪镇 武宣县：武宣镇、禄新镇、思灵乡 金秀瑶族自治县：桐木镇、头排镇 合山市：岭南镇、北泗镇	4 209.54（31.38%）
农业空间	29 个（41.43%）	兴宾区：凤凰镇、平阳镇、三五乡、五山乡、陶邓乡、七洞乡、蒙村镇、南泗乡、高安乡、大湾镇、正龙乡 忻城县：城关镇、思练镇、古蓬镇、马泗乡、安东乡、遂意乡 象州县：寺村镇、运江镇、大乐镇、中平镇、妙皇乡、百丈乡 武宣县：黄茆镇、二塘镇、三里镇、金鸡乡 金秀瑶族自治县：六巷乡、三江乡	6 115.56（45.60%）
生态空间	15 个（21.43%）	忻城县：欧洞乡、果遂乡、北更乡、新圩乡 象州县：水晶乡 武宣县：东乡镇、桐岭镇、通挽镇 金秀瑶族自治县：金秀镇、三角乡、忠良乡、罗香乡、长垌乡、大樟乡 合山市：河里乡	3 085.26（23.00%）

4) 判别评价法评价结果说明

判别评价法侧重于对人口集聚度、经济发展水平和交通优势度匹配程度的考察，以反映区域综合发展水平。同时，也突出强调对生态系统脆弱性和生态重要性评价结果最高级别的限制作用，以反映区域生态系统需要保护的程度。因此，判别评价方法对城镇空间和生态空间划分结果具有较强的代表性，对农业空间也需要采用其他评价方法进一步明确。

判别评价法是根据九个单项指标评价结果进行分类赋值和组合分级，主要考察三类指标赋值的匹配状况。

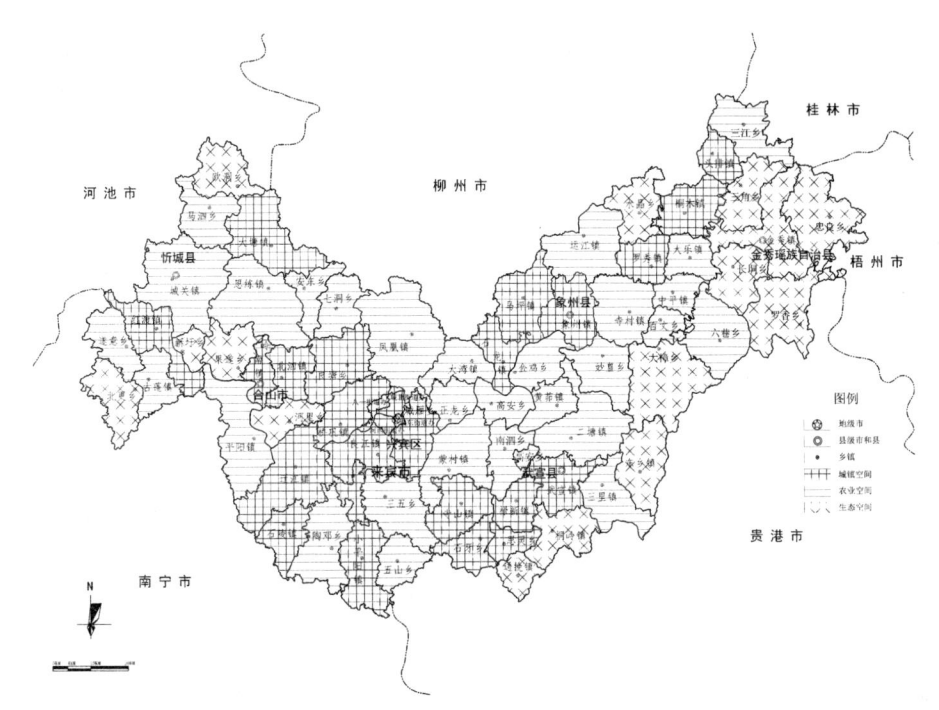

图 7-2　来宾市基于判别评价法的国土空间优化方案

第一类指标：强调人口、经济和交通三个方面因素的共同作用。只有当人口、经济和交通发展水平均达到较高及以上等级，第一类指标才可赋值为3；当人口和经济发展水平同时较低时，第一类指标赋值为低等级1；其余情况赋值为2。

第二类指标：突出生态系统脆弱性和生态重要性的各自作用，增强了生态因素在国土空间开发现状评价中的限制影响程度。只要生态脆弱性或重要性任意一项为高等级时，第二类指标即赋值为1；只有生态脆弱性和重要性均为较低及以下等级时，第二类指标才可赋值为3；其余情况赋值为2。

第三类指标：突出水土资源、环境和自然灾害的各自作用，弱化了资源支撑和环境限制因素在国土空间开发现状评价中的作用。水土资源承载能力同时弱、环境容量极超载或自然灾害危险性高时，第三类指标赋值为1；其余情况赋值为2。

从等级划分和赋值情况来看，判别评价法主要突出了第一类指标和第二类指标的复合匹配状况，即重点考察区域发展水平和区域生态系统需要保护程度及两者的匹配；弱化了第三类指标，即资源支撑和环境限制在评价中的影响作用。评价结果呈现以下特征：

城镇空间评价结果代表性较高。判定城镇空间时，主要强调同时具备区域发展水平较高、生态系统需要保护程度较低的判定条件，对资源支撑和环境限制作用考察强度较弱。该判定条件能比较好地表现城镇空间的国土空间特征，因此，其评价结果具有较强合理性。例如，兴宾区的城东街道办、城北街道办、河西街道办及八一街道办等发展水平较高、生态系统需要保护程度较低的镇级行政区基本划入该类区域。

生态空间评价结果代表性也较高。判定限制开发的生态空间时，强调同时具备区域发展水平较低、生态系统需要保护程度高、资源环境限制作用较大的判定条件，能比较充分地考量各类指标在生态空间判定中的限制作用，因此其评价结果合理性强。例如，金秀瑶族自治县的三角乡、忠良乡、罗香乡、长垌乡、大樟乡等发展水平较低、生态需要保护程度高、资源环境限制作用较大的镇级行政区基本划入该类区域。

农业空间评价结果有待进一步明确。处于中间级别的地区，有三种差异较大的划分标准：(1) 区域发展水平较低、生态系统需要保护程度较低、支撑条件不显著的地区。例如，合山市岭南镇、北泗镇等。(2) 区域发展水平和生态系统需要保护程度同时高或同时低、支撑条件不显著的地区，来宾没有这一级别的地区。(3) 区域发展水平较低、生态系统需要保护程度较高、支撑条件一般的地区。例如，象州县的寺村镇、运江镇、大乐镇、中平镇、妙皇乡、百丈乡及武宣县的黄茆镇、二塘镇、三里镇、金鸡乡、六巷乡等镇级行政区。该层级定级标准相对宽泛，等级划分不够清晰，评价结果有待进一步明确。

采用判别评价法对来宾市70个镇级行政区国土空间进行综合评价，并形成区划方案，城镇空间和生态空间比重小，农业空间比重相对较大。城镇空间共4个镇级行政区，所占比重为0.64%；生态空间共15个镇级行政区，所占比重为23%；介于"开发"和"保护"类间的农业空间，共41个镇级行政区，所占比重为70.6%。

7.2.3 基于GIS的综合评价法

基于GIS的综合评价法是在遵循《技术规程》基础上，结合来宾市实际，提出的一种国土空间开发现状综合评价方法。将评价因子分为现有开发水平、水土资源承载力、环境承载力、自然灾害和生态限制四个层面。现有开发水平层面，包括经济发展水平、交通优势度、人口集聚度三个单因子；水土资源承载力层面，包括可利用土地资源、可利用水资源两个单因子；环境承载力，即环境容量一个单因子；自然灾害和生态限制层面，包括自然灾害危险性、生态系统脆弱性和生态重要性三个单因子。从以上四个层面进行全面的定量评价和排序，然后综合叠加，形成国土空间优化候选方案。

计算方法是：首先，对各单因子分级赋值；其次，运用变异系数法确定单因子权重；再次，将从四个层面将因子分级范围和因子权重加权叠加，并按照自然分等法划分为八个级别；最后，按照评价结果等级，划分城镇空间、农业空间和生态空间。

1）综合因子评价法技术流程

（1）单因子分级

进行单因子分级，即对九个单因子指标值进行标准化分级打分，将各项指标评价结果化为统一标准。根据各单因子的内在含义和指标之间的相互关系，将九个单因子归并为现有开发水平、水土资源承载力、环境承载力、自然灾害和生态限制四个国土空间开发限制条件。结合来宾市各镇级行政区的实际情况，将单因子属性对国土空间开发的支撑程度或限制程度划分为五级，分别赋值5、4、3、2、1（如表7-8所示）。

表7-8　　　　　　　　来宾市国土空间开发单因子评价分级

编号	层面	因子	属性范围	属性分级	评价值
1	现有开发水平	人口集聚度	≥1 000	高	5
			500~1 000	较高	4
			300~500	中等	3
			100~300	较低	2
			0~100	低	1
		经济发展水平	≥30 000	高	5
			20 000~30 000	较高	4
			13 000~20 000	中等	3
			7 000~13 000	较低	2
			<7 000	低	1
		交通优势度	≥1.9	高	5
			1.15~1.65	较高	4
			0.73~1.12	中等	3
			0.41~0.71	较低	2
			≤0.34	低	1
2	水土承载力	可利用土地资源	≥54	丰富	5
			29~54	较丰富	4
			17~29	中等	3
			9~17	较缺乏	2
			≤9	缺乏	1
		可利用水资源	>20	丰富	5
			14~20	较丰富	4
			9~13	中等	3
			<9	较缺乏	2
				缺乏	1

续表

编号	层面	因子	属性范围	属性分级	评价值
3	环境承载力	环境容量	1	极超载	5
			0.75	重度	4
			0.5	中度	3
			0.25	轻度	2
			0	无超载	1
4	自然灾害和生态限制因素	自然灾害危险性		极大	5
				大	4
				较大	3
				略大	2
				无危险性	1
		生态重要性		高	5
				较高	4
				中等	3
				较低	2
				低	1
		生态系统脆弱性		脆弱	5
				较脆弱	4
				一般脆弱	3
				略脆弱	2
				不脆弱	1

（2）单因子权重确定

采用均方差决策法确定指标权重。均方差决策法是一种能高精度的反映变量离散程度的方法。该方法是以各评价因子为随机变量，各评价因子的标准化指标值为该随机变量的取值，然后通过采用均方差求解多指标的决策权系数来反映随机变量之间的差异性。如果各决策方案在某因子下属性值的离散程度越大，则该评价指标的决策权系数也越大；反之，该指标决策权系数越小。其实现路线如下：

■ 计算各单因子的均值、均方差；
■ 将各单因子的均值除以均方差，得到各单因子的决策权系数；
■ 将各单因子决策权系数归一化处理，得到各单因子权重。

来宾市国土空间开发单因子权重确定结果如表7-9所示。

表7-9　　　　　　　　来宾市国土空间开发单因子权重

因子	权重
人口集聚度	0.13
经济发展水平	0.15
交通优势度	0.14
自然灾害危险性	0.08
生态重要性	0.08
生态系统脆弱性	0.14
可利用水资源	0.10
可利用土地资源	0.14
环境承载容量	0.04
合计	1

(3) 综合因子叠加

根据评价因子性质，四个层面中，正向层面包括现有开发水平、水土资源承载力、环境承载力，负向层面为自然灾害和生态限制。在此基础上，构建综合层面叠加评价指数，从而判定一个地区适宜开发建设的程度。其计算公式为：

$$K = \sum 正向层面综合叠加评价指数 - \sum 负向层面综合叠加评价指数 \tag{7-5}$$

综合层面叠加评价指数越大，则该镇级行政区适宜开发建设程度越高；反之，则该镇级行政区更倾向于保护。

2) 基于综合因子评价法的国土空间开发现状综合评价

根据《技术规程》的相关要求，运用 GIS 技术将来宾市各镇级行政区的四个层面九个单因子综合叠加评价指数分值，按自然分等法依次分为八级，以此反映各镇级行政区的国土适宜开发程度。其级别划分标准及综合评价结果如表7-10、表7-11所示。

表7-10　　　　　　　综合因子叠加评价自然分等等级标准

综合评价等级	一级	二级	三级	四级	五级	六级	七级	八级
等级标准	>1.67	1.30~1.67	1.03~1.30	0.80~1.03	0.67~0.80	0.43~0.67	0.17~0.43	<0.17

表7-11　基于GIS综合因子评价法的国土空间开发现状综合评价结果

级别	行政区数（所占比重）	行政区名称	总面积（平方公里）（所占比重）
一级	12个（17.14%）	兴宾区：城北街道办、河西街道办、迁江镇、城东街道办、城厢乡、八一街道办、良江镇 象州县：石龙镇、象州镇、马坪镇 武宣县：武宣镇 合山市：岭南镇	1 732.16（12.92%）
二级	11个（15.71%）	兴宾区：桥巩镇、小平阳镇、大湾镇、凤凰镇、蒙村镇 忻城县：思练镇 象州县：运江镇、二塘镇、罗秀镇、中平镇、大乐镇	2 671.44（19.92%）
三级	12个（17.14%）	兴宾区：三五乡、石陵镇、良塘乡、正龙乡 忻城县：红渡镇 象州县：寺村镇、水晶乡、黄茆镇 武宣县：三里镇、桐岭镇、金鸡乡 金秀瑶族自治县：桐木镇	2 261.17（16.86%）
四级	12个（17.14%）	兴宾区：高安乡、陶邓乡、南泗乡、石牙乡、七洞乡、寺山镇 忻城县：大塘镇、安东乡 武宣县：东乡镇 金秀瑶族自治县：头排镇 合山市：河里乡、北泗镇	2 068.18（15.42%）
五级	5个（7.14%）	兴宾区：平阳镇 忻城县：城关镇 象州县：妙皇乡 武宣县：通挽镇、禄新镇	1 147.18（8.55%）
六级	7个（10.00%）	兴宾区：五山乡 忻城县：欧洞乡、马泗乡 象州县：百丈乡 武宣县：思灵乡 金秀瑶族自治县：三江乡、六巷乡	1 125.02（8.39%）
七级	6个（8.57%）	忻城县：古蓬镇 金秀瑶族自治县：金秀镇、三角乡、大樟乡、忠良乡、罗香乡	1 631.17（12.16%）
八级	5个（7.14%）	忻城县：果遂乡、新圩乡、遂意乡、北更乡 金秀瑶族自治县：长垌乡	774.03（5.77%）

3）基于综合因子评价法的国土空间优化候选方案

根据综合因子评价法的结果，选择综合因子叠加评价指数为1~2级的镇级行政区作为城镇空间候选区域；3、4、5级作为农业空间候选区域；6、7、8级作为生态空间候选区域，形成国土空间优化候选方案（如表7-12、图7-3所示）。

7 来宾市国土空间开发现状综合评价

表7-12　　　　　基于综合因素评价法的国土空间优化候选方案

类别	行政区数（所占比重）	行政区名称	总面积（平方公里）（所占比重）
城镇空间	23个（32.86%）	兴宾区：城北街道办、河西街道办、迁江镇、城东街道办、城厢乡、八一街道办、良江镇、桥巩镇、小平阳镇、大湾镇、凤凰镇、蒙村镇 象州县：石龙镇、象州镇、马坪镇、运江镇、中平镇、大乐镇、罗秀镇 武宣县：武宣镇、二塘镇 合山市：岭南镇 忻城县：思练镇	4 403.60（32.84%）
农业空间	29个（41.43%）	兴宾区：三五乡、石陵镇、良塘乡、正龙乡、高安乡、陶邓乡、南泗乡、石牙乡、七洞乡、寺山镇、平阳镇 忻城县：红渡镇、大塘镇、安东乡、城关镇 象州县：寺村镇、水晶乡、妙皇乡 武宣县：三里镇、黄茆镇、桐岭镇、金鸡乡、东乡镇、通挽镇、禄新镇 金秀瑶族自治县：桐木镇、头排镇 合山市：河里乡、北泗镇	5 476.53（40.84%）
生态空间	18个（25.71%）	兴宾区：五山乡 忻城县：欧洞乡、马泗乡、古蓬镇、果遂乡、新圩乡、遂意乡、北更乡 武宣县：思灵乡 象州县：百丈乡 金秀瑶族自治县：三江乡、六巷乡、金秀镇、三角乡、大樟乡、忠良乡、罗香乡、长垌乡	3 530.22（26.32%）

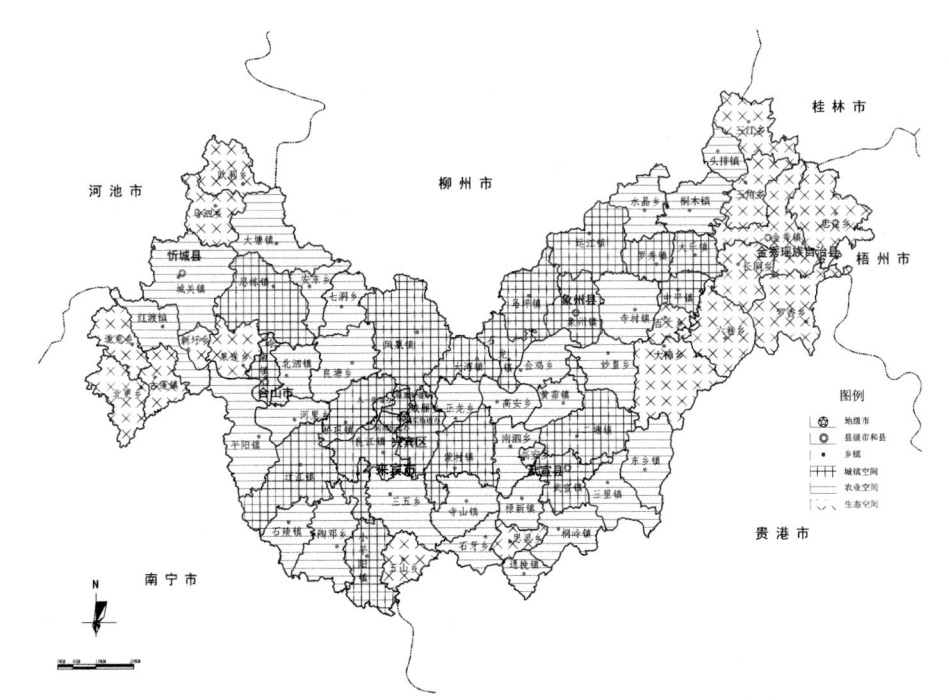

图7-3　来宾市基于综合因子评价法的国土空间优化方案

4）综合因子评价法评价结果说明

本书在《技术规程》规定和推荐的两种方法基础上，提出综合因子评价方法。采用该方法能比较系统、全面地反映区域现有开发水平、水土资源承载力和环境承载力的正向作用，也能比较充分体现自然灾害和生态限制的制约作用，一定程度上弥补了指数评价法、判别评价法等对可利用土地资源、可利用水资源、环境容量和自然灾害等资源环境支撑因子考量的弱化。

该方法的计算公式为：

$$\text{国土空间综合因子叠加评价指数}(K) = \sum \text{正向层面综合叠加评价指数} - \sum \text{负向层面综合叠加评价指数} \quad (7-6)$$

在用综合因子评价法进行国土空间综合评价时，九项单因子指标均直接参与到评价指数计算，并通过对综合因子指数进行排序和自然分等，从而获得评价结果。

城镇空间的评价结果代表性较高。当某地区国土空间综合因子叠加评价指数（K）越大，即该区域现有开发水平、水土资源承载力和环境承载力等国土空间开发支撑条件综合水平越高，区域自然灾害和生态限制作用越小，则该地区越倾向于"开发类"。例如，兴宾区的城北街道办、迁江镇、凤凰镇、象州县的石龙镇、象州镇、运江镇、武宣县的武宣镇、合山市的岭南镇等镇级行政区，基本划入这一类区域，最终划入城镇空间。

农业空间的评价结果有待进一步明确。当某地区国土空间综合因子叠加评价指数（K）处于中等水平，则可能出现三种情况：一是 $\sum$ 正向层面综合叠加评价指数较大，同时 $\sum$ 负向层面综合叠加评价指数也较大，例如象州县的寺村镇、忻城县的红渡镇等；二是 $\sum$ 正向层面综合叠加评价指数较小，同时 $\sum$ 负向层面综合叠加评价指数也较小，例如武宣县的东乡镇、兴宾区的石牙乡等；三是 $\sum$ 正向层面综合叠加评价指数一般，同时 $\sum$ 负向层面综合叠加评价指数，例如，武宣县的桐岭镇、忻城县的大塘镇等。三种情况的地区均被划入了农业空间。可以看出，当某地区的国土空间综合因子叠加评价指数（K）处于中等水平时，很难仅通过单一评价方法准确定位该地区的地域主体功能，评价结果有待进一步明确。

生态空间的评价结果代表性也较高。当某地区国土空间综合因子叠加评价指数（K）越小，即该区域现有开发水平、水土资源承载力和环境承载力等国土空间开发支撑条件综合水平越小，区域自然灾害和生态限制作用越小，则该地区越倾向于"保护类"。例如，金秀瑶族自治县的三角乡、长垌乡、忻城县的遂意乡、北更乡等镇级行政区,基本划入这一类区域,最终划入生态空间。

从评价结果来看,综合因子评价法对城镇空间具有较强的指向性,经济发展水平较高,开发潜力较大,自然灾害和生态限制影响较小的镇级行政区基本划入城镇空间,共23个,占全市镇级行政区总数的32.86%;经济发展水平一般,开发潜力一般,自然灾害和生态限制影响一般的镇级行政区基本划入农业空间,共29个,所占比重为41.43%;其他镇级行政区划入生态空间,共18个,所占比重为25.71%。

7.3 国土空间方案比选

7.3.1 城市化方案比选

运用GIS技术对指数评价法、判别评价法和综合因子评价法所计算的国土空间优化候选方案进行对比分析,分别找出三种方法、两种方法、一种方法和三种方法均未列入城镇空间的镇级行政区名录。

1)三种评价方法均列入城镇空间的镇级行政区

应用GIS技术对三种评价方法计算得到的候选方案进行SQL查询分析,得到三种评价方法均列入城镇空间的镇级行政区名录(如表7-13所示)。

表7-13　　三种评价方法均列入城市空间的镇级行政区

类别	行政区数 (所占比重)	行政区名称	总面积(平方公里)(所占比重)
列入 城镇空间	14个 (20.00%)	兴宾区:城北街道办、城东街道办、河西街道办、八一街道办、良江镇、迁江镇、桥巩镇、小平阳镇、城厢乡 合山市:岭南镇 象州县:象州镇、石龙镇、马坪镇 武宣县:武宣镇	2 166.38 (16.15%)

2)任两种评价方法列入城市空间的镇级行政区

通过SQL查询分析,得到任两种评价方法列入城镇空间的镇级行政区名录(如表7-14所示)。

3)任一种评价方法列入城市空间的镇级行政区

通过SQL查询分析,得到任一种评价方法列入城镇空间的镇级行政区名录(如表7-15所示)。

表7-14　　　　　　　任两种方法列入城镇空间的镇级行政区

类别	行政区数（所占比重）	行政区名称	总面积（平方公里）（所占比重）
列入城镇空间	14个（20.00%）	兴宾区：凤凰镇、蒙村镇、石陵镇、良塘乡、石牙乡 象州县：运江镇、罗秀镇武宣县：二塘镇金秀瑶族自治县：桐木镇、头排镇 忻城县：思练镇、大塘镇、红渡镇 合山市：北泗镇	3 356.49（25.03%）

表7-15　　　　　　　任一种评价方法列入城镇空间的镇级行政区

类别	行政区数（所占比重）	行政区名称	总面积（平方公里）（所占比重）
列入城镇空间	11个（15.71%）	兴宾区：寺山镇、三五乡、南泗乡、大湾镇 武宣县：禄新镇新镇、思灵乡、桐岭镇、三里镇 象州县：中平镇、大乐镇 合山市：河里乡	1 708.47（12.74%）

4）三种评价方法均未列入城市空间的镇级行政区

通过SQL查询分析，得到三种方法均未列入城镇空间的镇级行政区名录（如表7-16所示）。

表7-16　　　　　　　三种评价方法均未列入城镇空间的镇级行政区

类别	行政区数（所占比重）	行政区名称	总面积（平方公里）（所占比重）
均未列入城镇空间	31个（44.29%）	兴宾区：平阳镇、七洞乡、陶邓乡、高安乡、正龙乡、五山乡 忻城县：安东乡、城关镇、欧洞乡、马泗乡、古蓬镇、果遂乡、新圩乡、遂意乡、北更乡 象州县：寺村镇、水晶乡、妙皇乡、百丈乡 武宣县：黄茆镇、金鸡乡、东乡镇、通挽镇 金秀瑶族自治县：三江乡、六巷乡、金秀镇、三角乡、大樟乡、忠良乡、罗香乡、长垌乡	6 179.00（46.08%）

5）城市空间倾向性分析

通过上述分析，三种评价方法均列入城镇空间的镇级行政区，基本可以明确为城镇空间的初选名录；任两种评价方法列入城镇空间的镇级行政区，可作为城镇空间的一级备选名录，但其是否能进入城镇空间的初选名录，必须辅以现有开发水平、资源承载力、环境承载力、自然灾害和生态因素限制影响程度等来确定；任一种评价方法列入城镇空间的镇级行政区，可作为城镇空间的二级备选名录，但其是否能进入城镇空间的候选名录，必须辅以现有开发水平、资源承载力、环境承载力、自然灾害和生态因素限制影响程度等确定。一些未列入城镇空间，但自身发展条件较好、环境承载能力较强、经济和人口集聚等条件较好的镇级行政区，可作为城镇空间的参考名录。来宾市基于三种评价方法的城镇空间比选名录结果如图7-4所示。

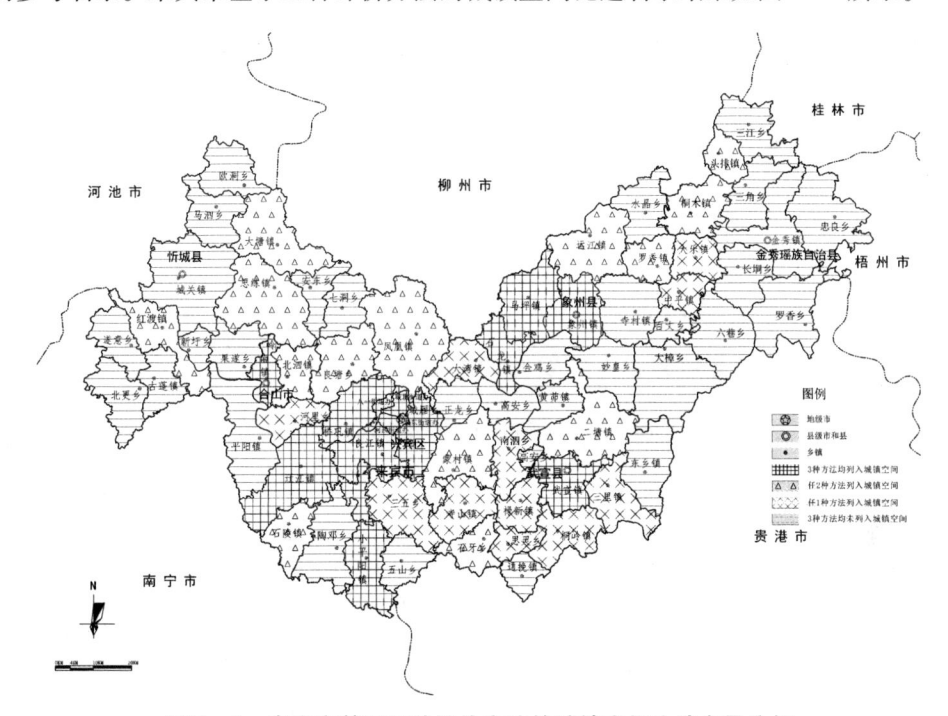

图7-4　来宾市基于三种评价方法的城镇空间比选名录分析

7.3.2　农业发展方案比选

运用GIS技术对指数评价法、判别评价法和综合因素法所计算的国土空间优化候选方案进行对比分析，分别找出三种方法、两种方法、一种方法和三种方法均未列入农业空间的镇级行政区名录。

1) 三种评价方法均列入农业空间的镇级行政区

应用GIS技术对三种评价方法计算得到的候选方案进行SQL查询分析，得到三种评价方法均列入农业空间的镇级行政区名录（如表7-17所示）。

表7-17　三种评价方法均列入农业空间的镇级行政区

类别	行政区数（所占比重）	行政区名称	总面积（平方公里）（所占比重）
列入农业空间	9个（12.86%）	兴宾区：陶邓乡、正龙乡、七洞乡、高安乡、平阳镇 忻城县：城关镇、安东乡 武宣县：黄茆镇、金鸡乡	1 797.37（13.40%）

2) 任两种评价方法列入农业空间的镇级行政区

通过 SQL 查询分析，得到任两种评价方法列入农业空间的镇级行政区名录（如表 7-18 所示）。

表 7-18　　　　任两种评价方法列入农业空间的镇级行政区

类别	行政区数（所占比重）	行政区名称	总面积（平方公里）（所占比重）
列入农业空间	10 个（14.29%）	兴宾区：南泗乡、寺山镇、大湾镇、三五乡、五山乡 象州县：寺村镇、妙皇乡 武宣县：三里镇、禄新镇、通挽镇	1 748.95（13.40%）

3) 任一种评价方法列入农业空间的镇级行政区

通过 SQL 查询分析，得到任一种评价方法列入农业空间的镇级行政区名录（如表 7-19 所示）。

表 7-19　　　　任一种评价方法列入农业空间的镇级行政区

类别	行政区数（所占比重）	行政区名称	总面积（km²）（所占比重）
列入农业空间	27 个（38.57%）	兴宾区：石陵镇、良塘乡、石牙乡、凤凰镇、蒙村镇 忻城县：红渡镇、大塘镇、思练镇、古蓬镇、马泗乡、遂意乡 象州县：水晶乡、运江镇、大乐镇、中平镇、百丈乡、罗秀镇 武宣县：禄新镇、桐岭镇、东乡镇、二塘镇、思灵乡 金秀瑶族自治县：桐木镇、头排镇、六巷乡、三江乡 合山市：河里乡、北泗镇	5 419.94（40.42%）

4) 三种评价方法均未列入农业空间的镇级行政区

通过 SQL 查询分析，得到三种评价方法均未列入农业空间的镇级行政区名录（如表 7-20 所示）。

表 7-20　　　　三种评价方法均未列入农业空间的镇级行政区

类别	行政区数（所占比重）	行政区名称	总面积（平方公里）（所占比重）
未列入农业空间	24 个（34.29%）	兴宾区：城东街道办、城北街道办、河西街道办、八一街道办、良江镇、小平阳镇、迁江镇、桥巩镇、城厢乡 忻城县：新圩乡、欧洞乡、果遂乡、北更乡 象州县：象州镇、石龙镇、马坪镇 武宣县：武宣镇 金秀瑶族自治县：金秀镇、三角乡、忠良乡、罗香乡、长垌乡、大樟乡 合山市：岭南镇	4 444.09（33.14%）

5) 农业空间倾向性分析

通过上述分析，三种评价方法均列入农业空间的镇级行政区，基本可以明确为农业空间初选名录；任两种评价方法列入农业空间的镇级行政区，可作为农业空间的一级备选名录，但其是否能进入城镇空间的初选名录，必须辅以资源承载力、是否属于全市或全县粮食生产基地、自然灾害和生态因素限制影响程度等来确定；任一种评价方法列入农业空间的镇级行政区，可作为农业空间的二级备选名录，但必须辅以水土资源承载能力、是否属于全市或全县粮食生产基地、自然灾害和生态因素限制影响程度等确定。一些列入农业空间、但对全市经济社会发展起重要作用的镇级行政区，可调整出农业空间。一些未列入农业空间，但水土资源承载能力、自然灾害和生态因素限制影响程度较高的地区，可以考虑列入农业空间。基于三种评价方法的来宾市农业空间比选名录结果如图7-5所示。

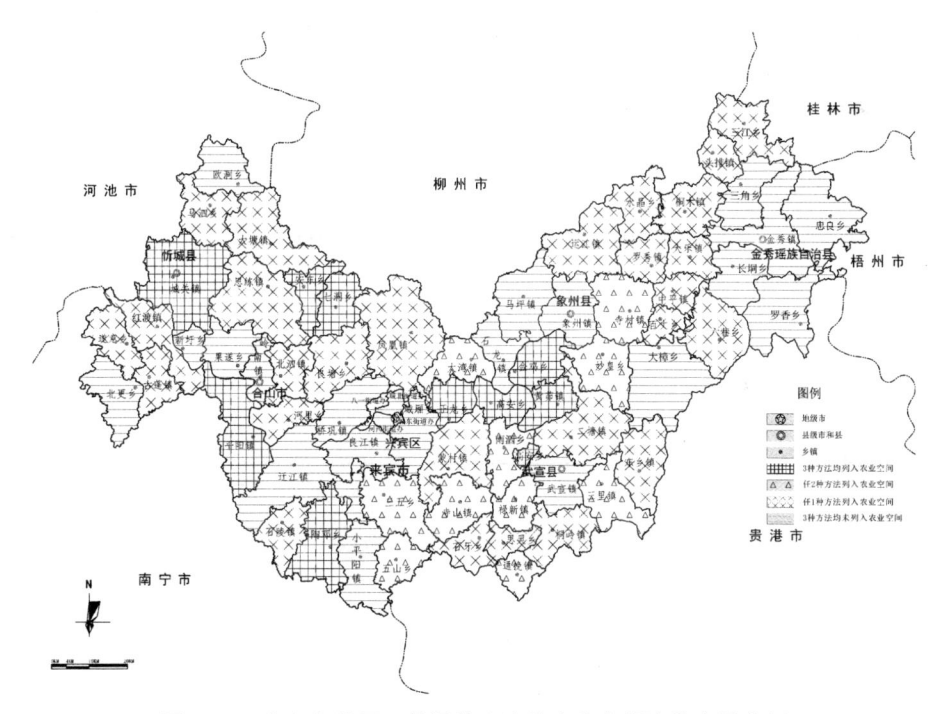

图7-5 来宾市基于三种评价方法的农业空间比选名录分析

7.3.3 生态保护方案比选

运用GIS技术对指数评价法、判别评价法和综合因素法所计算的国土空间优化候选方案进行对比分析，分别找出三种方法、两种方法、一种方法和三种方法均未列入生态空间的镇级行政区名录。

1) 三种评价方法均列入生态空间的镇级行政区

应用 GIS 技术对三种评价方法计算得到的候选方案进行 SQL 查询分析,得到三种评价方法均列入生态空间的镇级行政区名录(如表 7-21 所示)。

表 7-21　　　　三种评价方法均列入生态空间的镇级行政区

类别	行政区数 (所占比重)	行政区名称	总面积(平方公里)(所占比重)
列入生态空间	10 个 (14.29%)	忻城县:新圩乡、果遂乡、欧洞乡、北更乡 金秀瑶族自治县:金秀镇、三角乡、忠良乡、罗香乡、大樟乡、长垌乡	2 277.71 (16.98%)

2) 任两种评价方法列入生态空间的镇级行政区

通过 SQL 查询分析,得到任两种评价方法列入生态空间的镇级行政区名录(如表 7-22 所示)。

表 7-22　　　　任两种评价方法列入生态空间的镇级行政区

类别	行政区数 (所占比重)	行政区名称	总面积(平方公里)(所占比重)
列入生态空间	8 个 (11.43%)	忻城县:马泗乡、古蓬镇、遂意乡 金秀瑶族自治县:三江乡、六巷乡 象州县:百丈乡、水晶乡 武宣县:东乡镇	1 434.71 (10.70%)

3) 任一种评价方法列入生态空间的镇级行政区

通过 SQL 查询分析,得到任一种评价方法列入生态空间的镇级行政区名录(如表 7-23 所示)。

表 7-23　　　　任一种评价方法列入生态空间的镇级行政区

类别	行政区数 (所占比重)	行政区名称	总面积(平方公里)(所占比重)
列入生态空间	9 个 (12.86%)	兴宾区:五山乡 象州县:中平镇、大乐镇、寺村镇、妙皇乡 武宣县:桐岭镇、通挽镇、思灵乡 合山市:河里乡	1 297.94 (9.68%)

4）三种评价方法均未列入生态空间的镇级行政区

通过 SQL 查询分析，得到三种评价方法均未列入生态空间的镇级行政区名录（如表 7-24 所示）。

表 7-24　三种评价方法均未列入生态空间的镇级行政区

类别	行政区数（所占比重）	行政区名称	总面积（平方公里）（所占比重）
未列入生态空间	43 个（61.43%）	兴宾区：城东街道办、城北街道办、河西街道办、八一街道办、良江镇、小平阳镇、迁江镇、石陵镇、桥巩镇、良塘乡、城厢乡、寺山镇、石牙乡、凤凰镇、平阳镇、三五乡、陶邓乡、七洞乡、蒙村镇、南泗乡、高安乡、大湾镇、正龙乡 忻城县：大塘镇、红渡镇、城关镇、思练镇、安东乡 象州县：象州镇、石龙镇、罗秀镇、马坪镇、运江镇 武宣县：武宣镇、禄新镇、黄茆镇、二塘镇、三里镇、金鸡乡 金秀瑶族自治县：桐木镇、头排镇 合山市：岭南镇、北泗镇	8 399.99（62.64%）

5）生态空间倾向性分析

通过上述分析，三种评价方法均列入生态空间的镇级行政区，基本可以明确为生态空间初选名录；任两种评价方法列入生态空间的镇级行政区，可作为生态空间的一级备选名录，但其是否能进入生态空间的初选名录，必须辅以环境承载力、自然灾害和生态因素限制影响程度来确定；任一种评价方法列入生态空间的镇级行政区，可作为生态空间的二级备选名录，但其是否能进入生态空间的初选名录，必须辅以环境承载力、自然灾害和生态因素限制影响程度来确定。一些列入生态地区、但对全市经济社会发展起重要作用的镇级行政区，可调整出生态空间。一些未列入生态空间，但自然灾害和生态因素限制影响程度较高的地区，可以考虑列入生态空间。基于三种评价方法的来宾市生态空间比选名录结果如图 7-6 所示。

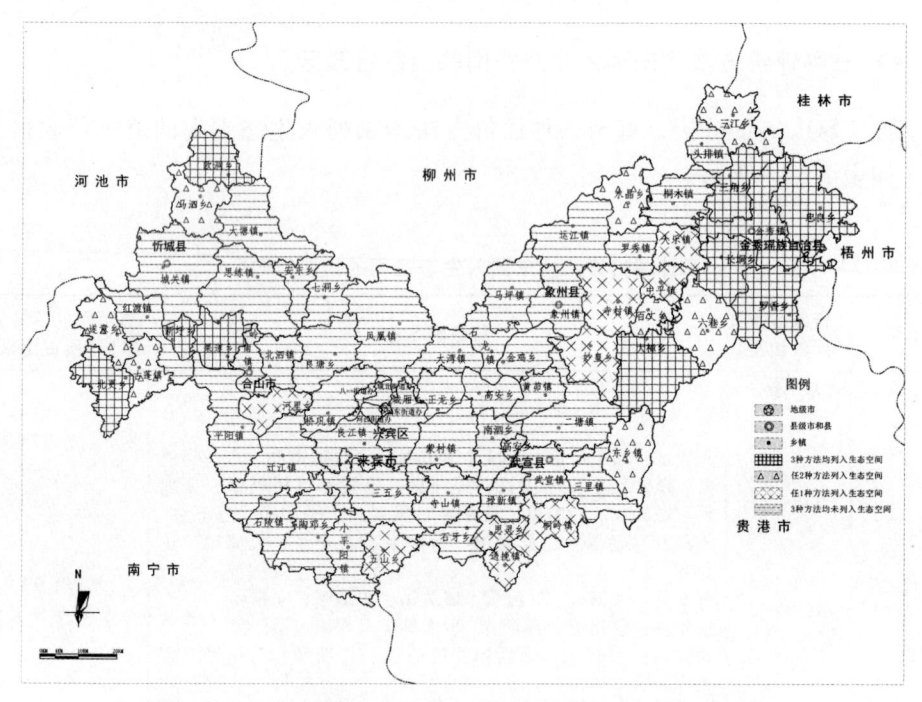

图 7-6 来宾市基于三种评价方法的生态空间比选名录分析

7.4 国土空间方案确定

本书以镇级行政区为基本单元,应用 GIS 技术对三种评价方法所得的候选方案进行 SQL 查询分析,且综合考虑来宾市城市化国土空间比例、城区集中连片布局、西江经济带发展潜力、现有农业发展空间、自然灾害和生态限制性因素、环境承载能力、生态功能完整性及生态国土空间比例等因素进行比选,来确定来宾市国土空间开发优化方案(如表 7-25、图 7-7 所示)。

表 7-25　　　　　　　来宾市国土空间区划方案

国土空间类别	功能区域	总面积/占比
城镇空间（30 个）	兴宾区：城北街道、城东街道、河西街道、八一街道、城厢乡、凤凰镇（部分）、良江镇（部分）、迁江镇（部分）、正龙乡（部分）、蒙村镇（部分）、高安乡（部分）、三五乡（部分）、桥巩镇（部分）、小平阳镇（部分） 象州县：象州镇（部分）、石龙镇、马坪镇（部分） 武宣县：武宣镇（部分）、二塘镇（部分）、三里镇（部分）、桐岭镇（部分）、金鸡乡（部分） 忻城县：城关镇（部分）、红渡镇（部分）、思练镇（部分） 合山市：岭南镇（部分）、河里乡（部分）、北泗镇（部分） 金秀瑶族自治县：金秀镇（部分）、桐木镇	2 328.47 平方公里（17.4%）

续表

国土空间类别	功能区域	总面积/占比
农业空间（41个）	兴宾区：石陵镇、大湾镇、良塘乡（部分）、陶邓乡、五山乡、寺山镇、石牙乡、南泗乡、蒙村镇（部分）、高安乡（部分）、桥巩镇（部分）、迁江镇（部分）、良江镇（部分）、正龙乡（部分）、小平阳镇（部分）、七洞乡（部分）、三五乡（部分） 象州县：象州镇（部分）、运江镇、水晶乡、罗秀镇、寺村镇、马坪镇（部分）、中平镇（部分）、大乐镇（部分）、百丈乡（部分） 武宣县：黄茆镇、通挽镇、思灵乡、金鸡乡（部分）、二塘镇（部分）、武宣镇（部分）、禄新镇、三里镇（部分）、桐岭镇（部分）、东乡镇（部分） 忻城县：大塘镇 合山市：北泗镇（部分）、河里乡（部分） 金秀瑶族自治县：头排镇、三江乡	5 740.88平方公里（42.9%）
生态空间（31个）	兴宾区：平阳镇、迁江镇（部分）、凤凰镇（部分）、七洞乡（部分）、良塘乡（部分） 象州县：妙皇乡、中平镇（部分）、大乐镇（部分）、百丈乡（部分） 武宣县：东乡镇（除风沿村以外的区域）、三里镇（部分） 忻城县：城关镇（部分）、红渡镇（部分）、思练镇（部分）、古蓬镇、欧洞乡、马泗乡、安东乡、新圩乡、果遂乡、遂意乡、北更乡 合山市：岭南镇（部分）、北泗镇（部分） 金秀瑶族自治县：金秀镇（部分）、忠良乡、三角乡、罗香乡、长垌乡、六巷乡、大樟乡	5 312.65平方公里（39.7%）

注：部分乡镇分属多区，存在重复计数，故功能区乡镇总数大于70

图 7-7 来宾市国土空间优化方案

8

来宾市国土空间格局

8.1 城市化格局方案

8.1.1 来宾市城市化格局

抓住"双核驱动"及"一带一路"战略发展机遇,构建"一核两轴三极,核心带动,点轴联动,极向发展"的城市化战略格局(如图 8-1 所示)。以中心城区、石龙半岛经济区为发展核心,使其发展成为带动桂中地区快速发展核心;

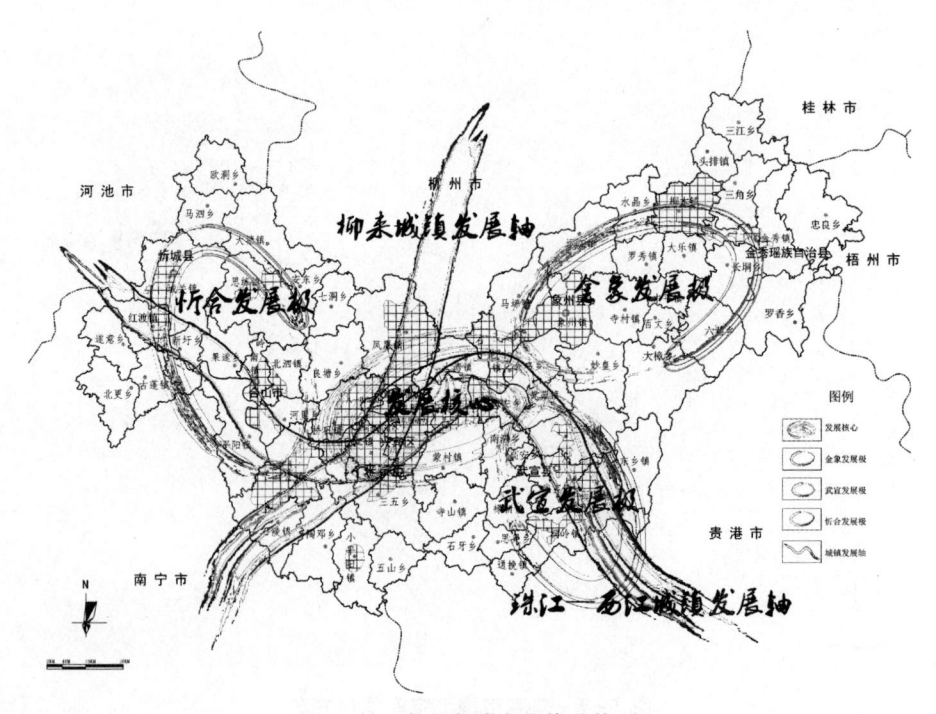

图 8-1 来宾市城市化战略格局

以柳来工业大道、珠江—西江经济带建构点轴联动的柳来城镇发展轴、珠江—西江城镇发展轴，打造来宾市经济及人口的聚集带；以武宣县、忻城县和合山市、象州县和金秀的城镇空间为主体打造武宣发展极、忻合发展极、金象发展极，推动县域经济快速发展。

8.1.2 兴宾区城市化格局

兴宾区城镇空间范围包括城北街道、城东街道、河西街道、八一街道、城厢乡、凤凰镇东部、桥巩镇东部、三五乡北部、小平阳镇中部、蒙村镇北部、高安乡西部、正龙乡南部以及良江镇、迁江镇除农业空间以外的地区，该区域土地总面积1 228.44平方公里，占兴宾区土地总面积的27.90%。

根据兴宾区的发展定位，建构"一心两轴三极，联动发展"的城市化战略格局（如图8-2所示）。以主城区为发展核心，打造综合性服务中心，使其成为辐射桂中地区的重要核心力量源之一；以柳来城镇发展轴及珠江—西江城镇发展轴为发展动力源，利用南北向交通干道及红水河航道，积极融入南宁及柳州都市圈，向东吸引珠三角及港澳台等地区的资金及技术，向西吸纳桂西丰富资源；以凤凰新城、迁江新城、良江镇为新兴增长极，综合利用南北向交通干道及红水河航道，吸引珠三角、柳州等地区的资金、技术，打造凤凰、迁江新兴制造业基

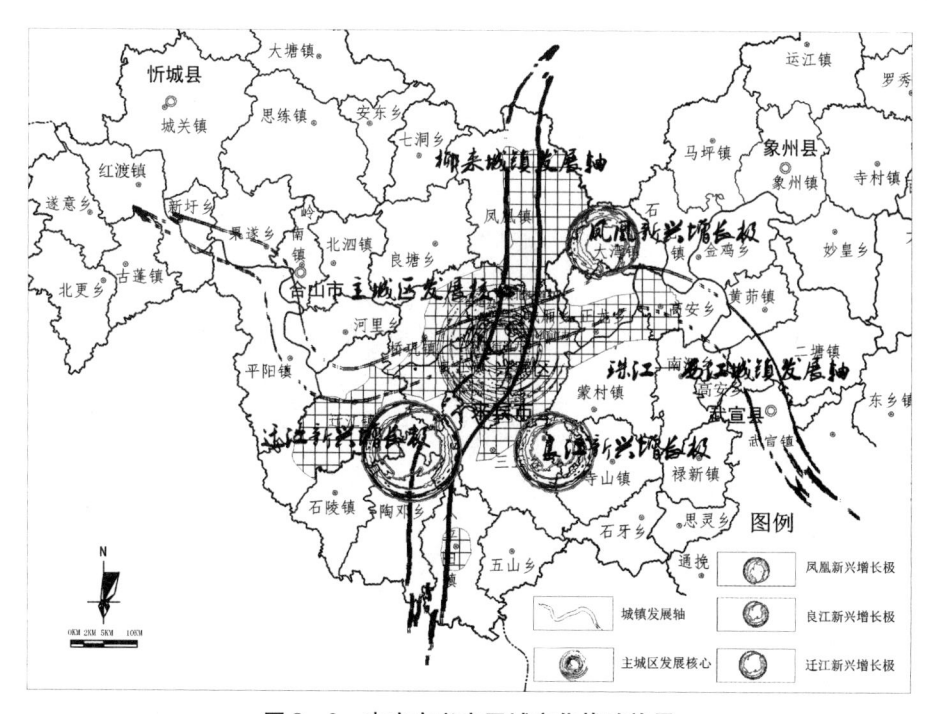

图8-2 来宾市兴宾区城市化战略格局

地，并将良江镇打造为桂中地区面向珠三角、北部湾、东盟的物流基地，以此三经济增长极，带动来宾市产业快速发展。

8.1.3 象州县城市化格局

象州县城镇空间范围包括象州镇（除农业空间以外区域）、石龙镇、马坪镇东南部，该区域土地总面积为343.32平方公里，占全县土地总面积的17.90%。象州镇作为象州县域综合型中心城镇，是全县政治、经济、文化中心。石龙镇是象州县西部经济区中心，未来将以石龙工业集中区为龙头打造全县增长核心之一的石龙半岛经济区，在全县整合工业产业力量，在承接珠三角及其他地区产业转移中发挥重要作用。马坪镇地处象州县未来发展两大主要增长核心——象州县城（象州镇）和石龙半岛经济区（石龙镇）的衔接地带，是象州县城镇化、工业化发展的主要拓展腹地和承载区域。

根据象州县的发展定位，构建"两核两轴，核轴联动"的城市化战略格局（如图8-3所示）。以象州县城（象州镇）和石龙半岛经济区为象州县域发展的两大主要增长核心，依托东西向来宾—金秀二级公路的石龙—象州—罗秀—大乐为主路网打造"来宾象州线城镇发展轴"、沿柳江构成"珠江—西江城镇发展轴"，构成"十"字形城镇群主骨架，形成象州县城镇空间布局的主体形态和总体格局，成为全县集聚经济和人口的主体区域。

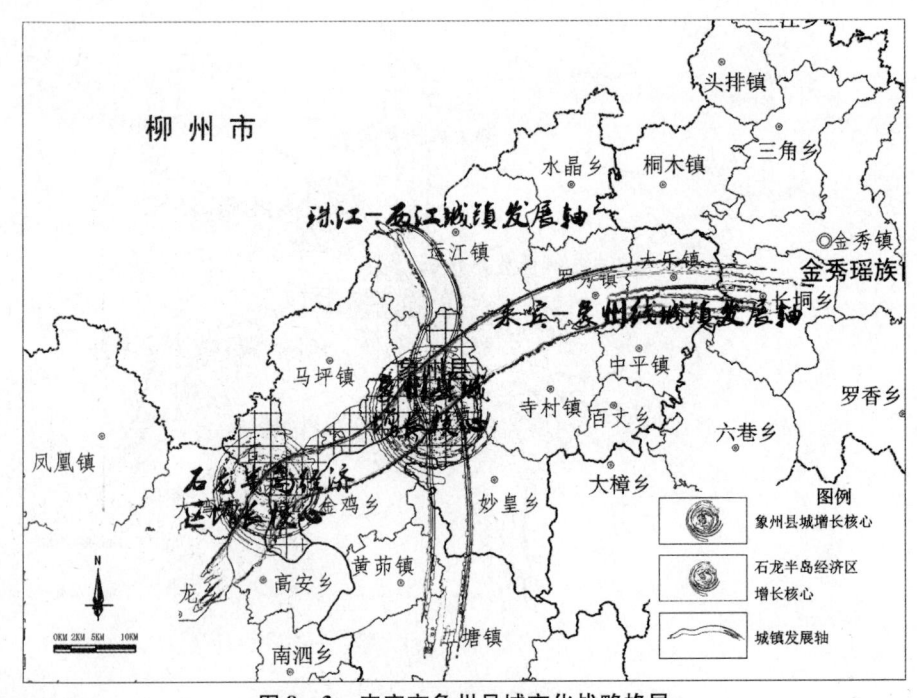

图8-3 来宾市象州县城市化战略格局

8.1.4 武宣县城市化格局

武宣县城镇空间范围包括武宣镇（黔江东岸区域）、二塘镇（二塘镇区、光山、上召、黔江农场、羊眷、甘岭〈部分〉、樟村〈部分〉、麻碑〈部分〉8个村委会）、三里镇（镇区、旺村、古立、台村、五星等10个村委会）、桐岭镇（镇区、四安、盘龙、湾龙、祥龙〈部分〉5个村委会）、金鸡乡靠近象州石龙半岛部分区域。该区域土地总面积245.38平方公里，占全县土地总面积的14.4%。

以来宾市国土空间开发方案划定的城镇空间为主，相关有潜力区域为辅，秉承核心带动，周边联动、产城融合的城市化战略原则，构建"一核两轴，产城融合"的城市化战略格局（如图8-4所示）。"一核"即以武宣镇、三里镇、桐岭镇与二塘镇工业园区为核心，"两轴"即以珠江—西江经济带和209国道构成的城镇发展轴、以梧平高速路构成的城镇发展轴为全县城镇化发展带动轴，发展成为全县城镇化发展主体区域。

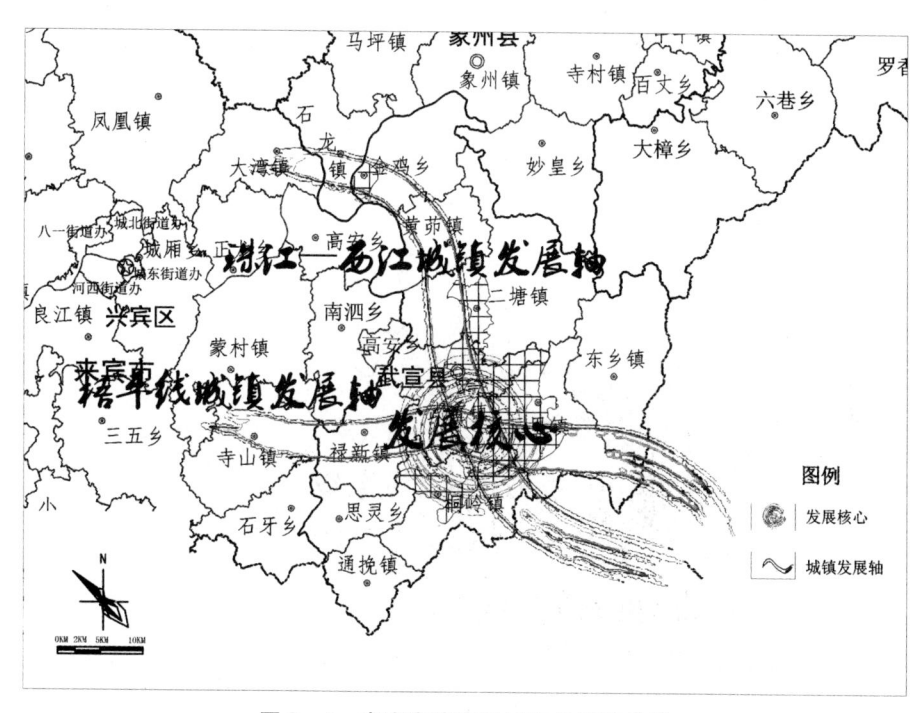

图8-4 来宾市武宣县城市化战略格局

8.1.5 忻城县城市化格局

忻城县城镇空间范围包括城关镇镇区和7个村委会（泮水、板河、都乐、江平、范团、龙头、古饶）、思练镇4个村委会（思练、练江、梅岭、石龙〈部分〉）、红渡镇3个村委会（渡江、红渡镇区、西江〈部分〉），该区域土地总面积166.45平方公里，占全县土地总面积的6.60%。

根据忻城县的发展定位，构建"一心两轴，点轴联动"的城市化战略格局（如图8-5所示）。"一心"，即将县城城关镇作为带动县域发展的发展核心。"两轴"，即珠江—西江城镇发展轴和贺巴线城镇发展轴。其中，珠江—西江城镇发展轴以珠江—西江主干流区域为发展轴带，包括红渡镇、新圩乡、果遂乡，发挥沿江地区资源生态优势，加快城镇基础设施建设、流域生态环境保护和建设、打造生态休闲旅游线路、承接产业转移等方面的合作，形成特色鲜明、分工明确、合作紧密的沿江城镇发展轴；贺巴线城镇发展轴依托贺州至巴马高速公路线，加强周边地区和其他县市的经济社会联系、城镇配套发展，引导人口和产业集聚，促进产城融合发展，建成相辅相成、相互促进、各具特色的沿交通线城镇发展轴，作为带动全县城镇发展的主体区域。

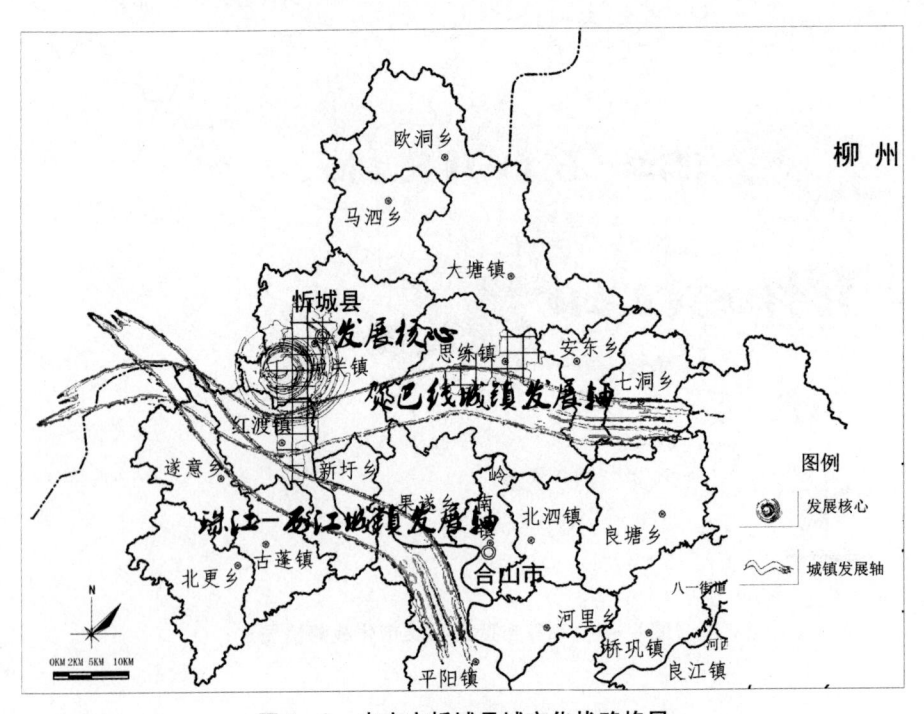

图8-5 来宾市忻城县城市化战略格局

8.1.6 合山市城市化格局

合山市城镇空间范围包括岭南镇大部分区域、北泗镇和河里乡部分区域,其中主要包括岭南工业片区、马安工业片区、桂中工业片区、电厂工业片区及其周边区域,该区域土地总面积为108.34平方公里,占全县土地总面积的29.60%。

以来宾市国土空间开发方案划定的城镇空间为主,秉承核心带动、两轴联动、转型发展的城市化战略原则,构建"一心一轴,点轴联动"的城市化战略格局(如图8-6所示)。"一心"即以岭南镇、北泗镇为核心,"一轴"即以珠江—西江城镇发展轴为全市城市化发展轴,发展成为全市城镇化和人口集聚的主体区域,建设成为来宾市中部地区的综合服务副中心。

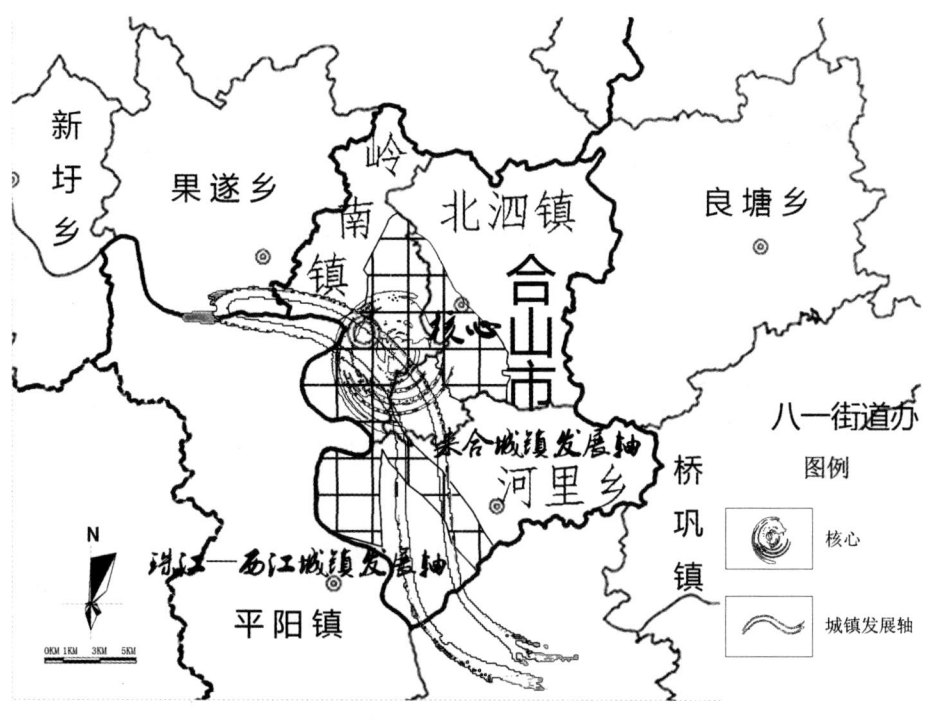

图8-6 来宾市合山市城市化战略格局

8.1.7 金秀瑶族自治县城市化格局

金秀瑶族自治县城镇空间范围包括桐木镇、金秀镇县城和范倒、美村、孟村、金村、新村、刘村、平照、奋战等乡村,该区域土地总面积为244.43平方公里,占全县土地总面积的9.90%。

以来宾市国土空间开发方案划定的城镇空间为主，农业空间为辅，秉承产业为本，生态驱动的原则，构建"一轴双核，绿色引领"的城市化战略格局（如图8-7所示）。"一轴"即以桐木镇、头排镇、三江乡构成的经济发展轴，"双核"即以金秀镇城镇空间和桐木镇构成的发展带动极核，发展成为全县城镇化发展龙头带动区域。

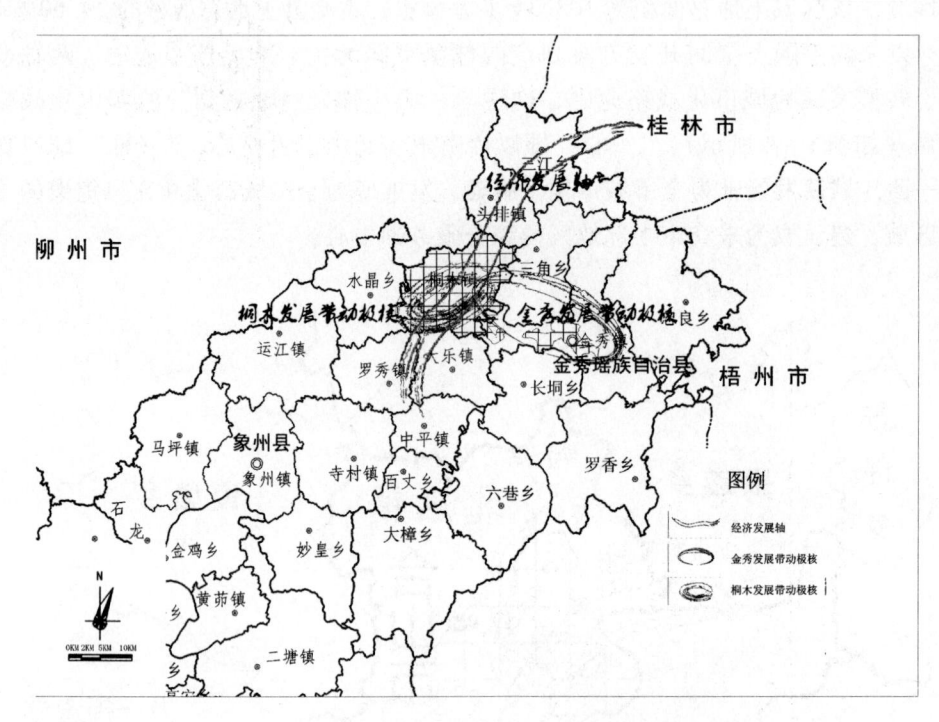

图8-7 来宾市金秀瑶族自治县城市化战略格局

8.2 农业生产格局

8.2.1 来宾市农业生产格局

深化全区农产品生产区定位要求，以优势果蔬种植推进西江流域沿岸优质国土资源高效利用；以特色农产品种植推进大瑶山区国土资源有效利用；以粮食安全、国土集约高效为目的继续推进优质农产品种养。

构建"两带两区一基地，主副结合"的农业生产格局（如图8-8所示）。"两带"即"大瑶山优质药茶带"（大瑶山草药、灵香草、绞股蓝、八角、食用菌）包括金秀瑶族自治县三江乡、头排镇及大瑶山沿线发展；"珠江—西江果蔬带"（蔬菜、柑橘、李、柿、葡萄、木瓜、百香果、黄皮、枇杷、早熟桃）包括珠江—西江沿岸地区。"两区"即"粮糖油生产区"（水稻、玉米、甘蔗、花生、油葵、水产鱼），包括兴宾区石陵镇、陶邓乡、小平阳镇、五山乡、三五乡、寺山镇、石牙乡、南泗乡、高安乡、蒙村镇、良江镇南部、迁江镇东部、武宣县禄新镇、思灵乡、通挽镇、武宣镇西部、桐岭镇等17个乡镇；"优质粮禽生产区"（水稻、甘蔗、桑蚕、夏南牛、水奶牛），包括象州县百丈乡、中平镇、大乐镇、罗秀镇、寺村镇、运江镇、水晶乡、武宣县金鸡乡、黄茆镇、二塘镇、三里镇等11个乡镇。"一基地"即"桑蔬生产基地"（蔬菜、桑蚕、食用菌、水稻），包括忻城县大塘镇、兴宾区七洞乡、良塘乡、桥巩镇、迁江镇北部区域和合山市河里乡、北泗镇7个乡镇。

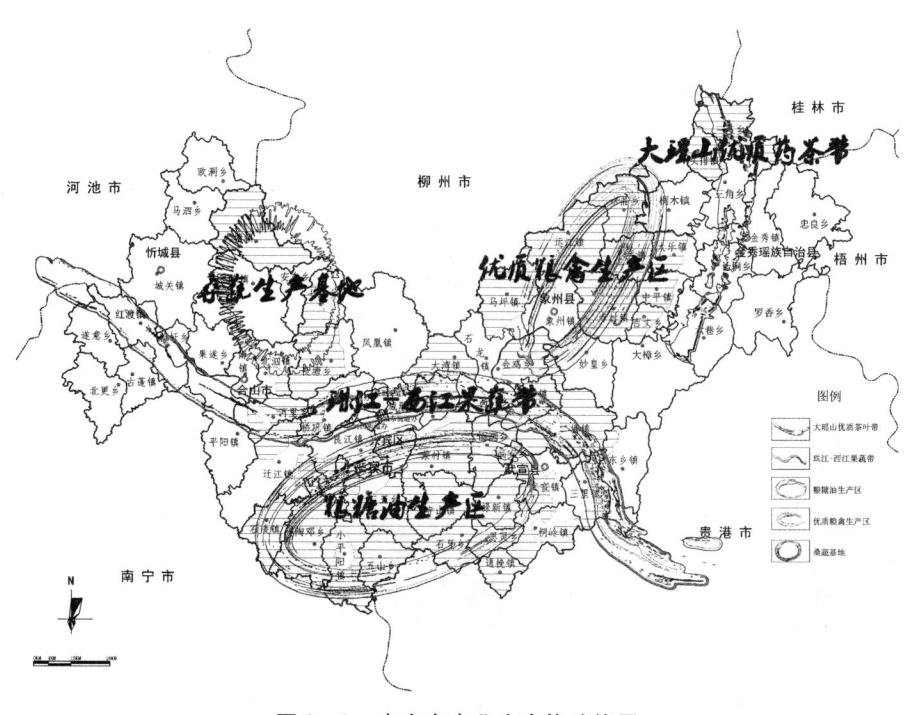

图 8-8 来宾市农业生产战略格局

8.2.2 兴宾区农业生产格局

兴宾区农业空间范围包括石陵镇、陶邓乡、五山乡、石牙乡、寺山镇、南泗乡、大湾镇，七洞乡西部和南部、良塘乡大部分区域、桥巩镇西部和北部、迁江镇北部及东部、良江镇南部、正龙乡北部、高安乡东部及南部飞地以及蒙村镇、小平阳镇、三五乡城镇空间以外区域，该区域土地总面积 2 478.89 平方公里，占兴宾区土地总面积的 56.30% 。该区域是广西重要的粮食生产基地及蔗糖生产区、桂中城市群重要的果蔬、肉禽生产基地。

根据兴宾区农业空间现状及其发展定位,构建"一区两基地,主副并进"的农业生产格局(如图 8-9 所示)。秉承"立足主业,以副为补"的发展原则,以石陵镇、陶邓乡、小平阳镇、五山乡、三五乡、寺山镇、石牙乡、良江镇(南部)、迁江镇组成的优质粮蔗生产区(水稻、甘蔗、玉米、肉牛)为主体,七洞乡、良塘乡、桥巩镇、迁江镇(北部)组成的桑蔬生产基地(桑蚕、蔬菜、甘蔗、水果),大湾镇、正龙乡(北部)、蒙村镇、南泗乡、高安乡组成的渔蔗生产基地(渔业、甘蔗、肉牛、水果)为重要组成部分的农产品生产格局。同时,凤凰镇、良江镇、城厢乡、迁江镇农村地区应积极发展水果、蔬菜、花卉等产业,大湾镇、正龙乡、高安乡(北部)应积极发展渔业、甘蔗、粮食等产业。

图 8-9 来宾市兴宾区农业生产战略格局

8.2.3 象州县农业生产格局

象州县农业空间土地利用范围包括运江镇、罗秀镇、寺村镇、水晶乡以及象州镇、马坪镇除城镇空间以外的区域和大乐镇、中平镇、百丈乡被划入生态空间以外的村委会,该区域土地总面积 1 290.81 平方公里,占全县土地总面积的

67.30%。该区域是自治区重要的农产品生产基地,是来宾市现代农业发展和社会主义新农村建设的示范区。

根据象州县农业空间现状及其发展定位,构建"五大基地,种养结合"的农业生产格局(如图8-10所示)。重点建设优质粮食生产基地(主要分布于百丈乡、中平镇、大乐镇、罗秀镇、寺村镇、运江镇)、甘蔗种植生产基地(主要分布于寺村镇、水晶乡)、桑蚕产业生产基地(主要分布于百丈乡、中平镇、大乐镇、罗秀镇、寺村镇、运江镇)、特色水果生产基地(优质柑橘无公害商品基地主要分布于大乐镇、罗秀镇、寺村镇、百丈乡、中平镇,李子、柿子鲜食和加工原料商品基地主要分布于寺村镇、运江镇、中平镇,时令淡季水果生产基地主要分布于寺村镇)、蔬菜产业生产基地(立秋冬菜和马铃薯生产基地主要分布于寺村镇、百丈乡、中平镇、罗秀镇、大乐镇,食用菌生产基地主要分布于寺村镇、中平镇),为全县农特产品供应提供了基本保障。

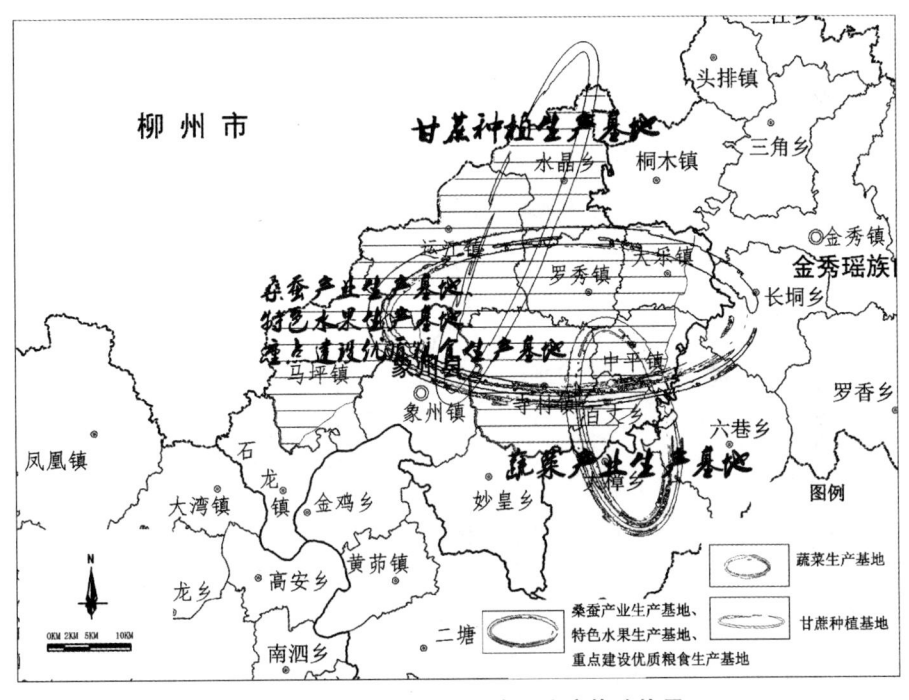

图8-10 来宾市象州县农业生产战略格局

8.2.4 武宣县农业生产格局

武宣县农业空间范围包括黄茆镇、禄新镇、思灵乡、通挽镇,三里镇中部和东乡镇西北部以及金鸡乡、二塘镇、武宣镇、桐岭镇除城镇空间以外的区域,该区域土地总面积为 1 201.32 平方公里，占全县土地总面积的 70.50%。该区是全国糖料基地、全国商品粮基地，是珠江—西江经济带有机农产品主要供给区和高端乳制品生产基地，是广西精品农业示范基地。

以来宾市国土空间优化方案划定的农业发展区域为主，以城镇空间和生态空间为辅，秉承主导农产品和辅助农产品相结合共促农业格局的原则，构建"一廊三区，主辅结合"的农业生产格局（如图 8-11 所示）。"一廊"即果蔬长廊（蔬菜、杂交柑种植、砂糖橘种植、牛心柿种植、葡萄种植），"三区"包括优质粮生产区（优质水稻种植、蔬菜种植、油葵种植）、粮油糖生产区（玉米种植、水稻种植、花生种植、油葵种植、甘蔗种植、桑蚕养殖、木薯种植）与畜禽生产区（夏南牛养殖、奶水牛养殖、山羊养殖、蔬菜种植）。具体为构建以珠江—西江沿岸、209 国道沿线 6 乡镇构成果蔬长廊主体，东乡镇、禄新镇适当发展的"果蔬长廊"；以二塘镇为主体，三里镇、东乡镇、通挽镇、禄新镇适当发展的"优质粮生产区"；以武宣镇、禄新镇、思灵乡、通挽镇、桐岭镇为主体，黄茆镇、三里镇、东乡镇、金鸡乡、二塘镇适当发展的"粮油糖生产区"；以黄茆镇、二塘镇、金鸡乡为主体，武宣镇、三里镇、通挽镇及思灵乡适度发展的"畜禽生产区"为主要框架的农业生产格局，成为全县农产品供应保障区域。

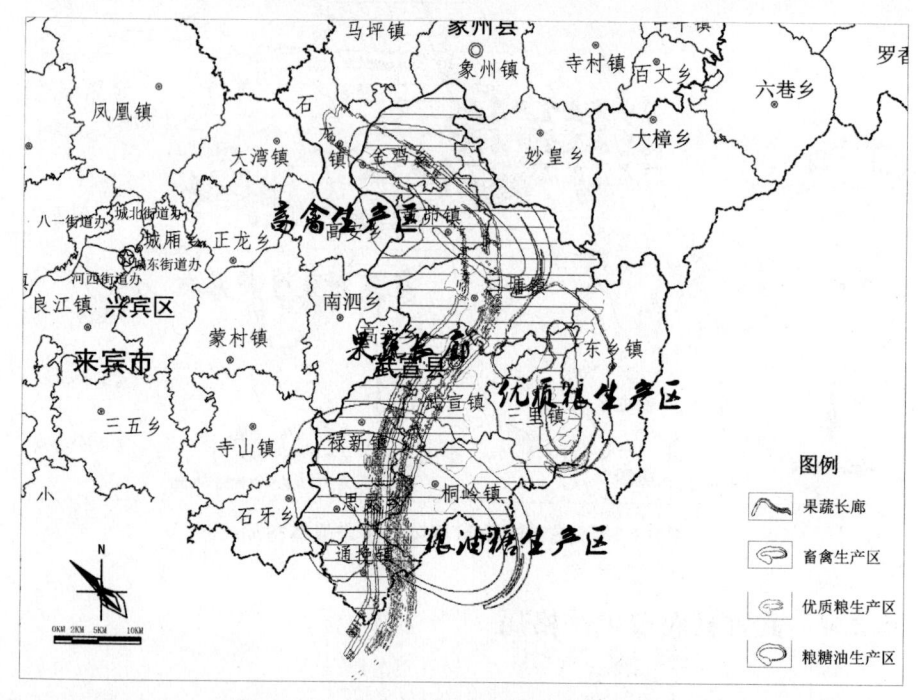

图 8-11　来宾市武宣县农业生产战略格局

8.2.5 忻城县农业生产格局

如图8-12所示，忻城县农业空间范围为大塘镇，该区域土地总面积305.2平方公里，占全县土地总面积的12.1%，占全县镇级行政区总数的8.83%。该区域具有规模化发展特色农产品的良好条件和巨大潜力。

图8-12 来宾市忻城县国土空间优化方案

8.2.6 合山市农业生产格局

如图8-13所示，合山市农业空间范围包括北泗镇中部和东南部、河里乡大部分区域，该区域土地总面积155.92平方公里，占全市土地总面积的42.6%。该区域是合山市主要的农产品产区，也是来宾市周边的休闲观光农业区。

图 8-13 来宾市合山市农业空间优化方案

8.2.7 金秀瑶族自治县农业生产格局

金秀瑶族自治县农业空间范围包括头排镇和三江乡，该区域土地总面积为 320.97 平方公里，占全县土地面积的 13.00%。该区域拥有良好的自然条件和农业生产基础，是金秀县主要农产品生产集聚区，并形成了以绿色生态为主打的"大瑶山"农产品品牌，具有良好的效益和口碑，能够充分发挥现有优势打造生态农业发展示范基地。

以来宾市国土空间优化方案划定的农业生产区为主，秉承绿色环保、形式多样、提升效益的发展原则，构建"两轮联动，共荣互促"的农业发展战略格局（如图 8-14 所示）。即以头排镇、三江乡构成的农业发展互动双心，将其建设成为全县生态农业发展区。

图 8-14 来宾市金秀瑶族自治县农业生产战略格局

8.3 生态安全格局

8.3.1 来宾市生态安全格局

以西江流域、大瑶山及忻城石漠化区域三大生态敏感区为重点推进生态安全格局构建。

构建"一屏一廊一区，山水相连"的生态战略格局（如图 8-15 所示）。构建沿大瑶山、圣堂山、莲花山、老山等水源林区域和森林保护区建立形成的金秀生态保护屏障，沿珠江—西江沿岸形成的水源保护生态走廊，以忻城县生态脆弱地区形成的石漠化重点保护区为主体，以交通廊道、城市绿地等为补充，形成山水相连的生态战略格局。

图 8-15 来宾市生态安全战略格局

8.3.2 兴宾区生态安全格局

兴宾区生态空间范围包括平阳镇、迁江镇西南部、良塘乡东部、凤凰镇西部和北部、七洞乡北部及东部，该区域土地总面积 695.67 平方公里，占兴宾区土地总面积的 15.80%。迁江镇西南部毗邻平阳镇，考虑其地貌、植被等要素，将其划入生态空间。该区域是兴宾区生态保育的重要区域，是来宾市绿色城市建设的重要载体。

根据兴宾区生态空间现状及发展定位，构建"一廊一区多点，山水环绕"的生态安全格局（如图 8-16 所示）。以珍稀鱼类、沿岸景观保护为重点的珠江—西江生态廊道为主体，平阳镇及迁江镇西南部、七洞乡东部和凤凰镇西部组成的生态保育区为辅助，水库、森林公园等为节点，交通廊道、城市绿地为补充，打造山水相间、蓝带及绿带环绕的生态战略格局。

图 8-16 来宾市兴宾区生态安全战略格局

8.3.3 象州县生态安全格局

象州县生态空间范围包括妙皇乡以及大乐镇、中平镇、百丈乡东部地区,该区域土地总面积 283.86 平方公里,占全县土地总面积的 14.80%。妙皇乡的大梭生态峡谷群等是象州县生物多样性最丰富同时也最脆弱的区域,在全县生物多样性保护、维持生态平衡、维护生态安全等方面具有特殊意义,同时也是打造自然生态游等生态友好型产业的典型区域。

根据象州县生态空间现状及发展定位,构建"一廊一区多点,相辅相成"的生态安全格局(如图 8-17 所示)。以妙皇乡为全县生物多样性保护的主体区域,以百丈乡、中平镇、大乐镇邻近大瑶山西麓的区域为生态绿廊,以其他限制开发的重点生态功能区和以点状分布的禁止开发区域为重要组成,使其成为保障全县生态安全的一大重地。

图 8-17　来宾市象州县生态安全战略格局

8.3.4　武宣县生态安全格局

武宣县生态空间范围包括东乡镇除风沿村以外的区域和三里镇的下江村和双龙村，该区域土地总面积为 257.30 平方公里，占全县土地总面积的 15.10%，是武宣生态核心区、生态产品主要供给区。

以来宾市国土空间优化方案划定的生态区域与珠江—西江沿岸为主，秉承水陆齐控，全方位、有重点、有层次的生态格局原则，构建"一屏一廊，水陆聚合"生态战略格局（如图 8-18 所示），具体为构建以东乡镇为生态保护屏障，以珠江—西江沿岸为生态保护长廊的生态战略格局，使其发展成为全县生态安全的主体区域。

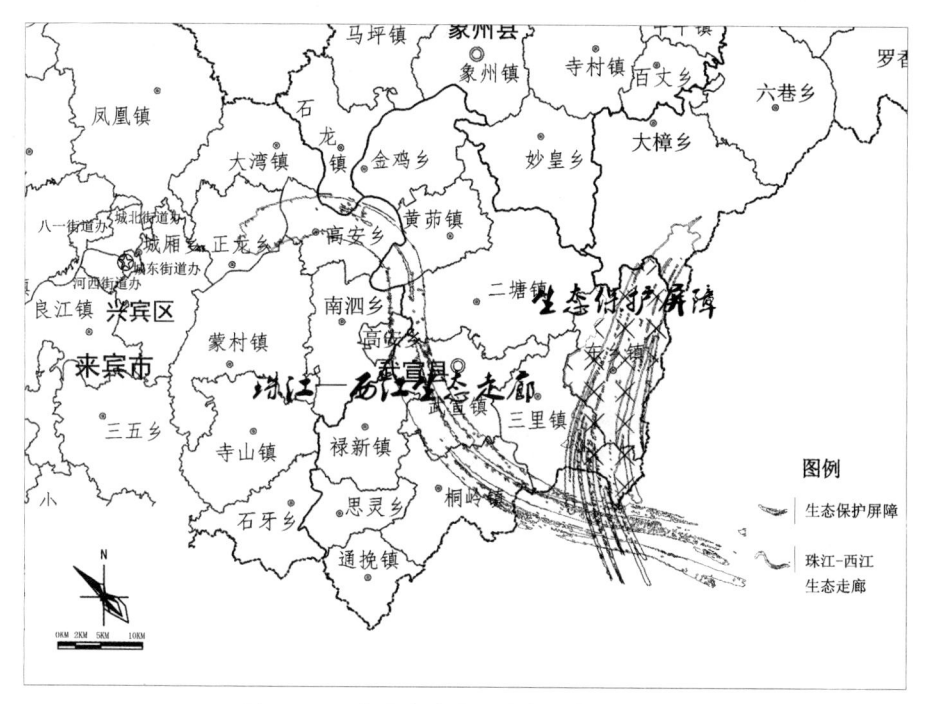

图 8-18　来宾市武宣县生态安全战略格局

8.3.5　忻城县生态安全格局

忻城县生态空间范围包括欧洞乡、马泗乡、果遂乡、新圩乡、北更乡、遂意乡、古蓬镇、安东乡及城关镇、红渡镇、思练镇除城镇空间以外的区域，该区域土地总面积2 050.39平方公里，占全县土地总面积的81.30%。该区域是保障全县生态安全和绿色生态农产品供给的重要区域和全县自然文化资源较集中区域，同时也是石漠化严重、生态较脆弱的区域。

根据忻城县生态空间现状及发展定位，构建"一廊一环，山水交融"的生态安全格局（如图8-19所示）。"一廊"，即以珠江—西江主干流的水体、岸线景观为生态走廊，严格控制与生态保护建设无关的开发，加强生态系统保护与修复，加强林草植被覆盖，建成绿色生态走廊。"一环"，即以县域各乡镇连绵的山地、丘陵森林生态系统，构筑环状的生态环境保护区域，加强生态环境保护和建设，控制国土开发强度，加大自然生态系统和环境保护力度，恢复增强生态系统稳定性。

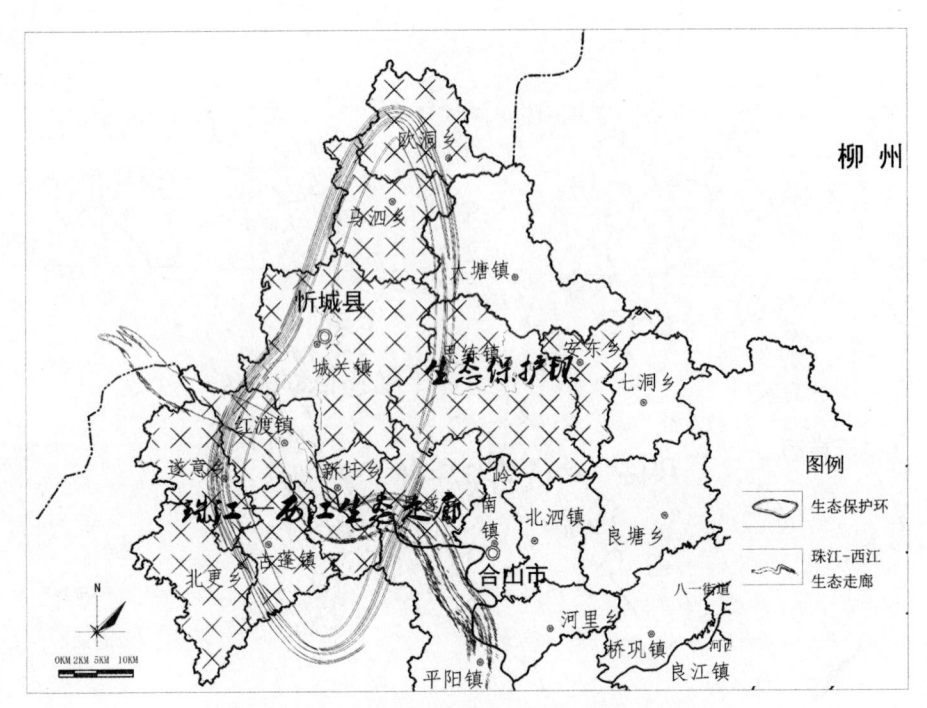

图 8-19 来宾市忻城县生态安全战略格局

8.3.6 合山市生态安全格局

合山市生态空间范围包括岭南镇西部和北部、北泗镇北部，该区域土地总面积101.75平方公里，占兴宾区土地总面积的27.80%。该区域是合山市森林资源较为集中的区域，同时也是生态比较脆弱的地区，需要加强生态建设和环境监测，提高生态产品质量，促进生态修复，增强区域环境承载能力，因此划入生态空间。来宾市合山市生态空间优化方案如图8-20所示。

8.3.7 金秀瑶族自治县生态安全格局

金秀瑶族自治县生态空间范围包括三角乡、忠良乡、长垌乡、罗香乡、六巷乡、大樟乡和金秀镇城镇空间以外的区域，该区域土地总面积为1 903.60平方公里，占全县土地面积的77.10%。该区域属于全市重要的生态屏障区和水源林涵养区，是维系珠江—西江流域水体安全和维护生物多样性的重要区域，生态环境保护具有重大意义，以保障生态区的基本生态功能和生物多样性为主要功能。

根据金秀瑶族自治县生态空间现状及发展定位，构建"一心一屏，山水相连"的生态安全格局。以来宾市国土空间优化方案划定的生态保护区为主，秉承生态先行、经济带动、巩固优化的发展原则，构建"一心一屏"的生态战略格局（如图8-21所示）。"一心"即以金秀镇为生态保护带动中心，"一屏"

即沿大瑶山、圣堂山、莲花山老山等森林保护区构建的生态保护屏障，使其建设成为全县生态保护与生态经济发展建设的示范区。

图 8-20　来宾市合山市国土空间优化方案

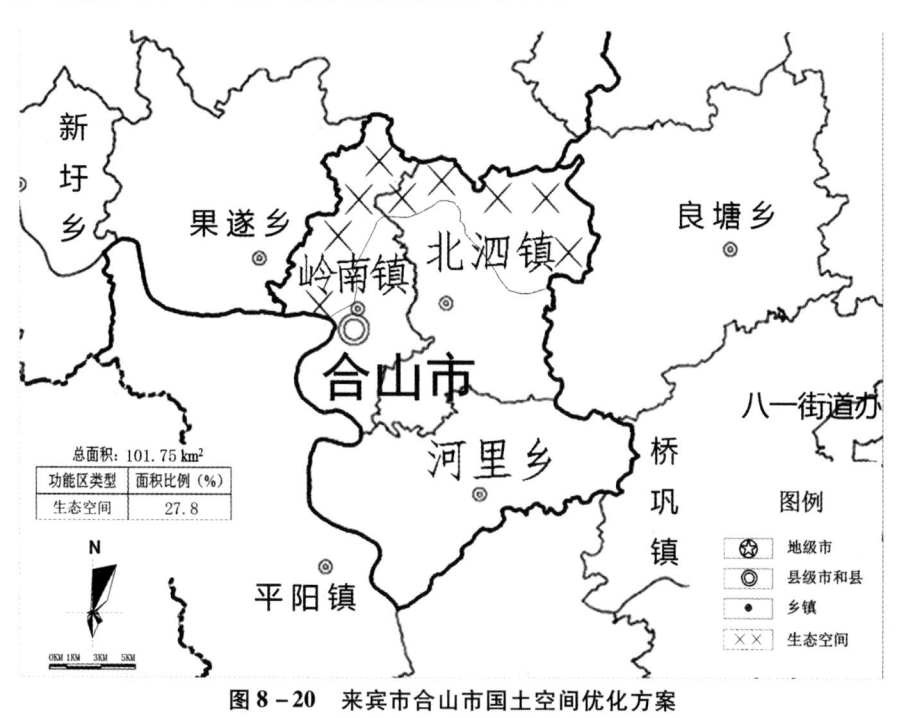

图 8-21　来宾市金秀瑶族自治县生态安全战略格局

第三篇

广西西江经济带产业发展与空间布局规划研究——以来宾武宣段为例

9 西江经济带（武宣段）产业现状分析

9.1 西江经济带（武宣段）产业发展现状

9.1.1 产业总体概况

1）经济发展态势良好，但沿江优势未凸显

武宣县经济形式保持良好，经济总量不断上升。2014年实现GDP 93.28亿元，比上年增长8.40%，较2006年23.65亿元增加了69.63亿元（如图9-1所示），增长

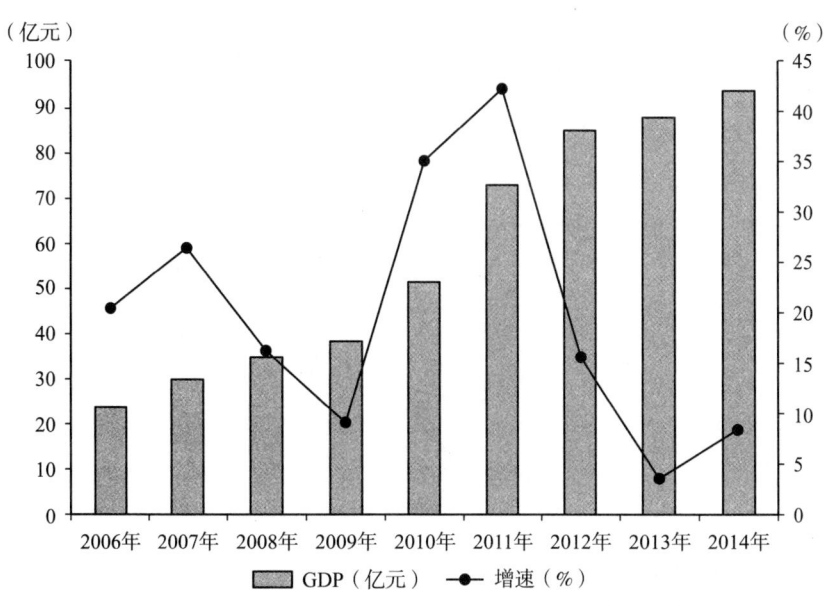

图9-1 2006~2014年武宣县GDP发展变化

了 3.94 倍；人均 GDP 由 2006 年的 5 935 元增加到 2014 年的 25 773 元（如图 9-2 所示），增长了 4.34 倍。经济总量占来宾市经济总量百分比由 2006 年的 12.00% 上升到 2014 年的 16.92%（如图 9-3 所示），超过象州县、忻城县，成为来宾市经济发展第二大城市，经济增长稳中有进。但武宣县经济发展与沿江港口的依存度较低，由武宣港完成的与本地经济密切相关的主要以矿产资源的运输为主（如图 9-4 所示），港口服务业、沿江旅游业等发展相对滞后，且各主要产业结构的沿江特色不明显，沿江地区也尚未形成一批足以带动全县经济发展的支柱产业，沿江产业对经济的拉动作用尚不明显。

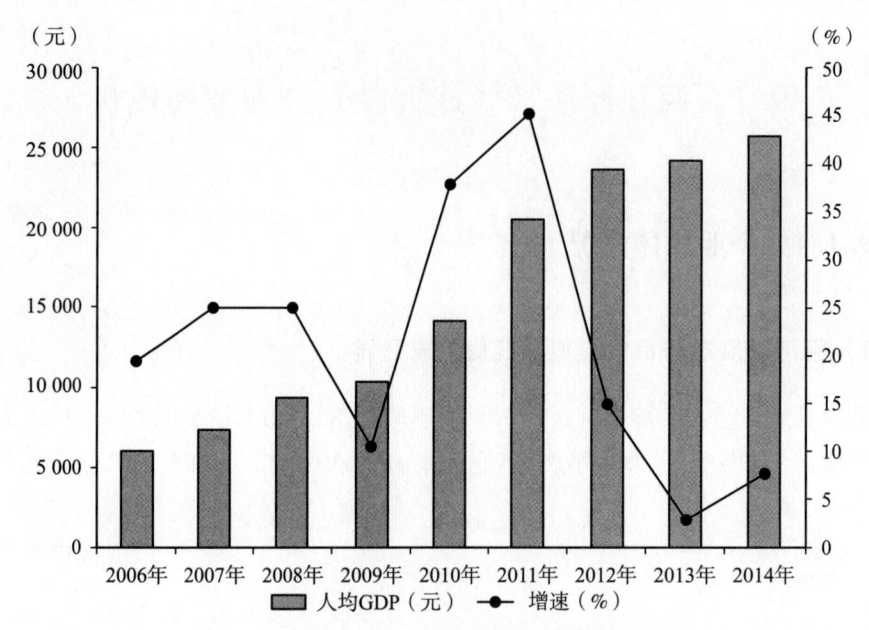

图 9-2　2006~2014 年武宣县人均 GDP 变化

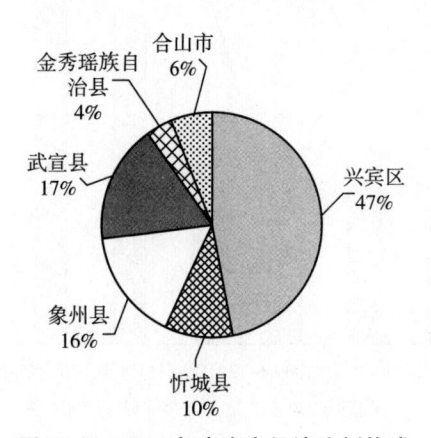

图 9-3　2014 年来宾市经济比例构成

9 西江经济带（武宣段）产业现状分析

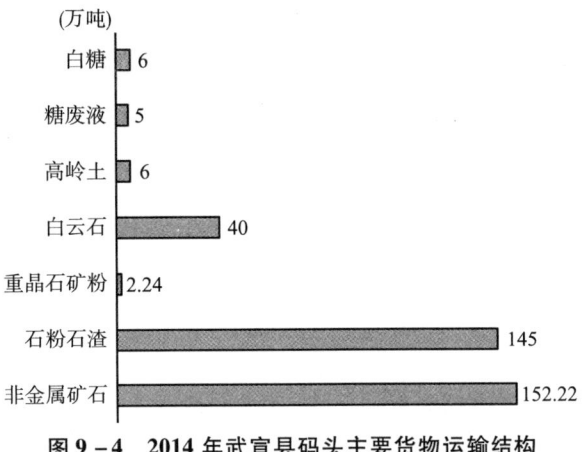

图 9-4　2014 年武宣县码头主要货物运输结构

2）工业化进程稳步推进，但产业发展规模待提升

武宣县围绕"工业强县"的发展理念，扎实推进工业化进程。工业生产总值由 2006 年的 6.86 亿元上升到 2014 年的 44.43 亿元（如图 9-5 所示），增加了 37.57 亿元，增长约 6.48 倍。武宣县的工业化进程不断推动产业结构调整，三次产业结构由 2006 年的 45.4∶26.0∶28.6 调整为 2014 年的 25.3∶47.6∶27.1（如图 9-6 所示），产业发展结构由原来的"一三二"调整变化为"二三一"结构，逐步适应地区经济发展需要，产业推进动力进一步加强。但就经济发展需要而言，武宣产业发展规模总体偏小。与来宾市内部主要城市相比，产业发展整体实力不强，发展优势不明显（如图 9-7 所示）。放大到整个西江经济带中，在与柳江、横县、苍梧等主要沿江县城对比中可以明显发现武宣县产业生产规模偏小（如图 9-8 所示），尚未形成具有规模性的集群效应。

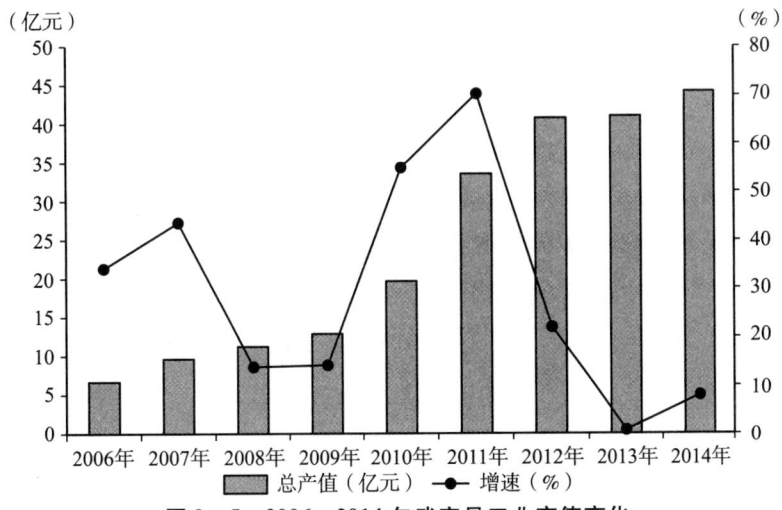

图 9-5　2006～2014 年武宣县工业产值变化

图 9-6　2006~2014 年武宣县三次产业结构变化

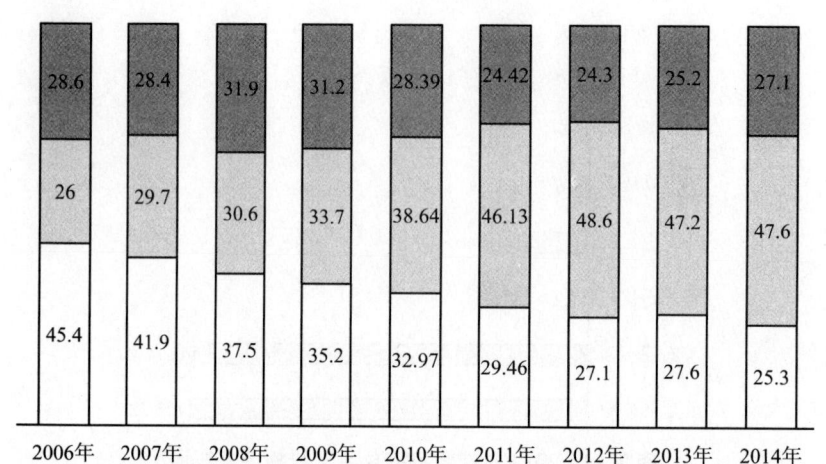

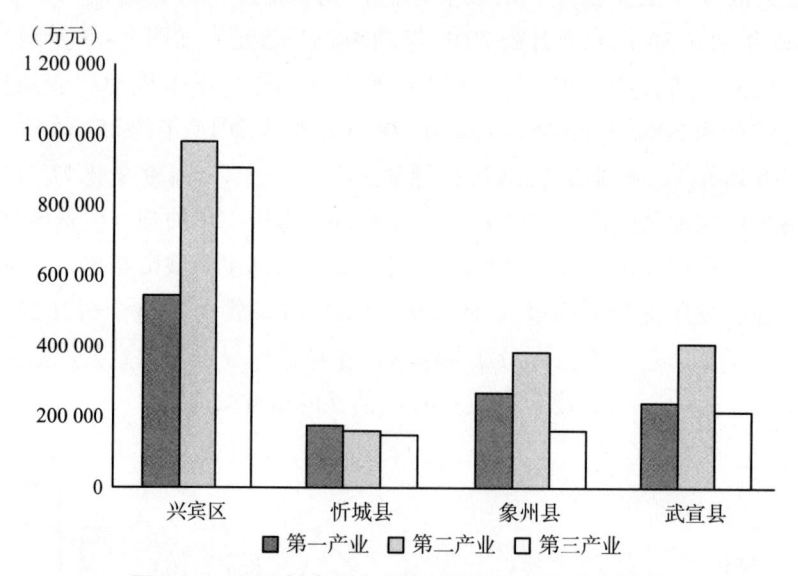

图 9-7　2014 年来宾市主要城市三次产业产值比较

3）产业吸纳就业能力逐步增强，但要加快就业结构转变

武宣县产业发展对就业吸纳的能力随着经济的发展不断地增强。数据显示，武宣县就业人数由 2010 年的 15 687 人增加到 2014 年的 16 356 人（如图 9-9 所示），增加了 4.3%，与经济发展呈现高度趋同性和相关性，就业态势良好。但从就业内部结构而言，武宣县吸纳就业人数最多是制造业（2 381 人），其次是农林牧渔业（1 708 人），第三是租赁和商务服务业（503 人），农业就业人数偏高，而服务业就业人数偏低；以低水平就业为主，高新技术就业规模较小，

劳动力素质普遍偏低（如图9-10所示）。反映出武宣县产业发展现代化水平偏低，主要以劳动密集型产业为主，同时服务业发展相对薄弱，对就业吸纳能力不足。

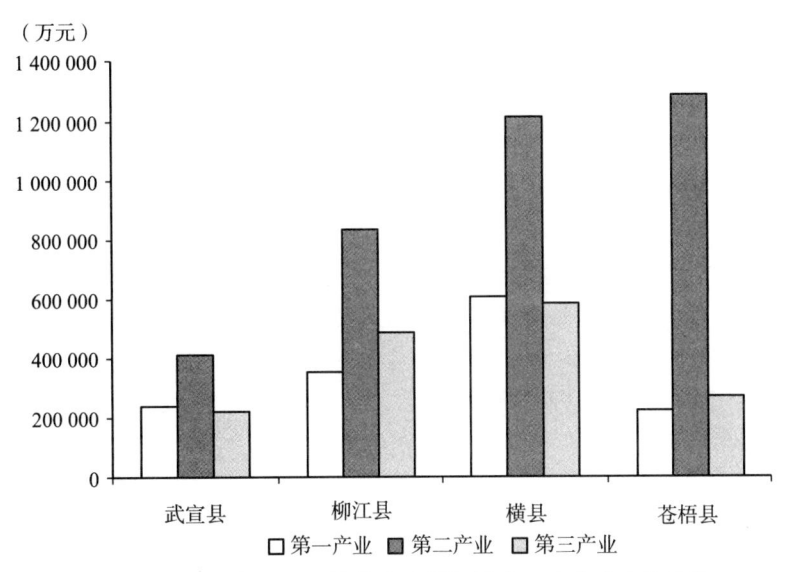

图9-8 2014年西江经济带主要沿江城市三次产业产值比较

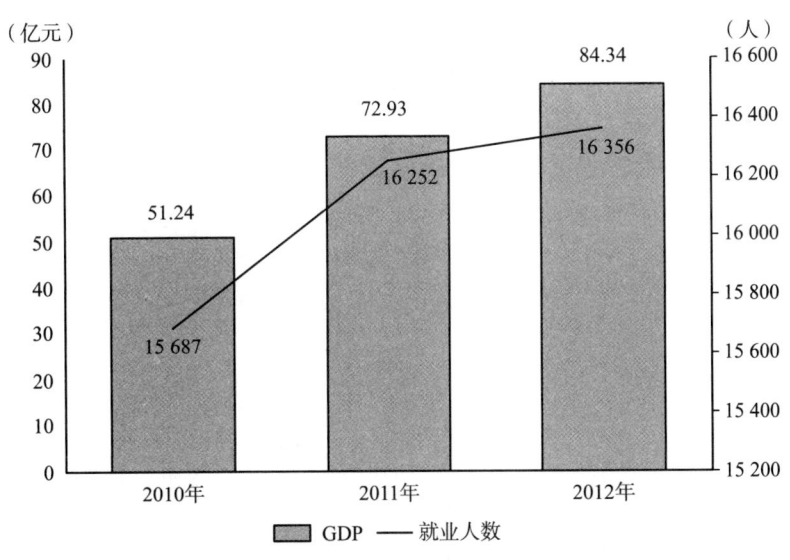

图9-9 武宣县经济发展和就业人数变化对比

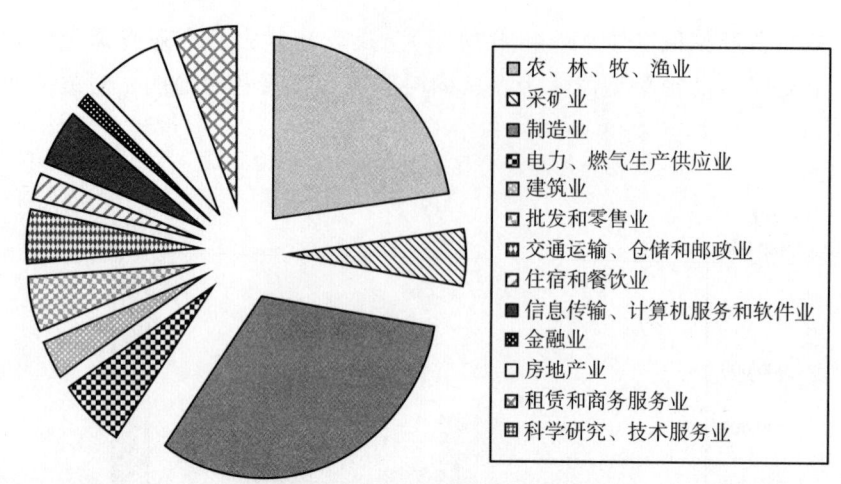

图 9-10 2014年武宣县就业结构

9.1.2 第一产业发展现状

1）农业生产稳步发展，产业化水平仍待提高

数据显示，武宣县农业总产值逐年攀升。2014年全县实现农业总产值38.82亿元，比上年增长2.1%，较2006年农业产值翻了一番（如图9-11所示）。主要农产品生产稳定，农作物总播种面积72.24千公顷，比上年增加了0.5%。农业发展推动农民生活质量的改善，农村居民纯收入不断增加，2014年武宣县农民人均纯收入达到7 647元（如图9-12所示），比上年增长了9.3%，自2009年后连续5年增幅达到两位数。

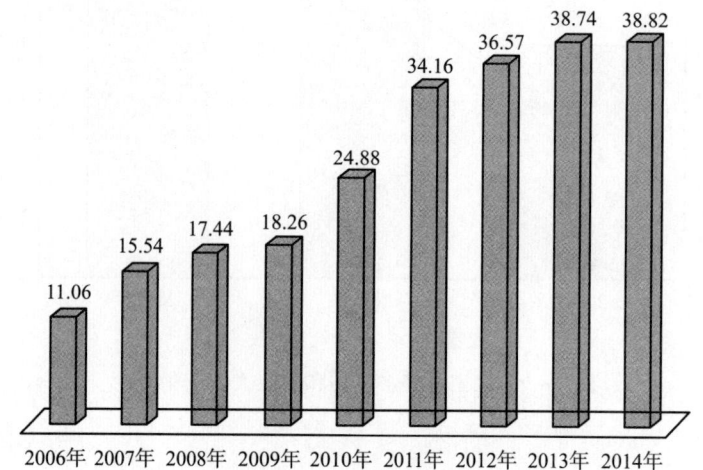

图 9-11 2006~2014年武宣县农业产值变化

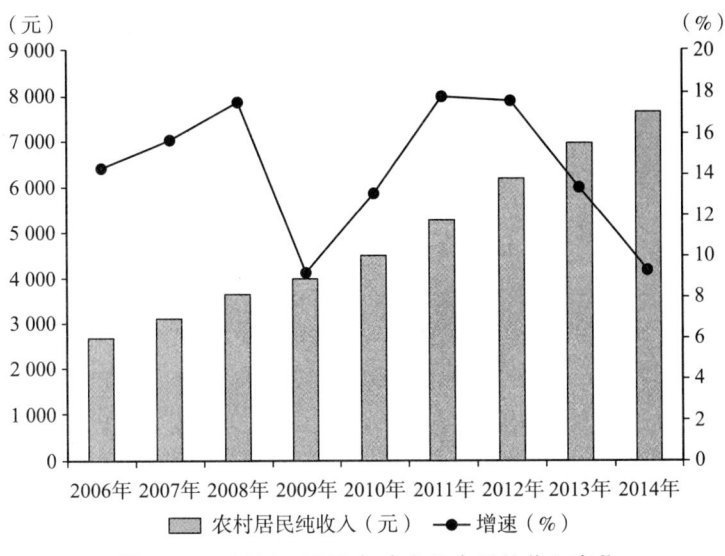

图 9-12　2006~2014 年武宣县农民纯收入变化

武宣县在推进农业经济发展的同时，不断加强农业产业化水平的提升。扶持培育了武宣县双髻龙茶业有限责任公司、武宣县伟业淀粉公司、广西武宣县粮油食品加工厂、东尊食品加工厂、武宣县平和米业有限公司等农业龙头企业。

但龙头企业层次不高，均未达到自治区级、国家级等高水平级别。多数企业以原料初级加工为主，产品附加值低，市场竞争力不强。农产品品牌化进程慢，武宣县培育的东乡河马的传统名牌"双髻龙"茶，农产品品牌少，市场知名度不高，影响了武宣县农业市场的占有率。

2）农业产业结构不断调整，但要加快完善产业体系

武宣县不断推进农业产业结构调整，农林牧渔比例由 2006 年的 10.9∶0.4∶0.1∶0.5 调整为 2014 年的 23.9∶3.2∶9.5∶1.2（如图 9-13 所示），各行业比例均有不同程度的增加，并形成了优质谷、甘蔗、水果、食用菌、蔬菜等支柱产业（如图 9-14 所示）。从武宣县农业发展规模来看，武宣县农产品以种植业为主导，养殖业中的畜牧业、渔业发展规模偏小，产业结构相对单一，农业抗风险能力较弱。同时农产品物流发展相对滞后，物流成本居高不下，农产品的运输主要依靠农户和农产品加工企业，专业型运输、仓储公司缺乏，农业服务发展不完善，阻碍了武宣县农产品销售市场的扩张。

```
40
35
30
25
20
15
10
 5
 0
   2006年 2007年 2008年 2009年 2010年 2011年 2012年 2013年 2014年
              ■ 农业 □ 林业 □ 牧业 ■ 渔业
```

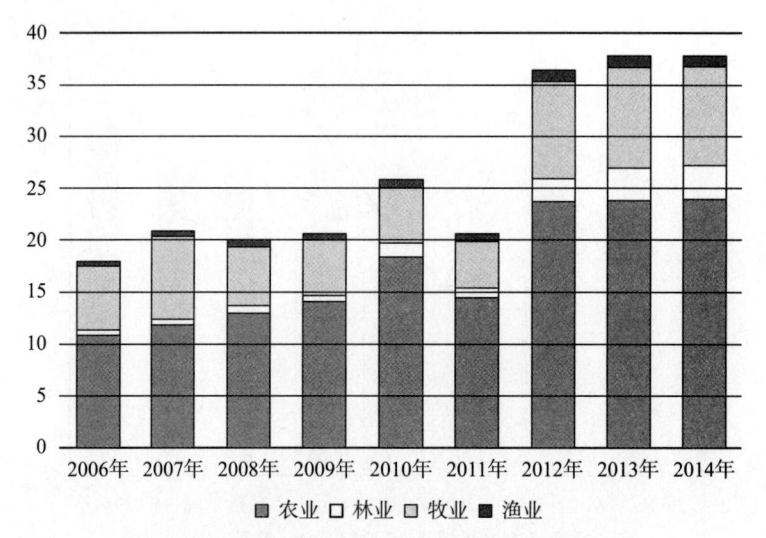

图 9-13 2006~2014 年武宣县农业产业结构变化

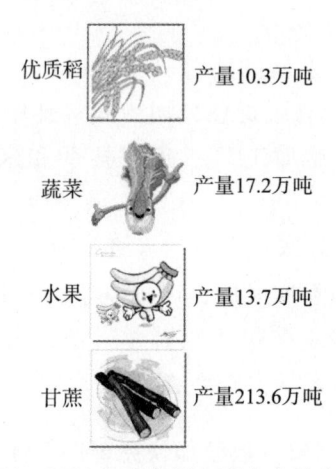

优质稻　　产量 10.3 万吨

蔬菜　　　产量 17.2 万吨

水果　　　产量 13.7 万吨

甘蔗　　　产量 213.6 万吨

图 9-14 2014 年武宣县主要农产品生产情况

3) 农业机械化水平不断提高，农民素质有待提高

数据显示，2012 年武宣县拥有农用机械共 26 635 台（如图 9-15 所示），实现机耕面积 46.55 千公顷，机播面积 11.43 千公顷，机收面积 21.62 千公顷，分别增长 12.25%、70.75%、47.33%，同时建设有特色产业基地约 71.5 万亩，农业劳动生产率获得明显提升。但农民文化水平和科技素养普遍偏低，初中文化水平占总人口的 57.83%，高中文化水平 9.98%，专科文化水平 2.97%，本科及以上文化水平仅占 0.89%（如图 9-16 所示）。低水平的农民素质限制了先进机械装备和农业科技成果的推广应用，制约武宣县农业现代化的推进。

图 9-15 2012 年武宣县农业机械化发展情况

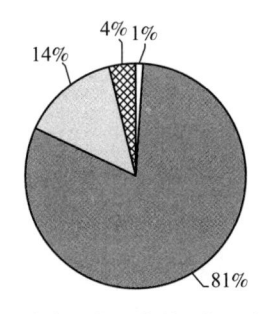

图 9-16 2012 年武宣县农民受教育情况

9.1.3 第二产业发展现状

1）工业经济贡献率不断加大，工业化推进任务艰巨

数据显示，武宣县经济增长与工业增加值存在显著的正相关性，工业增加值占 GDP 比重由 2002 年的 7.74% 增长到 2012 年的 47.63%（如图 9-17 所示），相比来宾市平均水平 32.45% 高出 15.18 个百分点，工业发展对经济增长的贡献率逐年增强，工业经济不断壮大。根据国际工业化阶段判断标准（如表 9-1 所示），武宣县工业增加值占 GDP 比重已经接近工业中期发展水平，但由于农业占经济比重仍较高，而服务业比重相对较低，武宣县工业化发展处于初期向中期转型阶段，发展空间巨大。

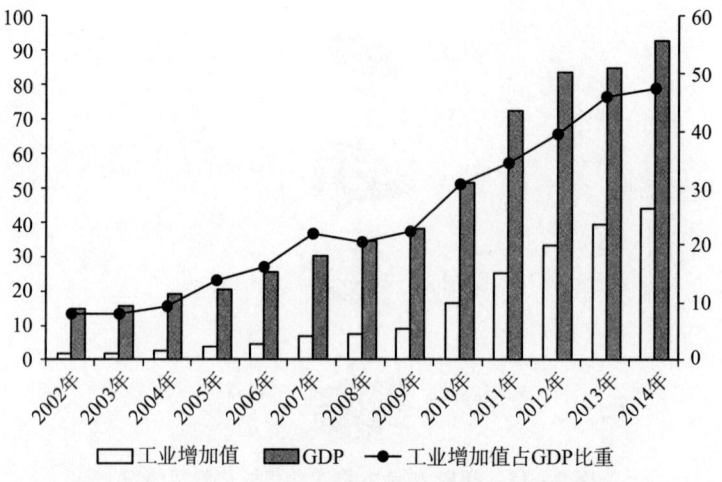

图 9-17　2002~2014 年武宣县工业经济增长贡献情况

表 9-1　　　　　　　　　　工业化发展阶段判断标准

项目	工业化标准水平				武宣县
	初期阶段	中期阶段	后期阶段	后工业化时期	
农业就业占全社会就业人数比重（%）	80	50	20	10	73.73
工业增加值占GDP比重（%）	15	40	35	30	47.63
三次产业结构	一产＜33.7 二产＞28.6 三产＞37.7	一产＜15.1 二产＞39.4 三产＞45.5	一产＜14.0 二产＞50.9 三产＞35.1	一产＜14.0 二产＜50.0 三产＞36.0	一产：25.3 二产：47.6 三产：27.1

2) 产业体系建设加快，循环产业链发展待完善

武宣县始终秉持"工业强县"的发展理念，立足资源优势和产业基础，发展建设有制糖、矿产、木制品加工、建材等重点产业，并积极引进上下游产业项目，初步形成以制糖、矿产品加工、冶炼为主的工业体系（武宣县工业区主要入园企业名单如表 9-2 所示）。但现有产业主要发展产业链的核心环节，上下游产业配套不足，产业间的关联度仍十分薄弱，尤其是循环产业链的构建仍存在一定空白，循环经济发展任务依旧艰巨。

表 9-2　　　　　　　　　武宣县工业区主要入园企业名单

工业片区名称	园区发展方向	主要入园企业
城东工业园区	重点布局轻纺及其他轻工业产业	武宣兴东鞋业有限公司、武宣建力电子制品有限公司、武宣宝竹纺织有限公司

续表

工业片区名称	园区发展方向	主要入园企业
河西工业园区	重点布局铅锌废渣综合利用回收金属、冶炼、矿产品加工业等	广西敏诚矿业有限公司、武宣汇丰实业有限公司、武宣广峰矿业有限公司、广西武宣宏林林业发展有限公司、武宣宝丰矿业有限公司
黔东工业园区	重点布局制糖、食用酒精、造纸、生物化肥和码头、仓储物流业	广西农垦国有黔江制糖有限公司、农垦思源酒业有限公司、广西金竹源纸业有限公司
黔西工业园区	重点布局建材、碳酸钙等矿产品系列深加工、化冶产业	华润水泥（武宣）公司、广西（来宾）东昇纸业有限公司、广东亿丰矿业有限公司、广西华纳新材料有限公司、广西伟业淀粉有限公司

9.1.4 第三产业发展现状

1）产业发展规模逐步增大，但对经济贡献率仍需增强

近几年，武宣县服务业获得快速发展，2014 年第三产业实现总产值 25.21 亿元，同比增长 10.2%，约是 2006 年 7.15 亿元的 3.53 倍。相比来宾市内其他城市，2014 年武宣县服务业占来宾市 GDP 仅次于兴宾区（如图 9-18 所示），产业发展实力明显增强。但就发展规模和发展层次而言，武宣县服务业仍处于较低水平。2014 年第三产业增加值占 GDP 比重为 27.02%，低于工业增加值比重 20.61%（如图 9-19 所示），对经济增加的带动作用略显不足。

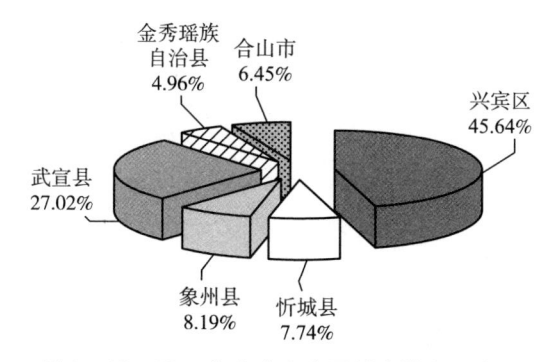

图 9-18　2014 年来宾市主要城市服务业比重

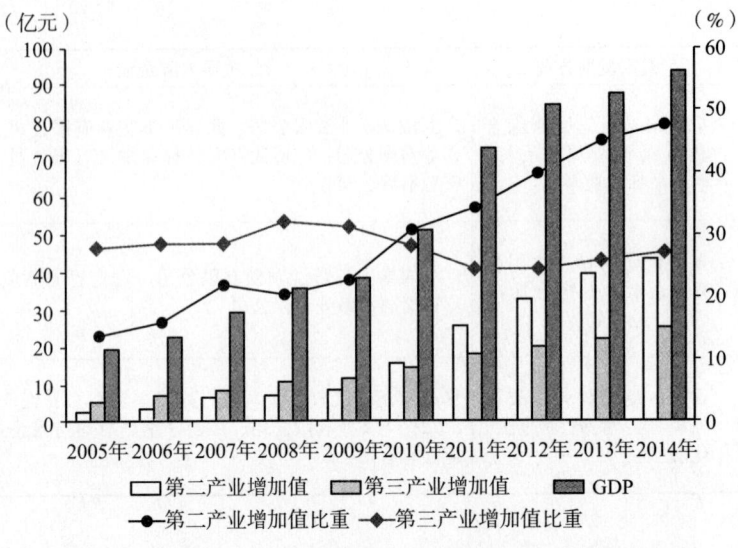

图 9-19 2005~2014 年武宣县工业和服务业经济贡献率比较

2）传统服务业稳步发展，但新型服务业发育不足

武宣县批发零售业、交通运输、仓储和邮政业等传统行业稳步发展。数据显示，武宣县服务业中以批发和零售业发展规模最大，2014 年实现产业总产值 4.3 亿元；其次是批发和零售业为 3.68 亿元和房地产业 2.78 亿元，在第三产业比重中分列前三名（如图 9-20 所示）。但相比而言，新兴第三产业发展比较缓慢。一是旅游业发展缓慢，旅游资源没有得到有效利用，不能形成龙头带动作用；二是房地产业、信息服务业、金融保险业等发展有待进一步提升，以推动第三产业结构的优化调整。

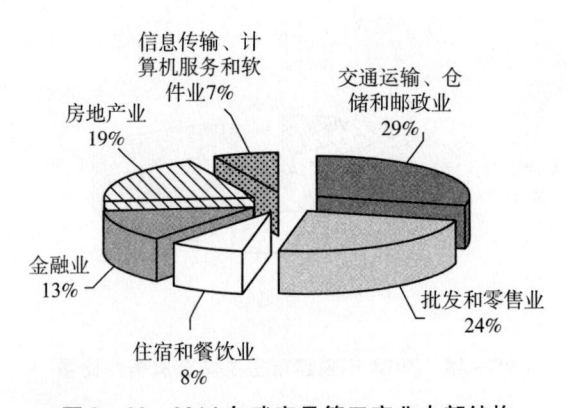

图 9-20 2014 年武宣县第三产业内部结构

9.2 西江经济带(武宣段)产业空间布局现状

9.2.1 第一产业布局现状

1) 第一产业空间布局概况

武宣县土地总面积为 2 468.79 平方公里,2013 年农作物种植面积为 70 455 公顷,占总面积的 28.54%,其中粮食作物种植面积为 27 634 公顷,占总面积的 11.19%;糖料种植面积为 28 835 公顷,占总面积的 11.68%;油料种植面积为 3 515 公顷,占总面积的 1.42%;蔬菜种植面积为 6 896 公顷,占总面积的 2.79%;其他农作物种植面积为 3 575 公顷,占总面积的 1.45%。武宣县农业空间布局情况如表 9 - 3 所示。

表 9 - 3　　　　　　　　武宣县农业空间布局概况

产业名称			空间布局
农业	粮食产业	优质谷	武宣镇、二塘镇、桐岭镇、三里镇、黄茆镇、东乡镇、通挽镇、禄新镇、思灵镇、金鸡乡
		玉米	禄新镇
		马铃薯	黄茆镇、东乡镇、通挽镇、思灵乡、金鸡乡
	糖料蔗产业		武宣镇、二塘镇、桐岭镇、三里镇、黄茆镇、东乡镇、通挽镇、禄新镇、思灵乡、金鸡乡
	油料产业	油菜	黄茆镇、通挽镇、东乡镇、金鸡乡
		油葵	武宣镇、东乡镇
	水果产业	牛心柿	二塘镇、三里镇
		胭脂李	三里镇
		果蔗	三里镇
		哈密瓜	桐岭镇
		杂交柑	桐岭镇
		西瓜	武宣镇
		红心柚	东乡镇、三里镇
		龙眼	黄茆镇

续表

产业名称			空间布局
农业	蔬菜产业		三里镇、黄茆镇、东乡镇、通挽镇、禄新镇、金鸡乡、思灵乡
	食用菌产业		二塘镇、桐岭镇、三里镇、禄新镇
	桑蚕产业		三里镇、禄新镇
林业	速生丰产林		桐岭镇、通挽镇、禄新镇、金鸡乡
	茶业		东乡镇、通挽镇、金鸡乡
畜牧业	肉牛产业		黄茆镇（夏南牛）、二塘镇、金鸡乡
	生猪产业		通挽镇、金鸡乡
	家禽产业	肉鸭	东乡镇、思灵乡
		肉鸡	黄茆镇、思灵乡
		肉鹅	思灵乡
		芦花鸡	武宣镇、二塘镇
		兔	东乡镇
	山羊产业		黄茆镇、禄新镇、思灵乡、金鸡乡（其中黄茆镇和禄新镇以黑山羊为主）
	奶牛产业		武宣镇、三里镇
	黑豚产业		二塘镇、禄新镇
渔业	水产产业	黄沙鳖	武宣镇、东乡镇、禄新镇

目前武宣县种植业和畜牧业在全县范围内均有一定分布，种植业遍布全县10个乡镇，以特色农业基地为带动，主要分布在南部和东部（如图9-21所示）；畜牧业多以小规模的"多品一镇或乡"或"一品多乡或镇"的生产格局零星分布；林业主要集中在南部，渔业则布局在东部和西南部，林业和渔业分布相对集中但规模小（如图9-22所示）。

2) 第一产业空间布局现状特征

呈现"一心一带"生产格局（如图9-23所示）。武宣县第一产业的生产职能主要布局在郊区及各乡镇，而为农产品提供销售、信息、技术咨询等服务职能则集中在县城。武宣县第一产业开始在空间上出现职能分化的趋势，但集聚度还不高，虽然还不能形成完整的体系，但已初步呈现"一心一带"的生产格局。"一心"即为县城一产服务中心，"一带"即为以分布在东乡镇、三里镇、桐岭镇、禄新镇、思灵乡和通挽镇等乡镇的特色农业基地集聚形成的特色种植带。

9 西江经济带（武宣段）产业现状分析

图 9-21 武宣县特色农业基地分布现状

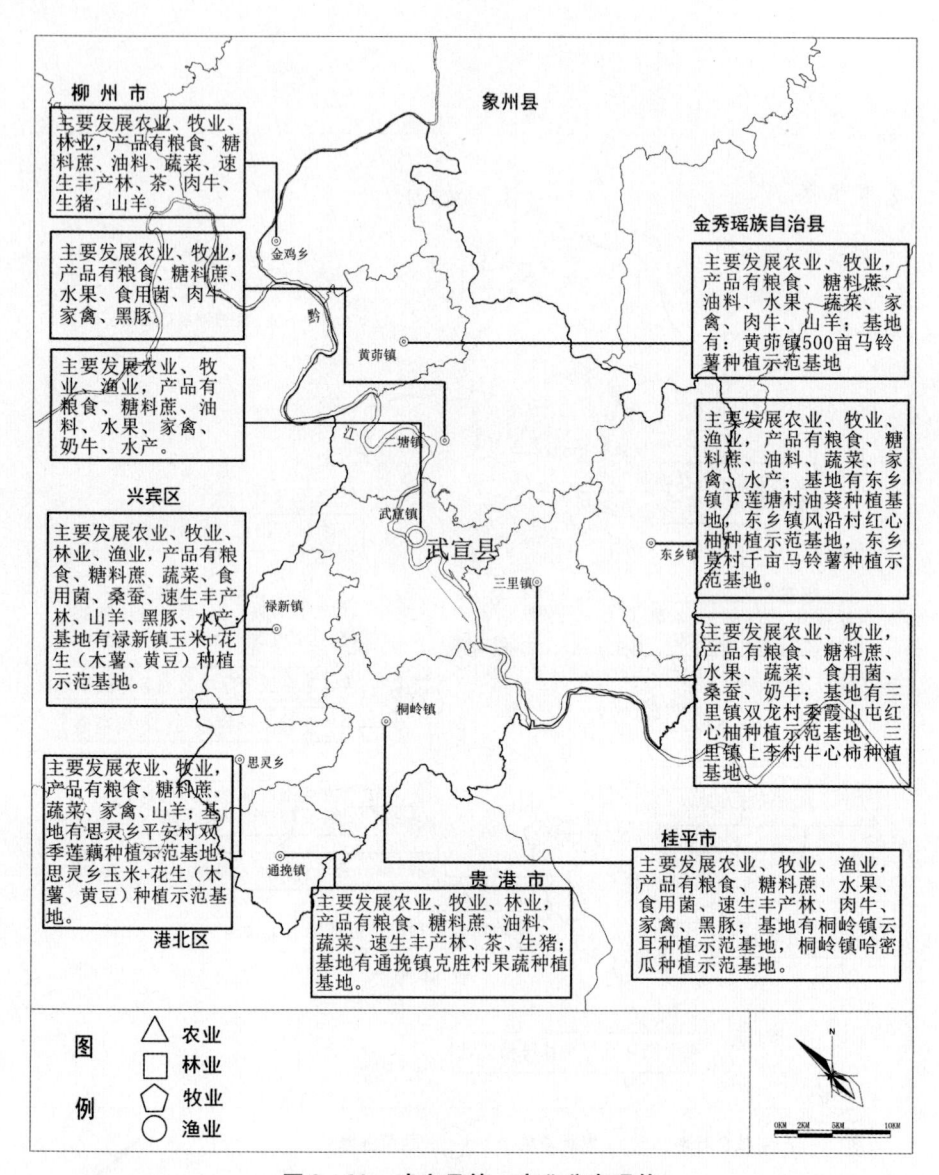

图 9-22 武宣县第一产业分布现状

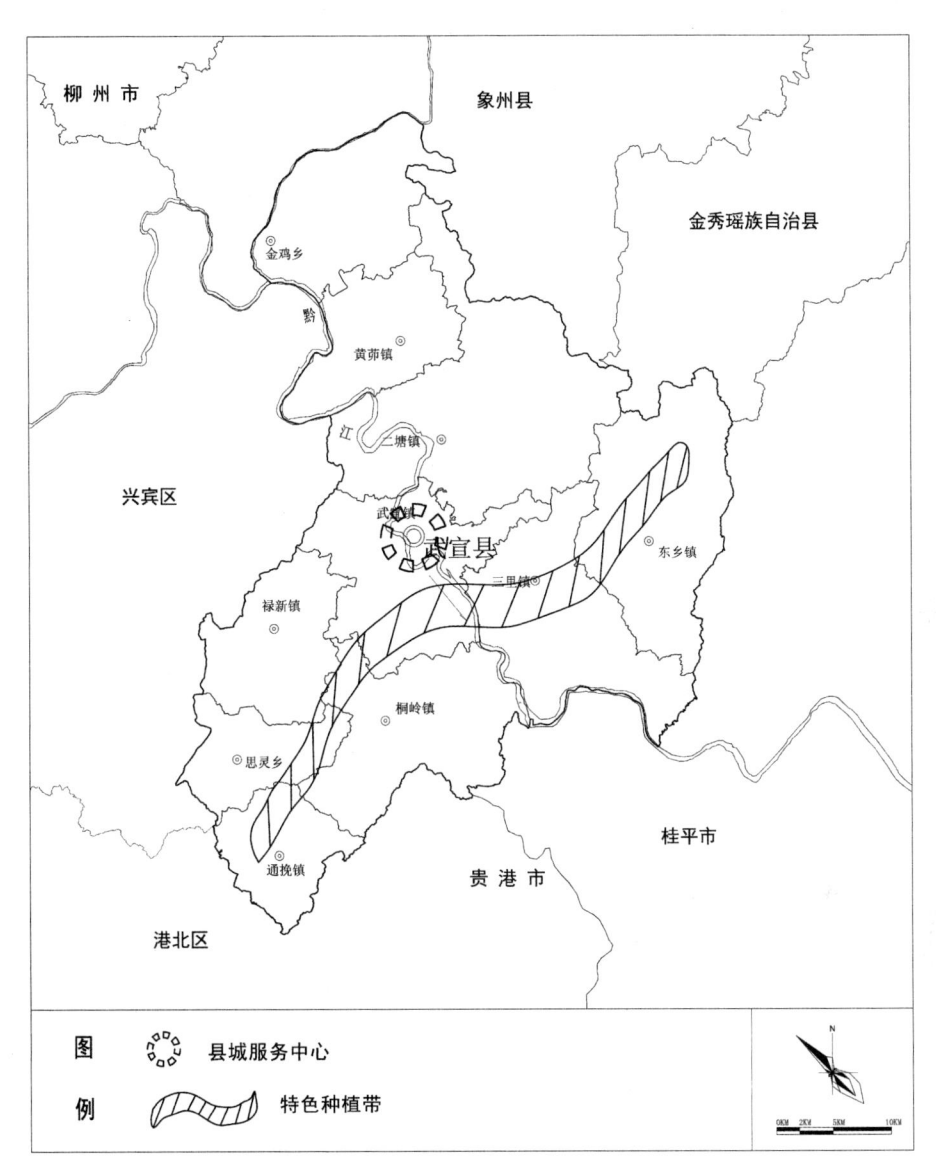

图 9-23 武宣县第一产业空间布局现状

9.2.2 第二产业布局现状

1）第二产业空间布局概况

武宣县以冶金、建材、制糖、农林产品加工四个传统产业和纺织服装、机械加工、矿产品加工三个新兴产业为发展重点，深入落实"工业强县"战略，重点建设一园四区，包括城东轻纺工业园、河西矿产品加工工业园、黔东制糖循环经济工业园、黔西建材工业园，随着产业园区的不断完善，工业发展重心从中心城区向工业园区转移，这四个工业园区已成为全县工业发展的重要载体和新的增长点（如表9-4所示）。

表9-4　　　　　　武宣县第二产业空间分布情况

产业名称			空间布局	
			工业园	所在乡镇
采矿业	白云石加工业		河西矿产品加工工业园、白云石产业园，禄新镇工业区	武宣镇、禄新镇
	矿产品采选业		河西矿产品加工工业园、黔西建材工业园，桐岭镇工业区	武宣镇、桐岭镇
制造业	农副产品加工业	制糖业	黔东制糖循环经济工业园	武宣镇
		精制茶制造业	—	东乡镇
	冶金业		河西矿产品加工工业园、黔西建材工业园、桐岭镇工业区	武宣镇、桐岭镇
	非金属矿物制品业	水泥制造业	黔西建材工业园	武宣镇
	纺织业		城东轻纺工业园	武宣镇
	木材加工		河西矿产品加工工业园，桐岭镇工业区、金鸡乡工业区	武宣镇、金鸡乡
	造纸和纸制品业，化学原料和化学制品制造业，橡胶和塑料制品业		黔东制糖循环经济工业园、城东轻纺工业园	武宣镇
电力、燃气及水的生产和供应业			沿陆上交通线布局	各乡镇

2) 第二产业空间布局现状特征

基本形成"一心一区"格局（如图 9-24 所示）。武宣县第二产业以产业门类集聚入主园区，承担生产职能，地理上沿黔江两侧、沿交通干道分布以及结合中心城区外的工业园区和重点镇布局；而为工业提供信息、技术等服务职能则集中在县城（如图 9-25 所示）。工业布局格局已初具形态，但还不够完善，基本形成了"一心一区"格局，"一心"即为武宣县城二产信息技术服务中心，"一区"即以沿黔江两岸分布的沿江产业集聚区。

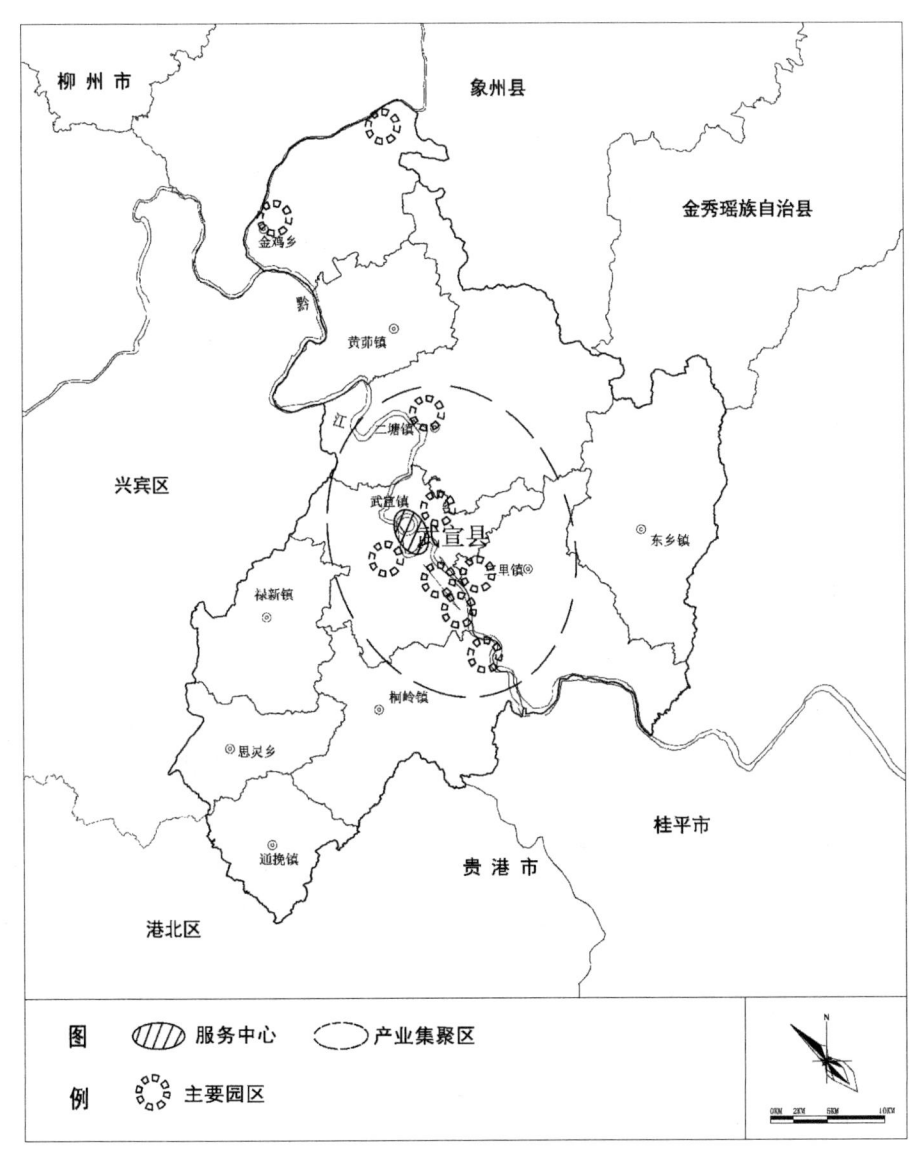

图 9-24 武宣县第二产业空间布局现状

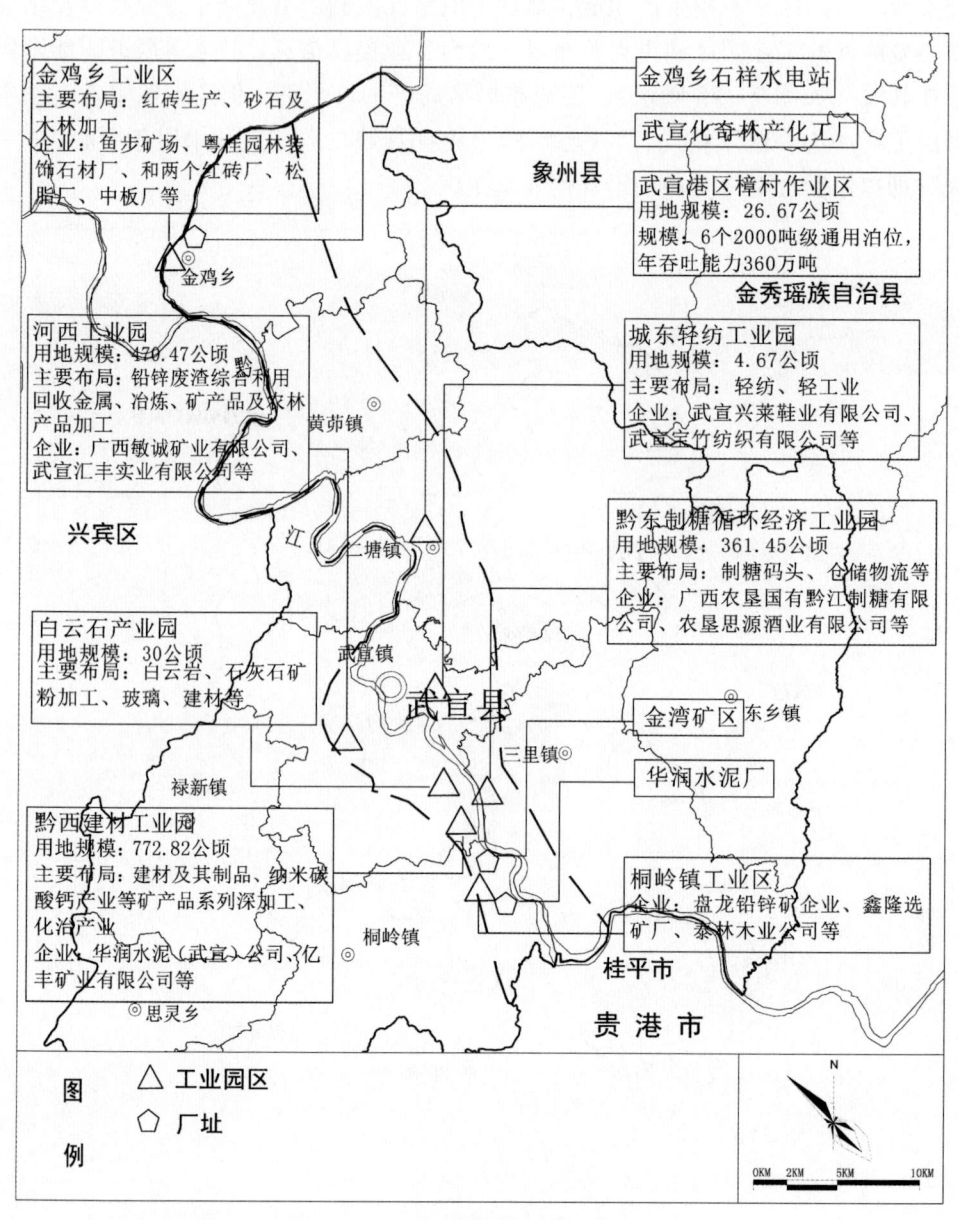

图 9-25 武宣县临港产业布局现状

9.2.3 第三产业布局现状

1) 第三产业分布概况

武宣县第三产业主要发展传统低端服务业，数量与种类相对齐全的生产性和生活性服务业主要集中在县城，如批发和零售业，仓储和邮政业，住宿和餐饮业，信息传输、软件和信息技术服务业，金融业，房地产业，教育，文化、体育和娱乐业等，乡镇以市集为基本单元集聚分布，主要发展批发零售和餐饮类；整体相对分散，还未形成相同或相近业态的集聚区。

武宣县正在加强发展物流运输业，建设运作规范的物流园区、物流中心、配送中心及货运站场，客运方面已有7个客运服务站和二塘朗村渡口、武宣陈家岭渡口、三里勒马渡口等客运码头；货运方面已有7家陆路货运企业和4家水运公司，并建设了港务所码头、巨龙公司双狮码头、二塘樟村码头等具备集装箱装卸功能的货运码头。

武宣县旅游业主要分布在中东部，如武宣镇的文庙、西街码头，八仙天池，东乡镇的百崖大峡谷、下莲塘特色文化名村、刘炳宇庄园等特色旅游。

2) 第三产业空间布局现状特征

部分行业集聚形成各具特点的空间形态。商贸服务业以县城为中心，乡镇为次中心，以城镇集聚形成一心多点的发展格局（如图9-26所示）；运输物流业，以码头为带动，形成沿江带状发展格局；旅游业以旅游资源为辐射点，带动周边乡旅业发展，形成集中分布在武宣镇、三里镇、桐岭镇和东乡镇的特色旅游发展区（如图9-27所示）。

9.2.4 空间布局总体概况

产业职能分化初显，呈现"一心一带三区"的格局（如图9-28所示）。"一心"即为县城服务中心，"一带"即为特色种植带，"三区"即为北部农业发展区、沿江产业集聚区和中部及东部的旅游业发展区。

图 9-26 武宣县商贸服务业空间分布现状

图 9-27 武宣县旅游资源空间分布现状

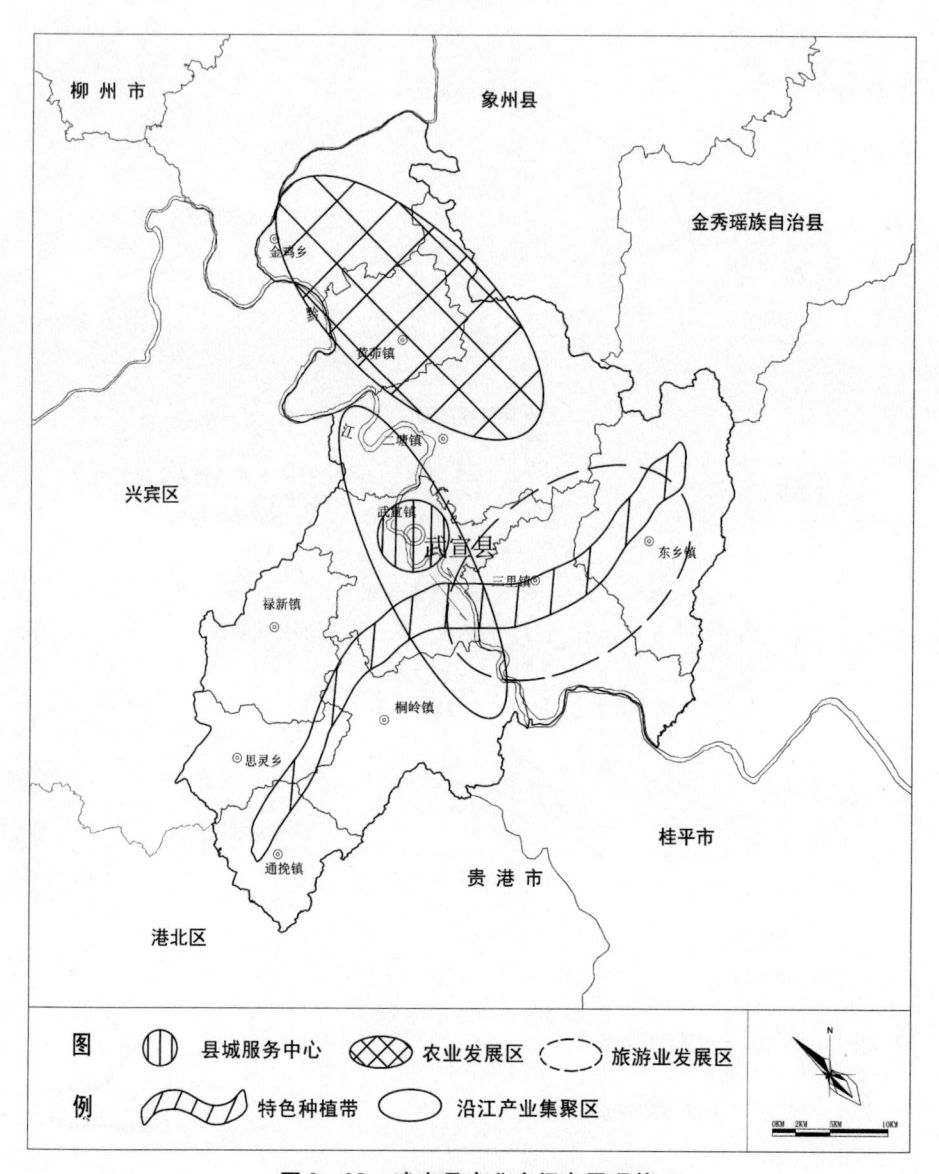

图 9-28 武宣县产业空间布局现状

综合上述产业的空间分布现状，武宣县第一产业主要分布在北部、东部和南部，即金鸡乡、黄茆镇、东乡镇、三里镇、桐岭镇、禄新镇、通挽镇和思灵乡；第二产业主要沿江布局，集中在武宣镇工业园区；第三产业主要分布在中部和东部，即武宣镇、桐岭镇、三里镇和东乡镇。

武宣县产业主要集中分布在县城及沿江两岸，在空间布局上还不够合理，还未形成比较完善的体系，产业集聚效应有待加强。

9.3 西江经济带（武宣段）产业配套发展现状

9.3.1 土地利用现状

1）土地利用现状概况

如图9-29所示，武宣县规划区内土地总面积372.36平方公里，农业用地面积最大，总面积为223.26平方公里，占土地面积的59.96%，其中以基本农田保护区为主，主要分布在二塘镇、黄茆镇和金鸡乡，即黔江（武宣段）的中上游，约占农用地的50%；其次是建设用地，总面积为123.62平方公里，占土地总面积的33.20%，主要是城乡建设用地、交通水利用地和其他建设用地，分布在二塘镇、武宣镇，其中工矿用地和独立建设用地主要分布于二塘镇和黔东工业区周边；其余为未利用地，总面积为25.48平方公里，占土地总面积的6.84%，主要以自然保留地为主，分布比较零散。

2）土地利用现状存在的问题

用地结构单一，土地集约度不高。目前规划区总体用地结构比较单一，土地布局分散，有序与无序并存，生产用地与生活用地混杂，缺乏整体规划，加之土地立体开发利用程度较低，现有产业发展以农产品生产销售、初级加工以及矿产资源加工为主，服务业比重偏低，导致规划区内土地经济效益、集约化程度不高，吸引辐射效应不强。

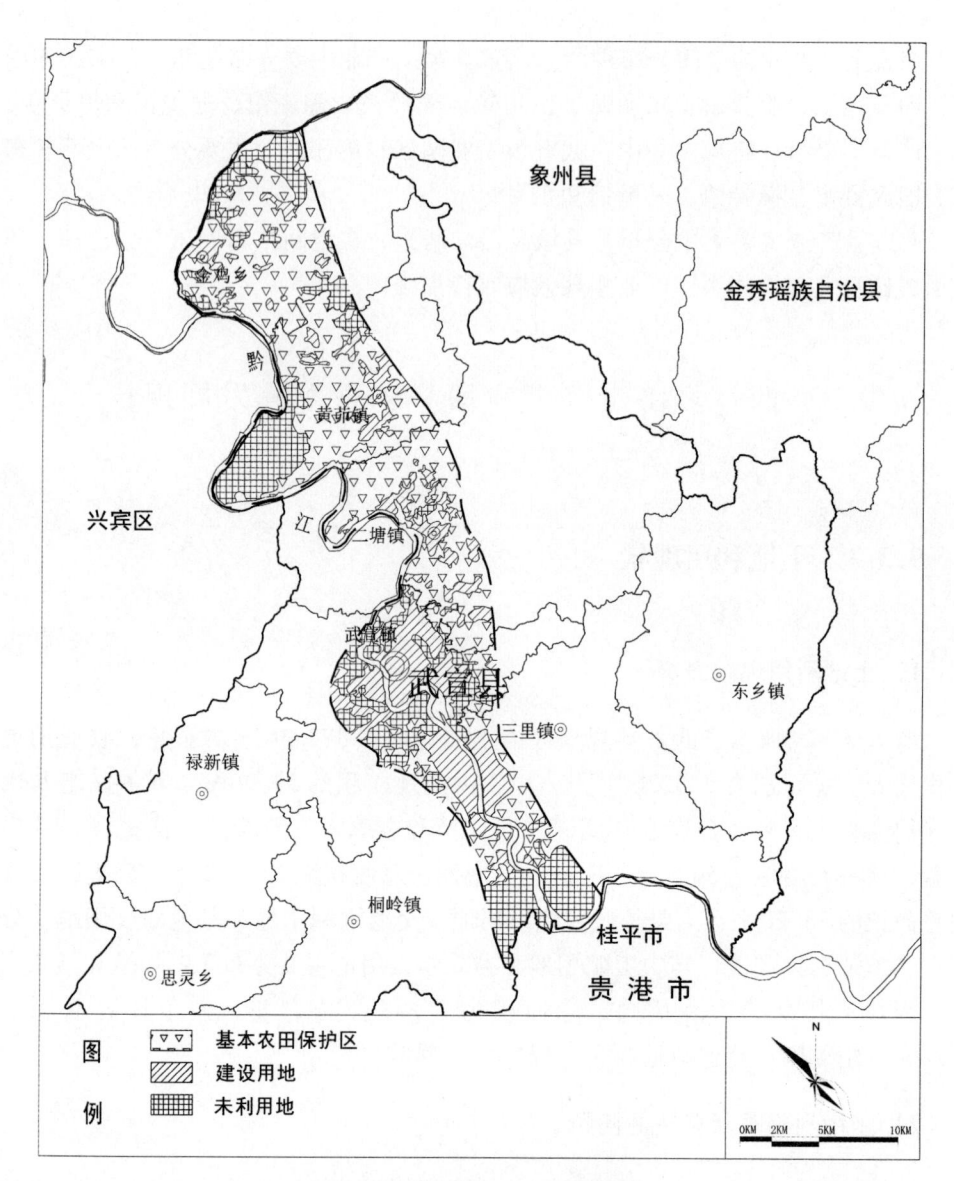

图 9-29 武宣县土地利用现状

9.3.2 生态岸线建设现状

1）生态岸线建设现状概况

武宣县的生态岸线主要分为三类（如图 9-30 所示）：一类是岸线保护区，因对水生态保护、生物保护、独特景观保护等至关重要而禁止开发利用的岸线，保护度最高；二类是岸线控制利用区，因开发利用岸线资源对防洪安全、河流生态保护存在一定风险而需要控制开发利用程度的岸线区,主要用于生态旅游休闲;三类是岸线开发利用区,开发程度较高,主要用于居住、工业等建设用地。一类岸线所占比重较大,可开发利用程度大,二类岸线零散分布于河岸两侧,三类岸线主要分布于金鸡乡、二塘镇、中心城区沿岸、河西工业区、黔西黔东工业区,其中港口码头岸线总长5 458m,利用率仅占4.04%。

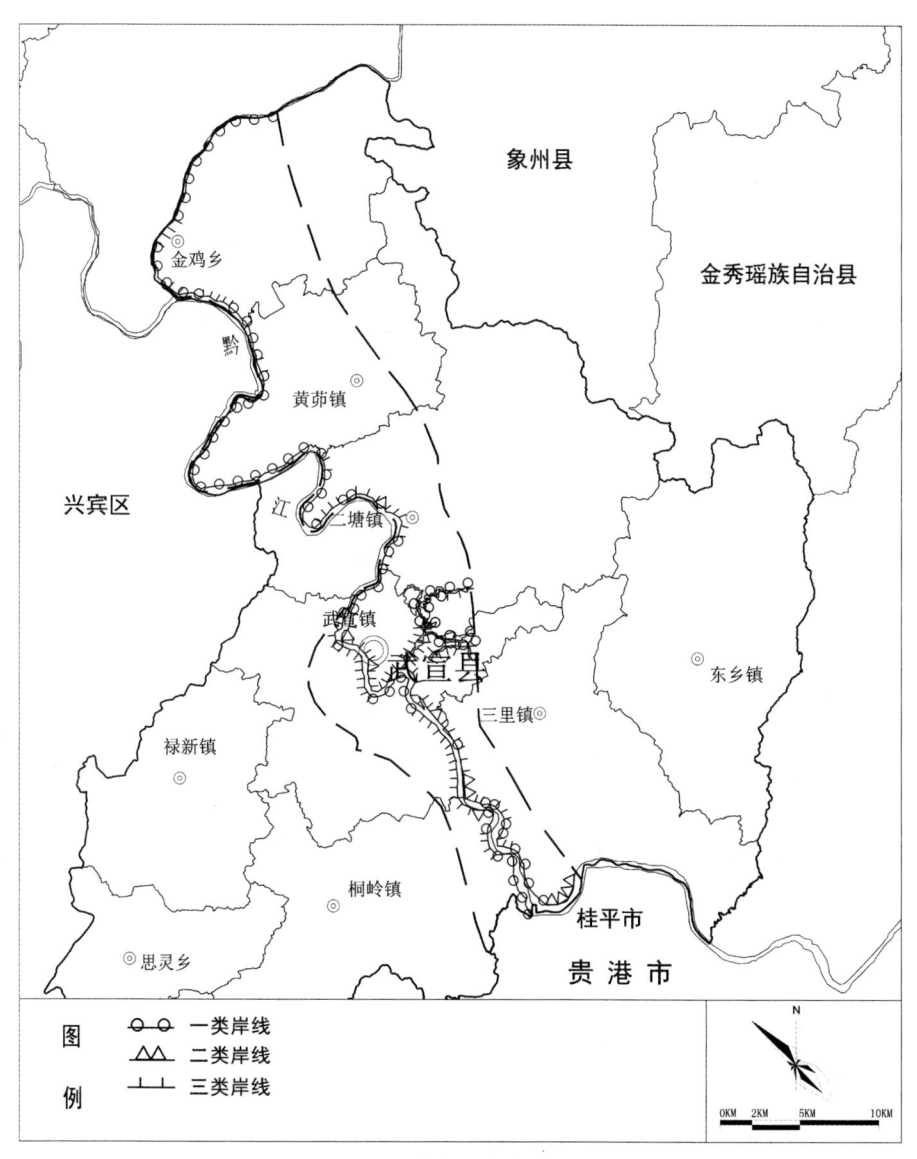

图9-30 武宣县岸线利用现状

武宣县岸线现状类型情况如表9-5所示:

表9-5　　　　　　　　　　武宣县岸线现状类型情况

岸线类型	岸线长度（m）	比例（%）
一类岸线	77 700	57.47
二类岸线	12 100	8.95
三类岸线	45 410	33.58

2）生态岸线建设现状存在的问题

岸线资源丰富，但利用率不高。规划区内沿江岸线地区多为园地、林地、农用地，大多数处于未开发状态，生态环境较佳，岸线资源丰富，但缺乏整体规划，利用形式单一，利用率较低。虽然在总量上并不缺乏，但真正可利用的却不多，无法满足城市的发展和居民的生活要求，需要进行岸线资源的整合。

生态本底佳，但保护力度不够。武宣县生态环境底子好，已通过采取一定的环保措施保护生态脆弱地带，沿江生态环境的保护利用主要集中在中心城区的双狮—五马拦江风景区。港口作业对近江水环境和周边景观质量都造成了破坏，岸线的盲目开发，加之管理薄弱，导致自然生态岸线被建设项目和人为活动侵占。除外在的岸线占用外，由于生态破坏和环境污染，水质下降，沿江生态系统的生物多样性下降，诸多物种受到威胁，也在一定程度上影响着自然生态岸线的资源价值。虽然通过各种措施对生态进行了一定的保护和改善，但没有设置生态保护区和生态建设方案，居民生态环境保护意识薄弱，未对生态环境保护给予足够的重视。

9.3.3　道路交通建设现状

1）道路交通建设现状概况

公路方面，武宣县不断加强交通基础设施建设，陆路交通基础较好，但路网密度及连通性有待提高。陆路建成的有通往柳州、贵港的南北向209国道、通往来宾、贵港的东西向省道323等，三江至北海和梧平高速在建，对未来武宣交通组织影响较大。县城与各乡镇之间有公路直达。

水运方面，航道主要为黔江，属珠江流域西江水系，县境内全长122公里，历年最高水位65.32米，黔江河面宽238~427米，四季通航，常年均可通航500吨以上的货船；现有港口码头26个，2013年，港口吞吐量是628.66万吨，集装箱42638TEU。船舶上通柳州、下达粤港澳；港口常年可泊300吨~1 000吨级船舶，四季皆可通航，是桂中地区水路物资的集散地。

2) 道路交通建设现状存在的问题

交通便捷度有待提高，水陆联运联系不强。武宣县道路便捷度较低（武宣县道路交通现状如图9-31所示），路宽较窄、断头路较多，支路连通性较差，可达性弱，尚未形成成熟的交通体系；水运等级较低（武宣县港口码头布局现状如图9-32所示），规模较小；还没有建立快速、便捷、高效的水陆联运立体交通体系。

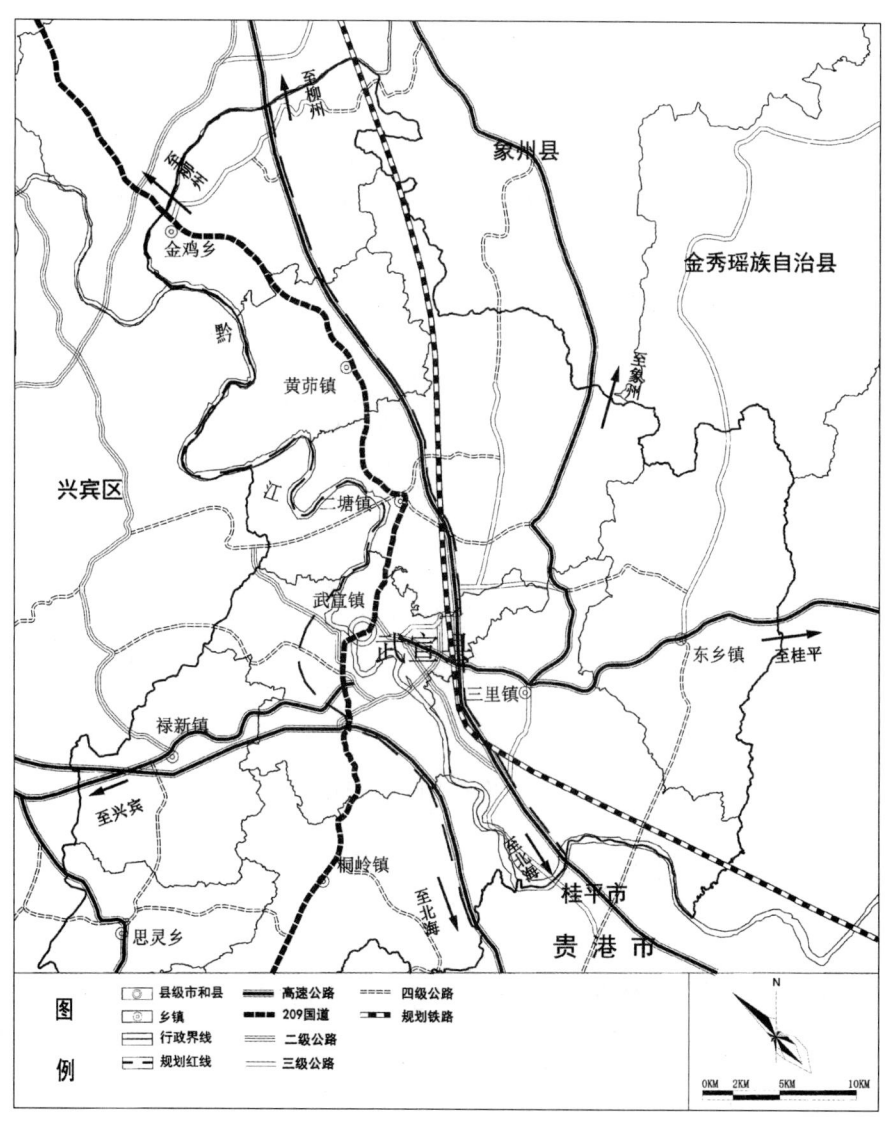

图9-31 武宣县道路交通现状

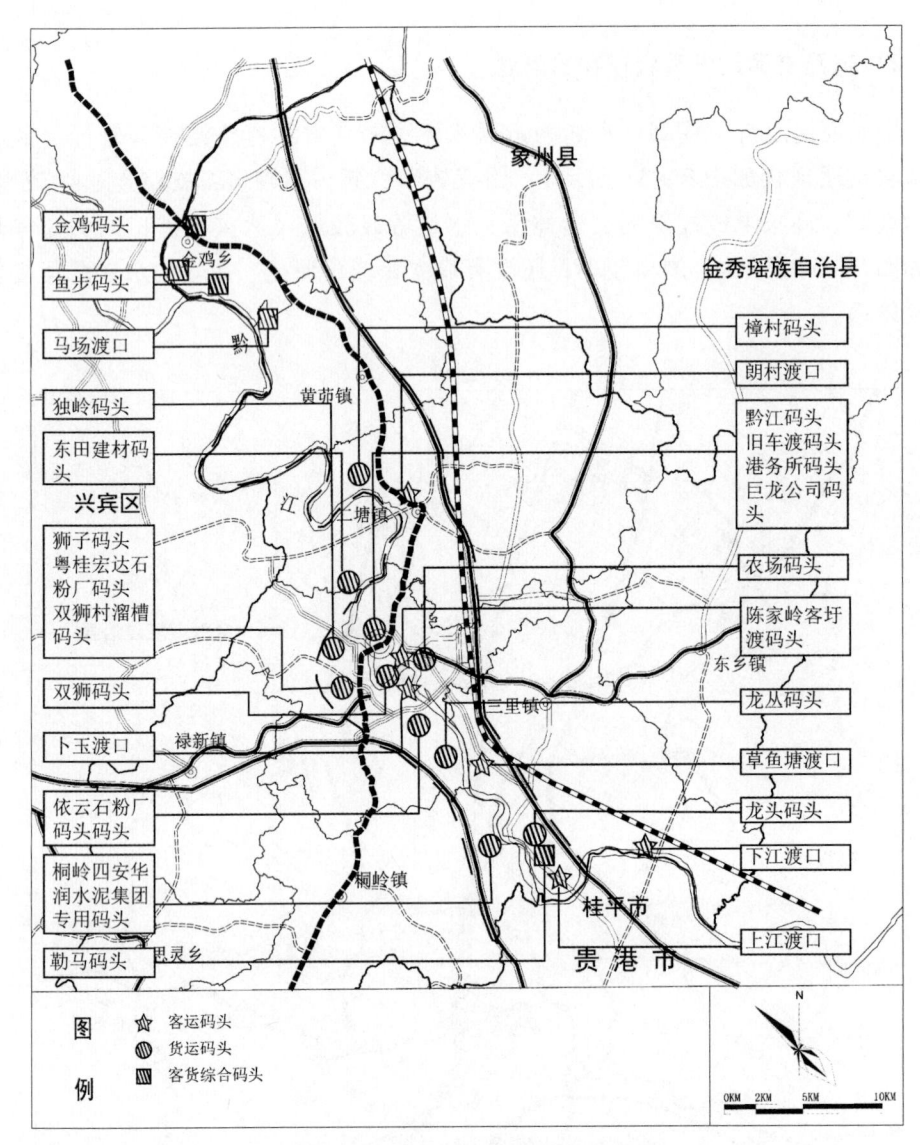

图 9-32 武宣县港口码头布局现状

9.3.4 港口码头建设现状

1) 港口码头建设现状概况

县域范围内多为码头和渡口,尚未形成港口。目前,武宣县码头和渡口共有26个(如表9-6、表9-7所示),其中客运码头5个,货运码头16个,客货综合码头5个,约50%的码头分布在中心城区河段。共有66个泊位。

货运码头方面,共有16个货运码头,32个货运泊位,其中500吨级泊位4

个、其余为300及以下吨级泊位。80%的货运码头集中分布在城区周围及其以南河段,大多为民间自主建设,主要以建材运输为主,规模不大。其余分布在沿岸各乡镇。

客运码头方面,共有5个客运码头,15个泊位,主要以便民码头及渡口为主,规模较小,运量不大。

表9-6　　　　　　　　　武宣县港口码头现状布局统计

所处位置	码头名称	数量（个）
金鸡乡	金鸡码头、鱼步码头	2
黄茆镇	马场渡口	1
二塘镇	樟村码头、朗村渡口	2
武宣镇	龙丛码头	1
中心城区	东田建材码头、独岭码头、黔江码头、旧车渡码头、港务所码头、巨龙公司码头、狮子码头、双狮码头、粤桂宏达石粉厂码头、双狮村溜槽码头、卜玉渡口、农场码头、依云石粉厂码头、陈家岭客圩渡码头	14
三里镇	草鱼塘渡口、勒马渡口、龙头码头、上江渡口、下江渡口	5
桐岭镇	桐岭四安华润水泥集团专用码头	1
总计		26

表9-7　　　　　　　　　武宣县客货运码头现状统计

码头用途	码头名称	数量（个）
客运码头	朗村渡口、卜玉渡口、上江渡口、下江渡口、陈家岭客圩渡码头	5
货运码头	樟村码头、东田建材码头、黔江码头、旧车渡码头、港务所码头、巨龙公司码头、独岭码头、狮子码头、粤桂宏达石粉厂码头、双狮村溜槽码头、农场码头、双狮码头、依云石粉厂码头、龙丛码头、桐岭四安华润水泥集团专用码头、龙头码头	16
客货综合码头	金鸡码头、鱼步码头、马场渡口、草鱼塘渡口、勒马渡口	5
总计		26

2) 港口码头建设现状存在的问题

数量众多,集疏运能力亟须优化升级,现状码头和渡口,基础设施不完善、周边环境较恶劣,设施设备较落后,泊位等级较低,专业化泊位少,集约化水平低,不能满足当地经济社会的发展要求,集疏运能力迫切需要优化升级。

9.3.5 基础设施建设现状

1) 基础设施建设现状概况

城镇方面，旧城巷道硬化、城区道路建设（改造）工程、城区园林绿化配套项目、市政公用设施项目、房地产开发项目、城东新区建设工程等城市建设步伐加快，公共服务和市政公用设施主要集中在武宣镇（如图 9-33 所示），种类和等级较低，以满足服务居民生活职能为主。

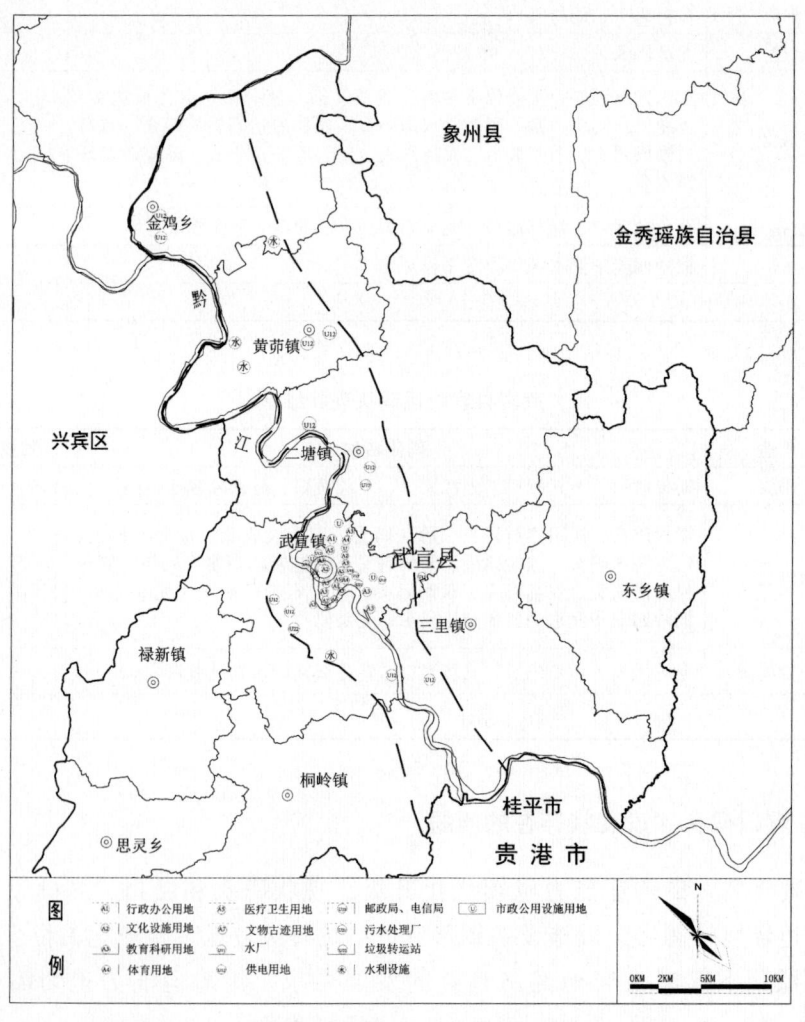

图 9-33 武宣县公共服务、市政公用设施分布现状

水利方面，水库除险加固、防汛抗旱、农田水利设施已取得一定成效。

2）基础设施建设现状存在的问题

基础设施总量不足，覆盖面不全，公共服务、市政公用设施分布不均匀、覆盖不全面，公共服务设施配套不足，有待进一步提升服务品质，市政公用设施欠缺，需要进一步完善。总体城市基础建设人均水平仍然较低，但多年积累的旧账使得城市基础建设的发展不能满足武宣快速发展要求，会在一定程度上限制武宣县产业的发展。

10

西江经济带（武宣段）产业发展战略与定位

10.1 相关规划解读

10.1.1 珠江—西江经济带发展规划

1）总体概况

《珠江—西江经济带发展规划》在对珠江—西江经济带发展条件和发展环境进行深入研究分析后，明确了珠江—西江经济带战略定位为西南中南开放发展战略支撑带，东西部合作发展示范区，流域生态文明建设试验区，海上丝绸之路桥头堡，并在此基础上制定了珠江—西江经济带发展目标和策略、产业发展规划、沿江城镇体系规划、重大基础设施规划和空间布局规划等一系列具体规划和措施，以期建设成为综合实力强、区域一体化水平高的我国西南、中南地区的重要增长极。

2）规划对武宣县的指导和要求

城镇定位：规划提出，来宾市是珠江—西江经济带上的新兴工业城市、转型发展区，将来宾市建设成为区域性先进制造业中心。武宣县作为来宾市承接东部产业转移的前沿城镇，是来宾市新兴工业潜力区和重要的制造业基地。

城镇职能：规划提出，推进西江上游沿江地区在重点领域加快发展，形成流域协调联动发展新格局，积极发展来宾港口，形成分工合理、功能完善的现代港口体系，武宣县作为珠江—西江流域上的重要节点城镇，是来宾市通往珠三角地区的门户重县，承担着重要的交通职能；同时依托产业基础和旅游资源，承担着生产职能和娱乐职能。

产业发展方向：规划提出，重点提升来宾糖业精深加工和综合利用水平；大力发展先进制造业和战略性新兴产业；推进旅游业发展，培育一批有区域影响力的风景名胜区、特色景点和精品旅游线路。武宣县具有较好的制糖产业基础，可通过产业转型和升级，发展制糖循环产业，提高来宾市糖业精深加工和综合利用水平；依托现有的矿产品加工业和木材加工业等传统制造业产业基础，发展先进制造业，大力推进和培育新兴产业，加快建设来宾市区域性先进制造业中心的步伐；武宣县拥有丰富的旅游资源，可发展如峡谷风光、庄园文化等旅游产品，推进云浮—梧州—贵港（桂平）—柳州—来宾特色旅游精品线路品牌的打造。

3）总结

武宣县是桂中地区的水上节点，是来宾市面向珠三角地区的东大门，具有重要的交通优势，同时具备良好的产业基础，应配合建设物流基地，积极构建沿江产业带，着力提升制糖等循环产业的生产水平，优化升级矿产品加工和木材加工等优势制造业，大力培育新兴产业，同时通过旅游资源的开发，打造富有峡谷风光与庄园文化等特色旅游城镇。

10.1.2 柳州、来宾、河池市区域一体化发展规划

1）总体概况

《柳州、来宾、河池市区域一体化发展规划》在对柳州、来宾、河池三市工业发展条件和机遇挑战进行深刻剖析后，明确了柳州、来宾、河池三市区域一体化发展总体思路和发展目标，通过调整优化战略布局，基础设施、产业、生态、基本公共服务和社会管理的共建共享等规划和措施，把柳州、来宾、河池三市建设成为区域一体化发展创新示范区和西江上游经济带战略新高地。

2）规划对武宣县的指导和要求

城镇定位：规划提出，来宾市是广西新兴现代化工业城市、循环经济示范基地和区域性商贸物流中心，将来宾市建设成为生态宜居水城和民族特色文化城。武宣县是具有先进制造业和循环经济发展基础的新兴工业城镇，是柳来河地区的绿色经济区，同时处于柳来河地区面向珠三角地区的重要水上通道，是柳来河地

区通往珠三角地区的物流节点。

城镇职能：规划提出，来宾市是广西乃至中国西南重要的交通通道，除了交通职能外，还具有承接柳州市和国内外产业转移，发展新兴产业的职能。随着柳州市—象州县—武宣县经济带的建设，武宣县作为柳州市原材料输入、工业品输出物流通道，承担着连接柳来地区与珠三角地区的交通职能，以及承接产业转移职能。

产业发展方向：来宾市具有能源资源富集、特色产业初具规模、发展腹地广阔等特点，重点发展电力、冶炼、制糖、铝加工等先进制造业、新型能源、商贸物流和相关配套产业。武宣县可根据来宾市产业发展方向顺势发展，同时注重生产与生态的协调，选择糖业精深加工、矿产品加工等优势产业发展先进制造业，建设循环产业园区，发展新能源、新建材等新兴产业；加强商贸物流业建设，打通柳来组团与外界沟通的交通、经济大道，更好地支撑柳来河地区和国内外产业转移。

3）总结

武宣县处于柳来河组团的边缘地区，具有较好的产业基础，应充分发挥地缘与交通优势，发展成为承接柳州市产业转移的工业大县和向珠三角地区输送工业产品的物流节点，通过优化糖业精深加工、矿产品加工等优势产业，发展先进制造业和新兴产业，与柳来组团形成良好的产业互动，提高武宣县对区域的影响程度。

10.1.3 来宾城镇化发展"十二五"规划

1）总体概况

《来宾城镇化发展"十二五"规划》在对来宾市城镇化发展基础和发展环境进行深刻剖析后，明确了来宾市城镇化发展思路和发展目标，通过现代化产业建设，优化城镇空间格局，加强区域联动和发展特色城镇等方面的努力，把来宾市建设成为广西新兴现代化工业城、生态宜居水城、民族特色文化城、循环经济示范基地、现代特色农业示范基地和区域性商贸物流中心。

2）规划对武宣县的指导和要求

城镇定位：规划指出，武宣县是沿西江城镇带上的城镇之一，是来宾市域东部和南部发展轴上的重要城镇，将武宣县建设成为以工业为主导，大力发展旅游、物流等现代服务业的山水园林城市,打造内河港口城市和区域物流新城。

城镇职能:武宣县是市域经济增长的重要节点,承担着来宾市域东南部的经济发展、产业带动、物流转运和旅游服务等职能。

产业发展方向:规划指出,武宣县应重点建设武宣港,充分利用交通、区位和资源的优势,巩固提升制糖、矿产品加工、建材等传统产业,大力培育发展信息技术、节能环保、新能源、丝绸及纺织服装、造纸、船舶修造等新兴产业,配合发展旅游、物流、商贸等现代服务业,延长产业链,逐步形成新的经济增长点,提升产业竞争力,加快来宾市城镇化进程。

3) 总结

武宣县作为来宾市重要的经济增长点,应充分发挥核心驱动作用,积极拓展制糖、矿产品加工、建材等优势产业链,培育新兴产业,带动来宾市东南部经济发展;通过加强港口建设,完善现代物流服务业;发展旅游、商贸服务业,实现武宣县与来宾市其他城镇的经济、技术、劳动力等要素交流,为打造内河港口城市和区域性物流新城奠定坚实的基础。

10.1.4 来宾市城市总体规划(2008~2025)

1) 总体概况

《来宾市城市总体规划》(2008~2025)在对来宾市发展现状和发展条件进行深入研究分析后,明确了来宾市城市性质和发展规模,并在此基础上制定了城市发展目标和策略、市域城镇体系规划、土地利用规划和布局等一系列具体规划和措施,以期建设成为产业发达、社会和谐、生态友好、环境宜居、文化先进的现代化城市。

2) 规划对武宣县的指导和要求

城镇定位:武宣县是来宾市重要的农贸产品产销基地和旅游服务中心,同时还是区域重要的交通枢纽。

城镇职能:武宣县是来宾市主要的农、林、牧、畜产品生产和加工基地,是来宾市新兴桑蚕发展产区,是市域经济增长核心和城市综合服务次中心。

产业发展方向:充分利用交通、区位和资源的优势,重点培育壮大以优质谷为代表的粮食产业,以食用菌、原料蔗、水果等为代表的经济作物产业,以肉牛为代表的畜牧业;以制糖、电子、造船、轻纺、建材、林产、农副产品加工、矿产、化工加工、商贸和物流等产业为发展重点，提高工业化水平，以工业化带动城镇化；突出建设武宣港，积极发展现代物流和旅游服务业，为建设来宾市现代化城市出一份力。

3）总结

武宣县作为来宾市的重点发展城镇，重点发展绿色农业、先进制造业和现代物流、旅游服务业，突破传统发展模式，对制糖、矿产加工、化工等传统优势产业进行转型升级，积极建设功能完善的物流园区，将武宣县建设成为农贸产销基地、物流集散中心和旅游服务中心。

10.1.5 武宣县城总体规划（2008~2030）

1）总体概况

《武宣县城总体规划》（2008~2030）主要明确了武宣县的城市性质和发展规模，制定了经济社会发展目标和发展策略，通过城镇体系布局结构规划、城乡统筹发展规划、城市总体布局规划等相关内容，明确了武宣县经济发展重点及其相关产业布局，以促进武宣县各区域功能协调互补，将武宣建设成社会稳定、经济繁荣、居民生活富裕、环境优美，以制糖、建材、矿产品加工为主的特色工业基地、区域物流中心、桂中内河港口城市，富有浓郁地方山水文化特色的宜居园林城市。

2）规划对武宣县的指导和要求

城镇定位：以工业为主导，大力发展旅游、物流等现代服务业的山水园林城市。

城镇职能：武宣县是集政治、经济、文化为一体的综合型城镇，依托丰富的产业资源，打造成国家制糖生产基地、桂中最大的建材生产基地以及有色金属冶炼基地，随着水陆交通设施的完善，以及自身特色旅游资源的开发，建设成为桂中内河港口城市、区域物流中心和桂中地区重要的旅游城市。

产业发展方向：重点发展制糖、建材、纺织、矿产加工以及农副产品加工等具有一定规模和基础的产业。依托以水果、粮食等为主的农副产品资源优势，积极开发以生态农业和特色农副产品深加工为主的具有较高科技含量的工业项目。大力发展休闲体验农业，打造融现代农业、乡土风情、娱乐休闲、文化教育和农事体验于一体的休闲农业景区。同时，加快城区以现代物流、商贸、房地产业、旅游业等为主的第三产业的发展和壮大、培育经济新的增长点，侧重发展为区域服务的物流、商业金融、信息、旅游服务等公共设施。

3）总结

以发展传统优势产业为主，积极建设现代生态农业示范区，提高农业科技含量，重视第三产业发展，尤其是物流业、商贸业和旅游业的发展。以优势产业带动城镇发展，同时逐步推进第三产业建设，将武宣县建设成为宜居宜业的美丽县城。

10.1.6 武宣县县域镇村体系规划（2011~2030）

1）总体概况

《武宣县县域镇村体系规划（2011~2030）》分析了武宣县发展现状和发展条件，明确了产业发展目标，制定了产业发展战略，并对武宣县产业进行了总体布局规划，以期将武宣建设成为桂中经济区与西江黄金水道的内河港口城市和区域物流中心，培育成为新兴加工制造业基地和新兴旅游大县，建设城乡统筹发展、富裕文明和谐新武宣。

2）规划对武宣县的指导和要求

城镇定位：武宣县是桂中经济区与西江黄金水道的内河港口城市和区域物流中心，是新兴加工制造业基地和新兴旅游大县。

城镇职能：武宣县作为市域新兴工业基地具有生产职能，作为内河港口城市和区域物流中心具有交通职能，作为新兴旅游大县具有文化与娱乐职能，是市政公用设施完善、环境优美、交通便利的桂中区域中心城市。

产业发展方向：加快农业结构调整与优化，做大做强优质谷、蔗糖、畜牧、水果、食用菌、茶叶等优势产业。巩固提升制糖、冶金、建材、轻纺加工、矿产品加工和农林产品加工等主导产业，发展循环经济；围绕基础较好的产业，构建产业集群，培育镁合金产业制造业、新型材料加工业和低碳经济等新兴工业。加快武宣港区及配套仓储物流和加工项目建设，打造沿江物流园区，引导物流业集聚发展，将武宣打造成为西江黄金水道上的综合物流基地；结合当地旅游资源与特色农业发展壮大旅游业。

3）总结

武宣县是桂中地区的内河港口城市、新兴制造业基地和新兴旅游大县，应着力加强港口码头建设，强化港区服务功能，大力发展物流产业，提升物流服务专业性、多样性；巩固提升优势产业，发展先进制造业，建设循环产业园区；并通过特色化的旅游精品线路设计，打造新兴旅游大县。

上述相关规划对武宣县的要求如表10-1所示。

表10-1 相关规划汇总

	规划名称	对武宣县的功能定位	武宣县主要发展产业	对武宣县的要求
国家层面	珠江—西江经济带发展规划	来宾市新兴工业潜力区和重要的制造业基地	制糖、矿产品加工、木材加工、新兴产业、旅游业	武宣县是桂中地区的水上节点，是来宾市面向珠三角地区的东大门，具有重要的交通优势，同时具备良好的产业基础，应配合建设物流基地，积极构建沿江产业带，着力提升制糖等循环产业的生产水平，优化升级矿产品加工和木材加工等优势制造业，大力培育新兴产业，同时通过旅游资源的开发，打造富有峡谷风光与庄园文化等特色的旅游城镇
自治区层面	柳州、来宾、河池市区域一体化发展规划	新兴工业城镇、柳来河地区的绿色经济区、柳来河地区通往珠三角地区的物流节点	制糖、矿产品加工、建材、新兴产业、物流	武宣县处于柳来河组团的边缘地区，具有较好产业基础，应充分发挥地缘与交通优势，发展成为承接柳州市产业转移的工业大县和向珠三角地区输送工业产品的物流节点，通过优化糖业精深加工、矿产品加工等优势产业，发展先进制造业和新兴产业，与柳来组团形成良好的产业互动，提高武宣县对区域的影响程度
市域层面	来宾城镇化发展"十二五"规划	以工业为主导，大力发展旅游、物流等现代服务业的山水园林城市，打造内河港口城市和区域物流新城	制糖、矿产品加工、建材、新兴产业、物流、商贸、旅游	武宣县作为来宾市重要的经济增长点，应充分发挥核心驱动作用，积极拓展制糖、矿产品加工、建材等优势产业链，培育新兴产业，带动来宾市东南部经济发展；通过加强港口建设，完善现代物流服务业；发展旅游、商贸服务业，实现武宣县与来宾市其他城镇的经济、技术、劳动力等要素交流，为打造内河港口城市和区域性物流新城奠定坚实基础
	来宾市城市总体规划（2008~2025）	来宾市重要的农贸产品产销基地和旅游服务中心、区域重要的交通枢纽	农业、制糖、电子、造船、轻纺、建材、林产、农副产品加工、矿产、化工、商贸、物流、旅游	武宣县作为来宾市的重点发展城镇，重点发展绿色农业、先进制造业和现代物流、旅游服务业，突破传统发展模式，对制糖、矿产加工、化工等传统优势产业进行转型升级，积极建设功能完善的物流园区，将武宣县建设成为农贸产销基地、物流集散中心和旅游服务中心

10 西江经济带（武宣段）产业发展战略与定位

续表

	规划名称	对武宣县的功能定位	武宣县主要发展产业	对武宣县的要求
县域层面	武宣县城总体规划（2008~2030）	以工业为主导，大力发展旅游、物流等现代服务业的山水园林城市	制糖、建材、纺织、矿产加工以及农副产品加工、物流、商贸、旅游房地产	以发展传统优势产业为主，积极建设现代生态农业示范区，提高农业科技含量，重视第三产业发展，尤其是物流业、商贸业和旅游业的发展。以优势产业带动城镇发展，同时逐步推进第三产业建设，将武宣县建设成为宜居宜业的美丽县城
	武宣县县域镇村体系规划（2011~2030）	桂中经济区与西江黄金水道的内河港口城市、区域物流中心、新兴加工制造业基地、新兴旅游大县	特色农业、农林产品加工、制糖、冶金、建材、轻纺加工、矿产品加工、金属加工、新兴产业、物流、旅游	武宣县是桂中地区的内河港口城市、新兴制造业基地和新兴旅游大县，应着力加强港口码头建设，强化港区服务功能，大力发展物流产业，提升物流服务专业性、多样性；巩固提升优势产业，发展先进制造业，建设循环产业园区；并通过特色化的旅游精品线路设计，打造新兴旅游大县

10.2 产业发展战略

围绕"利用区位、重视交通、发展生态"的思路，以"凭优势、建园区、强交通、保生态、推特色"为发展策略，推进临港产业集群化、特色化发展。

10.2.1 "凭优势"——利用结合部区位优势，实现产业协同发展

武宣县处于柳州经济圈、北部湾经济圈、泛珠三角经济圈的交汇处，是西江经济带中柳来转型发展组团和贵梧产业承接组团结合部，是西南至珠三角地区最便捷的出海通道之一。随着珠江—西江经济带的快速发展，武宣作为连接西南、华南市场的枢纽，要发挥结合部的重要战略作用，综合考虑产业发展基础、发展环境及时代对临港产业发展的需求等因素，通过建设多链产业园、完善相关配套设施、利用政策扶持等方式主动引导产业向武宣县转移，积极融入两组团的产业链建设中，错位进行产业循环，促进临港产业的协同快速发展，从而充分参与到两组团的产业发展当中，将武宣县建设成为柳来、贵梧组团的产业次中心及中转枢纽。

10.2.2 "建园区"——发挥港口带动作用，引导产业"出城进港"

以港口—陆路物流网络为骨架，以临港物流基地为发展极，重视港口发展规划，加快沿江地区工业园区规划和建设步伐，将沿江地区作为承接资本的新载体，构建产业集群，着力推进工业园区、港口与城镇的一体化发展，打通与周边地区及腹地的货物联系通道，拓展港口服务功能，以港口带动、园区驱动、两岸联动引导产业"出城进港"，实现"以港带园、以园聚产、以产兴城"的港产城一体化发展。

10.2.3 "强交通"——注重交通网络构建，实现要素快速流动

促进产业发展的实质就是要加快其经济要素的流动和对其进行合理的配置，而这种流动与配置则需要依托发达的综合交通网络。武宣县原有交通网络无法支撑城市未来经济要素流动，尤其是生产要素的流动。因此要改变水陆联运薄弱的现状，以黔江内河港口为经济衔接点，以水陆复合交通网络为经济轴线，实现交通基础设施一体化，建设经济、高效、便捷的支流航线以及港口陆路相结合的立体交通，实现武宣县县域内部的要素流动和资源合理配置，促进与柳州—来宾组团、肇庆—云浮—梧州—贵港组团等腹地的广泛交流，打造沿江集聚经济带。

10.2.4 "重生态"——重视生态产业培育，加快循环产业体系建设

将生态安全作为产业发展选择的重要标准，以产业节能减排为起点，将循环发展理念渗透到产业发展全过程中去，推进循环产业体系的构建，逐步培育绿色安全、可持续发展的新型产业，并在原有产业链的基础上发展具有特色的新产品链，在提高资源的利用率及生产废料的循环使用率的同时，逐步推进资源消耗严重、污染物排放量大的传统产业进行绿色化升级，采用新装备、新技术生产绿色环保的新产品，为武宣县未来的生态安全提供保障。

10.2.5 "推特色"——推进产业转型升级，促进产业特色化发展

临港产业的转型升级是目前多数港口发展的大势所趋，产业特色化、高端化发展更是一个区域提升自身产业竞争力的重要途径。武宣县的临港产业选择和发展，要找准自身优势，把握行业发展趋势，因地制宜，选择高附加值、高层级的

产业，注重发展多元化的市场，走区域特色化、"经济服务化"发展之路；在雷同产业下打造自有品牌，与其他区域进行错位发展，实施差异化战略，将服务贸易作为新的经济增长点，兼顾饮食业、旅游业、物流业以及文化中心等产业发展，充分提高产业竞争力。通过差异化竞争和特色化发展，形成核心竞争力。

10.3 产业发展定位

以规划区资源禀赋及相关规划为基底，以市场潜力为导向，从产业角度将珠江—西江经济带（武宣段）定位为"珠西经济带内河临港经济示范区"，塑造规划区"绿色农业、循环工业、现代服务业，宜业宜游"的产业形象，明确规划区珠江—西江产业带生态化先行区，珠江—西江经济带循环农业主产区、珠江—西江经济带现代制造业示范区、珠江—西江经济带综合服务区的产业定位。

珠江—西江产业带生态化先行区即以低碳、绿色、高效产业为理念，将第一产业、第二产业及第三产业的生产、流通、消费、回收、环境保护及能力建设纵向结合，将产业之间不同行业的生产工艺横向耦合，将生产基地与周边环境纳入生态系统统一管理，谋求资源的高效利用和有害废弃物向系统外的零排放，实现珠江—西江产业带内构建工业、农业、居民区等的生态环境和生存状况有机系统的先行区及卓有成效区。

珠江—西江经济带循环农业主产区即大力推进研究区农业循环经济的发展，在农作物种植、畜产品养殖、休闲农庄等方面广泛推广、应用循环理念和技术，以循环绿色生产、高效生产为手段，率先打造珠江—西江经济带循环农业生产区并成为区域循环高效农产品主产区。

珠江—西江经济带现代制造业示范区即以规划区及武宣县域资源禀赋为依托，突出农副食品加工与矿产品加工等的产业基础优势，应用现代技术、现代生产组织系统和现代管理理念，打造以制糖、矿产品加工等为主的以现代集成制造为特征、知识密集为特色、高效制造为特点的技术含量高、附加值大、产业链长的现代制造业示范区。

珠江—西江经济带综合服务区即以规划区资源禀赋为基础，集中突出规划区庄园文化及内河港特色，应用现代化的新技术、新业态和新服务方式改造规划区传统服务业，打造以旅游业快速发展、商贸物流日趋繁荣为代表的高附加值、高层次、有重点的现代服务业综合服务区。

11

西江经济带（武宣段）产业发展规划

11.1 产业发展选择

11.1.1 产业选择基准

1）比较优势基准

比较优势与市场潜力成正比，因此要充分考虑武宣县域经济发展的实际情况，同时结合武宣县域资源禀赋及政策优势，避免与周边区域产业结构趋同。

2）产业关联基准

以高关联度产业的前向效应、后向效应和旁侧效应带动或拉动其他产业的共同发展，并利用主导产业将新技术传播到规划区整个经济系统，将主导产业带动效应最大化。

3）技术进步基准

技术进步和技术创新是经济发展的原动力，主导产业必须从那些代表了最先进技术或者技术进步速度最快的产业挑选以确保主导产业活力。

4）市场潜力基准

市场发展潜力是产业经济贡献率的重要因素，因此需将具有稳定市场需求的产业优先作为主导产业备选项。

5) 持续发展基准

因主导产业对地区经济的重要作用，可能出现某一主导产业衰退而造成大规模经济损害，因此不仅要重视某一产业生产力的上升幅度，还要从经济整体的角度考虑产业群对区域经济的影响力。

6) 瓶颈效应基准

从产业之间投入产出的关系来说，不能只考虑前向或后向效应，而更应该考虑产业关联中瓶颈制约的摩擦效应，瓶颈制约越严重，摩擦的强度越大，从而摩擦传递和扩散也就越广。以瓶颈效应作为基准，重点扶持瓶颈效应较大的产业，以减少瓶颈制约所造成的其他产业生产能力的非正常消耗。

11.1.2 产业筛选与体系构建

以产业选择基准为基础以确保产业选择方向，定性、定量分析方法相结合以减少主观性。本书选用两种方法进行综合删选，得出主导产业候选方案一、方案二，以候选方案结果综合选定主导产业。技术路线如图11-1所示。

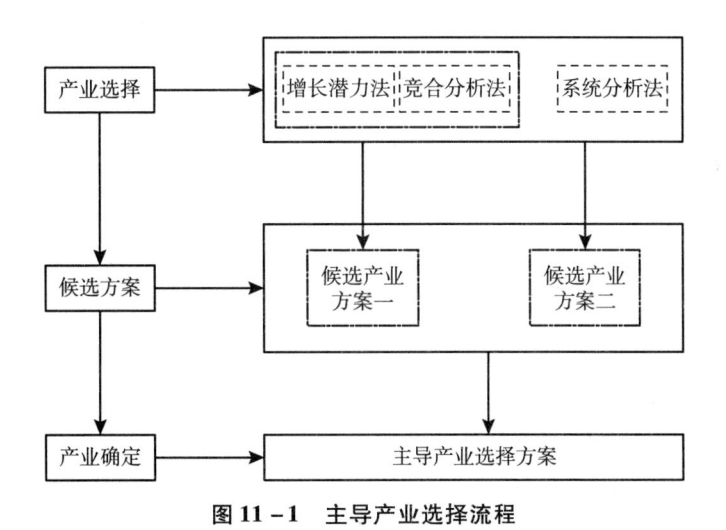

图11-1 主导产业选择流程

1) 候选方案一

综合发展潜力法及竞合分析，得出规划区主导产业候选方案一为：矿产品采选及加工、现代休闲旅游业、现代商贸业、现代物流产业、制糖及其循环产业、船舶制造业。

增长潜力法的具体思路为：采用"结构—增速矩阵"来反映结构性变化（以增长速度来确定行业地位及结构），以四年（2010～2013年）为跨度，选取行业地位与发展速度两个指标，将所有的行业归纳为四个象限，在此基础上删选现状产业。

2013年武宣县规模以上行业门类类型如表11-1所示，武宣县规模以上行业波士顿矩阵分析如表11-2所示，武宣县规模以上行业删选如表11-3所示，基于增长潜力法武宣县规模以上工业行业删选结果如表11-4所示。

表11-1　　　　　2013年武宣县规模以上行业门类类型　　　　　单位：%

行业门类	占总产值比重	年均增长率	类型
黑色金属矿采选业	1.20	105.90	潜力型
有色金属矿采选业	7.65	52.02	支柱增长型
非金属矿采选业	5.17	27.69	支柱衰退型
农副食品加工业	16.40	31.24	支柱衰退型
制糖	14.91	30.62	支柱衰退型
饮料制造业	2.61	23.21	衰退型
纺织业	0.53	62.06	潜力型
木材加工及木、竹、藤、棕、草制品业	2.12	51.96	潜力型
造纸及纸制品业	2.43	193.55	潜力型
化学原料及化学制品制造业	3.82	65.91	潜力型
塑料制品业	0.35	33.55	衰退型
非金属矿物制品业	12.89	120.17	支柱增长型
水泥制造	9.87	412.16	支柱增长型
黑色金属冶炼及压延加工业	9.55	60.02	支柱增长型
有色金属冶炼及压延加工业	8.27	22.08	支柱衰退型
电力、热力的生产和供应业	2.22	22.98	衰退型

表11-2　　　　　武宣县规模以上行业波士顿矩阵分析

分类	行业
支柱增长型	有色金属矿采选业；非金属矿物制品业；水泥制造；黑色金属冶炼及压延加工业
支柱衰退型	非金属矿采选业；农副食品加工业；制糖；有色金属冶炼及压延加工业
潜力型	黑色金属矿采选业；纺织业；木材加工及木、竹、藤、棕草制品业；造纸及纸制品业；化学原料及化学制品制造业
衰退型	饮料制造业；塑料制品业；电力、热力的生产和供应业

表 11-3 武宣县规模以上行业删选

增长潜力法分类结果	产业	删选结果	删选原因
支柱增长型	有色金属矿采选业	√	
	非金属矿物制品业	√	
	水泥制造	0	不利于环境保护
	有色金属冶炼及压延加工业	√	
支柱衰退型	非金属矿采选业	√	
	农副食品加工业	0	产业结构有待升级
	制糖	0	产业结构有待升级
	有色金属冶炼及压延加工业	√	
潜力型	黑色金属矿采选业	√	
	纺织业	0	产业结构有待升级
	木材加工及木、竹、藤、棕草制品业	0	产业结构有待升级
	造纸及纸制品业	0	不利于环境保护
	化学原料及化学制品制造业	0	不利于环境保护
衰退型	饮料制造业	×	
	塑料制品业	×	
	电力、热力的生产和供应业		基础性设施,不予以考虑

注:√为可考虑的主导产业;0为可考虑的候选主导产业;×为直接剔除产业

表 11-4 基于增长潜力法武宣县规模以上工业行业删选结果

删选结果	产业
主导产业	有色金属矿采选业;非金属矿物制品业;有色金属冶炼及压延加工业;非金属矿采选业;有色金属冶炼及压延加工业;黑色金属矿采选业
候选主导产业	水泥制造;农副食品加工业;制糖;纺织业、木材加工及木、竹、藤、棕草制品业;造纸及纸制品业;化学原料及化学制品制造业
剔除产业	饮料制造业;塑料制品业

竞合分析法的具体思路为:分析周边区域产业发展现状,剔除竞争激烈且不具有市场优势的产业,整合选择有潜力、可合作壮大发展产业。以珠江—西江经济带沿江行政区、来宾市6个县级行政区两个层面的产业选择(如表11-5、表11-6所示)作为规划区产业竞合分析对象,以产业合作最大化为导向,选择规划区在地域范围内具有竞争优势的产业作为主导产业候选门类。

表 11-5　　　　　　　珠江—西江经济带层面产业选择

行政区	产业选择
广州段	汽车制造、精细化工、重大装备制造、造船、商贸会展、现代物流
佛山段	装备制造、家用电器、陶瓷建材、纺织服装、金属加工、电子信息、食品饮料、塑料制品、化工医药、家居用品
肇庆段	新型建材、林产、汽车、精细化工、金属加工
云浮段	石材、不锈钢制品、水泥、电力、硫化工、生物制药、电子信息、电池新材料
梧州段	再生资源、陶瓷、制药、食品加工、日化、纺织服装、宝石加工、船舶制造、林产林化
贵港段	制糖、装备制造、船舶修造、建材、造纸、物流贸易
南宁段	电子信息、生物工程与制药、铝深加工、消费品工业、机械装备制造、精细化工、建材、造纸等
来宾段	电力、制糖、冶金、农产品深加工
柳州段	汽车、钢铁、机械制造、机电一体化设备、环保设备、现代商贸物流业
百色段	铝加工工业、冶金、轻工、特色农产品深加工
崇左段	特色资源型和边境贸易型产业、制糖业、锰深加工业

表 11-6　　　　来宾层面沿江工业园区（工业集中区）产业选择

沿江工业园区名称	主导产业选择
兴宾区沿江工业园区	浆纸、电力、制糖、冶炼、建材、农产品加工等
合山市沿江工业园区	电力、冶炼、建材、机械制造等
象州县沿江工业园区	制糖、化工、冶炼、造纸、轻纺、机械制造、电子、物流和蚕茧丝为重点的农林产品深加工等
忻城县沿江工业园区	电力、冶炼、茧丝绸、农产品加工、建材、服装等

整合周边区域及相关区域的产业竞合分析，得出可以开展广泛的分工及合作的产业（如表 11-7 所示）。

表 11-7　　　　　　　基于竞合分析法产业删选

产业	分工及合作区域	可分工及合作原因
现代休闲旅游业	珠江—西江经济带全区域	珠江—西江经济带上巨大的市场需求及产业发展优势，与此同时周边区域产业基础较弱
现代物流产业	广州段、柳州段、象州段	广州、柳州作为珠江—西江经济带上两个重要节点大力发展物流，武宣可作为中转站协同发展；加强与象州港的合作，可促成来宾市内物流产业规模化发展
现代商贸业	广州段、柳州段	商贸中转站发展潜力巨大
制糖及其循环产业	广州段、肇庆段；象州段、兴宾区段	广东市场巨大；市内合作易促成规模化
船舶制造业	梧州段、贵港段	成片发展，产业规模化效应

2）候选方案二

系统分析方法是将要解决的问题作为一个系统，对系统要素进行综合分析，找出解决问题的可行方案的咨询方法，基础资料及数据不全的情况下具有实际操作性强、科学性、实用性等特点，具体步骤为：（1）列出候选产业门类；（2）剔除部分不合适产业；（3）初步归类与整理；（4）确定所需产业（如图11-2所示）。该方法得出候选方案二为：现代农业；矿产品采选及加工工业；船舶制造；现代加工工业（蔗糖产业）；战略性新兴产业（新材料工业、新能源和节能环保业）；特色休闲旅游业；现代物流业；现代商贸业（如表11-8所示）。

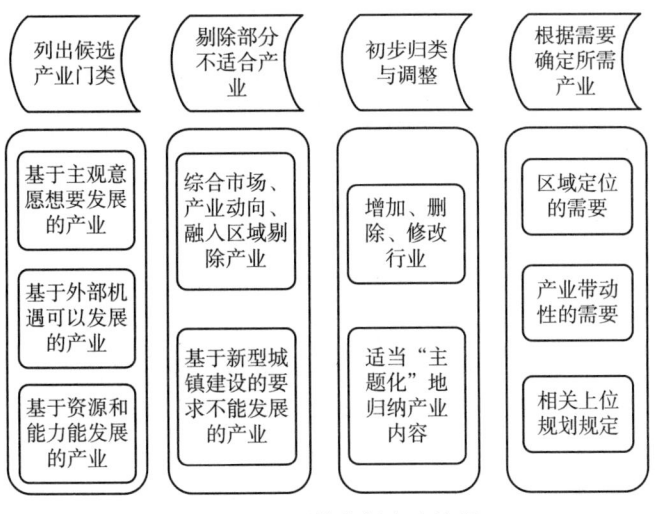

图11-2 系统分析方法流程

表11-8　　　　　系统分析产业选择

产业类型	候选产业门类	剔除不合适产业	初步归类与整理（适宜产业）	确定产业（主导产业）
第一产业	特色农作物种植（甘蔗、玉米、油葵、花生、水稻、食用菌、葡萄、柿子、柑橘、桑蚕种养、中草药、烟草）、特色水产养殖（龟鳖养殖、罗非鱼养殖）、特色禽畜养殖（夏南牛、奶水牛、生猪、鸭、鹅）休闲观光农业	中药种植、烟草种植	现代都市农业（休闲观光农业）；特色农业（特色水产养殖、特色农产品种植、特色禽畜养殖）	休闲观光农业；特色农产品种植；特色禽畜养殖

续表

产业类型	候选产业门类	剔除不合适产业	初步归类与整理（适宜产业）	确定产业（主导产业）
第二产业	矿产品采选及加工、船舶制造、汽车零配件加工工业、医药制造业（中成药制造）、建材加工、特色水产品及特色农作物加工、轻纺服装加工工业、新材料工业、新能源和节能环保业、烟草制品业	医药制造业（中成药制造）、化工工业、烟草制品业、汽车制造业（零配件加工）、轻纺服装加工	矿产品采选及加工；船舶制造业；建材、水产品及特色农产品加工；战略性新兴产业（新材料工业、新能源和节能环保业）	矿产品采选及加工；船舶制造；现代加工工业（蔗糖产业）；战略性新兴产业（新材料工业、新能源和节能环保业）
第三产业	房地产服务业、电子商务、新闻出版业、现代商贸业、现代物流业、金融（保险、银行业）、批发零售业、科研教育业、商贸会展、特色休闲旅游业	新闻出版业、科研教育业、商贸会展	房地产服务业；特色休闲旅游业；现代物流业；现代商贸业；电子信息服务业；金融业（保险业、银行业）	特色休闲旅游业；现代物流业；现代商贸业

3）主导产业确定

对两种方法选定的候选方案进行综合，最终将规划区主导产业确定为"七大主导产业"即现代商贸业、现代物流业、现代休闲旅游业、运输设备制造业（船舶制造业）、农副产品加工工业（蔗糖产业）、白云石、铅、锌等矿产品采选及加工工业、现代农业（特色粮、油、禽畜等的生产）。

11.2 产业发展目标

11.2.1 产业发展总目标

到2020年，产业经济总量增加，产业结构进一步优化，综合竞争力和自主创新能力显著提升，产城互促进一步协调，发展成为珠江—西江经济带上重要的经济增长中心、产业示范基地。

展望2030年，产业结构软化进一步增强，产业体系得以健全，珠江—西江经济带重要经济增长中心作用充分发挥，产城融合发展格局基本形成，宜居宜业新城格局基本形成。

11.2.2 产业发展分目标

1）经济目标

参考武宣县 2007～2013 年规模以上工业增加值与规模以上工业总产值的比例、临港工业占地区生产总值的比例以及国内同类地区优秀发展案例（宜宾市）的工业地均产出等，推算至 2020 年武宣县域规模以上工业总产值为 220 亿元～360 亿元，推算出 2020 年规划区总产值为 170 亿元～290 亿元，主要产业用地约为 12 平方公里～22 平方公里。

2）产业形态目标

现代产业体系格局基本形成。产业结构由"二三一"向"三二一"模式过渡；产业优势特色化程度增强；现代农产品品牌突出，绿色农业及有机农业效益发挥到最大；工业集群化、规模化、低碳循环发展；现代服务业产值提高，占 GDP 比重的 40% 以上。

3）社会目标

宜居宜业"仙城"格局基本形成。以产城互促实现产城融合，提供满足社会需求的产品与就业机会，提供适宜居住、创业的社会环境，打造成为集居住、就业及休闲于一体的宜居宜业"仙城"。

2020 年规划区产业产值及用地规模预测如表 11-9 所示：

表 11-9　　　　2020 年规划区产业产值及用地规模预测

产业	总产值（亿元）	用地（平方公里）
船舶制造业	30～70	1～2
制糖业	50～70	5～8
白云石、铅、锌等矿产品采选及加工	90～150	2～4
总计	170～290	8～14
产业	增加值（亿元）	用地（平方公里）
现代商贸业	24～40	1～1.5
现代物流业	20～50	2～4
现代休闲旅游业	35～70	1～2.5
合计	79～160	4～8
特色农业	50～100	

11.3 产业发展规划

11.3.1 主导产业发展规划

1) 现代物流业

(1) 产业发展目标

以综合立体交通体系为依托,以发展多式联运为重点,以信息技术为支撑,以市场建设为抓手,整合各类物流资源,建立多层次、多功能现代物流服务网络,把规划区逐步打造成为珠江—西江经济带现代物流重要节点,具体可分为:现代物流格局基本形成、一体化物流网络体系成熟、高质量现代物流服务体系基本形成三大目标。

现代物流格局基本形成即物流园区和港口码头基础设施完善,信息化建设程度高,交通网络覆盖全面,使得农产品加工、矿产品加工、建材产品、冶金、制糖5大专业物流链与物流服务网络体系相匹配;一体化物流网络体系成熟即一体化综合交通运输网络基本建立,码头接驳能力、物流运作能力大幅提升,形成全方位、门到门的多式联运集疏运体系、具有影响力和辐射带动力的珠江—西江经济带水运物流品牌;高质量现代物流服务体系基本形成即与税务、工商、质检、口岸等相关衔接部门以及与西江经济带重要节点城市的信息共享平台基本建成,消费、流通、供给、配送、管理等环节实现高度衔接,形成具有综合信息服务、数据交换、物流交易、货物跟踪等相关服务功能的服务体系。

(2) 发展模式

结合武宣县物流发展现状和发展条件,武宣县区域物流的发展模式为:政府主导型+产业带动型+港口带动型。现阶段政府层面已着手规划,港口带动及产业带动尚需调整优化。

政府主导型指一方面政府负责完善物流基础设施建设,加大物流硬件和软件的建设力度,创造良好的环境,并制定物流业发展总体规划,统一对物流园区布局、选址等进行科学规划。另一方面整合地区物流资源,从全局性和区域性两方面考虑,重视企业间的合作竞争关系,构建区域产业集群,并出台相关辅助政策,促进物流共同化和整合化发展。主要实现途径有:整合和优化内部物流资源,合理定位功能,对武宣县内物流园区发展定位、园区规模、空间布局进行统一规划,建立生产企业—物流据点—消费市场—港口的物流链,构建布局合理、层次分明、功能完善、优势突出的物流体系;创新物流发展政策,简化物流企业工商登记注册前置性审批,为物流企业发展提供绿色通道;优化物流成长环境,提供政策支持、成立物流业发展引导专项基金、成立物流发展协会。

产业带动型指依托城市主导产业发展形成的商品供应和需求市场,将已生产的产品输出到其他地区,通过产业供需关系和区域间的货物交换,建设形成高效便捷的物资供应产业链,促进和带动城市物流产业的发展。主要实现途径有:壮大腹地经济发展,增加农副产品、矿产品加工、建材业等生产规模和种类,依托武宣优势产业,打造专业型产业品牌,扩大产品外销市场,以市场消费促进物流业发展;构建区域物流网络,通过多种运输方式的衔接,规划建设大型农副食品、矿产品、建材等专业物流和配送中心,同时积极联合其他城市实现采购、运输、中转一体化区性物流联合链。

港口带动型指以港口为中心,整合区域内部港口物流资源,通过港口将区域内外的各类物品实现有效的物流运输。主要实现途径有:加强港口基础设施改造升级;完善港区物流服务功能,加快港区内分拨中心、配送中心、流通加工中心等建设,并设立海关、商检、船舶商、物流公司、代理商等服务机构,完善物流业发展服务体系。

(3) 产业链规划

根据物流行业的基本业态及发展趋势,结合武宣县物流行业的现状及未来发展态势,打造以农产品加工、矿产品加工、建材产品、冶金、制糖为主的供应(输入)物流—生产物流—销售(输出)物流的一体化物流链(如图11-3所示)。

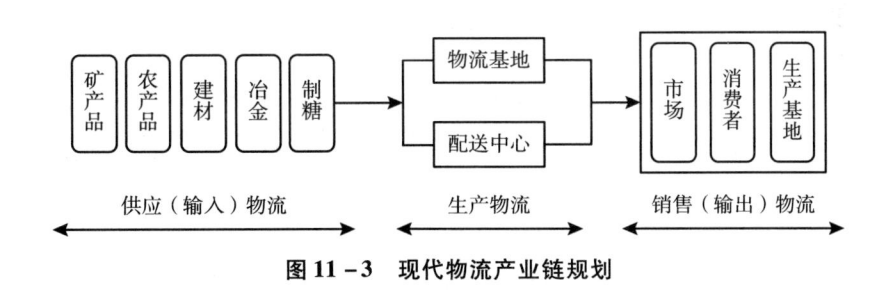

图11-3 现代物流产业链规划

2) 制造业

(1) 产业发展目标

抢抓珠三角产业转移发展机遇,以制造业带动工业化为产业发展重点和突破口,培育一批自主创新、主业突出、竞争力强的大型制造业企业和制造基地,塑造具有影响力的制造业产品,打响"武宣制造"品牌,把规划区建设成为珠江—西江经济带上重要的先进制造业集中地。具体可分为产业发展实力显著增强、建成先进制造业基地两大目标。

产业发展实力显著增强即经济总量上升，配套系统、装备、零部件制造能力、信息化水平显著提升，产业发展结构和质量达到较高水平，企业创新能力增强；建成先进制造业基地即形成一批具有竞争优势的"专、精、特、新"专业化生产企业，形成纺织业、矿产品加工、木材加工、船舶制造、有色金属冶炼五大制造业集群。

（2）发展模式

结合武宣县制造业发展现状和发展条件，提出规划区制造业发展模式为：市场化模式＋龙头带动模式。目前规划区内市场化模式无序化现象严重，龙头企业带动作用不强，尚需进一步优化。

市场化模式指从劳动力、资源丰富的实际出发，以特色优势产业为重点，首先广泛发展劳动密集型产业，进而发展资金和技术密集型产业，逐步推进产业升级和产业结构调整，以市场为导向，由小到大，逐步升级。主要实现途径有：在比较优势基础上构筑竞争优势；围绕重点产业组建企业联盟；突出区域分工合作实施错位发展；合理规划工业布局引导集聚发展。

龙头带动模式指依托生产规模较大、带动辐射强的龙头企业开拓市场、引导生产、深化加工，并吸引配套产业的集聚、促进区域产业分工，从而发展形成规模化、集约化、现代化的产业集群。主要实现途径有：突出增强重点企业核心竞争力；推进企业做大做强；构建结构合理的大中小型企业集团。

（3）产业链规划

规划将农副产品加工、矿产品加工、木材加工、船舶制造、有色金属冶炼打造成为武宣县未来工业园区的支柱产业，产业链的重组和整合，有利于深化资源的合理配置，扩大产业的效益，带动城市产业发展，提高城市综合竞争力。武宣县未来制造业的产业链主要为原材料生产—原材料加工—产品深加工—产品销售。

以现代制造业产业从原材料生产、原材料加工、产品深加工到产品销售一体化规划产业链的原则，以制造业本身为核心，向上延伸为原材料（农产品、有色金属、钢铁等）、能源产业、交通运输业，向下主要发展纺织业、船舶制造、木材加工、农副食品加工、食品制造等（如图11-4所示）。

规划区现代制造业大产业链下主要有三大产业链，制糖产业链；木材加工产业链；船舶制造产业链。

制糖产业链重点打造以蔗糖制造为主要产品的产业链条，向上延伸为甘蔗等农产品种植，向下为酒精生产、纸制品生产及废料回收利用（如图11-5所示）。

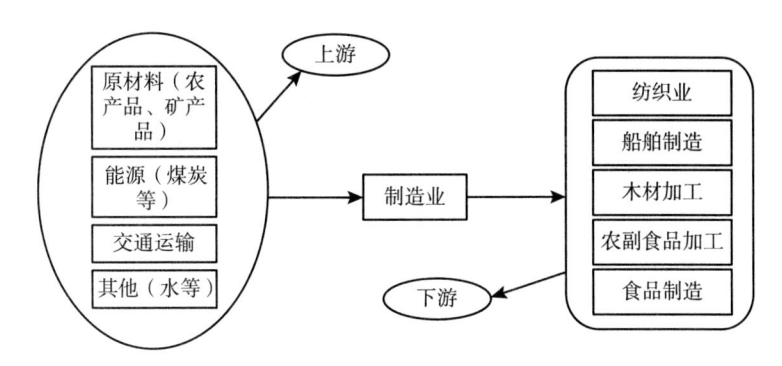

图 11-4 现代制造业产业链

图 11-5 制糖业产业链

木材加工产业链重点打造木材加工横向多元化产业链，上游主要产业为木材等农产品提供、机械制造、能源等，中游为人造板、家具、地板等生产，下游主要产业为商贸物流、市场营销、废料回收加工等产业。

船舶制造产业链以研发设计、专业设备、配套设备、产品装配及产品升级等为主要产业，带动及拓宽钢铁、冶炼等相关领域产业发展，向上延伸产业链即原材料的规模化加工、能源等，向下主要产业为商贸物流、市场营销、材料回收等。

3) 矿产品采选及加工

(1) 产业发展目标

以龙头企业为推手，以资源循环高效为理念，逐步实现规划区大规模矿产品采选及加工产业集群的构建，打造成为珠江—西江经济带矿产品采选及加工示范区。具体可分为产业体系进一步优化；产业集群初具规模；生产技术创新取得进步三大目标。

产业体系进一步优化指以"主业突出、核心能力强、产品质量好、市场占有率高"的重点企业为主导，"少、精、特、专"中小企业协调发展的矿产品采选及加工产业体系进一步优化，重点企业主导作用显著增强，与中小企业的联动发展能力显著提高；产业集群初具规模指实现以矿产品采选及加工业为主，配套产业为辅的产业集群，产业集群内能源、资源、信息高速流动，各环节协调发展；生产技术创新取得进步指以高技术、高附加值、低消耗、低排放为目标的生产技术升级得到实现，生产工艺持续进步，技术创新能力不断提高。

（2）发展模式

结合武宣县矿产品采选及加工业发展现状和发展条件，提出了规划区矿产品采选及加工业的发展模式为：产业联动模式＋市场导向模式。

产业联动模式指由产值较大、带动作用强的重点企业牵头带活产业发展，中小企业受其辐射经济规模逐渐壮大，配套产业协调联动，产业体系全线激活。主要实现途径有：持续壮大龙头企业；加强产业间联系。

市场导向模式指在资源有限与市场经济主导的形势下，结合自身资源情况，根据市场需求合理选择产品进行生产加工，生产方式由线性生产向循环型生产转化，以实现经济效益最大化。主要实现途径有：深入调研合理选择产品；生产方式向循环型转化；构建结构合理的产业集群。

（3）产业链规划

以金属冶炼产业为基础，发展白云石、石灰石等非金属加工业及铅、锌等金属冶炼业，所得产品可应用于建材产业、化工产业，产后废渣、余热等又可再次应用于建材、化工产业，实现资源的多次利用（如图11-6所示）。

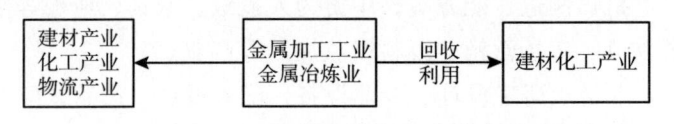

图11-6　矿产品采选及加工产业链

11.3.2　特色优势产业发展规划

1）现代农业

（1）产业发展目标

以现代管理、现代科技为手段，以科学合理规划为导向，以做大做强优势特色产品为目的，塑造武宣特色农业驰名品牌，打造成为桂中地区特色农业示范区、珠江—西江经济带特色农业主产区，具体可分为：产量增长、结构优化、品牌突出三大分目标。

产量增长即实现优质谷、甘蔗、油葵、食用菌、夏南牛等优势特色产品增产增量；结构优化即产业链上下延伸，形成完整的产业链条同时实现规模化经营，主要有良种选育、化肥供应与农产品加工等产业门类的进一步发展；品牌突出即形成以武宣优质粮油、夏南牛为主的肉牛、绿色食用菌、油葵为主导的农产品品牌体系。

(2) 发展模式

基于规划区农产品繁多其适宜模式不一，因此将其现代农业发展模式确定为"龙头企业带动型（公司+基地+农户）+农户公司带动型+城乡统筹型"，其中夏南牛养殖中"龙头企业带动型"模式已现雏形，但尚需不断优化。

龙头企业带动型模式对规划区绝大多数农产品生产适用，应以产业发展需求为导向进行模式推广。其主要指由龙头企业作为现代农业开发和经营主体，本着"自愿、有偿、规范、有序"的原则，采用"公司+基地+农户"的产业化组织形式，围绕一个产业或产品，实行生产资料供应、生产加工、销售一体化经营形成龙头连基地、基地连农户的产业化、商品化、规模化生产经营格局。主要实现途径为：建立风险基金制度，最大限度地降低市场风险，以保证农户利益；以产业现状为基础引进实力雄厚的龙头企业；提供有利推广的社会环境及政策支持。

农户公司带动型模式适用于规划区特色农产品加工及以农民为主体的农产品销售，其主要指以农户家庭经营为主体，以独户联户、合作经营为基础，以增加农民收入为目标，以多种经营为手段，依法注册登记，有固定经营场所的经济主体（称之为农户公司），通过农户公司将分散经营的农户联合起来，利用本地资源，吸收农业劳动力就业，带动农民从事手工制作、特色加工、产业开发、产品经营、中介服务、市场销售等生产经营活动，拓宽农民的就业渠道，推进农业发展、促进农民致富和产业发展的现代农业发展模式。主要实现途径为：积极鼓励扶持农民创办各类经济实体，发展农户公司经济；增强农民市场意识，提高农民进入市场的组织化程度。

城乡统筹型模式是现代农业发展的高级模式，是指在城乡一体化发展思路带动下，以高效农业和优势产业集群为依托，在大力融入资本发展高效农业的基础上，吸收农业劳动力就业，促进和加快农村相关产业发展。主要实现途径包括：发展高效农业，带动社会社会主义新农村建设；合理规划，实现工农城乡互动、城乡统筹、协调发展。

(3) 产业链规划

根据规划区现代农业资源禀赋及发展现状，将现代农业规划成两部分：大农业产业链与门类产业链（如图11-7所示）。其中大农业产业链涵盖范围广，集农产品生产、农产品加工、农产品贸易与农产品销售于一体，门类产业链主要有肉食品加工循环经济产业链、果蔬种植加工循环经济产业链、粮油深加工循环经济产业链、观光农业产业链。

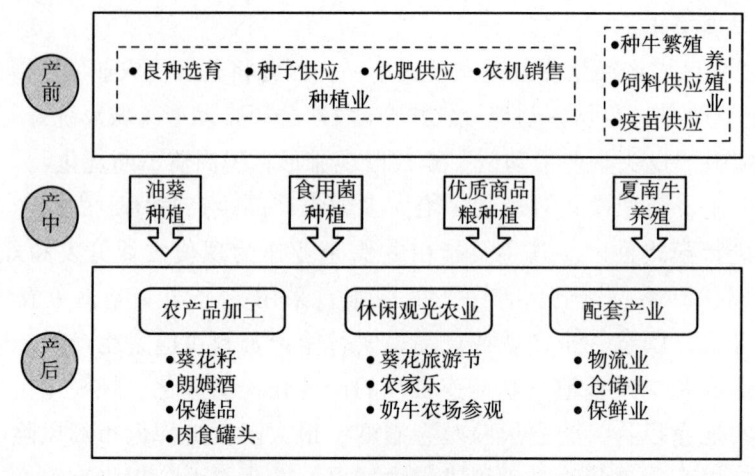

图 11-7 现代农业产业链

肉食品加工循环经济产业链即在禽畜养殖的基础上发展腌腊制品、熟食品加工产业，同时发展禽畜副产品如皮、毛等的加工产业，生产废料进行二次处理形成肥料供种植业使用或用作发电、沼气工程。果蔬种植加工循环经济产业链即果蔬种植的基础上发展果蔬产品深加工，制作果干、水果罐头、水果饮料等，之后建立果渣回收利用生产线，生产果渣饲料供养殖业使用。粮油深加工循环经济产业链即在粮油种植的基础上发展粮油加工产业，将粮油生产副产物就地转化利用，后连接饲料生产企业，将生产废渣进行处理再利用。观光农业产业链即以下莲塘油葵为代表的特色农产品种植为基础，向上发展育种及化肥产业，向下进行农产品观光后进行农产品加工返还市场销售。

2）休闲旅游业

（1）产业发展目标

以资源禀赋为基础，以科学合理规划为导向，以多重市场营销方式联动为依托，塑造武宣特色休闲旅游品牌，打造成为特色休闲旅游集散中心、珠江—西江经济带休闲旅游经济廊，具体可分为：接待能力提升、特色精品旅游线路形成、旅游经济贡献率提高三大目标。

休闲旅游业接待能力提升即基础设施的进一步完善、旅游从业者服务能力的进一步提高、旅游产品吸引力增强；特色精品旅游线路形成即形成以山水观光游为目的的百崖大峡谷旅游线路、以寻古访幽为目的的庄园文化旅游线路，以休闲观光游为目的的休闲农业旅游线；旅游经济贡献率提升即旅游经济总量增长、推动武宣产业向"三二一"结构转变。

（2）发展模式

基于规划区休闲农业发展现状及发展潜力，将规划区休闲农业的发展模式确定为循环模式。下莲塘等休闲农业区循环模式发展具备雏形。

"循环模式"即依据循环经济相关理论，把休闲旅游业作为核心产业，通过核心产业的发展来带动或推动诸如农村种植业和养殖业以及相关农产品加工业等的发展。主要表现为两种形式，其一为内循环，也就是休闲旅游农业与农村种植业等的循环；其二为外循环，也就是在休闲旅游农业发展的带动下，农村种植业和养殖业以及农产品加工业之间发生的再次循环。主要实现途径为：建立"品牌+标准+规模"的经营体制；重视特色化扩大优势；营造产业循环发展大环境。

(3) 产业链规划

开发特色休闲旅游循环产业链（如图11-8所示），即以油葵、红棉等特色农产品种植为旅游吸引物打造油葵及红棉休闲旅游品牌，推出特色牛心柿、胭脂李、葵花籽"双髻龙"茶、蚕丝制品、葵花油、红糟等旅游农副产品及纪念品对农产品进行销售，推动农产品作为旅游卖点进行"一次利用"，再加工成农副产品进行"二次利用"，促成农产品、旅游活动及销售市场之间的循环。

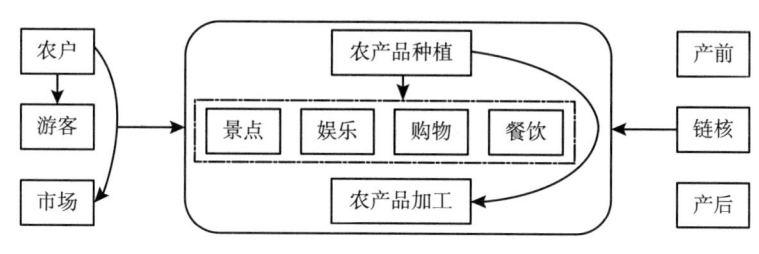

图11-8 休闲旅游业产业链

3) 商贸服务业

(1) 产业发展目标

以改善消费环境、完善服务功能、扩大消费需求为目标，以通达物流为依托，以重大项目建设为抓手，力争在商贸流通、餐饮住宿、市场建设等方面实现新突破，打造成来宾市现代商贸服务"次中心"，具体可分为分工协作格局形成、服务体系进一步完善两大目标。

特色商贸服务业分工协作格局形成即城区带动、乡镇联动、分工明确、城乡互促以实现资源优势最大化；服务体系进一步完善即特色商贸服务业的集聚度提高，产业融合度与协调度加强。

(2) 发展模式

基于规划区商贸服务业以市场主导为主的发展模式现状，提出了"市场主导与政府推动融合"模式，其主要指市场与政府两种力量结合推动商贸服务业发展,各取所长充分体现市场自发形成模式的优点而且能够更好地实现资源优化配置。主要实现途径包括:明确政府职能;尊重市场规律;推进"产城融合"型布局模式;打造信息交流平台。

(3)产业链规划

开发商贸服务一体化产业链(如图11-9所示),即以规划区特色农产品、工业制品、服务业产品为主打造专门化程度高的交易市场与信息交流平台,通过现代化的物流仓储及电子商务实现产品流通配送,采用博览会、交易会、展览会等对特色优势产品进行市场营销,实现现代商贸大产业链拓展。

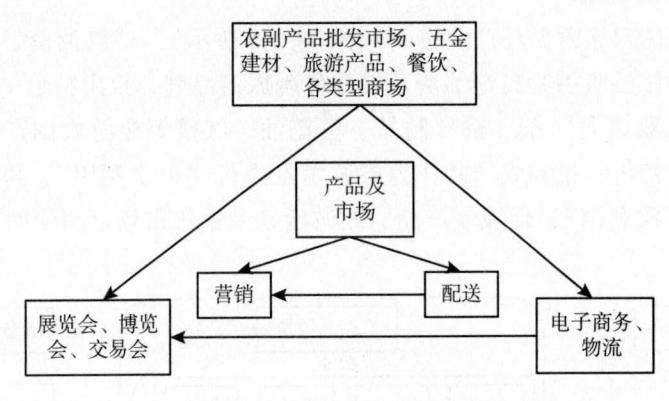

图11-9 商贸服务业产业链

4)碳酸钙产业

(1)产业发展目标

以"一个中心,两大支柱,多点辐射"为依托("一个中心"是指武宣县产业转型白云石工业园,"两大支柱"是指工业园区内又详细的划分为"高新玻璃产业区"及"新兴建材产业区"),特色优势得以凸显、产业结构完整、经济规模日益壮大,具体可分为特色产业初具规模、循环节能目标明确两大目标。

特色产业初具规模即碳酸钙产业基地成为占据技术、市场、产业制高点的具有影响力和竞争力的特色资源产业园,成为碳酸钙产业新技术新材料开发中心和碳酸钙产业集群积聚洼地,促进和带动玻璃、耐火材料、型材等相关产业的发展;循环节能目标明确即产业链内部之间小循环进一步加强、促成各个生产过程节能、整个产业低耗能。

(2)发展模式

基于研究区碳酸钙产业现状,提出"园区布局、市场主导,政府推动"模式。即坚持走聚集发展路线,实行统一规划,规模化发展,在产业现状基础上,以市场为导向促成产业飞速发展。主要实现途径包括：一体化规划；以技术为支撑推动产业升级；循环节能理念贯彻；以资源为支撑促进产业可持续发展。

（3）产业链规划

规划碳酸钙产业低碳循环产业链（如图 11-10 所示），具体为石灰石开采与农林业的秸秆提供原材料等，对其加工产品分别用作纳米、轻质、重质超细碳酸钙，生产过程中产生的碳酸钙废渣（约 50%）用于生产新型建材，产后碱回收等生物质锅炉用以造纸、废水生物及时处理成中水回收利用及沼气发电等。

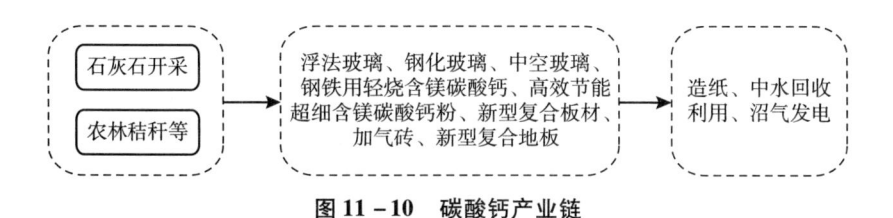

```
┌─────────┐      ┌─────────────────────────┐      ┌─────────────┐
│ 石灰石开采 │      │ 浮法玻璃、钢化玻璃、中空玻璃、   │      │ 造纸、中水回收 │
├─────────┤ ───▶ │ 钢铁用轻烧含镁碳酸钙、高效节能  │ ───▶ │ 利用、沼气发电 │
│ 农林秸秆等 │      │ 超细含镁碳酸钙粉、新型复合板材、 │      │             │
└─────────┘      │ 加气砖、新型复合地板          │      └─────────────┘
                 └─────────────────────────┘
```

图 11-10　碳酸钙产业链

12

西江经济带（武宣段）产业空间布局规划

12.1 产业空间布局原则与思路

12.1.1 产业布局原则

1）生态性原则

充分考虑生态建设在城市产业发展中的作用。对黔江两岸的土地划定出专门的生态岸线控制范围区域，明确管理对象，强化岸线与规划的联系。生态岸线规划注重协调环境保护与开发建设之间的关系，明确生态保护与产业发展间的关系，实现生态效益和经济效益双赢。企业之间、企业与社区之间的密切合作，合理、有效地利用沿江资源（包括信息、自然资源、基础设施和自然栖息地），坚决保护产业发展的生态本底。

2）突出重点原则

武宣县作为珠江—西江经系带的一部分，产业布局要突出临港特色和重点。一是根据港口设置间距的不同，合理布局与港口关联程度不同的产业，突出发展优势；二是突出区域特色，立足自身实际，重点布局和发展具有现有或潜在优势和特色的产业；三是重点类产业要优先发展；四是突出临港特色，重点布局和发展以现代物流业为主的具有临港特色的产业。

3）集聚性原则

将规划区内分散布局的产业进行整合、集聚，将产业类型进行划分，形成相应的产业集群,提升规划区的产业竞争力。其一,发展产业集群,吸引更多的相关企业到珠江—西江经济带(武宣段)集聚,扩大和加强规划区内经济的集聚效应,促进集群内新企业的快速衍生与成长,由此将面临更多的市场机遇,获得更丰富的市场信息及人才支持,从而降低本地区的市场风险,进一步增强集聚体自身的竞争能力,不断发现新的发展机会,促进本地区内部间的经济影响力;其二,推进产业空间集聚,建立临港产业园区,将临港型产业集中布置,避免工业用地遍地开花,实现集约化发展。

4)服务港口原则

将内河港口作为一个服务平台,承接大量人流、物流、信息流。武宣县产业发展要以契合本地内河港口发展前景为前提,以产城融合发展为目标,强调港口建设与产业发展的对接融合,强化区域产业协作,发展综合性产业,发展临港工业、现代物流,商务办公等功能,为港口的运营和发展提供支持。把武宣发展成一个以物流、工业、商务、休闲为主要功能的产城融合发展的新城。

12.1.2 产业布局思路

1)按照"前港后园"模式进行点—轴联动布局

港口作为规划区最重要的交通资源,产业布局在集约利用岸线的前提下,注重港区与临港产业园联合布置,形成樟村、龙丛两个不同产业集群的"前港后园"临港产业区。同时,结合休闲旅游的旅游码头,构建以黔江为轴,港区、码头为出发点的点—轴联动格局。

2)与相关规划统筹衔接

《武宣县城总体规划》(2008~2030)指出将工业布局园区主要布置在河西、河东、黔西、黔东四大产业园区,形成工业组团式发展模式。本次产业布局在原有规划基础上进一步强调樟村和龙丛港区的分工布置,将现代农业和休闲旅游业作为主导产业进行布置,同时优化工业园区与城区间的交通组织,建设快速环路,实现铁路、公路、水路联运。

《武宣县土地利用总体规划》(2010~2015)指出城市建设用地主要集中在二塘镇樟村港区及龙丛码头一带,农田主要规划于规划区内黄茆镇、金鸡乡。本次产业布局充分利用二塘镇樟村码头建设用地用于发展现代物流业,利用农田发展现代农业和休闲旅游业。

大藤峡水利枢纽工程设计——水位提高,进一步优化黔江水运和旅游条件。产业布局中扩大港区物流用地,以适应港口运能增大的要求,同时在规划区下游段布置休闲旅游产业。

3) 结合规划区产业布局现状进行布局

目前,规划区内已经初步形成河西、河东、黔西、黔东四大产业园区,樟村、龙丛港区建设亦初具规模,在此现状基础上,保留和尊重现状产业布局,但其主导产业不明确,产业链尚未形成,用地布局混乱,港园结合较弱,岸线利用不集约。因此在现状的基础上,保留优势产业,以樟村、龙丛港区为中心,形成现代物流、制造业、矿场采选与加工产业集群。

4) 考虑交通运输因素组织空间布局

为配合规划区内主导产业及特色产业的发展,应充分发挥龙丛、樟村两大港区的带动作用,建立铁路、公路及城市快速交通相结合的立体交通网络系统,实现交通性与生活性交通分离,突出交通网络体系的高效便捷优势。

5) 注重现实性、可操作性

注重规划布局的现实性和可操作性,深入分析布局中的突出问题和限制性因素,使产业布局能对规划区品质的提高及经济发展起到积极的引导作用。

12.2 产业空间总体布局规划

12.2.1 县域产业总体布局

县域产业空间总体布局规划形成"一轴三区多中心"的产业空间格局(如图12-1所示)。构建以珠江—西江沿岸、东乡—通挽沿线5乡镇形成的产业发展轴;以东乡镇、三里镇为主体的"优质粮及特色休闲文化"组团;以禄新镇、思灵乡、通挽镇、桐岭镇为主体的"粮油糖及乡村游"组团;以黄茆镇、二塘镇、金鸡乡为主体"糖料生产及观光农业"组团;形成产业空间布局的基础框架。以中心城区及其四大产业园为核心,各乡镇所在地形成产业综合中心,以分散式布局模式辐射整个县域的产业空间布局,形成产业发展的集聚现象。

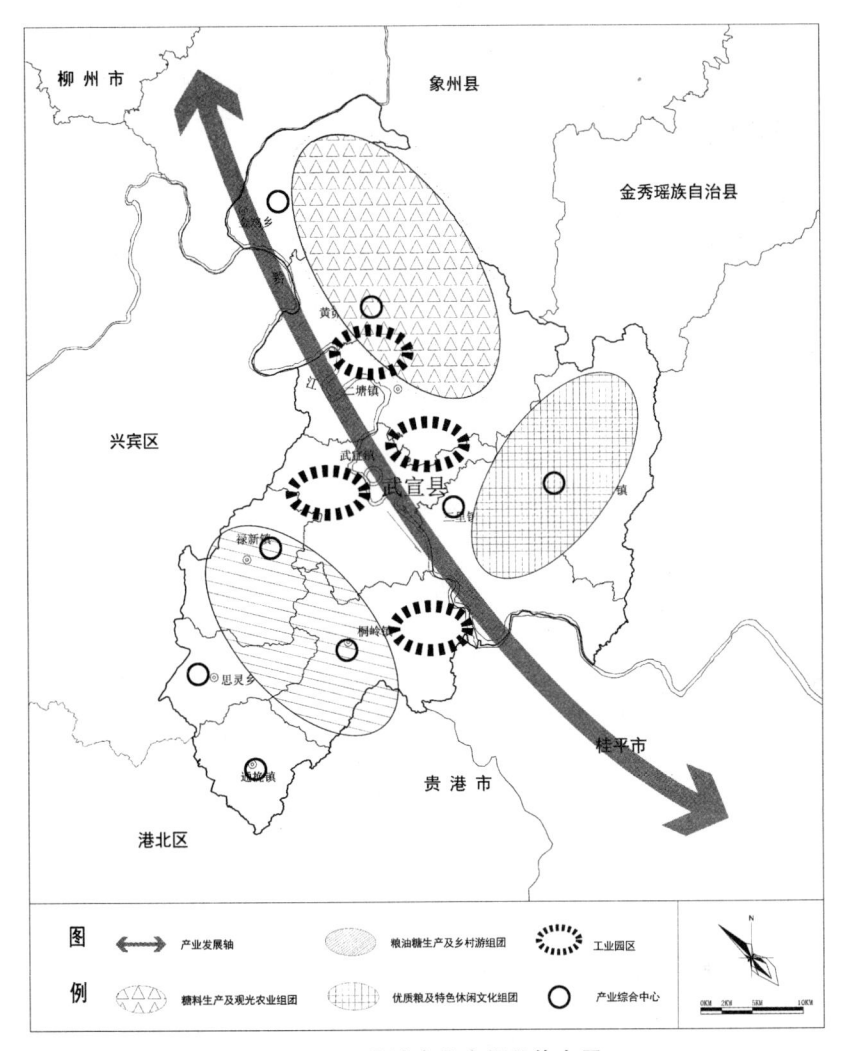

图 12-1　县域产业空间总体布局

现代旅游业，依托黔江的水运建设，形成三个旅游组团带动整个旅游产业的发展。现代商贸业，主要集中在中心城区及各乡镇镇中心，成为乡镇发展的经济中心，辐射片区的产业发展。现代物流业，主要集中于沿河各主要码头、港口，同时产业园区不断发展，形成前港后园的发展模式。

12.2.2　规划区总体功能结构

规划区形成"一轴四组团"的产业空间格局。一轴：珠江—西江产业发展轴；四组团：现代农业生产组团、现代服务业组团、工业生产组团、生态旅游组团。

——现代农业生产组团。规划于金鸡乡—黄茆镇建立现代农业生产区，弥补该区域交通区位优势明显但区域生态较为脆弱的特点，成为武宣产业发展的新增力量。

——现代服务业组团。规划中心城区与二塘樟村港口物流园区成为现代服务业组团,充分发挥现有的服务业基础,依托樟村港口物流园区的优势,发展现代商贸业、现代物流业等。

——工业生产组团。整合河西工业园、黔东工业园、黔西工业园的相关产业,构建矿产加工、制糖、建材、船舶制造等临港产业。

——生态旅游组团。抓住大藤峡水利枢纽发展的契机,将黔江下游三里镇境内规划发展生态旅游,打造与百崖槽、庄园文化旅游互补的观光旅游区。

12.2.3 规划区土地使用规划

如图12-2所示,在"一轴四组团"的产业空间格局指引下,结合《武宣

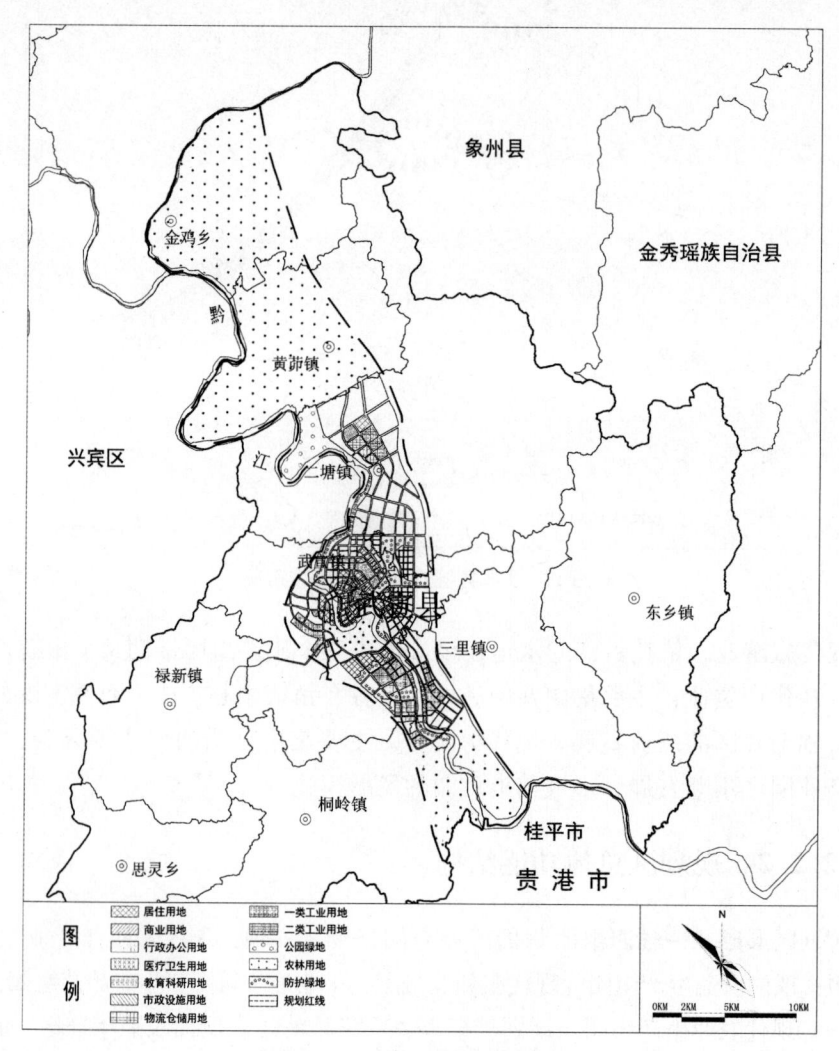

图 12-2 规划区用地使用规划

县城市总体规划》(2008~2030)的用地布局，优化环城快速路，建立交通性与生活性交通分离的立体交通体系，使武宣县城各组团有机联系，同时适当扩大樟村和龙丛港区的用地规模，使规划区内产业用地更具弹性。

金秀瑶族自治县生态空间范围包括三角乡、忠良乡、长垌乡、罗香乡、六巷乡、大樟乡和金秀镇城镇空间以外的区域，该区域土地总面积为1 913.79平方公里，占全县土地面积的77.52%。该区域属于全市重要的生态屏障区和水源林涵养区，是维系珠江—西江流域水体安全和维护生物多样性的重要区域，生态环境保护具有重大意义，以保障生态区的基本生态功能和生物多样性为主要功能。

12.3 规划区产业布局

12.3.1 主导产业布局

1) 现代物流业

(1) 布局方案

如图12-3所示，现代物流业主要布局于龙丛港区、樟村港区，港区面积约为1.56平方公里和1.63平方公里，两港区均有集散客货流通的开敞空间设计，配套仓储用地，以及新兴产业园区布局，形成前港后园的空间格局。

(2) 布局理由

第一，樟村港区与龙丛港区目前建设已初具规模，且港口作业条件良好，交通便利。临港物流园区和港口码头基础建设日渐完善，信息化建设、交通网络覆盖全面实施。不断打造农产品加工、矿产品加工、建材产品、冶金、制糖五大产业物流链，形成与产业集群相适应的物流服务网络体系，构建合理的产业链发展模式。第二，现代物流业与临港产业园区关系密切，目前黔东、黔西工业园建设已初具规模，为龙丛港区建设提供了有力的产业支撑。

2) 现代商贸业

(1) 布局方案

如图12-4所示，现代商贸业主要布局于中心城区及樟村港区，总面积约为0.85平方公里，整体以带状商业为主，点状商业分布为辅，辐射整个中心城区，形成现代商贸业集聚的布局。商业形成于中心城区，嵌入各个组团，不断向外辐射，基本形成现代商贸业集聚的格局。同时，承接各个产业的发展，形成新的产业集聚现象。

(2) 布局理由

第一，尊重城区商贸业现状，现代商贸业是在原有商业发展的基础上，以市场主导为中心，带动周边休闲产业发展，如主题公园、休闲房地产、体育休闲、娱乐游艺园等及其配套服务设施。第二，商业产业、酒店宾馆等布局强化中心城区的休闲功能，旅游住宿、旅游购物、健康养生、商务会议、运动休闲、文化休闲等，形成一个临港地区新兴的休闲集散地，一个集吃、住、行、游、购、娱等于一体的产业集群。

图 12-3 现代物流业布局

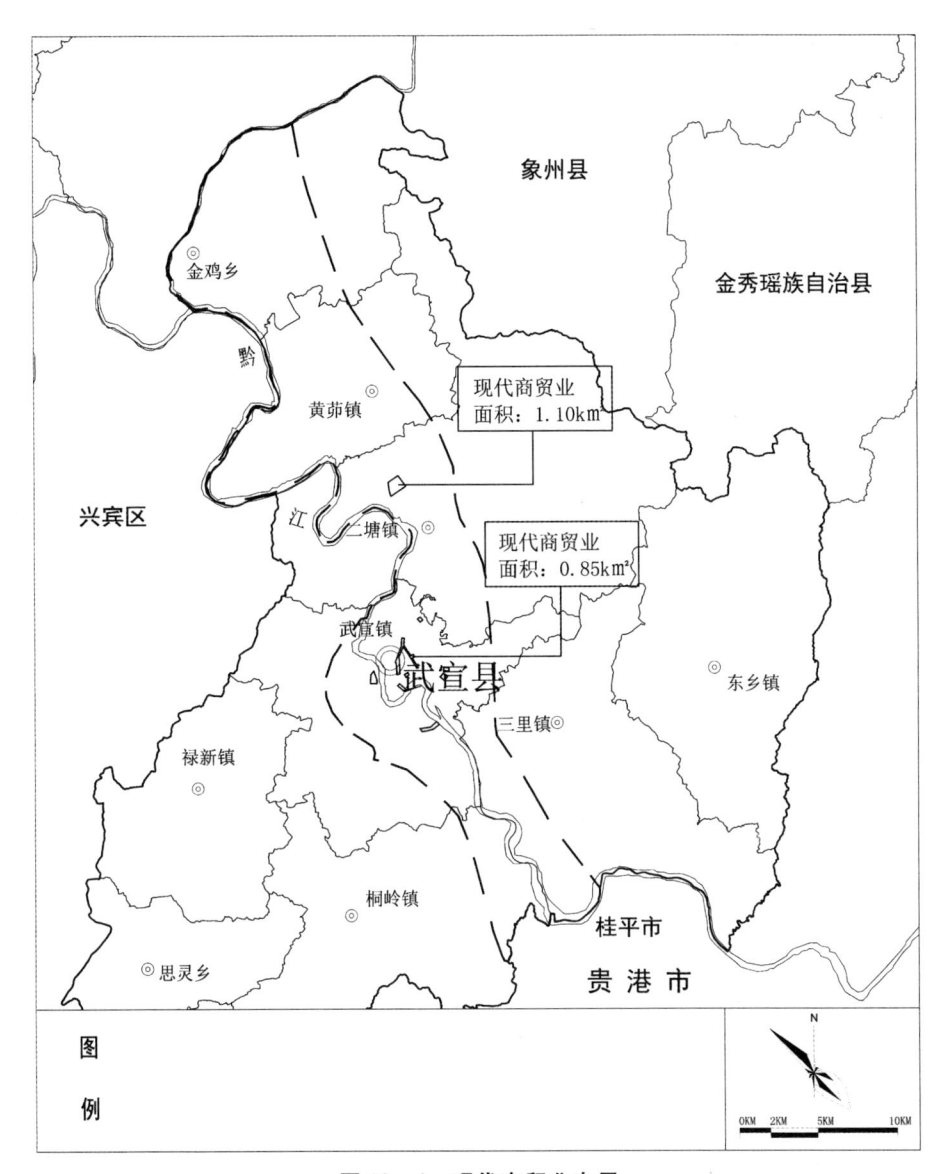

图 12-4 现代商贸业布局

3) 特色农业

(1) 布局方案

如图 12-5 所示，特色农业主要布局于上游的黄茆镇、金鸡乡行政区内，其规模视实际生产规模而定，整体考虑生态保护与产业的联动发展，依托黔江港口运输及对外交通道路运输，让特色农业区形成中心城区与外部合作的转移集聚区，带动周边镇的产业发展。

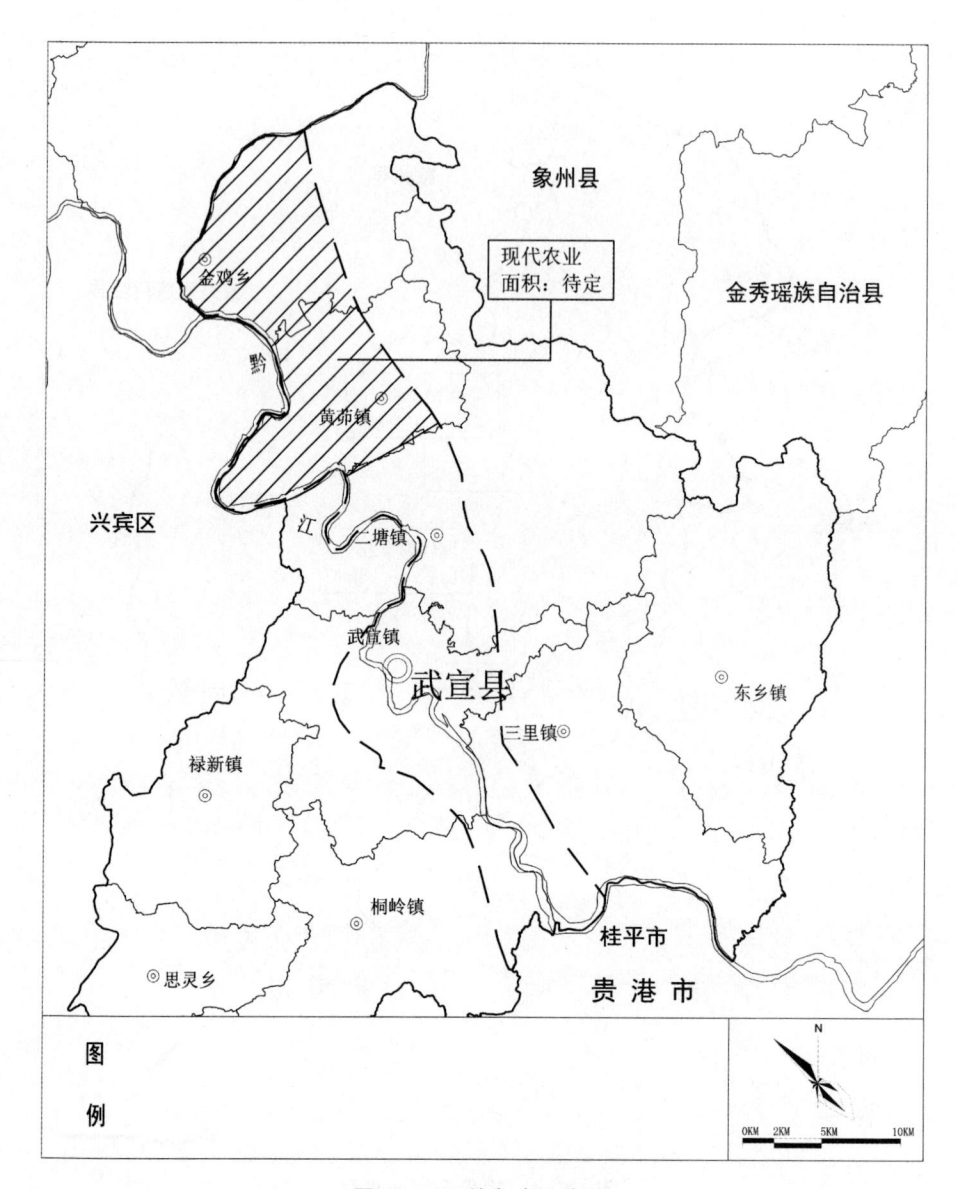

图 12-5 特色农业布局

(2) 布局理由

第一,发挥现有农业基础,目前,黄茆镇、金鸡乡农业发展基础良好,但需要进一步加快农业现代化步伐。特色休闲农业不仅能依靠生产农产品直接获利,它在保证农业健康发展的同时,还利用农业生产过程、农村文化、农民生活和农村生态为城镇居民提供休闲、观光、体验等服务,满足城乡居民不断变化的生活需求。将农业、农村、休闲旅游三者功能相结合。第二,确保规划区生态安全,黄茆镇、金鸡乡位于规划区上游,对生态要求较高,因此在农业空间布局中将生态旅游与现代农业结合起来，沿江建设特色休闲农业区，可实现经济与生态协调发展。

4）制造业、矿产品采取与加工业

（1）布局方案

如图12-6所示，主要布局在以龙丛港口为核心的黔东工业园、黔西工业园、河西工业园。总面积约为12.82平方公里，港口码头与产业园区的建设、产业园区与周边镇的建设相结合，形成以港带园，以园带产业，以产业打造经济走廊，从而带动武宣经济进步的整体发展格局。

图12-6 制造业、矿产品采取业布局

(2) 布局理由

第一,产业特点要求。拟发展的船舶制造业、矿产品采取与加工业运输量大、所需存储空间大。布局考虑依托港口建设,临近港口的工业园区,更有利于产业的发展。第二,现状建设已初具规模。规划布局中在原有的基础上预留了产业发展的用地空间。

5)现代休闲旅游

(1) 布局方案

如图12-7所示,现代休闲旅游业主要沿江布局,重要旅游景点错落在江边

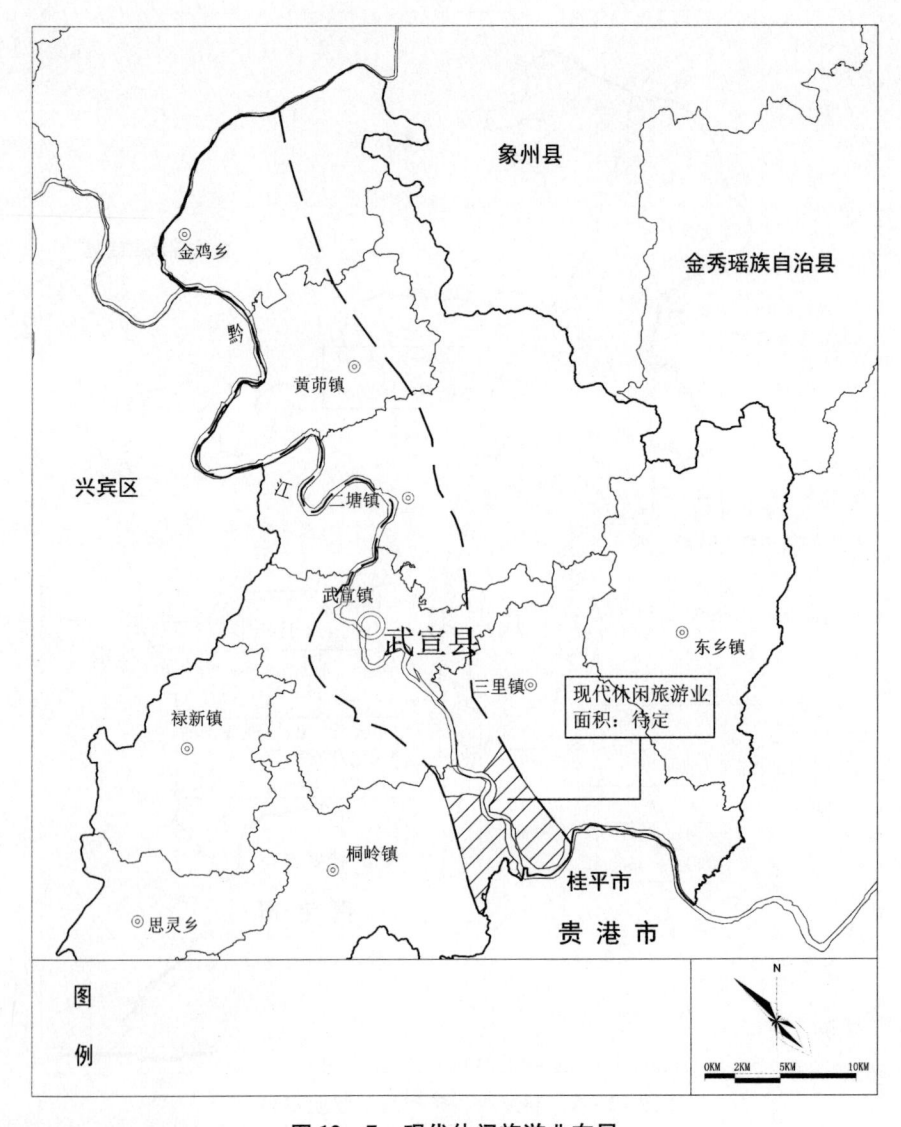

图 12-7 现代休闲旅游业布局

以及中心城区,沿江顺势打造景观节点,构筑滨江休闲旅游带,产业布局与生态保护相互结合,联动发展。

(2) 布局理由

依托生态优先原则,沿江发展现代休闲旅游,辅助相关产业发展,延长产业链,提高城市适宜性居住环境。充分利用黔江景观带、周边大藤峡水库等优美的自然景观,布局生态休闲娱乐业设施,怡情养性。同时,结合三里镇的庄园文化旅游等旅游资源打造休闲旅游产业集群。

12.3.2 特色优势产业布局

1) 生态农业

(1) 布局方案

如图12-8所示,生态农业以金鸡乡—黄茆镇为主,培育珠江—西江经济带(武宣段)的新动力。

(2) 布局理由

生态农业用地面积大,其中布局考虑当地特色餐饮、特色农场、户外拓展、观光采摘、休闲度假、农业示范园等服务设施,结合农村建设、休闲旅游景点建设等,布局人文乡村旅游区,开发文化体验、节庆活动、农事体验等特色项目,使游客可以观光、采果、体验农作、享受乡间情趣。

休闲生态农业发展的重要条件之一就是交通区位条件,城镇居民是休闲农业的主要消费群体,随着交通条件改善,人们出行越来越便利,生态农业演变的休闲农业也成为更多城里人体验放松的选择。同时,生态农业的布局考虑便利的交通道路,以及农产品的运输、与其他产业板块的联动,港口建设与城市发展相辅相成,交通发展起到了基础性的作用。

2) 休闲旅游业

(1) 布局方案

如图12-9所示,休闲旅游业主要发展以七星河湿地公园、五马拦河双狮风景名胜区等为节点的沿河休闲旅游。

(2) 布局理由

黔江穿过主城区,通过沿江码头港口的建设,开敞空间的预留,以及重要景点的打造,形成沿江景观带。

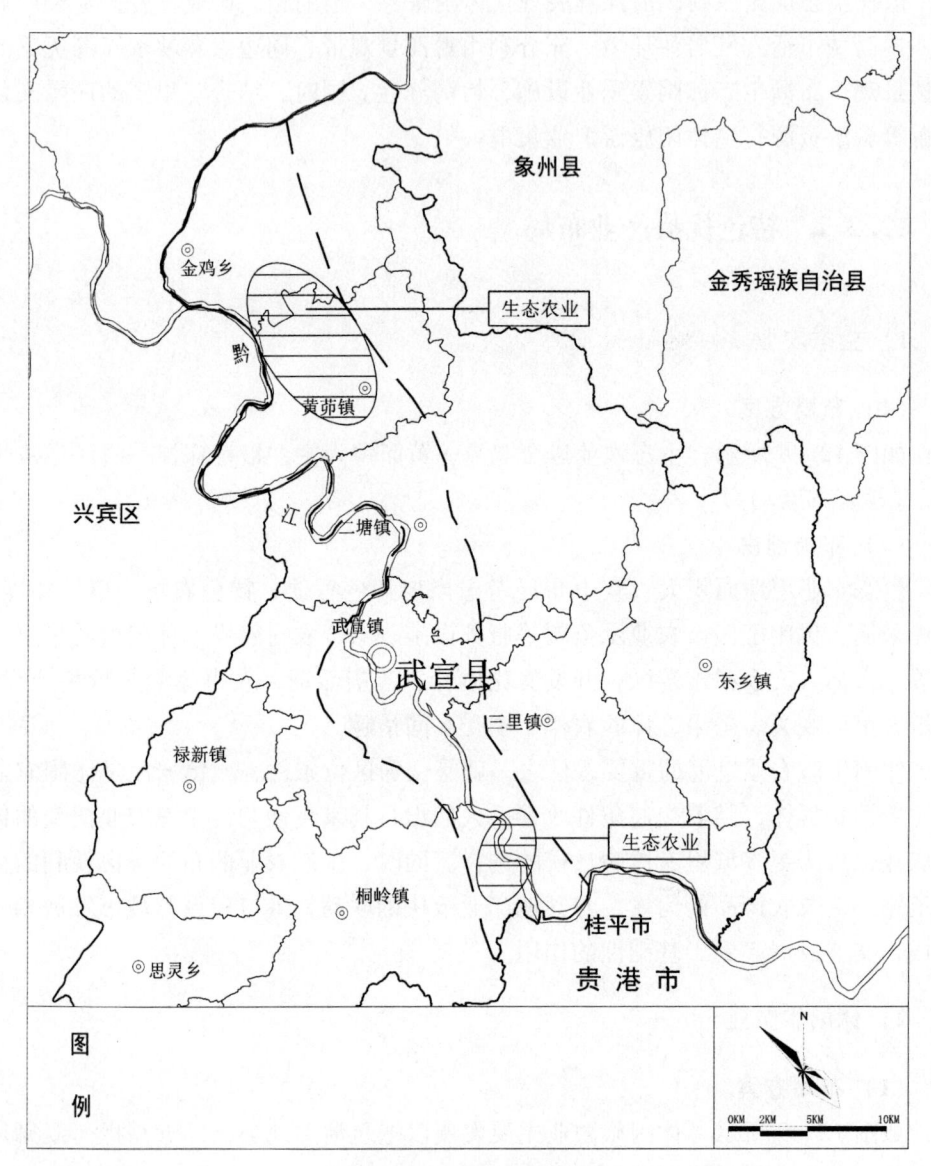

图 12-8 生态农业布局

图 12-9 休闲旅游业布局

休闲旅游业的布局，在沿江景观带的基础上，打造文化创造、文化欣赏、文化构建等休闲产业文化。在自然景观节点的基础上，发展休闲旅游产业，打造集休憩娱乐于一体的休闲旅游。

休闲旅游业是第三产业，配套工业区的主要发展产业，会带来一定的人流，且休闲度假游更注重时间成本，因此需要较便捷的交通系统与港口建设、旅游景点与周边交通设施的相互衔接。依托港口区位优势，充分开发利用黔江旅游资源，结合沿江景观节点，打造休闲景观带，带动产业的发展。

3) 商贸服务业

(1) 布局方案

如图 12-10 所示,商贸服务业以中心城区为基础,保持经济发展核心动力。

图 12-10 商贸服务业布局

(2) 布局理由

主城区是商贸服务业的布局重点，商贸服务业是驱动现代城市经济发展、完善城市功能、提高城市竞争力的重要产业部门。其空间布局直接影响着这一产业发展的规模和质量。因此，商贸服务业在主城区空间上的合理分布具有重要意义。

商贸服务业衍生出的旅游休闲产业是为人们提供吃、住、行、游、娱、购等各种服务的综合性服务产业。发展康体娱乐、休闲旅游等服务提高人们的生活水平，提高城市的品质，不断促进城市建设及发展。这项布局对环境要求较高，需要良好的自然资源和土地资源，需要各大产业间相互协调才能共同促进其发展。

12.4 产业配套规划

12.4.1 生态岸线规划

1) 生态岸线规划

严格控制过多的沿岸线发展，鼓励横向发展，以减少对岸线的破坏。同时，明确管理对象，强化岸线与规划的紧密联系性和岸线开发利用的统筹协调性，生态岸线规划过程中注重协调环境保护与开发建设之间的关系。

在考虑以生态保护为基础、产业发展带动城市发展、严格控制岸线的开发利用的基础上，提出科学合理的岸线规划布局，以指导城市建设。不断地促进黔江周边工业园区的发展，港口与码头的建设结合岸线的开发强度，以此形成新的城市发展总体沿江景观风貌。

基于以上考虑，布局充分考虑岸线规划在城市发展的作用。对黔江两岸的土地划定出专门的生态岸线控制范围区域。规划将划分三类岸线：一类岸线，作为城市生态保护的岸线，限制进行开发建设；二类岸线，作为城市开发建设的岸线，鼓励并重点开发建设；三类岸线，作为工业区周边重点发展的区域。生态岸线规划如图12-11所示。

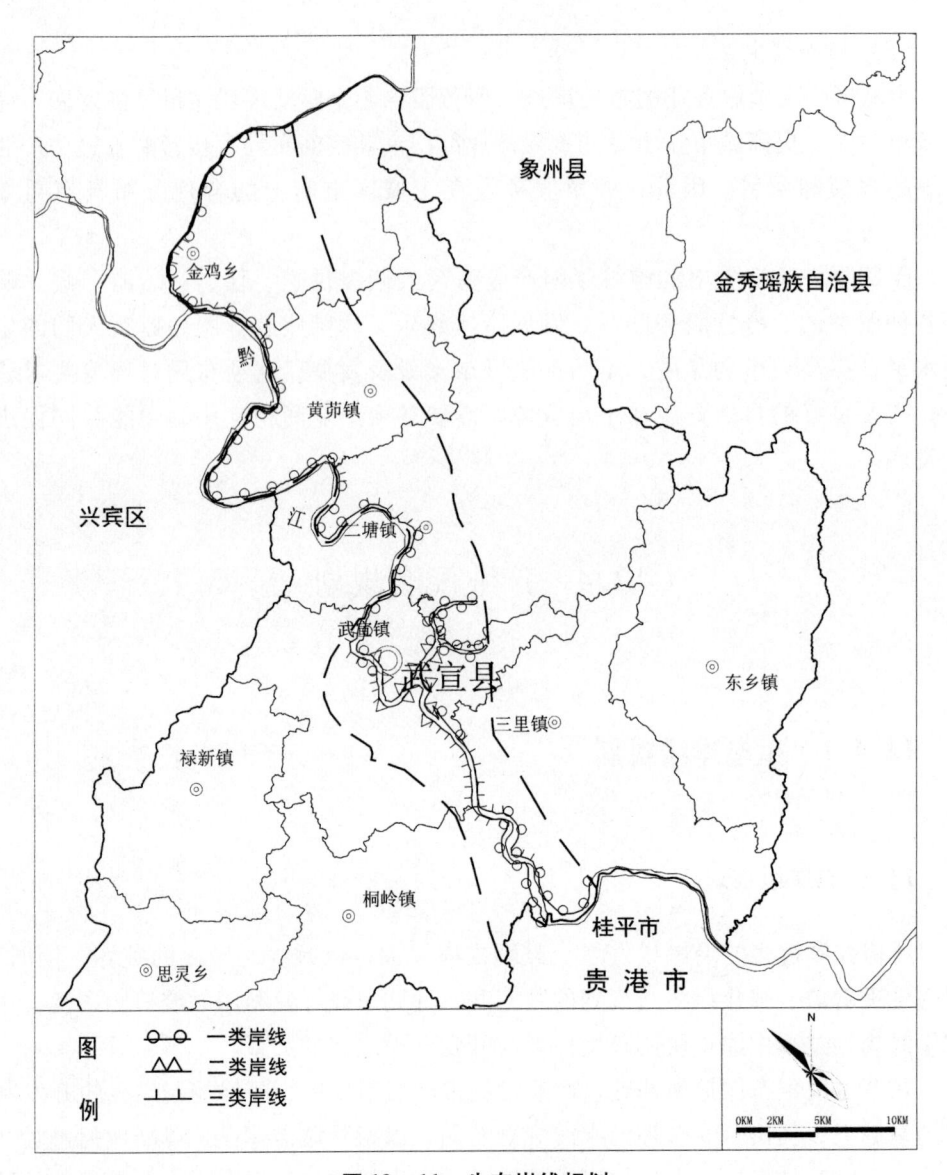

图 12-11　生态岸线规划

2）生态保护与绿地系统规划

规划必须严守生态红线，改善黔江沿岸自然景观风貌，同时严格保护周边生态敏感地区的自然环境，保留大面积农林用地，形成较稳定的生态系统框架。

中心城区重点公园的布置，包括市级休闲公园、区级休闲公园，以及双狮—五马拦江风景区的布局，均考虑绿地组团嵌入城区内部。

沿江形成滨水绿带，构筑良好的景观风貌，结合重要的景观节点，针对生态脆弱区的保护、生态绿地的保护，以及绿地系统的规划，形成自然的景观风貌。

因此，规划区内绿地系统形成"一心一带多节点"的绿地生态系统格局。以双狮—五马拦江风景区为绿地中心，沿江绿化形成滨江生态绿带，以马鞍山公园、土荫塘公园、书房山公园、滨江公园、城东公园等为依托，纵横交错的道路绿化带为骨架，形成点、带、网紧密联系的城市绿地生态系统。生态保护与绿地系统规划如图12-12所示。

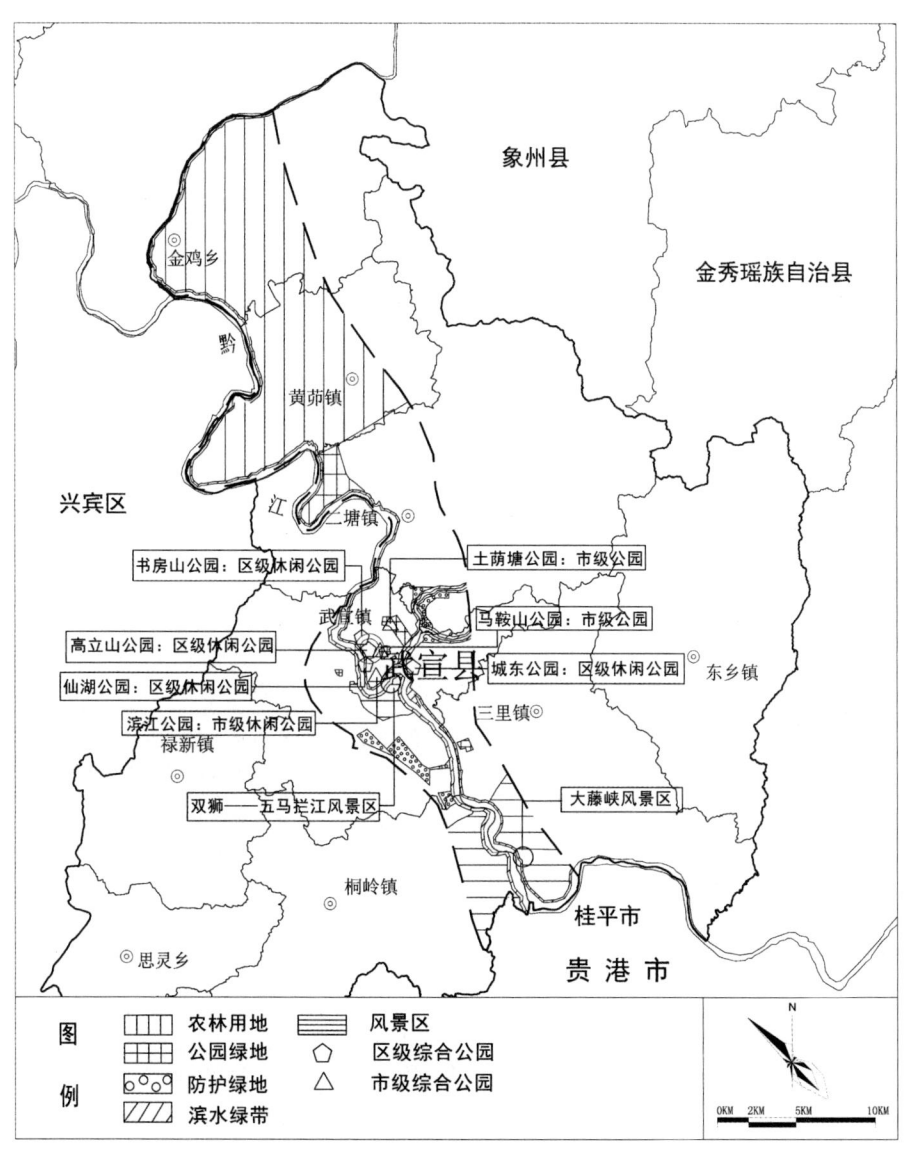

图12-12　生态保护与绿地系统规划

12.4.2 道路交通规划

1) 综合交通规划

采用综合交通的交通组织方式,改善城市交通组织,强化产业区之间的联系,建立与产业布局和土地利用相适应,由铁路、高速公路、干线道路、主干道、次干道、航运等构成的综合交通运输体系,以满足未来产业发展的需求。

生产性交通与生活性交通相结合,实现车流分离,使道路运作更具效率,构建顺畅、快速、合理、高效的城市道路网络,建立人行舒适、车行便捷的完善道路网络体系。

各类交通功能特性如表12-1所示:

表12-1　　　　　　　　各类交通功能特性

分类		功能特性
铁路(生产性交通)		承担对外交通与大运量远距离出行
三北高速公路、苍梧至龙邦高速公路(综合性交通)		承担对外交通与过境远距离出行
黔江(生产性交通)		承担大运量远距离运输
城市外环快速路(生产性交通)		承担大运量远距离运输与各片区间及组团间的长距离运输
组团间主干道	209国道、二塘物流园区与中心城区之间的主干道(生活性交通)	承担各片区间及组团间的长距离运输和联系
组团内主干道	二塘物流园(生产性交通)、中心城区(生活性交通)	承担分区内各功能单元之间的交通出行;构成分区内主要道路网络
组团内次干道	河西工业区、黔西黔东工业区、二塘物流园(生活性交通)	承担分区内各单元之间的交通出行;强调交通汇集和出入能力

2) 生产性交通规划

(1) 航运

构建黔江"黄金"航道,建设"一货两港"航道运输节点。主要承担大运量远距离运输。综合交通规划如图12-13所示,生产性交通规划如图12-14所示,生活性交通规划如图12-15所示。

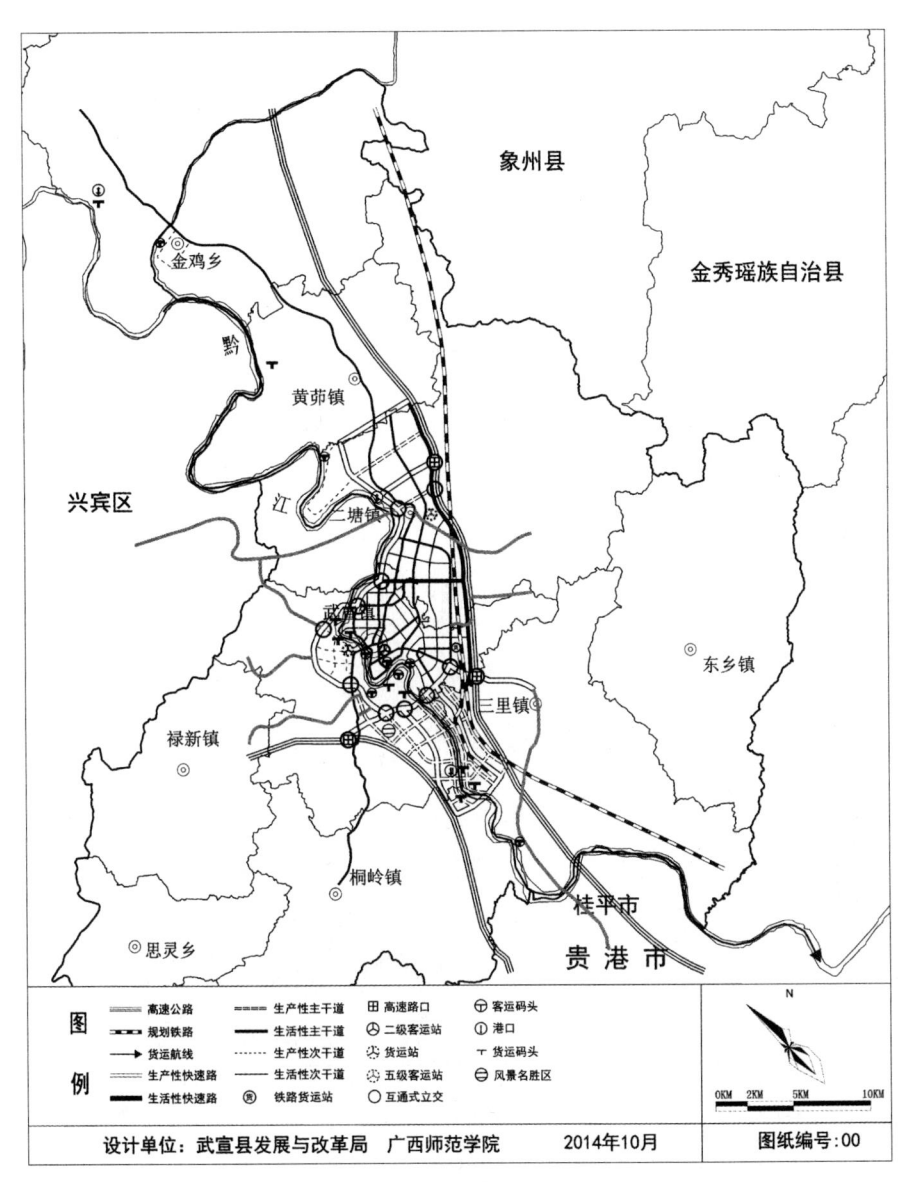

12 西江经济带（武宣段）产业空间布局规划

图 12-13 综合交通规划

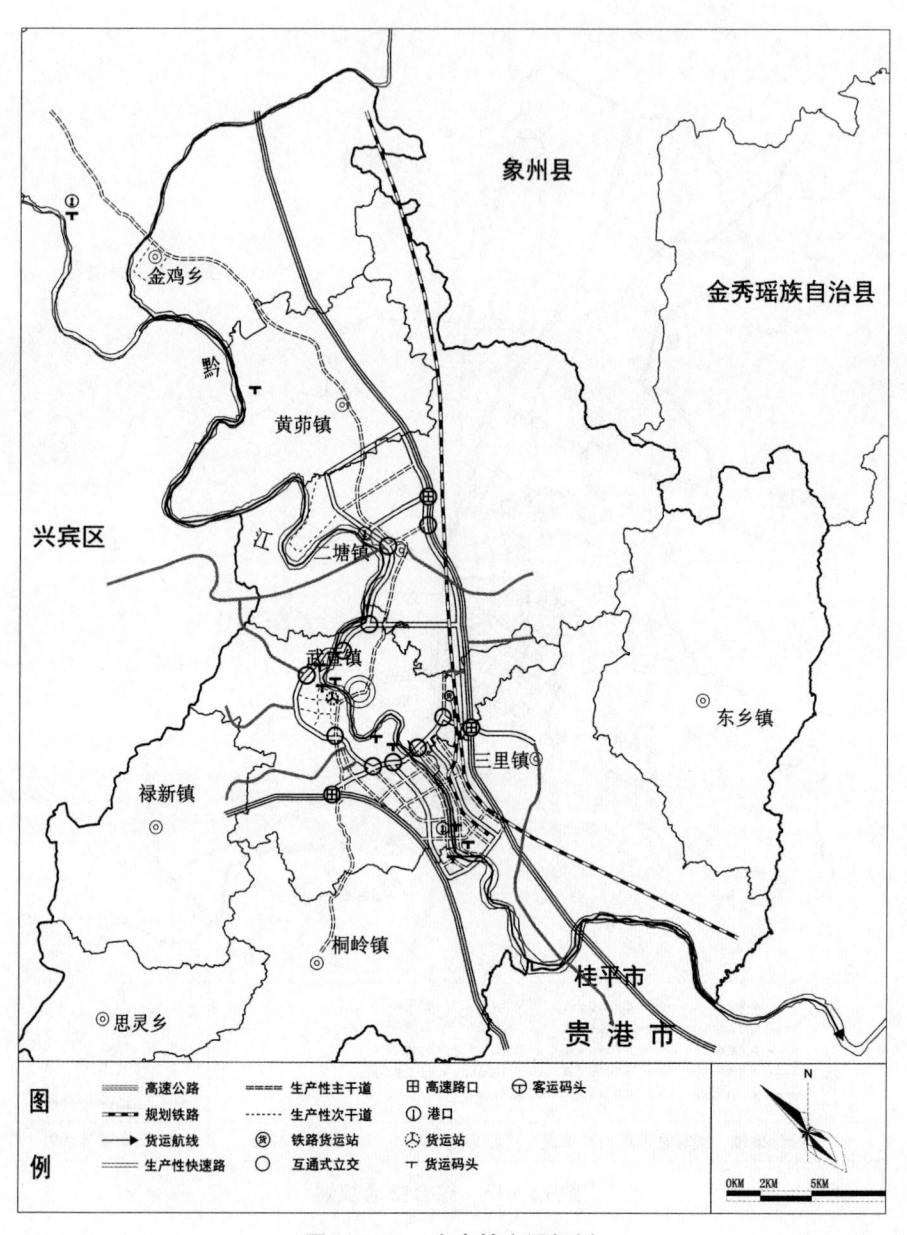

图 12-14 生产性交通规划

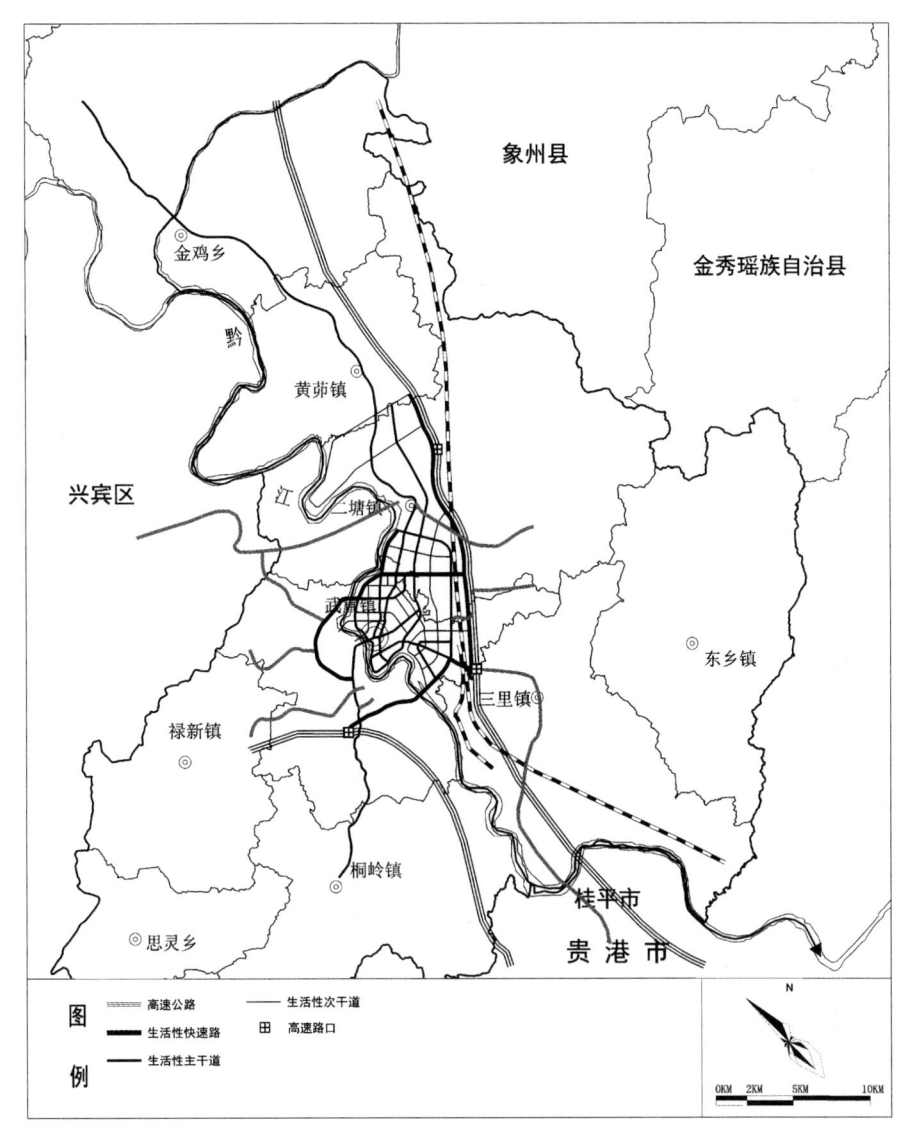

图 12-15　生活性交通规划

(2) 铁路

建设"一编一主一辅"的货运铁路枢纽,实现港口—工业园区—铁路的联运体系,承担对外交通与大运量远距离出行。

(3) 公路

规划"三北"和"苍龙"两廊高速公路;"三环"生产快速路作为骨架成为功能片区之间的骨架性交通联系通道,集散快速交通,承担大运量远距离运输与各片区间及组团间的长距离运输;建设"一主两片区"的生产主干道,联系各组团间的主要交通。

建设各级道路间互通式立交 11 个，实现各组团间的一体化建设。

3）生活性交通规划

依据分区、分层交通组织原则，构建体系完善、衔接便捷、等级匹配、交通组织合理、运输高效的道路网络。

构建"通道+放射+环+网格"的生活道路网。快速路分城市外环两极布局，作为城市生活性的快速通道；两条高速快速连接外部交通，支撑城市内外交通高效转换；建设"一国道多主干"的各组团间网状主干道，与各分区内环状次干道统一布局、一体建设，承担各片区间的运输和联系及分区内各功能单元之间的交通出行。

12.4.3 港口码头规划

1）布局原则

如图 12-16 所示，规划港口码头的布局，形成"一河两港多码头"的岸线利用格局。新建黄花码头、武宣码头、卜头码头、龙丛港口等 4 个货运港口码头，以及赖山村码头、西街旅游码头 2 个客运码头。在原有港口码头的基础上扩建沿江 9 个码头。

2）方案布局

一河：黔江。充分利用黔江"亿吨黄金"水道的优势，承上启下，承担大运量远距离的货物航运运输，沿江布局多个港口码头等配套基础设施。

两港：樟村港口、龙丛港口。在二塘镇、武宣镇利用范围面积大、吞吐能力强的优势基础上，重点建设樟村港口和龙丛港口，解决对内的货物运输问题，服务于周边的工业园区，形成"港—园"结合的综合货物运输系统，欲建设成为"前港后园"的现代化港口，达到以港带园的目的。

多码头：金鸡码头、鱼步码头、朗村渡口、东田建材码头、黔江码头等。这些码头沿江呈链式布局，形成完整的水上物流运输及观光旅游系统。

图 12-16 港口码头布局规划

12.4.4 公共服务设施规划

1）布局原则

按照"有层级、有体系、网络化、均衡性"的原则，规划建立"功能区级—居住社区级—基层社区级"三个层次，覆盖城乡、功能完善的公共服务设施体系。以中心城为主干，完善县、社区和乡镇服务设施体系。规划建设和完善文化、教育、医疗卫生、体育等机构和公共服务设施（如图 12-17 所示）。

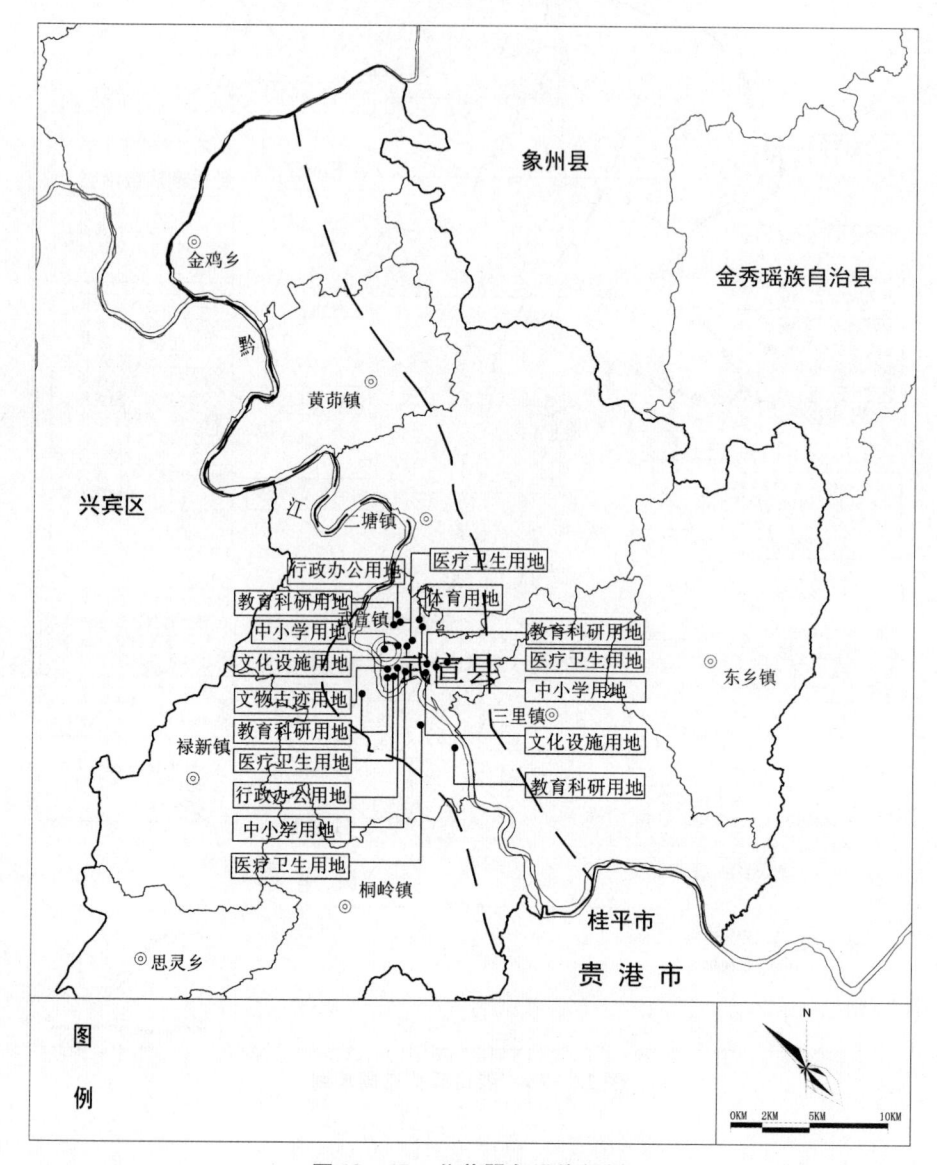

图 12-17 公共服务设施规划

2）布局设施

文化设施：一方面建设大型高标准的县城文化中心区；另一方面推动基层文化的普及。在中心城行政中心周围新建县级文化设施，重点建设县图书馆、文化活动中心、博物馆、影剧院等；重点乡镇建设综合文化站。

12 西江经济带（武宣段）产业空间布局规划

教育设施：统筹配置基础教育资源，进一步优化教育结构。大力发展中等职业教育，建成适应武宣经济社会发展需要的中等职教体系，通过开放式办学形式，形成专业技术人才教育基地，中学向城镇集中，高中在全县统筹设置；初中按 3 万～5 万人/所在中心城区和镇区按服务半径 1 000 米布局；小学就近设置，人口分散的农村地区按服务半径 2.5 公里、辐射人口 1 万～1.5 万人/所设小学。

医疗卫生设施：建立完善的县、镇、村三级医疗卫生网络。中心城区加强综合性医院、特色专科医院和公共卫生中心等县级医疗卫生设施建设，完善镇区卫生服务设施，加强农村社区卫生服务的标准化建设。

体育设施：加强县、镇（乡）、村三级体育健身设施建设，在中心城区内建设县级体育活动中心（体育馆、田径场、游泳馆、各种室内外场馆，以及其他服务设施），各镇（乡）建设标准化的体育场馆（田径场、篮球场、排球场、羽毛球场和游泳馆等各类体育设施）。

12.4.5 市政公用设施规划

1）布局原则

加强供应、环境和安全等各类市政公用设施的合理布设，增加一些设施，以满足园区、产业和县城未来的发展需要。市政公用设施规划如图 12-18 所示。

2）布局设施

水利设施：县城取水点规划北移至主城区以外的李家村附近，根据发展需求对现状水厂进行扩建，在金鸡乡和二塘镇建设水厂，其他规模较小乡镇可单独建设取水点。县城中心区新建 1 处污水处理厂，在金鸡乡和二塘镇及黔江工业园区建设污水处理厂，在规模较小的乡镇建设污水处理设施。

电力设施：以 220 千伏变电站为核心，构建形成 110 千伏双环电网结构，新建 220 千伏武宣变电站 1 座，新建 110 千伏忘村、工业片区、黔江变电站各 1 座。

环卫设施：在县城及金鸡乡、黄茆镇、二塘镇、工业园等地增设垃圾转运站，配备相应的环卫站。

安全设施：建立堤库结合、泄蓄兼施的防洪体系工程。同时配备相应的消防站。

邮政局：加大邮政基础设施建设投入，建成以武宣县城为中心，覆盖县域的多层次、高速宽带信息传输网。服务半径不宜大于 500 米。

燃气：县城中心城镇以瓶装液化石油气为主，适当发展集中供气。一般乡镇或重点的镇采用瓶装液化石油气和沼气，在二塘镇和金鸡乡分别建设 2 座燃气储备站，加快推进全县气化率。

图 12-18 市政公用设施规划

12.5 产业配套重点项目策划及布局

12.5.1 项目策划思路

1) 总体原则

科学性：进行项目包装与策划时，以财务会计学、管理学、经济学等自然科学和社会科学为依据，对项目的经济、政治、社会和生态效益给予充分论证和评价，坚持实事求是的原则，数据资料要真实可靠、据理论证、公正客观。

可行性：认真做好市场需求预测，充分考察项目产品的市场供求情况，对未来产品的销售前景进行可行性分析。做好项目的技术可行性分析，以经济效益为核心，提出投资项目可行或不可行的结论以及多种供选择的方案。对各项动态经济指标和对项目的盈亏平衡分析、敏感性分析等要具有充分的科学依据。

独特性：项目包装要结合当地的特殊优势，注重从整体上充分挖掘和深入分析当地自身资源优势，揭示项目的独特性，如对项目如何扬长避短、增强地区经济实力、合理利用地区资源以及如何与企业发展规划相衔接等问题进行深入和紧凑分析，利用外部优势来渲染项目本身独特性。

吸引力：项目有无吸引力，直接决定着招商引资的效果。项目包装要具有较高的立意，总体策划要充满新意，准确把握时代脉搏，与市场的需求和最新发展尽量保持同步。包装项目在内容上层次分明，重点突出，深入分析相关市场，衬托出项目的特色和优势。

2) 基本思路

围绕建设珠江—西江经济带上重要的经济增长中心、产业示范基地的发展目标，结合武宣县的实际情况，充分挖掘武宣在资源和产业发展上的优势和特色，重点从优化环境、特色打造、拓能升级等方面推进重点项目的建设，以重点项目建设带动武宣产业和经济发展。

12.5.2 重点项目策划与包装

1) 现代农业基地建设

结合特色产业规划，以及武宣县311重大项目建设计划，基于项目策划原则，提出武宣码头拓能升级工程、现代农业基地建设工程、工业升级拓展工程、商贸服务业提升工程、黔江沿岸景观工程、七星湖山水生态工程、大藤峡风情产业工程和"仙城"名片工程八大建设工程共 104 个子项目，计划总投资 552.419 亿元。整理汇总出四大类工程项目（如表 12-2 所示）进行重点策划和包装，供规划实施参考。现代农业项目布局如图 12-19 所示。

图 12-19 现代农业项目布局

12 西江经济带（武宣段）产业空间布局规划

表 12-2　　　　　　　　　　　　　现代农业项目

序号	项目名称	建设内容	拟建地点	投资规模（万元）
1	"千亩油田"示范基地	建设 1 000 亩油菜花种植基地和菜籽油加工基地	金鸡乡、黄茆镇	1 500
2	武宣夏南牛养殖中心	建设 10 000 头夏南牛养殖、奶制品和肉类加工中心	黄茆镇	2 000
3	优质农产品生产加工基地	建设优质茶叶、大米、蔬菜等农产品生产基地和加工中心	东乡镇、三里镇	3 500
4	武宣县农产品物流贸易中心	建设农产品物流贸易中心，占地100亩	武宣城区	3 000
5	水产畜牧交易市场	建设牲畜交易、加工等展销一体的配套设施	二塘镇	2 000
		合计＝12 000		

（1）建设目标

建设集种养殖—农副食品加工—农产品供应于一体的农业产业体系，并以规模化、集约化和信息化生产为手段，结合现代"高、精、尖"农业生产技术，满足人们观赏、娱乐、食用等消费需求，增加农业生产的休闲功能、展示功能和教育功能，提高产业附加值。

（2）预期效果

改变武宣目前农业发展散、小、差的局面，加速农业发展向规模化、系统化方向转变。搭建农业生产和销售中心，建设农产品供应、加工、运输、交易"一站式"发展体系，突破农业发展提升瓶颈，推动集聚集约型产业发展模式形成，建设具有市场影响力的现代农业生产体系。

2）工业升级拓展工程

当前武宣县工业发展规模不断扩大，社会经济贡献力量不断增强，工业化进程明显加快。

但产业发展模式仍以规模扩张为主，工业产品以初级加工产品为主，缺乏先进制造业的带动作用。且各个生产环节间的衔接度低，循环经济产业发展不明显，工业集约度不强。需要通过转变产业发展模式，来提高产业技术含量，加速工业升级转型，实现经济跨越发展。工业升级项目如表 12-3 所示，工业升级项目布局如图 12-20 所示。

图 12-20　工业升级项目布局

表 12-3　　　　　　　　　　　　工业升级项目

序号	项目名称	建设内容	拟建地点	投资规模（万元）
1	工业酒精提纯生产线	建设年产量 2 万吨的工业酒精提纯生产性	黔东工业园	200
2	船板加工制造项目	船板加工预处理剪切生产线	河西工业园	5 000
3	再生纸项目	5 000 吨废纸回收项目和年产 3 万吨再生纸	黔东工业园	2 500

续表

序号	项目名称	建设内容	拟建地点	投资规模（万元）
4	木质活性炭项目	建设木渣材料储存库和成品贮存库，建设2万吨木质活性炭生产系统	河西工业园	3 000
5	再生砖生产项目	年处理50万吨建筑垃圾，年产20万吨再生砌砖生产项目	龙丛码头	5 000
6	船舶检测维修中心	建设包括船舶安全检测、维修保养、设备检测在内的专业性、全面性的船舶服务机构		40 000
		合计 = 55 700		

（1）建设目标

改变武宣目前农业发展散、小、差的局面，加速农业发展向规模化、系统化方向转变。搭建农业生产和销售中心，建设农产品供应、加工、运输、交易"一站式"发展体系，突破农业发展提升瓶颈，推动集聚集约型产业发展模式形成，建设具有市场影响力的现代农业生产体系。

（2）预期效果

主要构建三大循环经济产业链：制糖及造纸产业链、木材产业链、建材产业链。

3）服务业升级工程

武宣县现有商贸业发展以小规模、零散型发展为主，产业形态低级，缺乏具有集聚功能和经济带动的商业中心。生产性服务业滞后，与工业契合度不强，对经济发展推动能力不足，迫切需要提升服务业发展形态，完善服务业功能，推动服务业集聚发展，加快武宣县产业结构优化调整。服务业升级项目如表12－4所示。

表12－4　　　　　　　　服务业升级项目

序号	项目名称	建设内容	拟建地点	投资规模（万元）
1	武宣县商业综合中心	以商务贸易为主，商住为辅，集商业零售、商务办公、酒店、金融服务、时尚购物多功能于一体的城市商业中心	武宣城区	70 000
2	武宣文化休闲综合中心	包括电影院、电玩城、KTV、咖啡厅、体育、创意文化、娱乐、餐饮休闲在内的休闲娱乐中心	武宣城区	5 000

续表

序号	项目名称	建设内容	拟建地点	投资规模（万元）
3	武宣特色美食街	建设以武宣特色名小吃为主打的美食一条街	武宣城区	3 000
4	武宣家居交易中心	建设集建材展销、家具展销、家装设计、家居软装等为一体的高档家居交易中心	武宣城区	8 000
5	武宣快递中转分拨中心	建设储存仓库、分拣仓库、集装箱场站、停车场，以及办公楼、职工宿舍区、职工活动区等配套服务区，购置机械设备，促进快递业快速发展	武宣城区	2 000
6	龙丛码头物流中心建设	建设2 000吨级通用泊位和物流管理运输中心	龙丛码头	40 000
7	金鸡农副产品物流中心	建设露天堆场、仓库、物流车辆及配套设施	金鸡码头	800
8	桐岭四安物流仓储项目	建设华润水泥储存仓库及配套设施	桐岭四安码头	1 000
		合计 = 129 800		

（1）建设目标

在商贸服务业方面，构建由综合型商业中心、特色商业街和专业性交易市场组成的商贸服务业体系，完善已经成熟的商贸市场和小商品市场，形成商场、市场共同繁荣的局面。生产性服务业方面，构建水陆联运的物流体系，建设集产品运输、仓储、交易于一体的现代物流网络，打造桂中地区水陆综合型物流节点。

（2）预期效果

构建商贸服务体系与现代物流网络。

（3）开发模式

企业自主开发，政府引导。商业中心建设侧重企业自主开发，主要以开发商散租型为主，开发商获取土地开发建设权，负责包括基础设施、规划设计等在内的商场深度开发，最后通过分割招租，发展多样化商业形式。物流中心建设倾向于政府引导，政府通过土地开发和基础设施完善，吸引相关物流企业入驻。

4）城市形象提质工程

武宣县地区特色明显，拥有丰富的旅游资源，但由于缺乏统一管理和规划，地区形象和特色不突出，基础设施建设不完善，城市品质和知名度不高。为改善城市形象，增强城市吸引力，提高产业竞争力，急需加强城市景观改造，提升城市品质。城市形象工程项目如表 12-5 所示,城市形象提质项目布局如图 12-21 所示。

图 12-21 城市形象提质项目布局

表 12-5　　　　　　　　城市形象工程项目

序号	项目名称	建设内容	拟建地点	投资规模（万元）
1	黔江沿岸"万里红棉"景观带	建设红棉为主的沿江生态景观带	黔江沿岸	2 150
2	七星湖生态景观和休闲度假旅游区	旅游基础设施和接待设施	七星湖	25 000
3	文化建设项目	包括制作武宣文化宣传片、旅游产品包装设计、武宣吉祥物设计、宣传口号等	武宣城区	100

续表

序号	项目名称	建设内容	拟建地点	投资规模（万元）
4	武宣夜景工程	在县城中心繁华路段、县城中心河段沿江、临江山体等增设夜景灯光，打造武宣县夜景工程	武宣城区	6 000
5	便民码头	扩建和新增黔江沿岸以服务周边居民为主的便民码头	黔江沿岸	1 000
6	游客码头升级项目	建设以接待游客为主的码头设施，促进旅游业的发展	赖山村码头、西街旅游码头、勒马码头等	6 000
		合计 = 41 150		

（1）预期效果

打造万里红棉景观带、七星湖生态景观、武宣夜景。

（2）开发模式

政府工程外包模式。城市形象建设属于政府主导型工程，首先通过公开投标和方案竞选确定工程建设承包企业，将开发建设权力转让给中标企业。在建设过程中，政府行使监督权，保证工程建设质量。

12.5.3 项目建设时序

在武宣县重点项目建设方面，建议先完善地区基础设施建设和港口码头建设，充分发挥武宣县区位优势，吸引企业入驻。通过形象工程改造和商业中心开发建设，带动周边土地升值，加速人气提升。整合目前武宣县工业园区，启动产业升级建设，加快产业升级和改造，延伸产业链条，增加产品附加值。全方位、多角度地促进武宣经济升级。武宣县重点项目建设时序安排如表12-6所示。

表12-6　　　　　　　武宣县重点项目建设时序安排

序号	项目名称	建设时间
	城市形象提质工程	
1	黔江沿岸"万里红棉"景观带	2015 年
2	七星湖生态景观和休闲度假旅游区	2015～2018 年
3	文化建设项目	2015 年
4	武宣夜景工程	2015～2016 年
5	便民码头	2015～2017 年

续表

序号	项目名称	建设时间
6	游客码头升级项目	2015 年
服务业升级工程		
1	武宣县商业综合中心	2015~2017 年
2	武宣文化休闲综合中心	2015~2017 年
3	武宣特色美食街	2015~2016 年
4	武宣家居交易中心	2015~2017 年
5	武宣快递中转分拨中心	2015~2016 年
6	龙丛码头物流中心建设	2015~2017 年
7	金鸡农副产品物流中心	2015~2016 年
8	桐岭四安物流仓储项目	2015~2017 年
现代农业基地建设工程		
1	"千亩油田"示范基地	2015~2018 年
2	武宣夏南牛养殖中心	2015~2018 年
3	优质农产品生产加工基地	2015~2017 年
4	武宣县农产品物流贸易中心	2015~2017 年
5	水产畜牧交易市场	2015~2017 年
工业升级拓展工程		
1	工业酒精提纯生产线	2015~2017 年
2	船板加工制造项目	2015~2019 年
3	再生纸项目	2015~2017 年
4	木质活性炭项目	2015~2018 年
5	再生砖生产项目	2015~2017 年
6	船舶检测维修中心	2015~2019 年

13

西江经济带（武宣段）产业实施保障措施

13.1 产业政策支持

13.1.1 农业政策

武宣县作为来宾市农业强县，应进一步加强和巩固农业地位，通过各种手段加大对农业发展的支持力度，加速农业生产方式转变，提高农业生产附加值，促进武宣县现代农业发展。

1）深化农业补贴政策

武宣县要把农业机械化作为发展现代农业的一个中心环节，有选择、有步骤地逐步推进农业机械化生产，在财税政策上给予大力支持。一方面继续实施好农机购置补贴、农业用油价格补贴等措施，加大对农机作业维修服务等相关产业的税收优惠力度，鼓励和扩大农业机械化的应用；另一方面，扩大对农机固定资产加速折扣的界定范围，增加对费用扣除的扶持额度，在国家对农机出售减征税收的标准上，根据实际发展需要，可以实施更为优惠的措施。如在油菜成熟时期、甘蔗收割等特殊时期，对菜籽榨油机、蔗渣打包机等针对性机种和零部件销售等实施低税率、减免税等优惠措施，降低农机购置成本，提高农业机械化水平和农业生产效率。

2）实施农业产业化发展优惠政策

首先，以国家农业产业化龙头企业认定标准为参考，根据武宣农业发展需要,适当降低龙头企业认定门槛,对符合地区产业发展方向、满足国家政策导向的中小型农业企业均可享受在农业生产上各种税率、税额方面的优惠政策,扩大农业产业化龙头企业优惠范围;其次,增加对农产品批发市场建设的补贴和优惠,如为市场建设和管理企业减免土地使用税,新建市场减免一年市场营业收入,经销商享受增值税减征等优惠政策。

3) 重视农业教育培训

农业生产者和农业化生产企业的科技水平影响现代农业发展的进程,由于武宣县在农业知识和技术推广上的投入偏低,导致农业发展在多个方面的低效率。一方面要加强农民对农业生产、营销技能的培训投入,尤其是对新技术、新品种应用的培训,如节水器械的使用、抗虫品种的种植等,鼓励应用现代技术取代传统落后生产手段;另一方面,增加对农业生产企业实用技术和基础研究的财政支持,如高糖蔗种的培育、良种肉牛的养殖等具有比较优势的农产品应给予重点支持,鼓励企业对良种良法进行推广。

13.1.2　工业政策

1) 加大重点企业扶持力度

针对武宣县重点发展的船舶加工制造、有色金属冶炼和矿产加工业等企业,对引进重大技术设备、重点技术改造项目和产业内高端化、龙头化项目等年产值达到50万元以上的,给予资金奖励扶持。同时对年产值达到100万元以上、入库税收达到50万元的大型企业给予资金奖励或税收返还等优惠政策。通过政策鼓励企业做大做强,发挥龙头企业对产业发展的支撑和带动作用,并提高企业对落后生产技术改造的积极性,加速产业生产方式转变。

2) 实施产业品牌打造奖励政策

鼓励企业参与各种资质认证评价。对获得市级、自治区级或是国家级技术资质认证的企业,根据不同等级的认证标准给予相应的财政奖励;成功申请自治区级或国家级名牌产品、著名商标的企业给予不同等级的公开资金奖励,提高企业、产品品牌的知名度和市场认同感。

3) 建立环保奖惩制度

武宣县要坚持走新型工业化道路,实现工业建设与环境保护协调发展。加强对木材加工业、造纸业、矿产加工业等高污染行业的监管和引导。首先，对购买并使用清洁生产设备与技术、发展循环经济以提高资源利用率的企业进行财政贴息或者政府优先采购等奖励；其次，对现有污染物排放收费标准改成征收环境保护税，参照国家对企业污染物排放标准，建立统一的环境税收标准。对排放污染大、超出限定标准的企业，根据污染程度实行不同的税收惩罚力度，通过税收政策增加污染企业生产成本，促进工业企业进行生产技术改革；最后，对不同污染程度的消费品采用不同的征税税率，对低碳型产品或节能环保型产品进行物价补贴或减免税收等政策，引导企业生产和居民消费向低碳型转变。

环保税收收费参考标准如表 13-1 所示：

表 13-1　　　　　　　　环保税收收费参考标准

污染物超标率	1%~3%	3%~5%	>5%
税收增加额	8%	10%	15%
污染物超标物种类	一种	两种	两种以上
税收增加额	3%	5%	10%

13.1.3　服务业政策

武宣县服务业发展市场需求不断扩大，是服务业提速发展的关键时期，武宣县政府应加大对服务业发展的政策支持，依托服务业发展加速产业结构优化和整体经济实力的提升。

1) 完善基础设施建设

为促进武宣县服务业的发展，应对涉及服务业的基础设施投资提供适当的财政扶持。尤其是涉及生产性服务业中的码头建设、堆场仓库建设、交通建设、信息网络平台搭建等投资建设给予适当条件的补贴优惠或税收补贴优惠，以加快和促进产业的发展。

2) 制定中小企业的金融扶持政策

中小企业是服务业发展的主力军，但由于企业规模小、发展历程短等因素，造成中小企业融资难等问题，严重影响了中小企业在促进武宣县服务业中发挥作用。因此，武宣政府应在贷款等方面给予中小企业特色的金融优惠政策。如对物流业、科技服务业、专业培训、研发设计等服务业提供低息贷款或实施减免征所得税等措施，减小中小企业发展压力和阻力，促进服务业企业的发展壮大。

13.2 人才智力支撑

经济和产业的发展离不开人才科技的支持。武宣县拥有丰富的人力资源,但整体就业人口素质偏低,就业结构呈现低级化态势。应加快对人才的储备和引进,促进并带动地区产业由劳动力密集型向技术密集型、知识密集型转变。

13.2.1 完善人才引进政策

简化人才引进手续,对高层次人才和紧缺型人才开辟"绿色通道"。对武宣县产业发展急需的物流管理、高级专业技师、旅游服务、高级职业经理等人才可免除见习期工资,直接享受转正定级工资标准,并且帮助解决子女入学、家属就业、住房等问题。

对引进人才提供一定的生活补贴。首次聘用期内,本科生每月500元、硕士研究生每月1 000元,博士生每月2 000元,并根据实时物价水平进行调整。

实施人才表彰激励政策。对特殊人才、优秀企业家、高技能人才提供特别财政津贴。并设置武宣"优秀人才奖",对优秀人才进行公开表彰奖励,并对人才培养有突出贡献的单位进行奖励。

13.2.2 健全人才培养体系

1)大力发展职业教育

提升武宣县职业技术学校办学质量。依托武宣产业发展需要,鼓励学校增设并重点发展种养殖、农产品加工、电子技术应用、计算机应用、机械维修、现代物流等产业发展一线急需的技能型专业课程。加大对职业学校的扶持力度,改善办学条件,提升办学质量。鼓励学校与自治区乃至国内其他高校建立联合培养,深化与当地生产企业合作培养,搭建实习实训基地,建立多样化、多层次的实用型人才培养体系。

鼓励民办职业教育发展。加快出台民办职业教育发展政策,对建校单位提供土地使用权,对教学楼、学生宿舍等基础建设提供优惠政策和财政补贴等,并帮助民办学校进行教师招聘、招生等宣传。将民办学校的教师招聘和管理人员纳入教育部门管理体系,提供与民办学校教师同等待遇。从公办学校或优秀企业选派优秀教师入驻民办学校参与教学，帮助提升民办学校教学质量，多渠道地扩充武宣人才储备。

2）实施实用型人才培养工程

联合重点龙头企业，建设1~2个规模适当、多功能、高标准的综合性职业技能培训中心和实训基地，同时积极争取国家专项补助，提高和改善培训中心设备门类和装备水平。依托培训中心，加强对各种农业技术推广、高级技工技师的培养、农村富余劳动力和再就业培训，并以农村广播、移动课堂、周末学校等形式满足不同人群的学习需求，大范围培养实用型人才和技能型人才。

制定高级人才培训计划。提供专项资金或补贴，定期筛选一定数量的人才纳入高层次人才培训计划，并选派到知名企业或专业学校进行职业技能培训；定期邀请行业精英、高级技师、专家到企业、单位进行讲座和技能培训，培养大批适应地区产业发展需要的高等人才。

13.3 招商融资保障

招商引资是推动武宣经济发展的最佳途径，为经济、产业发展提供了重要的基础支撑。武宣县必须不断适应市场经济发展环境，改善投资环境，优化招商机制，提高招商引资质量，推动武宣县社会经济的高效发展。

13.3.1 优化投资环境

城市间招商引资的竞争，在很大程度上是发展环境的竞争。只有努力创造更加宽松、更具优势的投资环境，才能吸引投资者。投资环境包括硬环境和软环境，硬环境要围绕水、路、通讯等重大工程，继续加强城市基础设施建设。城市间招商引资的竞争主要集中在软环境的竞争。

1）提高招商服务质量

项目和企业最看重服务，主要是企业入驻前的行政审批和入驻后政策保障服务。一要尽量减少审批、简化程序。以争取项目落地、开工建设为前提，取消不必要的审批环节，压缩审批时限。对必须审批的项目，要全面优化审批程序，制定一站式服务；二要建立投资信息沟通服务。设立投资者热线或投资信息网站，为投资者提供信息咨询等服务，第一时间解决投资者疑惑；三要为重点投资项目提供"一条龙"服务。包括企业或产业入驻前的市场分析、项目选址，以及发展过程中的融资、招聘、员工培训等问题，主动转变政府职能，成为企业发展的助推手。

2）营造诚信市场环境

诚信是市场经济的内在需要，而政府公信力是最大的诚信。政府在招商引资中要做到实事求是，不该许诺的不随意许诺，违反政府政策法规的坚决不能许诺，维护政府诚信招牌。着力完善市场监管机制，严厉打击失信行为，并建立企业、个人诚信档案，以此为凭证实施奖惩制度。

13.3.2 创新招商方式

1）搭建网络招商平台

大力推动政务信息网、招商引资信息网络建设，或者依托国内成熟网络平台，利用网络强大的传播功能，将武宣县资源优势、区位条件、优惠政策等通过图文并茂的方式进行展示，最大限度地实现信息传播，吸引潜在投资者，将巨大投资商机转变成现实。

2）设立招商引资窗口

一是组建精英团队，赴经济发达地区或潜在客户较多的地区设立咨询"窗口"，以展览会、宣传广告等形式，展示招商引资各项优惠政策和地区发展优势资源，以吸引投资商注意力；二是利用已经引入并发展良好的企业作为样板"窗口"，作为宣传模范企业，提高招商引资吸引力。

13.4 产业集群发展

向心集聚是新型工业化时期生产力空间布局的基本趋势，集群化对产业竞争力具有重大的提升，因此构建产业集聚区是处于经济转型期的武宣工业提升区域竞争力的有利措施之一。结合港口建设，加速引导人才、资源、技术、资金、产业等优质资源要素集聚，加强基础设施共建，促进产业关联度的不断强化，积极承接西江经济带发展中贵港、梧州的产业转型，着力引进一批关联度高、辐射力大、带动性强的龙头型、基地型项目，不断完善延伸产业链条，促进上下游企业共同发展，引导同类企业集中发展，提升产业整体竞争力。

13.4.1 加强集聚区建设

围绕重点产业，整合各类招商资源，引进投资少、见效快的劳动密集型加工制造业，如农产品加工、木材加工等。积极承接发达地区集群化、链式化和循环经济产业转移，围绕精细化工、农副产品深加工等支柱产业，着力引进其上下游配套、产业链纵向延伸的关联项目，如糖业循环经济、新型建材、特色农产品销售、商贸物流等。筹划储备、包装重大产业项目。鼓励引进战略投资者，对产业集群区进行连片综合开发，建设一批先进制造业基地和现代物流基地。

13.4.2 调整产业结构

重点发展矿产品深加工、船舶制造、现代物流等主导产业，努力把武宣产业集群建设成为加工制造业发展集聚区和现代物流服务产业集群。要发挥比较优势，因地制宜布局产业发展、基础设施建设和公共服务配套，科学划分产业功能区、配套服务区、生态功能区、预留发展区等。

13.4.3 延伸产业链条

以来宾、贵港、梧州等临边城市、西江经济带为依托，发挥区域港口群整体优势，合理整合港口资源，从战略高度对港口功能进行定位，实现港口间的互补和协调发展。重组区域联动的产业体系，构筑完整的制糖、冶炼、电力等产业链，提高产业关联度，通过产业集聚促进产城融合、港城互动。如与象州县、忻城县、兴宾区建立合作关系，通过引进新的缫丝企业，提高缫丝加工能力，逐步拉长产业链，形成蚕茧丝产业集群；以来宾冶炼、电力和铝业加工为基础，大力发展机械配套制造业、推进铝电结合异地技改扩建工程延伸产业链条，提高铝产业附加值；与贵港、梧州等地合作发展一些修造产业，建立船舶制造基地，构建地区关联度较强的中小企业集群。

13.5 生态整治优化

武宣县是典型的山水城市，大山大水的生态特色显著。地形的复杂性、水环境的重要性及水生态的敏感性是基地最重要生态特点及优势，同时也是城市及工业发展的重大挑战。但作为西江上游生态保护屏障的重要组成部分，武宣县在推进西江流域的可持续发展中担负着重要的使命。应遵循生态优质、生态优先、生态承载、生态发展的原则，采用分区策略，划定林地和森林、湿地、物种等生态保护红线。将自然保护区、江河湖库周边地区、城镇饮用水水源地等划定为重要生态地区，对黔江、七星河两岸的生态进行保护和规划，实施严格的生态保护和管控，实现生态环境的休养生息。提升"生态竞争力"，为下游各工业区开发树立典范，提升武宣城市品质和知名度。

13.5.1　构建绿色廊道

利用水系、高压线和公路缓冲走廊，构建生态廊道，强化孤立生态斑块之间的联系，增加生态系统的连通性。对沿河两岸的农田要根据园区建设的需要适当调整建立农田保护区，鼓励横向发展，以减少对岸线的破坏；沿江土地开发应遵循基础生态格局系统，在沿江设置适当的缓冲区域，保持滨水自然生态系统和原生水岸，建立原生水岸保护带，两岸加强山林的水源涵养及水土流失控制；加强生态环境基础设施建设，保障黔江水质和城区空气质量；加强生态修复和林草植被覆盖，打造"魅力两岸·美丽黔江"。

13.5.2　强化生态管控

做好洪水安全、洪水淹没区、水位变动区的防洪安全建设；对于城市开发的岸线，沿江新增的工业用地禁止新设排污口，保护黔江水质，对于部分沿江地区工业外迁后的宗地开发，应进行宗地生态恢复，达到规划功能的使用标准；构建复合型生态系统网络，进行植物群落的种植，对于位于基地内的山体涵养林，建议维持林地宽度100m以上，长期实行生态恢复，促进生物多样性，禁止人为干扰。滨水保护林布置于滨水洪泛区上部，林带宽度大于10m，林带下部培育灌木和草本，避免土壤裸露。湖泊河道湿地应设立于腹地内部汇水通道形成的冲沟、河道、季节性河流以及水库，既可作为景观水体，又兼具净化水质、提供栖息地的功能。维持沿江重要冲沟，作为天然泄洪通道，创造季节性溪流景观，现有坑塘可根据实际需要调整或改造。

参 考 文 献

[1] 许学强，周一星，宁越敏．城市地理学 [M]．北京：高等教育出版社，1997．

[2] 崔功豪，魏清泉，刘科伟编著．区域分析与区域规划 [M]．北京：高等教育出版社，2006．

[3] 许学强，朱剑如．现代城市地理学 [M]．北京：中国建筑工业出版社，1988．

[4] 彭震伟．区域研究与区域规划 [M]．上海：同济大学出版社，1998．

[5] 曾鹏等编著．广西城市经济地理——结构演进与空间布局 [M]．南昌：江西人民出版社，2009．

[6] 陆大道．中国区域发展的理论与实践 [M]．北京：科学出版社，2003．

[7] 顾朝林．中国城镇体系 [M]．北京：商务印书馆，2003．

[8] 广西壮族自治区人民政府．广西壮族自治区城镇体系规划（2006~2020） [Z]．南宁，2010．

[9] 李红．城乡非农建设用地规模与布局研究——以泰安市为例 [D]．泰安：山东农业大学，2008．

[10] 宋丽敏．中国人口城市化水平预测分析 [J]．辽宁大学学报（哲学社会科学版），2007，35（3）：115-119．

[11] 郭士梅，牛慧恩，杨永春．城市规划中人口规模预测方法评析 [J]．西北人口，2005（1）：6-9，5．

[12] 陈彦光，周一星．城市化 Logistic 过程的阶段划分及其空间解释——对 Northam 曲线的修正与发展 [J]．经济地理，2005，25（11）：817-822．

[13] 姜世中．城市体系规模结构预测方法应用研究——以内江市为例 [J]．人文地理，1998，13（3）：46-49．

[14] 嵇金鑫．土地利用规划中城乡建设用地规模的预测与实证研究 [D]．宁波：宁波大学，2010．

[15] 钟星．优化城乡建设用地结构与布局研究——以山西省蒲县为例 [D]．北京：中国地质大学，2010．

[16] 尹琼．益阳市城乡建设用地空间布局优化研究 [D]．长沙：湖南师范大学，2007．

[17] 黄易禄．基于经济协调发展的城乡用地结构研究——以重庆市为例 [D]．成都：西

南大学，2006.

[18] 常彬强．石家庄市优化城乡建设用地结构与布局研究［D］．石家庄：河北师范大学，2008.

[19] 石丹丹．城乡建设用地结构与布局研究——以湖南省桂阳县为例［D］．长沙：湖南师范大学，2010.

[20] 郭忠诚．长江沿岸经济带产业整合背景下的土地利用变化研究——以泰州市为例［D］．南京：南京农业大学，2006.

[21] 韦学霖．广西城镇化水平研究［D］．桂林：广西师范大学，2004.

[22] 王楠．区域视角下城市人口规模预测方法研究——以临夏市为例［D］．西安：西安建筑科技大学，2011.

[23] 李金玲．重庆城镇体系结构演化与优化研究［D］．重庆：重庆工商大学，2010.

[24] 王秀芬．河南省城市体系规模等级结构研究［D］．开封：河南大学，2010.

[25] 明泓．重庆市城镇体系结构研究［D］．重庆：西南大学，2007.

[26] 刘锴．大连市人口的合理规模及其测定研究［D］．大连：辽宁师范大学，2004.

[27] 卫言．四川省新型城镇化水平及指标体系构建研究［D］．成都：四川师范大学，2012.

[28] 刘辉，段汉明，范熙伟．兰州——西宁区域人口和资源承载力研究［J］．农业现代化研究，2010，31（3）：290 - 294，303.

[29] 张虹鸥，叶玉瑶，陈绍愿．珠江三角洲城市群城市规模分布变化及其空间特征［J］．经济地理，2006，26（5）：806 - 809.

[30] 廖一兰，王劲峰，孟斌等．人口统计数据空间化的一种方法［J］．地理学报，2007，62（10）：1110 - 1119.

[31] 尹文耀．人口空间分布转变态势与发展战略研究——以杭州为例［J］．人口研究，2007，31（5）：52 - 62.

[32] 肖金成，黄征学．长江经济带城镇化战略思路研究［J］．江淮论坛，2015（1）：5 - 120.

[33] 胡碧波，罗福周．城乡结合部研究综述［J］．山西建筑，2006，32（2）：19 - 20.

[34] 邓祥征，刘彦随，赵涛．汉江流域土地利用变化及空间格局分析［J］．长江流域资源与环境，2003，12（6）：522 - 528.

[35] 陈爽，王进．太湖流域城市化水平及外来人口影响测评［J］．长江流域资源与环境，2004，13（6）：524 - 529.

[36] 张同升，梁进社，宋金平．中国城市化水平测定研究综述［J］．城市发展研究，2002，9（2）：36 - 41.

[37] 卢斌．城市化水平评测的方法探讨［J］．浙江统计，2002（7）：31.

[38] 刘志刚，代合治．城市化水平测定的方法与实证分析［J］．国土与自然资源研究，2006（2）：6 - 7.

[39] 燕安．黔中经济区城镇化发展水平与结构分析［J］．中国名城，2014（5）：19 - 24.

[40] 逯笑微, 吴煦. 辽宁沿海经济带城市群体系结构的优化 [J]. 沈阳大学学报 (社会科学版), 2014, 16 (3): 295-298.

[41] 李福学, 庞浩, 孟雷等. 辽宁沿海经济带城镇化发展战略研究 [J]. 经济研究参考, 2014 (28): 12-16.

[42] 张亚芹, 栾可欣, 王思琢等. 辽宁沿海经济带城镇化发展现状分析及建议 [J]. 国土资源, 2013 (2): 50-51.

[43] 韩建雨, 胡艳, 彭虹. 安徽沿淮经济带城镇体系空间布局研究 [J]. 合肥学院学报 (社会科学版), 2014, 31 (5): 15-21.

[44] 黄宏, 吴霜霜, 唐洁敏. 浙江省城镇人口规模结构研究 [J]. 北方经贸, 2013 (7): 46-47, 53.

[45] 郭丽霞, 荣丽华, 任杰. 内蒙古县域城镇规模与经济发展影响分析 [J]. 建筑与文化, 2015 (1): 121-123.

[46] 张玉周. 新型城镇化水平统计"城镇化率"的思索 [J]. 经济研究导刊, 2014 (36): 176-177.

[47] 牛晓春, 杜忠潮, 李同昇. 基于新型城镇化视角的区域城镇化水平评价——以陕西省10个省辖市为例 [J]. 干旱区地理, 2013, 36 (2): 354-363.

[48] 陈明星, 陆大道. 中国城市化水平的综合测度及其动力因子分析 [J]. 地理学报, 2009, 64 (4): 387-398.

[49] 邓颖林, 苏志军. 广西西江经济带土地可持续利用探析 [J]. 南方国土资源, 2013 (1): 33-35.

[50] 黄河东. 广西西江经济带城市体系等级规模结构分析 [J]. 经济论坛, 2013 (12): 19-21, 36.

[51] 刘盛和, 兰肖雄, 樊杰. 广西西江黄金水道开发与西江经济带城镇体系空间结构重构 [J]. 地理研究, 2012, 31 (8): 1365-1374.

[52] 蒋玲. 广西亿吨黄金水道梦想如何变成现实 [J]. 珠江水运, 2010 (3): 21-23.

[53] 李少游, 林亮, 张烈平. 广西城市经济分析与发展研究 [J]. 经济地理, 2005, 25 (6): 852-855.

[54] 张协奎, 韩昌猛, 林冠群. 广西城镇化现状与发展对策研究 [J]. 广西大学学报 (哲学社会科学版), 2013, 35 (5): 11-18.

[55] 黄河东, 项载丽. 城市流强度视角下广西西江经济带城市群空间联系分析 [J]. 广西大学学报: 哲学社会科学版, 2013 (3): 47-51.

[56] 李冠霖, 陈佳蔓. 广西完成县级主体功能类型划分 [N]. 中国经济导报, 2011-08-13 (A02).

[57] 段德罡, 王楠. 区域视角下城镇人口规模预测例析——以甘肃省临夏市为例 [J]. 城乡建设, 2011 (7): 37-39.

[58] 陈德凤, 汤江龙. 县级市人口及城镇化水平预测——以江西省乐安县为例 [J]. 河北农业科学, 2010, 14 (9): 114-115, 127.

[59] 王争艳, 潘元庆, 皇甫光宇等. 城市规划中的人口预测方法综述 [J]. 资源开发与市场, 2009 (3): 237-240.

[60] 单晓刚, 孔维林, 陈隆诗. 贵州省城镇化水平分析与预测 [J]. 贵州科学, 2007, 25 (S1): 282-289.

[61] 杜国明, 常海青. 包头市城市发展规模预测 [J]. 干旱区资源与环境, 2002, 16 (4): 29-33.

[62] 刘明, 谢光辉, 谢炳庚等. 环洞庭湖区城镇体系发展研究 [J]. 地域研究与开发, 2001, 20 (1): 32-37.

[63] 张明军, 周立华, 程国栋. 甘肃省人口城镇化的发展与预测 [J]. 西北人口, 2001 (3): 57-59, 50.

[64] 魏清泉, 黄瑞军. 广东省城镇化的特点和发展水平预测 [J]. 热带地理, 1989, 9 (2): 97-107.

[65] 丁俊, 刘云刚, 王开泳. 广东省地方城市城镇化水平综合测度与发展类型 [J]. 热带地理, 2015, 35 (1): 51-60.

[66] 陈凤桂, 张虹鸥, 吴旗韬等. 我国人口城镇化与土地城镇化协调发展研究 [J]. 人文地理, 2010 (5): 53-58.

[67] 姜爱林. 城镇化水平的五种测算方法分析 [J]. 中央财经大学学报, 2002 (8): 76-80.

[68] 宣国富, 徐建刚, 赵静. 安徽省区域城市化水平综合测度研究 [J]. 地域研究与开发, 2005, 24 (3): 47-51.

[69] 陈明星, 陆大道, 张华. 中国城市化水平的综合测度及其动力因子分析 [J]. 地理学报, 2009, 64 (4): 387-398.

[70] 张晓源. 鲁南经济带城镇体系优化研究 [D]. 曲阜: 曲阜师范大学, 2010.

[71] 朱新社. 基于点——轴模式的鲁南经济带空间结构研究 [D]. 济南: 山东建筑大学, 2010.

[72] 朱士鹏. 广西城镇体系空间结构测度与优化研究 [D]. 南宁: 广西师范学院, 2010.

[73] 刘卓超. 京津冀都市圈城镇体系的结构分析及优化研究 [D]. 武汉: 华中师范大学, 2012.

[74] 刘炜. 县域城镇体系空间结构优化研究 [D]. 长沙: 湖南师范大学, 2007.

[75] 宁国用. 特色多元的西江沿岸城镇带 [J]. 广西城镇建设, 2014 (9): 68-74.

[76] 陈斌, 黄海燕, 黄文雯. 贵港西江经济带城镇化发展研究 [J]. 广西经济管理干部学院学报, 2015, 27 (1): 90-94.

[77] 宋家泰, 顾朝林. 城镇体系规划的理论与方法初探 [J]. 地理学报, 1988, 43 (2): 97-107.

[78] 林涛. 跨行政区城镇体系的发展与规划——以长江三角洲地区为例 [J]. 城市问题, 2009 (4): 23-29.

[79] 顾朝林. 城镇体系规划——理论、方法、案例 [J]. 中国建筑工业出版社,2005:8-11.

[80] 杨梅. 湖北长江经济带城镇化质量研究 [J]. 长江论坛,2012(1):37-40.

[81] 广西壮族自治区统计局. 广西统计年鉴2014 [M]. 北京:中国统计出版社,2015.

[82] 广西壮族自治区政府. 广西西江经济带发展总体规划(2010~2030) [Z]. 2012.

[83] 广西壮族自治区政府. 广西壮族自治区新型城镇化规划(2014~2020) [Z]. 2014.

[84] 国家发展改革委. 珠江——西江经济带发展规划(2014~2020) [Z]. 2014.

[85] 胡锦涛. 坚定不移沿着中国特色社会主义道路前进,为全面建成小康社会而奋斗——在中国共产党第十八次全国代表大会上的报告 [M]. 北京:人民出版社,2012.

[86] 陆大道. 中国区域发展的理论与实践 [M]. 北京:科学出版社,2003.

[87] 李小建. 经济地理学 [M]. 北京:高等教育出版社,2002.

[88] 国家发展和改革委员会规划司. 省级主体功能区域划分技术规程(试用) [Z]. 2007.

[89] 黄宏源,蔡玉梅,王国力等. 省级国土空间综合功能区划研究——以湖南省为例 [J]. 国土与自然资源研究,2014(3):36-39.

[90] 唐常春,孙威. 长江流域国土空间开发适宜性综合评价 [J]. 地理学报,2012,67(12):1587-1598.

[91] 唐常春. 流域主体功能区划方法与指标体系构建——以长江流域为例 [J]. 地理研究,2011,30(12):2173-2185.

[92] 金贵. 国土空间综合功能分区研究——以武汉城市圈为例 [D]. 武汉:中国地质大学,2014.

[93] 金贵,王占岐,姚小薇等. 国土空间分区的概念与方法探讨 [J]. 中国土地科学,2013,27(5):48-53.

[94] 林亭珊. 市域主体功能区规划研究——以漳州市为例 [D]. 福建:福建师范大学,2013.

[95] 高阳,丁于思. 基于熵值法的国土空间综合评价研究——以湖南省为例 [J]. 学术论坛,2010(1):122-125.

[96] 郝庆. 区域性国土规划空间分区研究 [J]. 国土与自然资源研究,2014(1):3-4.

[97] 闭明雄. 西江流域产业发展研究 [D]. 成都:四川大学,2007.

[98] 纪忠萍,胡丽甜,谷德军等. 西江流域致洪暴雨的准双周振荡及大气环流模型 [J]. 热带气象学报,2011,27(5):776-784.

[99] 黄淑琳. 基于主体功能区划思想的荆州市国土空间划分研究 [J]. 规划师,2013,29(8):92-97.

[100] 樊杰,潘文峰,胡东升等. 西江经济带(广西段)可持续发展研究:功能、过程与格局. 北京:科学出版社,2011.

[101] 樊杰. 主体功能区战略与优化国土空间开发格局 [J]. 中国科学院院刊,2013,28(02):193-206.

[102] 樊杰,周侃,陈东. 生态文明建设中优化国土空间开发格局的经济地理学研究创新与应用实践 [J]. 科经济地理,2013,33(1):1-8.

[103] 樊杰. 我国主体功能区的科学基础 [J]. 地理学报,2007,62(4):339-350.

[104] 樊杰. 解析我国区域协调发展的制约因素 探究全国主体功能区规划的重要作用 [J]. 中国科学院院刊,2007,22(3):194-207.

[105] 陆耀邦,梁自力,毛蒋兴等. 广西农业功能区划研究 [J]. 中国农业资源与区划,2012,33(1):18-22.

[106] 陆耀邦,梁自力,毛蒋兴等. 广西农业功能区划功能定位与发展重点研究 [J]. 中国农业资源与区划,2014,35(2):53-58.

[107] 肖金成,欧阳慧. 优化国土空间开发格局研究 [J]. 经济学动态,2012(5):18-23.

[108] 肖金成,刘宝奎. 国土空间开发格局形成机制研究 [J]. 区域经济评论,2013(1):53-57.

[109] 肖金成,欧阳慧,黄征学. 优化我国国土空间开发格局的基本思路 [C]. 中国经济分析与展望(2011~2012),2012:159-179.

[110] 欧阳慧. 进一步优化国土空间开发格局的政策方向 [J]. 宏观经济管理,2012(1):35-37,43.

[111] 刘洋. 优化国土空间开发格局思路研究 [J]. 宏观经济管理,2011(3):19-23.

[112] 张丽君,刘新卫,孙春强等. 世界主要国家和地区国土规划的经验与启示. 北京:地质出版社,2011.

[113]《辽宁省国土规划》课题组. 发达国家国土规划的经验与启示 [J]. 国土资源,2009(5):38-41.

[114] 祁豫玮,顾朝林. 市域开发空间区划方法与应用——以南京市为例 [J]. 地理研究,2010,29(11):2035-2044.

[115] 陆玉麒,林康,张莉. 市域空间发展类型区划分的方法探讨——以江苏省仪征市为例 [J]. 地理学报,2007,62(4):351-363.

[116] 文传浩. 生态经济空间发展新格局的"1+3"模式 [J]. 区域经济评论,2015(2):70-71.

[117] 喻锋,张丽君,马永欢等. 中国国土空间开发的战略选择:集聚开发与分区发展 [J]. 国土资源情报,2014(1):50-56.

[118] 喻锋,张丽君. 发达国家国土空间规划与开发绿色理念对我国的启示 [J]. 资源导刊,2013(11):48-49.

[119] 喻锋,张丽君,符蓉. 多视角看国土空间开发 [J]. 中国土地,2013(6):49-50.

[120] 胡存智. 生态文明建设的国土空间开发战略选择 [J]. 中国国土资源经济,2014(3):4-7.

[121] 强海洋,兰平和,张宝龙. 中国国土规划研究综述与展望 [J]. 中国土地科学,2012,26(6):92-96.

[122] 严金明. 国土开发利用的生态文明战略 [J]. 中国国情国力, 2013 (4): 10-11.

[123] 宋志强. 加强国土空间开发战略 促进区域协调发展 [J]. 经济视角（下旬刊）, 2010 (5): 15-16.

[124] 严金明. 国土空间利用如何高效 [J]. 中国土地, 2010 (11): 14-16.

[125] 严金明. 有序有度开发国土空间 [J]. 国土资源, 2013 (7): 18-19.

[126] 刘慧, 樊杰, 王传胜. 欧盟空间规划研究进展及启示 [J]. 地理研究, 2008, 27 (6): 1381-1389.

[127] 马仁锋, 王筱春, 张猛等. 云南省地域主体功能区划分实践及反思 [J]. 地理研究, 2011, 30 (7): 1296-1308.

[128] 赵永江, 董建国, 张莉. 主体功能区规划指标体系研究——以河南省为例 [J]. 地域研究与开发, 2007, 26 (6): 39-42.

[129] 王强, 伍世代, 李永实等. 福建省域主体功能区划分实践 [J]. 地理学报, 2009, 64 (6): 725-735.

[130] 李建功. 厘清国土"家底"优化国土空间——山西国土空间现状分析及进一步优化的思考 [J]. 华北国土资源, 2013 (3): 13-17.

[131] 杨荫凯. 国家空间规划体系的背景和框架 [J]. 改革, 2014 (8): 125-130.

[132] 姜广辉, 付晶, 谭雪晶等. 北京国土空间结构与未来空间秩序研究——基于主体功能区划框架 [J]. 中国人口·资源与环境, 2011, 21 (1): 20-27.

[133] 陈利. 荷兰国土空间规划及对中国主题功能区规划的启示 [J]. 云南地理环境研究, 2012, 24 (2): 90-97.

[134] 魏后凯. 荷兰国土规划与规划政策 [J]. 地理学与国土研究, 1994, 10 (3): 54-60.

[135] 张丽君, 刘新卫. 荷兰国土空间规划概览 [J]. 资源导刊, 2010, 10 (10): 46-47.

[136] 孙胡. 荷兰: 第五个空间规划——保持增长和环境的平衡 [J]. 宏观经济管理, 2004, 1 (1): 52-55.

[137] 钟高峥. 基于主体功能区划背景的市域空间功能区划研究——以湖南省怀化市为例 [J]. 贵州民族研究, 2011, 32 (2): 110-115.

[138] 钟高峥. 主体功能限制开发区域的空间功能区划研究——以湘西州为例 [J]. 经济地理, 2011, 31 (5): 839-843.

[139] 顾朝林, 张晓明, 刘晋媛. 盐城开发空间区划及其思考 [J]. 地理学报, 2007, 62 (8): 787-798.

[140] 朱高儒, 董玉祥. 基于公里网格评价法的市域主体功能区划与调整——以广州市为例 [J]. 经济地理, 2009, 29 (7): 1097-1102.

[141] 王琳, 朱天明, 杨桂山等. 基于GIS空间分析的县域建设功能空间分区研究——以江苏省昆山市为例 [J]. 长江流域资源与环境, 2010, 19 (7): 725-731.

[142] 陈燕飞, 杜鹏飞, 郑筱津. 基于GIS的南宁市建设用地生态适宜性评价 [J]. 清华大学学报（自然科学版）, 2006, 46 (6): 801-806.

[143] 王传胜, 赵海英, 孙贵艳等. 主体功能优化开发县域的功能区划探索——以浙江

省上虞市为例 [J]. 地理研究, 2010, 29 (3): 481-489.

[144] 赵作权. 全国国土规划与空间经济分析 [J]. 城市发展研究, 2013 (7): 7-13, 43.

[145] 赵作权. 中国的大国格局 [J]. 开发研究, 2013 (1): 1-7.

[146] 赵作权. 中国巨型区格局 [J]. 城市发展研究, 2013 (2): 93-101.

[147] 董祚继. 低碳概念下的国土规划 [J]. 城市发展研究, 2010 (7): 1-15.

[148] 吴次芳, 潘文灿等. 国土规划的理论与方法 [M]. 北京: 科学出版社, 2003.

[149] 顾林生. 国外国土规划的特点和新动向 [J]. 世界地理研究, 2003 (1): 60-70.

[150] 赵作权. 国土空间经济分析理论与方法, 国土经济学学科发展报 2011~2012 [M] (中国国土经济学会编著), 北京: 中国科学技术出版社, 2012: 23-41.

[151] 祁豫玮, 顾朝林. 市域开发空间区划方法与应用——以南京市为例 [J]. 地理研究, 2010, 29 (11): 2035-2044.

[152] 蒋晓威, 曹卫东, 车前进. 芜湖市域空间开发评价与产业布局研究 [J]. 安徽师范大学学报 (自然科学版), 2013, 36 (3): 268-273.

[153] 罗其友, 陶陶, 高明杰等. 农业功能区划理论问题思考 [J]. 中国农业资源与区划, 2010, 31 (2): 75-80.

[154] 蔡佳亮, 殷贺, 黄艺. 生态功能区划理论研究进展 [J]. 生态学报, 2010, 30 (11): 3018-3027.

[155] 张自然. 《北京市主体功能区规划》解读 [J]. 投资北京, 2012 (10): 30-32.

[156] 李雯燕, 米文宝. 地域主体功能区划研究综述与分析 [J]. 经济地理, 2008 (3): 357-361.

[157] 张广海, 李雪. 山东省主体功能区划分研究 [J]. 地理与地理信息科学, 2007 (4): 57-61.

[158] 曹有挥, 陈雯, 吴威等. 安徽沿江主体功能区划分研究 [J]. 安徽师范大学学报 (自然科学版), 2007, 30 (3): 383-389.

[159] 王建军, 王新涛. 省域主体功能区划的理论基础与方法 [J]. 地域研究与开发, 2008, 27 (2): 15-19.

[160] 张广海, 李雪. 山东省主体功能区划分研究 [J]. 地理与地理信息科学, 2007, 23 (4): 57-61.

[161] 国家发展改革委宏观经济研究院国土地区研究所课题组, 高国力. 我国主体功能区划分及其分类政策初步研究 [J]. 宏观经济研究, 2007 (4): 3-10.

[162] 孙夏平. 广西西江经济带水资源承载力研究 [J]. 广西水利水电, 2014 (5): 42-45.

[163] 彭再德, 杨凯, 王云. 区域环境承载力研究方法初探 [J]. 中国环境科学, 1996, 16 (1): 35-39.

[164] 潘东旭, 陆杰. 连云港市资源环境承载力实证研究 [J]. 连云港职业技术学院学报, 2003 (4): 1-4.

[165] 毛汉英, 余丹林. 资源环境承载力定量研究方法探讨 [J]. 地球科学进展, 2001, 16 (4): 549-555.

[166] 张正栋. 珠江流域相对资源承载力与可持续发展研究 [J]. 经济地理, 2004, 24 (6): 758-763.

[167] 贾晓霞, 杨乃定. 基于复合系统的区域发展潜力评价 [J]. 科学学与科学技术管理, 2003, 24 (3): 44-47.

[168] 徐福留, 曹军, 陶澍等. 区域生态系统可持续发展敏感因子及敏感区分析 [J]. 中国环境科学, 2000, 20 (4): 361-365.

[169] 陈雯, 段学军, 陈江龙等. 空间开发功能区划的方法 [J]. 地理学报, 2004, 59 (增刊): 53-58.

[170] 陈雯, 孙伟, 段学军. 以生态——经济为导向的江苏省土地开发适宜性分区 [J]. 地理科学, 2007, 62 (4): 312-317.

[171] 曹有挥, 陈雯, 吴威等. 安徽沿江主体功能区的划分研究 [J]. 安徽师范大学学报 (自科版), 2007, 30 (3): 384-389.

[172] 孙伟, 陈雯. 市域空间开发适宜性分区与布局引导研究——以宁波市为例 [J]. 自然资源学报, 2009, 24 (3): 402-413.

[173] 燕守广, 沈渭寿, 江峰琴. 江苏省重要生态功能保护区的分类及建立方法 [J]. 生态与农村环境学报, 2007, 23 (1): 16-18, 47.

[174] 叶玉瑶, 张虹鸥, 李斌. 生态导向下的主体功能区划方法初探 [J]. 地理科学进展, 2008, 27 (1): 39-45.

[175] 高国力. 美国区域和城市规划及管理的做法和对我国开展主体功能区划的启示 [J]. 中国发展观察, 2006 (11): 52-54.

[176] 《生态功能区划与主体功能区划的关系研究》课题组. 必须明确生态功能区划与主体功能区划关系 [J]. 浙江经济, 2007 (2): 36-39.

[177] 王振波, 朱传耿, 刘书忠, 张学波. 地域主体功能区划理论初探 [J]. 经济问题探索, 2007 (8): 46-49.

[178] 朱传耿, 仇方道, 马晓冬, 王振波, 李志江, 孟召宜, 闫庆武. 地域主体功能区划理论与方法的初步研究 [J]. 地理科学, 2007, 27 (2): 136-141.

[179] 朱传耿, 仇方道, 马晓冬等. 地域主体功能区划理论与方法的初步研究 [J]. 地理科学, 2007, 27 (2): 136-141.

[180] 秦诗立. 市县级主体功能区划的三大问题 [J]. 浙江经济, 2006 (24): 30-31.

[181] 张贵军, 吕芳. 保定市主体功能区划方法及区域发展策略 [J]. 安徽农业科学, 2010, 38 (31): 17838-17839, 17844.

[182] 米文宝, 杨茂胜, 余晓霞. 市域主体功能区划的理论与方法——以宁夏银川市为例 [J]. 经济地理, 2009, 29 (08): 1233-1238.

[183] 孙鹏. 中国大都市主体功能区规划的理论与实践 [D]. 上海: 华东师范大学, 2011.

[184] 杨华. 长三角主要沿海城市主体功能区划研究 [D]. 上海: 华东师范大学, 2010.

[185] 张磊. 市域主体功能区区划实效性分析 [D]. 上海: 华东师范大学, 2009.

[186] 张继红. 福州市主体功能区划研究 [D]. 福州：福建师范大学，2008.

[187] 吕芳. 地域主体功能区划理论与实践研究 [D]. 保定：河北农业大学，2008.

[188] 李文彬. 在省域层面进行主体功能区划的初步探讨 [A]. 生态文明视角下的城乡规划——2008 中国城市规划年会论文集 [C].2008：1 - 14.

[189] 汪小兰. 主体功能区划的定位与功能区土地利用问题研究 [A].2008 年中国土地学会学术年会论文集 [C].2008：67 - 71.

[190] 杜黎明. 主体功能区划与建设 [M]. 重庆：重庆大学出版社，2007.

[191] 杨瑛，李同升，牛西平. 基于指数评价法的县级城市主体功能区划分研究——以山西省河津市为例 [J]. 生态经济，2011 (7)：65 - 67.

[192] 王建军，吕拉昌，陈文君. 基于综合评价法的广东省主体功能区划 [J]. 特区经济，2011 (7)：46 - 48.

[193] 陈永林，孙巍巍. 鄱阳湖流域主体功能区划及发展思路研究 [J]. 农业考古，2011 (3)：16 - 18.

[194] 董文，张新，池天河. 我国省级主体功能区划的资源环境承载力指标体系与评价方法 [J]. 地球信息科学学报，2011，13 (2)：177 - 182.

[195] 王利，于欣，王丹，张卓. 辽宁省主体功能区划分指标体系优化研究 [J]. 资源开发与市场，2011 (1)：28 - 31.

[196] 王利，张卓，王丹等. 辽宁省主体功能区划分方法研究 [J]. 地域研究与开发，2010，29 (6)：8 - 11，44.

[197] 张莉，冯德显. 河南省主体功能区划分的主导因素研究 [J]. 地域研究与开发，2007 (2)：30 - 34.

[198] 张新，刘海炜，董文，陈华斌，池天河. 省级主体功能区划的交通优势度的分析与应用——以河北省为例 [J]. 地球信息科学学报，2011，13 (2)：170 - 176，280.

[199] 王成新，王格芳，刘瑞超等. 区域交通优势度评价模型的建立与实证——以山东省为例 [J]. 人文地理，2010，25 (1)：113 - 116.

[200] 卢雪球. 广州市道路网密度分析与城市中心区范围研究 [D]. 广州：中山大学，2007.

[201] 徐明德，王森. 基于道路和城镇的区位优势度分析 [J]. 世界地理研究，2009，18 (4)：91 - 99.

[202] 封志明，刘东，杨艳昭. 中国交通通达度评价：从分县到分省 [J]. 地理研究，2009，28 (2)：419 - 429.

[203] 孙威，张有坤. 山西省交通优势度评价 [J]. 地理科学进展．2010，29 (12)：1562 - 1569.

[204] 吴威，曹有挥，曹卫东，梁双波. 长三角地区交通优势度的空间格局 [J]. 地理研究，2011，30 (12)：1199 - 2208.

[205] 金凤君，王成金，李秀伟. 中国区域交通优势的甄别方法及应用分析 [J]. 地理学报，2008，63 (8)：787 - 798.

[206] 陆锋. 区域交通状况评价的 GIS 方法 [J]. 国土与自然资源研究, 1999 (3): 31-34.

[207] 程克群, 方政, 丁爱武. 安徽省主体功能区的评价指标设计 [J]. 统计与决策, 2010 (6): 78-81.

[208] 王立舟, 耿虹. 主体功能区框架下区域性中心城市发展策略——以安顺市为例 [A]. 城乡治理与规划改革——2014 中国城市规划年会论文集（13 区域规划与城市经济）[C]. 2014.

[209] 罗成书, 沈锋. 基于主体功能区制度的县域空间分类政策研究——以浙江省苍南县为例 [A]. 城乡治理与规划改革——2014 中国城市规划年会论文集（13 区域规划与城市经济）[C]. 2014.

[210] 何文娟, 马志鹏. 市域主体功能区规划初探——广州市主体功能区规划研究 [A]. 城市规划和科学发展——2009 中国城市规划年会论文集 [C]. 2009: 768-780.

[211] 张晓瑞, 宗跃光. 区域主体功能区规划模型、方法和应用研究——以京津地区为例 [J]. 地理科学, 2010, 30 (5): 728-734.

[212] 孙佳斌. 市域主体功能区的划分研究 [D]. 辽宁师范大学, 2011.

[213] 高艳梅, 欧阳孔仁, 汤惠君, 张锦萍. 主体功能重点开发市域的功能区划及差异化土地政策研究——以湛江市为例 [J]. 特区经济, 2013 (7): 33-38.

[214] 国务院发展研究中心课题组. 主体功能区形成机制和分类管理政策研究 [M]. 北京: 中国发展出版社, 2008: 32-36.

[215] 段七零. 县域尺度的国土主体功能区划研究——以江苏省海安县委为例 [J]. 国土与自然资源研究, 2010 (2): 18-19.

[216] 陈敏. 县域主体功能区划分研究——以广东省云安县为例 [J]. 人文地理, 2008 (6): 55-59.

[217] 毛汉英, 余丹林. 资源环境承载力定量研究方法探讨 [J]. 地球科学进展, 2001, 16 (4): 549-555.

[218] 张正栋. 珠江流域相对资源承载力与可持续发展研究 [J]. 经济地理, 2004, 24 (6): 758-763.

[219] 韩永伟, 高吉喜, 李咏红等. 县域国土主体功能区划分及其生态控制 [A]. 2006 年中国可持续发展论坛——中国可持续发展研究会 2006 学术年会区域可持续发展的创新模式专辑 [C]. 2006: 859-863.

[220] 王潜, 韩永伟. 县域国土主体功能区划分及生态控制 [J]. 环境保护, 2007 (1): 50-52.

[221] 但承龙, 王群. 西方国家与中国土地利用规划比较 [J]. 中国土地科学, 2002, 16 (1): 43-48.

[222] 刘毅, 刘洋. 国外空间规划研究与实践的新动向及对我国的启示 [J]. 地理科学进展, 2005, 24 (3): 79-90.

[223] 国家计委. 国土规划编制办法 [S]. 1987.

[224] 国务院发展研究中心课题组. 主体功能区形成机制和分类管理政策研究 [M]. 北京：中国发展出版社，2008.5.

[225] 国家发展与改革委员会. 全国主体功能区规划——构建高效、协调、可持续的国土空间开发格局 [OL]. http：//www.gov.cn/zwgk/2011-06/08/content_1879180.htm.

[226] 广西壮族自治区人民政府. 广西壮族自治区人民政府关于印发广西壮族自治区主体功能区规划的通知 [J]. 广西壮族自治区人民政府公报，2013（7）.

[227] 广西壮族自治区人民政府. 广西壮族自治区人民政府关于印发珠江——西江经济带发展规划广西实施意见的通知 [J]. 广西壮族自治区人民政府公报，2014（25）.

[228] 范东波. 西江经济带贵港区域发展的战略构想 [J]. 改革与战略，2011（3）：109-112.

[229] 李南. 论港口产业的规模经济与范围经济特性 [J]. 综合运输，2008（1）：38-41.

[230] 江秀辉，李伟. 论港口产业对经济发展的贡献 [J]. 科技信息，2007（7）：155.

[231] 赵鹏军，吕斌. 港口经济及其地域空间作用：对鹿特丹港的案例研究 [J]. 人文地理，2005（5）：108-111.

[232] 刘志强，宋炳良. 港口与产业集群 [J]. 上海海事大学学报，2004（12）：22-26.

[233] 钟伟. 关于港口产业园区发展的新内涵 [J]. 港口经济，2014（3）：35-37.

[234] 李帷. 扬州市"区港产园一体化"建设战略对策研究——基于产业集群视角 [J]. 市场周刊（理论研究），2014（9）：29-30.

[235] 李晓蕴，朱传耿，仇方道. 江苏省沿江经济带与沿东陇海线产业带的互动发展研究 [J]. 经济地理，2005，25（6）：783-786.

[236] 陆玉麒. 江苏沿江地区的空间结构与区域发展 [J]. 地理科学，2000（6）：284-290.

[237] 孙军，顾朝林. 江苏沿江开发研究 [J]. 长江流域资源与环境，2004（5）：403-407.

[238] 单良，陈晓颖. 南宁地区优势产业选择 [J]. 国土与自然资源研究，2007（2）：13-15.

[239] 梁育填，樊杰，孙威等. 广西西江经济带产业园区发展水平综合评价 [J]. 地理研究，2011，30（2）：324-334.

[240] 虞孝感. 长江产业带的建设与发展研究 [M]. 北京：科学出版社，1997.

[241] 李彬. 广西西江黄金水道沿江城市群竞争力发展研究 [J]. 经济研究参考，2012（11）：50-51，54.

[242] 张金忠，郝雪. 北黄海经济带产业规划布局研究与经济带形成模式探讨——以庄河产业规划布局为例 [J]. 海洋开发与管理，2011（7）：114-117.

[243] 刘有明. 流域经济区产业发展模式比较研究 [J]. 城市规划学刊，2011（3）：83-88.

[244] 夏骥，肖永芹. 密西西比河开发经验及对长江流域发展的启示 [J]. 重庆社会科学，2006（5）：22-26.

[245] 王燕，黄海厚. 莱茵河沿岸发展现代物流带动区域经济发展 [J]. 港口经济，2004（6）：55-56.

[246] 张家寿, 陈晓军. 西江经济带发展的战略选择 [J]. 桂海论丛, 2010, 25 (2): 85-89.

[247] 陈锦其. 来宾: 以"黄金水道"打造沿江经济带 [J]. 当代广西, 2009 (9): 26.

[248] 蒙良, 赖晓东, 石红艳. 优化西江沿江产业发展和布局的设想 [J]. 广西经济, 2009 (3): 18.

[249] 周英虎. 西江水道六城市港口情况分析及城市经济比较研究 [J]. 创新, 2009 (5): 60-64.

[250] 苏进球. 西江流域崛起背景下县域经济的发展 [J]. 广西经济, 2008 (10): 30-31.

[251] 封雪. 江苏省运河经济带开发的理论探讨 [J]. 徐州工程学院学报, 2006, 21 (10): 15-19.

[252] 彭劲松. 长江上游经济带产业结构调整与布局研究 [J]. 上海经济研究, 2005 (4): 85-96.

[253] 王志宪, 虞孝感, 刘兆德. 江苏省沿江城市带的构建与发展研究 [J]. 地理科学, 2005, 25 (3): 274-280.

[254] 熊国平, 游涛. 沿江地区发展规划研究——以靖江市为例 [J]. 城市规划汇刊, 2002 (1): 56-59.

[255] 侯立军. 江苏沿江开发的产业定位战略 [J]. 产业经济研究, 2004 (5): 48-51.

[256] 段进军, 吴昊. 江苏沿江地区产业及空间问题研究 [J]. 南通大学学报 (社会科学版), 2006, 22 (2): 34-38.

[257] 葛守琨. 大河流域经济发展的战略选择——以江苏沿江开发战略为案例的实证研究 [J]. 南京财经大学学报, 2005 (3): 21-25.

[258] 陈诚, 陈雯, 赵海霞. 江苏沿江地区生态保护与产业分布空间匹配格局分析 [J]. 地理研究, 2011, 30 (2): 269-277.

[259] 安礼伟, 张二震. 南京沿江开发战略研究 [J]. 南京社会科学, 2003 (S2): 456-462.

[260] 李霞. "港—业—城"互动发展实证研究——以河北唐山曹妃甸为例 [J]. 商业时代, 2014 (1): 139-141.

[261] 娄向明. 曹妃甸港口、产业、城市一体化发展研究 [D]. 成都: 西南交通大学, 2013.

[262] 陈洪全. 基于港口、产业、城镇三位一体的空间结构模式构建——以废黄河三角洲为例 [J]. 盐城师范学院学报 (人文社会科学版), 2009, 29 (3): 24-27.

[263] 季建林. 港口、产业和城镇的联动开发——以江苏南通沿海开发的思路与途径为例 [J]. 上海市经济管理干部学院学报, 2011, 9 (5): 15-20.

[264] 卢山, 王庆柱. 连云港港口、产业、城市联动发展机制与实现路径研究 [J]. 淮海工学院学报, 2010, 8 (12): 5-7.

[265] 蒋以凌. 基于"港口城市产业一体化"理念的罗源湾南岸地区发展规划研究——以福州可门港经济区为例 [J]. 福建建筑, 2009 (2): 10-14.

[266] 刘松先, 朱丹. 论厦漳泉港口群、临港产业群与城市群的协同发展 [J]. 厦门理工学院学报, 2012, 20 (2): 15-19.

[267] 傅远佳. 沿海后发展地区港城产联动发展战略研究——以钦州市为例 [J]. 西部经济管理论坛, 2012, 23 (2): 83-86.

[268] 李剑, 徐潇, 姜宝. 港口群、城市群与产业群互动关系研究——以环渤海地区为例 [J]. 中国水运 (下半月), 2012, 12 (3): 24-26, 50.

[269] 吕余生, 杨鹏. 广西北部湾经济区港口群、城市群、产业群关联协调发展机制研究 [J]. 科学发展, 2010 (04): 83-89.

[270] 沈玉芳, 刘曙华, 张婧等. 长三角地区产业群、城市群和港口群协同发展研究 [J]. 经济地理, 2010, 30 (5): 778-783.

[271] 沈玉芳, 刘曙华. 长江三角洲地区城镇空间组织模式的结构与特征 [J]. 人文地理, 2008 (6): 45-49.

[272] 须文娟. 常熟港口发展研究 [D]. 上海: 上海海事大学, 2004.

[273] 杨勇辉. 低碳经济视角下辽宁沿海经济带产业布局的选择 [D]. 沈阳: 沈阳师范大学, 2011.

[274] 罗凯, 徐萍, 刘晓雷等. 港口物流枢纽发展模式下的我国西部港口发展典型案例分析——以防城港及重庆港为例 [J]. 中国港口, 2014 (2): 13-15.

[275] 徐海贤, RObinTomson, 陈闽齐等. 基于区域协调发展的苏州沿江空间发展战略研究 [J]. 城市规划学刊, 2005 (6): 763-766, 785.

[276] 徐海贤, RObinTomson, 陈闽齐等. 苏州沿江地区功能定位与空间发展战略 [J]. 经济地理, 2006, 26 (5): 76-80.

[277] 杨赞, 吕靖, 陈学军等. 辽宁省沿海经济带与腹地经济互动发展研究 [A]. 繁荣·和谐·振兴——辽宁省哲学社会科学首届学术年会获奖成果文集 [C]. 2007: 32-40.

[278] 吕炜, 肖兴志, 王晓玲. 辽宁省"五点一线"沿海经济带产业布局与腹地经济的互动发展研究 [A]. 繁荣·和谐·振兴——辽宁省哲学社会科学首届学术年会获奖成果文集 [C]. 2007: 423-429.

[279] 高中理, 于治贤, 李华等. 辽宁省"五点一线"沿海经济带产业布局与腹地经济互动发展战略和政策研究 [A]. 繁荣·和谐·振兴——辽宁省哲学社会科学首届学术年会获奖成果文集 [C]. 2007: 387-401.

[280] 李剑旺. 九江县沿江主导产业培育与引进的政策体系研究 [D]. 南昌: 南昌大学, 2013.

[281] 余厚新. 临港产业区产业选择及发展布局研究 [D]. 天津: 天津大学, 2009.

[282] 赵建华. 苏州港口发展战略研究 [D]. 武汉: 武汉理工大学, 2003.

[283] 朱勤武. 沿东陇海线产业带发展研究 [D]. 南京: 南京农业大学, 2006.

[284] 吴晴. 小城镇空间发展规划及优化策略——以苏州沿江小城镇为例 [J]. 城乡建设, 2010 (6): 35-37.

[285] 杨春蕾. 南通沿海产业空间布局研究 [J]. 南通职业大学学报, 2013, 27 (3): 1-5.

[286] 李世泰. 烟台市临港工业发展的战略研究 [J]. 云南地理环境研究, 2006, 18 (4): 74-79.

[287] 段学军, 陈雯, 朱红云, 王书国. 长江岸线资源利用功能区划方法研究——以南通市域长江岸线为例 [J]. 长江流域资源与环境, 2006, 15 (5): 621-626.

[288] 吕席金, 朱建达. 转型期苏南中小城市产业发展趋势及空间组织应对研究——以张家港市为例 [J]. 现代城市研究, 2014 (3): 82-90.

[289] 赵毅, 许景. 转型背景下临港型产业园区产业发展与空间优化 [J]. 规划师, 2014 (10): 5-11.

[290] 江苏省城市规划设计研究院. 江阴临港新城总体规划 (2011~2030) [Z]. 2012.

[291] 邬弋军, 袁锦富, 赵毅等. 苏南临港型开发区规划若干关键命题及应对——以江阴临港新城规划为例 [C]. 中国城市规划年会论文集, 2014.

[292] 向乔玉, 吕斌. 产城融合背景下产业园区模块空间建设体系规划引导 [J]. 规划师, 2014 (6): 17-24.

[293] 李文彬, 陈浩. 产城融合内涵解析与规划建议 [J]. 城市规划学刊, 2012 (7): 99-103.

[294] 吴云清. 镇江市沿江开发与产业发展研究 [D]. 南京: 南京师范大学, 2003.

[295] 洪峻. 镇江港发展战略研究 [D]. 大连: 大连海事大学, 2007.

[296] 邬珊华, 杨忠振, 董夏丹. 重要临港产业的空间分布特征及其临港偏好程度的差异性比较 [J]. 热带地理, 2014, 34 (2): 199-208.

[297] 陈德敏. 长江沿岸地区产业规划研究 [J]. 中国软科学, 2000 (4): 97-101.

[298] 徐江. 辽宁沿海经济带产业结构优化研究 [D]. 武汉: 武汉理工大学, 2009.

[299] 陈凯. 辽宁沿海经济带发展研究 [D]. 大连: 东北财经大学, 2011.

[300] 郭印. 美国"双岸"经济带产业集群发展经验对我国沿海经济带的启示和借鉴 [J]. 改革与战略, 2010, 26 (11): 172-174.

[301] 程艳. 长江经济带物流产业联动发展研究 [D]. 上海: 华东师范大学, 2013.

[302] 曹啸. 长江上游沿江经济带发展研究——以宜宾市为例 [D]. 成都: 四川省社会科学院, 2011.

[303] 兰德华. 泸州—宜宾—乐山沿江经济带构建研究 [D]. 成都: 西南交通大学, 2010.

[304] 宜宾市人民政府. 宜宾市沿江经济带发展总体规划 [Z]. 2009.

[305] 万浩然. 长江沿线临港新城产业与空间布局研究——以九江市临港新城为例 [D]. 苏州: 苏州科技学院, 2008.

[306] 张韧柘. 城市岸线地区产业发展的空间布局模式研究 [D]. 哈尔滨: 哈尔滨工业大学, 2008.

[307] 王宇. 现代港口与城市发展的关系——以江苏省镇江市为例 [J]. 建筑与文化, 2013 (11): 61-64.

[308] 姜石良, 杨山. 港口城市发展模式及发展策略——以镇江为例 [J]. 规划师, 2004

(11): 93-96.

[309] 姜斌. 港城相, 共同发展 [J]. 港口装卸, 1995 (5): 14.

[310] 邵万胜. 三港相连, 三航相通——镇江港口发展前瞻 [J]. 中国水运, 1996 (4): 38-39.

[311] 黄大明, 陈福星等编著. 港口经济学 [M]. 重庆: 重庆出版社, 1990.

[312] 梁兆国. 我国沿海经济带产业布局的经验与启示 [J]. 新产经, 2012 (1): 38-40.

[313] 苏志华, 钟鑫. 县域产业发展趋势及空间布局规划探究 [J]. 小城镇建设, 2011 (6): 78-80.

[314] 张金忠, 郝雪. 北黄海经济带产业规划布局研究与经济带形成模式探讨——以庄河产业规划布局为例 [J]. 海洋开发与管理, 2011 (7): 114-117.

[315] 苏进. 连云港T型产业带布局研究及建设途径 [J]. 海洋开发与管理, 2008 (3): 136-140.

[316] 苏进. 连云港发展临港产业布局及建设途径 [J]. 水运管理, 2007, 29 (6): 25-28.

[317] 刘盛. 湖北长江经济带产业带发展研究 [J]. 物流工程与管理, 2010, 32 (1): 63-64, 87.

[318] 郝雪, 韩增林, 李明昱. 基于点—轴系统理论的北黄海经济带空间结构研究 [J]. 资源开发与市场, 2011, 27 (6): 514-517.

[319] 甄峰, 王传军, 席广亮等. 苏北运河经济带构建的初步研究 [J]. 人文地理, 2009 (3): 111-116.

[320] 陈修颖. 长江经济带空间结构演化及重组 [J]. 地理学报, 2007, 62 (12): 1265-1276.

[321] 杨奇. 内河临港产业空间与城市空间整合研究——以广西贵港中心城区为例 [D]. 上海: 上海交通大学, 2013.

[322] 乔观民. 宁波临港工业产业群建设探讨 [J]. 中国港口, 2003 (11): 40-41.

[323] 王伟霞, 张磊, 董雅文等. 基于沿江开发建设的生态安全格局研究——以九江市为例 [J]. 长江流域资源与环境, 2009, 18 (2): 186-191.

[324] 李宗尧, 杨桂山, 董雅文. 经济快速发展地区生态安全格局的构建——以安徽沿江地区为例 [J]. 自然资源学报, 2007, 22 (1): 106-113.

[325] 赵俊杰, 朱维斌, 谭雪梅. 沿江开发中生态建设问题的探讨 [J]. 交通环保, 2004, 25 (3): 28-30.

[326] 陈玉娟, 徐红梅. 基于SWOT分析的镇江城市发展战略研究 [J]. 江苏商论, 2009 (8): 125-127.

[327] 杨丽华, 蒋玲, 陈峰. 西江黄金水道专题——南宁: 四步打造沿江经济带 [J]. 珠江水运, 2011 (4): 14-15.

[328] 李岩, 薄宏. 西江产业生态带"轴—节点"经济发展模式研究 [J]. 生态经济, 2010 (5): 90-94, 101.

[329] 邓伟根, 王贵明. 产业生态理论与实践——以西江产业生态带为例 [M]. 北京:

经济管理出版社，2005.

［330］杨云芳，于忠涛，蔡翠苏等．肇庆沿江港口开发与物流业发展研究［J］．珠江水运，2008（10）：45－46.

［331］俞友康．珠海发展港口经济的战略和思路［J］．港口经济，2004（2）：31－33.

［332］余太平．肇庆：打造西江流域物流枢纽［J］．珠江水运，2009（8）：18－19.

［333］韦琦，陈梦萍，周建美．港口物流与城市经济协调发展研究——以珠三角为例［A］．第九届珠三角流通学术峰会——扩大内需与现代流通体系建设论文集［C］．2012.

［334］陆洪生．杭州港城互动发展关系研究［J］．物流工程与管理，2010，32（5）：33－34.

［335］李闽榕．区域经济发展视角下的区域性综合物流中心建设研究——以厦门港口物流中心为例［J］．福建论坛，2010（3）：120－128.

［336］赵珍．港口物流与经济发展的关系研究［A］．2008中国海洋论坛论文集［C］．2008：131－137.

［337］陈刚．区域主导产业选择的含义、原则与基准［J］．理论探索，2004（2）：52－53.

［338］惠凯，逯宇铎．临港产业集聚研究［M］．北京：华龄出版社，2006.

［339］王晓萍．国际发展临港工业的经验对宁波临港工业发展的启示［J］．港口经济，2008（1）：28－30.

［340］王铭．宁波市临港产业发展模式［J］．水运管理，2007，29（9）：15－18.

［341］甘旭峰，吴向鹏．国际临港产业发展趋势研究［J］．港口经济，2009（5）：7－10.

［342］李南．论临港产业集群的内涵和边界［J］．港口经济，2007（11）：40－42.

［343］李晶．基于产业分类的临港产业范围探讨［J］．中国水运，2013，13（2）：49－50.

［344］罗萍．我国港口经济与临港产业集群的发展思考［J］．港口经济，2011（4）：27－30.

［345］惠凯，董琨．临港产业集群的外部经济性［J］．中国港口，2004（9）：17－19.

［346］Theo Koetter，常江．杜伊斯堡内港——一座在历史工业区上建起的新城区［J］．国外城市规划，2006，21（1）：12－15.

［347］张宁，袁珏．从鲁尔区的面包篮子到新兴的第三产业园——德国杜伊斯堡内港改造工程［J］．室内设计，2011（3）：41－44.

［348］徐萍．从杜伊斯堡港的发展历程看港口的升级和转型［J］．中国港口，2008（9）：54－56.

［349］李艾芳，张晓旭，孙颖．德国杜伊斯堡市两次规划比较研究——对首钢工业改造的启示［J］．华中建筑，2011（4）：122－125.

［350］张兴国，周挺．2010年"欧洲文化之都"活动——德国埃森鲁尔旧工业区转型新路径［J］．新建筑，2011（4）：108－111.

［351］刘方舟，李帆，范宁阳．莱茵河港口发展对湖南港口建设的启示［J］．湖南交通科技，2013，39（2）：181－183.

［352］周刚炎．莱茵河流域管理的经验和启示［J］．水利水电快报，2007，28（5）：28－31.

［353］马睺，吴群琪．构建综合运输体系亟待研究的若干问题［J］．综合运输，2004（10）：4－6.

[354] 王祖志, 李阳, 游涛. 湖南省现代物流型内河港口建设研究 [J]. 水运工程, 2008 (7): 61-64.

[355] 孟霞. 生态理论在港口物流空间规划中的应用研究 [D]. 天津: 河北工业大学, 2010.

[356] http://www.innenhafen-portal.de/standort/html/rundgang.html

[357] http://www.innenhafen-portal.de/de/frameset_rot.html

[358] United Nations. World Urbaniza tion prospects: The 2001 Revision [R]. Population division, 2001.

[359] Batty M. Les s is more, more is different: complexity, morphology, cities, and emergence [J]. Environment and Planning B: Planning and Design, 2000 (27): 167-168.

[360] Clark W A V, Kuijpers-Linde M A J. Commuting in restructuring urban regions [J]. Urban Studies, 1994 (31): 465-483.

[361] Parr J B. Perspectives on the city-region [J]. Regional Studies, 2005 (39): 555-566.

[362] R. E. Preston. The Structure of Central Place Systems [J]. Economic Geography, 1971 (47): 136-155.

[363] Mayor of London. The London Plan: Spatial Development Strategy for Greater London [J]. http://www.london,gov.uk [OL], 2011.

[364] Zhang L, Zhao S X B. Reinterpretation of China's under-urbanization: A systemic perspective [J]. Habitat International-al, 2003, 14 (4): 386-400.

[365] Chen Aimin. Urbanization and disparities in China: challenges of growth and development [J]. China Economic Review, 2002, 13 (4): 407-411.

[366] Zhang L. Conceptualizing China's urbanization under reforms [J]. Habitat International. 2008, 32 (4): 452-470.

[367] Xu Bing, Watada Junzo. Identification of regional urbanization gap: evidence of China [J]. Journal of Modelling in Management, 2008, 3 (1): 7-25.

[368] Heikkila EJ. Three Questions Regarding Urbanization in China [J]. Journal of Planning Education and Research, 2007, 27 (1): 65-81.

[369] Sanjib D, Mrinmoy M, Debasri R, et al. Determination of urbanization impact on rain water quality with the help of water quality index and urbanization index [J]. In: Jama B K, Majumde M, Impact of Climate Change on Natural Resource Management, Part 1, New York: Springer, 2010: 131-142.

[370] Holger Magel. Urban-rural Interrelationship for Sustainable Development [J]. Keynote speech at the opening ceremony of 2nd FIG Regional Conference Marrakech, Morocco, 2003-12-2.

[371] Weber C, Puissant A. Urbanization pressure and modeling of urban growth: example of the Tunis Metropolitan Area [J]. Remote Sensing of Environment, 2003, 86 (3): 15, 341-352.

[372] Charles A. M., De Bartolome, Stephen L. R. Who's in charge of the central city-the conflict between efficiency and equity in the design of a metropolitan area [J]. Journal of Urban Econom-

ics, 2004 (56): 458 - 483.

[373] Michael B Teitz. Progress and Planning in America over the Past 30 Years [J]. Proress in Planning, 2002 (57): 179 - 203.

[374] Peter King, David Annandale, John Bailey. Integrated Economic and Environmental Planning in Asia: A view of Progress and Proposals for Policy Reform [J]. Progress in Planning, 2003 (59): 233 - 315.

[375] Healey P, Khakee A, Motte A, et al. Making strategic spatial plans: Innovation in Europe [M]. London: UCL Press, 1997.

[376] Campbell S. Green Cities Growing Cities Just Cities - Urban Planning and the Contradictions of Sustainable [J]. Journal of the American Planning Association, 1996, 62 (3): 296 - 312.

[377] David R, Godschalk. Land Use Planning Challenges - Coping with Conflicts in Visions of Sustainable Development and Livable Communities [J]. Journal of the American Planning Association, 2004, 70 (1): 5 - 13.

[378] Friedmann Jhon. Strategic spatial planning and the longer range [J]. Planning Theory & Practice, 2004, 5 (1): 49 - 56.

[379] Jones M. T., Gallent N. & Morphet J. An anatomy of spatial planning: coming to terms with the spatial element in UK planning [J]. European Planning Studies, 2010, 18 (2): 239 - 257.

[380] Office for official publication of the European Communities. Introduction to NUTS and statistic of Europe [EB/OL]. http://ec.europa.eu/comm/eustat/ramon/nuts/.

[381] European Commission. Proposal for a council regulation on laying down general provisions on the European regional development fund, the European social fund, and the Cohesion fund [R]. 2004 - 07 - 14.

[382] Hans Renes. The Dutch National Landscapes 1975 ~ 2010: Policies, Aims and Results [J]. Tijdschrift voor Economische en Sociale Geografie, 2011, 102 (2): 236 - 244.

[383] Jeroen van Schaick, Ina Klaasen. The Dutch Layers Approach to Spatial Planning and Design: A Fruitful Planning Tool or a Temporary Phenomenon [J]. European Planning Studies, 2011, 19 (10): 1775 - 1796.

[384] Jie Fan, Wei Sun. Focusing on the Major Function-oriented Zone: A New Spatial Planning Approach and Practice in China and its 12th Five - Year Plan [J]. Asia Pacific Viewpoint, 2012, 53 (1): 83 - 89.

[385] Fan, J, A J Tao, Q Ren. On the Historical Background, Scientific intentions, Goal Orientation, and Policy Framework of Major Function-oriented Zone Planning in China [J]. Journal of Resources and Ecology, 2010, 1 (4): 289 - 299.

[386] Chao Ren, Tejo Spit. Urban Climate Map System for Dutch Spatial Planning [J]. International Journal of Applied Earth Observation and Geoinformation, 2012, 18 (8): 207 - 221.

[387] Alpkokin, Pelin. Historical and Critical Review of Spatial and Transport Planning in the

Netherlands [J]. Land Use Policy, 2012, 29 (3): 536 – 547.

[388] Halleux, Jean – Marie. The Adaptive Efficiency of Land use Planning Measured by the Control of Urban Sprawl. The Cases of the Netherlands, Belgium and Poland [J]. Land Use Policy, 2012, 29 (4): 887 – 898.

[389] Janssen – Jansen, Leonie B. Woltjer, Johan. British Discretion in Dutch Planning: Establishing a Comparative Perspective for Regional Planning and Local Development in the Netherlands and the United Kingdom [J]. Land Use Policy, 2010, 27 (3): 906 – 916.

[390] Roodbol – Mekkes, P H, Valk, A J J, van der. The Netherlands Spatial Planning Doctrine in Disarray in the 21st Century [J]. Environment and Planning, 2012 (1): 377 – 395.

[391] Jin Fengjun, Wang Chengjin, Li Xiuwei. China's Regional Transport Dominance: Density, Proximity and Accessibility [J]. Acta Geographica Sinica, 2010, 20 (2): 295 – 309.

[392] Isard W. Location and Space Economy [M]. Cambridge, Mass: M. I. T Press, 1956.

[393] Thünen J H V. Isolated State (1826) [M]. Oxford: Pergamon Press, 1966.

[394] Alfred Weber. Theory of the Location of Industries [M]. Chicago: University of Chicago Press, 1929.

[395] Losch A. The Economics of Location [M]. New Haven: Yale University Press, 1954.

[396] Lwan Mei – Po, Murray Alan T, O'Kelly Morton E, et al. Recent advances in accessibility research: Representation, methodology and applications [J]. Journal of Geographical Systems, 2003 (5): 129 – 138.

[397] Hong J J. Transport and the location of foreign logistics firms: The Chinese experience [J]. Transportation Research – Party A: Policy and Practice, 2007, 41 (6): 597 – 609.

[398] Javier Gutierrez, Paloma Urbano. Accessibility in the European Union: The impact of the trans – European road network [J]. Journal of Transport Geography, 1996, 4 (1): 15 – 25.

[399] Gutierrez, Gonzalez R, Gabriel Gmez. The European high-speed train network: Predicted effects on accessibility patterns [J]. Journal of Transport Geography, 1996, 4 (4): 227 – 238.

[400] Javier Gutierrez. Location, economic potential and daily accessibility: an analysis of the accessibility impact of the high-speed line Madrid – Barcelona – French border [J]. Journal of Transport Geography, 2001, 9 (4): 229 – 242.

[401] Javier Gutierrez, Gabriel Gmez. The impact of orbital motorways on intra-metropolitan accessibility: The case of Madrid's M – 40 [J]. Journal of Transport Geography, 1999, 7 (1): 1 – 15.

[402] Jin Fengjun, WANG Chengjin, LI Xiuwei, et al. China's regional transport dominance: Density, proximity, and accessibility [J]. Journal of Geographical Sciences, 2010, 20 (2): 295 – 309.

[403] Redding, Stephen J., Daniel M. Sturm. The Costs of Remoteness: Evidence from German Division and Reunification [J]. American Economic Review, 2008, 98 (5): 1766 – 1797.

[404] Ulltveit – Moe, Karen Helene. Regional Policy Design: An Analysis of Relocation, Efficiency and Equity [J]. European Economic Review, 2007, 51: 1443 – 1467.

[405] Martin, Ron. National Growth versus Spatial Equality : A Cautionary Note on the New

'Trade – Off' Thinking in Regional Policy Discourse [J]. Regional Science Policy & Practice, 2008, 1 (1): 3 – 13.

[406] Government for the South eas t of England, Governm ent Office for Lon don [R]. Regional Pl anning Guidance for the South East (PRG9), 2001.

[407] Krugman P. First nature, second nature and met ropolitan location [J]. Journal of Regional Sci ence, 1993, 133 (2): 129 – 144.

[408] Sassen S. The Global City: New York, London, Tokyo [M]. Princet on: Princet on University Press, 1991.

[409] Gu Chaolin, Shen Jianfa, Wong Kwanyin et al. Regional polari zation under the socialis t-market system since1978: A case s tu dy of Guangdong Province in South China [J]. Environment and Planning A, 2001, 33: 97 – 119.

[410] Bastian. Olaf. Landscape classification in Saxony (Gemany)—a tool for holistic regional planning [J]. Landscape and Urban Planning, 2000, 50: 145 – 155.

[411] Hall. Ola, Amberg. Wolter. A method for landscape regionalization based on fuzzy membership signatures [J]. Landscape and Urban Planning, 2002, 59: 227 – 240.

[412] Benfield F K, Terris J, Vorsanger. S ol vingsprwal: Models of smart growthin communities across America [J]. Natural Resources Defense Council, 2001: 137 – 138.

[413] Wu J, Plantinga A J. The inf luence of pub lic open space on urban spatial st ructure [J]. Jou rn al of Environment al Eco-nomi cs and Management, 2003 (46): 288 – 309.

[414] Peter W. de Langen and Evert – Jan Visser, Collective action regimes in seaport clusters: the case of the Lower Mississippi Port cluster [J]. Journal of transport geography, 2005, 13: 173 – 186.

[415] Trevor Heaver, The challenge of Peripheral Ports : an Asian Perspective [J]. Geo – Journal, 2006, 56: 159 – 166.

[416] Weigend G. Some elements in the study of port geography [J]. Geographical Review. 1958 (48): 185 – 200.

[417] Slack B. Inter modal transportation in North America and the development of inland load centers [J]. Professional Geographier. 1990. 42 (1): 72 – 83.

[418] Fujita M,, Tabuchi T. Regional growth in postwar Japan [J]. Regoonal Science and Urban Economic. 1997: 25.

[419] L. Reissman. The Urban Process – Cities in Industrial Societies [M]. New York and London: The Free Press. Collier – Macmillan, 1964: 208 – 209.

[420] Ming – Syan Chen,, Jia Wei Han,, S Yu. Data mining: an overview from database perspective [J]. IEEE Transactions on Knowledge and Data Engineering. 1996, 8 (6): 866 – 883.

[421] DeGeer, S. The American Manufacturing belt [J]. Geografiska Annular. 1927 (9): 233 – 359.

[422] Myers D. Emergence of the American manufacturing belt: an interprelation [J]. Journal of

Historical Geography. 1983 (9): 145 – 147.

[423] Jung B M. Economic contribution of ports to the local economies in Korea [J]. The Asian Journal of Shipping and Logistics, 2011, 27 (1): 1 – 30.

[424] Dunford M. Port-industrial complexes [J]. International Encyclopedia of Human Geography, 2009 (7): 285 – 294.

[425] Desfor G, Vesalon L. Urban expansion and industrial nature: a political ecology of Toronto's Port Industrial District [J]. International Journal of Urban and Regional Research, 2008, 32 (3): 586 – 603.

[426] Liu X J. Integrating the industrial complex into the port: Chinese developments with respect to the metallurgical sector [D]. Canada: the University of Manitoba, 1995.

[427] Vega A, Reynolds – Feighan A. A methodological framework for the study of residential location and travel-to-work mode choice under central and suburban employment destination patterns [J]. Transportation Research Part A, 2009, 43 (4): 401 – 419.

[428] Sener I N, Pendyala R M, BHAT C R. Accommodating spatial correlation across choice alternatives in discrete choice models: an application to modeling residential location choice behavior [J]. Journal of Transport Geography, 2011, 19 (2): 294 – 303.

[429] Willigers J, Wee B V. High-speed rail and office location choice: A stated choice experiment for the Netherlands [J]. Journal of Transport Geography, 2011, 19 (4): 745 – 754.

[430] Cheng J, Bertolini L. Measuring urban job accessibility with distance decay, competition and diversity [J]. Journal of Transport Geography, 2013, 30: 100 – 109.

[431] Páez A, Scott D M, Morency C. Measuring accessibility: Positive and normative implementations of various accessibility indicators [J]. Journal of Transport Geography, 2012, 25: 141 – 153.

[432] Koopmans C, Groot W, Warffemius P, et al. Measuring generalized transport costs as an indicator of accessibility changes over time [J]. Transport Policy, 2013, 29: 154 – 159.

[433] Melo M T, Nickel S, Saldanha – Da – Gama F. Facility location and supply chain management: A review [J]. European Journal of Operational Research, 2009, 196 (2): 401 – 412.

[434] Chen L, Olhager J, Tang O. Manufacturing facility location and sustainability: A literature review and research agenda [J]. International Journal of Production Economics, 2014, 149: 154 – 163.

[435] Fredrik Hacklin. Management of Convergence in Innovation: Strategies and Capabilities for Value Creation beyond Blurring Industry Boundaries [M]. Physica – Verlag HD, 2008.

[436] Jonas Lind. Ubiquitous Convergence: Market Redefinitions Generated by Technological Change and the Industry Life Cycle [D]. Paper for the DRUID AcademyWinter 2005 (Conference).

[437] Xu Yong, Tang Qing, Fan Jie, et al. Assessing construction land potential and its spatial pattern in China [J]. Landscape and Urban Planning, 2011 (103): 207 – 2011 (103): 207 – 216.

[438] Gu Chaolin, Shen Jianfa, Wong Kwan-yinet al. Regional polarization under the socialist-market system since1978: A case study of Guangdong Province in South China [J]. Environment and Planning A, 2001, 33: 97 – 119.

[439] Krugman P. First nature, second nature and metropolitan location [J]. Journal of Regional Science, 1993, 133 (2): 129 – 144.

[440] Massey D. A global sense of place [J]. Marxism Today, 1991: 24 – 29.

[441] Fan Jie, Tao Anjun, Ren Qing. On the historical background, scientific intentions, goal orientation, and policy framework of major function-oriented zone planning in China [J]. Journal of Resources and Ecology, 2010, 1 (4): 289 – 299.

图书在版编目（CIP）数据

战略转型与格局重构：广西西江经济带国土空间开发研究/毛蒋兴，韦钰，潘新潮著．—北京：经济科学出版社，2016.8

（广西西江流域生态环境与区域经济一体化丛书）

ISBN 978-7-5141-7181-5

Ⅰ．①战… Ⅱ．①毛…②韦…③潘… Ⅲ．①国土规划-研究-广西 Ⅳ．①F129.967

中国版本图书馆 CIP 数据核字（2016）第 196978 号

责任编辑：李　雪
责任校对：郑淑艳
责任印制：邱　天

战略转型与格局重构：广西西江经济带国土空间开发研究

毛蒋兴　韦　钰　潘新潮　著

经济科学出版社出版、发行　新华书店经销

社址：北京市海淀区阜成路甲28号　邮编：100142

总编部电话：010-88191217　发行部电话：010-88191522

网址：www.esp.com.cn

电子邮件：esp@esp.com.cn

天猫网店：经济科学出版社旗舰店

网址：http://jjkxcbs.tmall.com

北京汉德鼎印刷有限公司印刷

三河市华玉装订厂装订

787×1092　16开　23.5印张　650000字

2016年9月第1版　2016年9月第1次印刷

ISBN 978-7-5141-7181-5　定价：80.00元

（图书出现印装问题，本社负责调换。电话：010-88191502）

（版权所有　侵权必究　举报电话：010-88191586

电子邮箱：dbts@esp.com.cn）